Web Development with Node & Express

한 권으로 끝내는 Node & Express 2판

| 표지 설명 |

표지 동물은 검은종다리(학명: *Melanocorypha yeltoniensis*)와 흰날개종다리(학명: *Melanocorypha leucoptera*)입니다. 두 새는 모두 철새이며 카자흐스탄과 중앙 러시아 스텝 지대에 주로 서식합니다. 두 새 모두 이곳에서 번식하지만, 검은종다리 수컷은 겨울에도 카자흐스탄 초원에 머무는 반면 암컷은 남쪽으로 이동합니다. 흰날개종다리는 겨울이 오면 훨씬 먼 북서쪽으로, 흑해 너머까지 이동하곤 합니다. 이 새들이 목격되는 범위는 점점 넓어지고 있습니다. 흰날개종다리는 유럽의 2~4배 정도 되는 넓이의 지역에서 목격되지만, 검은종다리는 유럽의 80배는 될 만큼 넓은 범위에서 목격되곤 합니다. 수컷은 거의 몸 전체가 검은색이기라 검은종다리라는 이름이 붙었습니다. 반면 암컷은 다리와 날개 아래쪽 깃털만 수컷과 비슷한 검은색이고, 나머지 부분은 회색입니다. 흰날개종다리의 날개 깃털은 검은색, 흰색, 밤색이 섞여 있습니다. 흰날개종다리의 등에는 회색 줄이 있으며 몸 아래쪽은 옅은 흰색입니다. 흰날개종다리 수컷은 암컷과 거의 비슷하지만, 밤색 벼슬이 있다는 점이 다릅니다. 두 새 모두 독특하게 노래하듯 지저귀며, 수백 년이 넘도록 많은 작가와 음악가가 이 새의 노랫소리를 듣고 상상력을 발휘해왔습니다. 두 새는 모두 벌레와 씨앗을 먹고, 땅에 둥지를 틉니다. 검은종다리는 둥지로 배설물을 가져와 벽을 만들거나 일종의 포장을 하는데, 이런 행동을 하는 이유는 아직 밝혀지지 않았습니다.

오라일리 표지에서 소개하는 동물 중 상당수는 멸종 위험에 처해 있습니다. 모두 중요한 동물입니다. 표지 그림은 라이데커의 『The Royal Natural History』의 흑판 판화에 기초해 캐런 몽고메리Karen Montgomery가 그렸습니다.

한 권으로 끝내는 Node & Express (2판)

모던 웹을 위한 서버 사이드 자바스크립트의 모든 것

초판 1쇄 발행 2015년 10월 01일
개정2판 1쇄 발행 2021년 05월 01일
개정2판 2쇄 발행 2023년 04월 20일

지은이 이선 브라운 / **옮긴이** 한선용 / **베타리더** 김동우, 김서현, 김수영, 이석곤, 조선민 / **펴낸이** 김태헌
펴낸곳 한빛미디어(주) / **주소** 서울시 서대문구 연희로2길 62 한빛미디어(주) IT출판2부
전화 02-325-5544 / **팩스** 02-336-7124
등록 1999년 6월 24일 제25100-2017-000058호 / **ISBN** 979-11-6224-422-7 93000

총괄 송경석 / **책임편집** 서현 / **기획** 이상복, 정지수 / **편집** 정지수
디자인 표지 윤혜원 내지 박정화 전산편집 백지선
영업 김형진, 김진불, 조유미, 김선아 / **마케팅** 박상용, 한종진, 이행은, 고광일, 성화정, 김한솔 / **제작** 박성우, 김정우

이 책에 대한 의견이나 오탈자 및 잘못된 내용에 대한 수정 정보는 한빛미디어(주)의 홈페이지나 아래 이메일로
알려주십시오. 잘못된 책은 구입하신 서점에서 교환해드립니다. 책값은 뒤표지에 표시되어 있습니다.
한빛미디어 홈페이지 www.hanbit.co.kr / **이메일** ask@hanbit.co.kr

지금 하지 않으면 할 수 없는 일이 있습니다.
책으로 펴내고 싶은 아이디어나 원고를 메일(writer@hanbit.co.kr)로 보내주세요.
한빛미디어(주)는 여러분의 소중한 경험과 지식을 기다리고 있습니다.

Web Development with Node & Express

한 권으로 끝내는 Node & Express 2판

O'REILLY® 한빛미디어
Hanbit Media, Inc.

공학을 사랑할 수 있게 해준 아버지 톰에게,
글을 쓰는 일을 사랑할 수 있게 해준 어머니 앤에게,
꾸준히 필자를 도와준 여동생 메리스에게 이 책을 바칩니다.

지은이 · 옮긴이 소개

지은이 **이선 브라운** Ethan Brown

VMS 테크니컬 디렉터로 클라우드에 기반한 의사 결정 지원, 위험 분석, 창의적 아이디어 관리 기능을 제공하는 대형 프로젝트 지원 소프트웨어 VMSPro의 기획과 개발을 책임지고 있습니다. 임베디드부터 웹까지 20년 넘게 프로그래밍을 해왔으며, 자바스크립트 스택이 웹 플랫폼의 미래가 될 거라고 확신합니다.

옮긴이 **한선용** kipenzam@gmail.com

웹 표준과 자바스크립트에 관심이 많은 번역가. 2008년부터 웹 관련 일을 했으며, 'WCAG 2.0을 위한 일반적 테크닉' 등의 문서를 번역해 웹에 올렸습니다. 번역서로 『나의 첫 파이썬(2판)』(2020), 『파이썬으로 웹 크롤러 만들기(2판)』(2019), 『자바스크립트를 말하다』(2014), 『데이터 시각화를 위한 데이터 인사이트』(2014), 『모던 웹을 요리하는 초간편 HTML5 Cookbook』(2012), 『Head First jQuery』(2012), 『jQuery Mobile』(2012), 『자바스크립트 성능 최적화』(이상 한빛미디어, 2011), 『CSS 완벽 가이드』(2021), 『CSS 핵심 실용 가이드』(이상 웹액츄얼리 코리아, 2021), 『자바스크립트 프로그래밍』(2013), 『처음 배우는 jQuery』(2012), 『에릭 마이어의 CSS 노하우』(이상 인사이트, 2011) 등이 있습니다.

옮긴이의 말

책의 초판에 보내주신 독자 여러분의 성원에 감사드립니다.

두말하면 잔소리지만, 현재 웹에서 가장 영향력이 강한 언어는 자바스크립트입니다. 처음 등장한 후 얼마 동안은 별 볼 일 없다는 평가를 받았지만, '어디서나 쓰인다'는 강력한 배경 덕에 수많은 이들이 자바스크립트를 배울 수밖에 없었습니다.

그런 과정에서 다른 언어의 전문가였던 개발자들이 자신이 사용하던 언어의 장점을 자바스크립트에서도 살리길 원했고, 자바스크립트는 그렇게 다른 언어의 장점을 하나둘씩 흡수하면서 점차 발전하고 있습니다. 구글을 비롯해 몇몇 회사에서 자바스크립트를 대체하려는 시도를 했으나 수포로 돌아간 것은, 그들이 준비한 대안에 문제가 있었다기보다는 익숙한 언어를 계속 사용하려는 사람들이 훨씬 많았기 때문일 겁니다.

익숙한 언어를 계속 사용하고 싶다는 생각이 발전하면서 '클라이언트 전용으로 생각했던 자바스크립트를 서버에서도 사용할 수 없을까?' 하는 아이디어가 나왔고 그 아이디어를 발전시킨 프로젝트가 여럿 등장했습니다. 그중에서도 가장 주목을 받은 것이 바로 노드입니다.

이 책에서 다루는 익스프레스는 노드용 라이브러리입니다. 익스프레스는 기존 라이브러리들이 여러 기능을 한데 모아놓은 형태를 취한 것과 달리, 모듈 개념을 적극 채용해 딱 필요한 요소만 가져다 사용하는 방식을 쓰고 있습니다. 처음에는 조금 어렵게 느껴질 수 있지만, 불필요한 기능이 없으므로 가볍고, 문제가 생겼을 때도 훨씬 쉽게 원인을 찾을 수 있다는 장점이 있습니다.

책의 초판에서는 익스프레스 3 버전을 다뤘으나, 익스프레스가 버전 4로 업그레이드되고 많은 부분이 바뀌었습니다. 2판은 버전 4에 맞춰 개정됐고, 시간이 흐르면서 달라진 다른 라이브러리나 서드파티 API에도 대응하고 있습니다.

사람의 일은 무엇이든 혼자 할 수는 없는지라 감사 인사를 일일이 하려면 끝이 없겠으나, 누구보다도 먼저 이 책을 살펴보고 있을 독자 여러분께 감사합니다. 좋은 책을 맡겨주신 한빛미디어, 거친 번역을 수정하고 여러 부분에서 생각도 못 한 도움을 주신 정지수 편집자께도 감사합니다.

늘 그렇지만, 모든 것에 대해 부모님께 감사합니다.

한선용

대상 독자

자바스크립트와 노드^{Node}, 익스프레스^{Express}로 웹 애플리케이션(전통적인 웹사이트나 리액트^{React}, 앵귤러^{Angular}, 뷰^{Vue} 등을 사용한 단일 페이지 애플리케이션^{single-page application}(SPA), REST API 또는 이들 사이에 있는 어떤 것)을 만들고자 하는 프로그래머를 위한 책입니다. 노드는 새로운 프로그래머를 많이 끌어들였습니다. 자바스크립트는 유연하고 배우기 쉬워 프로그래밍을 독학한 사람도 충분히 익힐 수 있습니다. 컴퓨터 과학 역사에서 프로그래밍이 이렇게나 접근하기 쉬웠던 적은 없었습니다. 프로그램을 배우거나 문제가 생겼을 때 도움이 되는 온라인 자원은 양적으로나 질적으로나 아주 훌륭합니다. 프로그램의 세계에 뛰어든 모든 분을 환영합니다!

물론 필자처럼 여러 해 동안 프로그래밍 관련 일에 종사한 독자분도 있을 겁니다. 필자와 비슷한 시기에 시작한 프로그래머 대부분 그렇겠지만, 필자 역시 어셈블러^{assembler}와 BASIC에서 시작해 파스칼^{Pascal}, C++, 펄^{Perl}, 자바^{Java}, PHP, 루비^{Ruby}, C, C#을 거쳐 자바스크립트까지 배웠습니다. 대학에서 ML이나 리스프^{LISP}, 프롤로그^{Prolog} 같은 언어도 접했습니다. 여러 언어를 배웠고 그중에 마음에 드는 언어도 많았지만, 자바스크립트만큼 미래지향적인 언어는 없었습니다. 따라서 이 책을 쓰면서 초보자들도 배려했지만, 특정 기술에 매이기보단 철학적인 전망을 가진, 필자와 같은 프로그래머들 역시 염두에 두고 책을 썼습니다.

노드 사용 경험이 꼭 필요한 건 아니지만, 자바스크립트를 어느 정도 알고 있어야 합니다. 프로그래밍을 접해본 적이 없다면 코드카데미[1]를 추천합니다. 프로그래머로서 경험이 어느 정도 있다면 필자가 쓴 『러닝 자바스크립트』(한빛미디어, 2017)를 권합니다. 책에 있는 예제는 윈도우, 맥OS, 리눅스 등 노드를 사용할 수 있는 시스템이라면 모두 실행할 수 있습니다. 터미널(명령줄)에 익숙한 사용자라고 가정하고 예제를 만들었으므로, 여러분은 자신이 사용하는 시스템의 터미널에 어느 정도 익숙해야 합니다.

---

1 *http://bit.ly/2KfDqkQ*

이 책은 열의 있는 프로그래머를 위한 책이라는 점이 가장 중요합니다. 인터넷의 미래에 대한 열망에 차 있고, 이에 기여하고 싶은 사람을 위한 책입니다. 새로운 것, 새로운 기술, 웹 개발을 바라보는 새로운 시각을 원하는 사람을 위한 책입니다. 만약 여러분에게 그런 열정이 없다면, 책을 마칠 때쯤에는 그런 열정이 생기기를 바랍니다.

2판에서 달라진 점

이 책의 초판을 쓸 수 있었던 것도 기쁜 일이었고, 2판에 실질적인 조언을 더 많이 실을 수 있게 된 것도 무척 기쁜 일입니다. 초판은 익스프레스 4.0이 막 베타에서 벗어난 시점에서 집필했었습니다. 익스프레스는 아직 4 버전에 머물러있지만, 익스프레스와 함께 사용하는 미들웨어를 비롯한 각종 도구들은 엄청나게 변화했습니다. 또한 자바스크립트 자체도 진화했고, 웹 애플리케이션을 설계하는 방법 역시 순수한 서버 사이드 렌더링에서 단일 페이지 애플리케이션(SPA)으로 격변했습니다. 초판에 수록한 원칙 대부분은 아직 유효하고 또 유용하지만, 실질적인 기법과 권할 만한 도구들은 완전히 달라졌습니다. 이런 변화의 흐름에 따라 2판에서는 API와 정적 자원의 서버로 익스프레스를 사용하는 법을 설명하고, SPA 예제도 수록해 진화한 노드와 익스프레스를 체험할 수 있도록 개정했습니다.

구성

1장과 2장은 노드와 익스프레스를 소개하고, 책 전체에서 사용할 도구 일부를 소개합니다. 3장과 4장에서는 이 책 전체에서 사용할 예제 웹사이트의 뼈대를 익스프레스로 만듭니다.

5장은 테스트와 QA에 관해 설명하고 6장에서는 노드의 주요 구조와 익스프레스가 이들을 어떻게 확장하고 사용하는지 설명합니다. 7장은 익스프레스의 템플릿인 핸들바^{Handlebar}를 설명합니다. 템플릿은 익스프레스로 유용한 웹사이트를 만드는 가장 기본이 되는 초석입니다. 8장과 9장은 쿠키, 세션, 폼 핸들러에 관한 내용입니다. 이 장을 마치면 기본적인 기능을 갖춘 웹사이트를 익스프레스로 만들 수 있습니다.

10장은 익스프레스의 핵심인 미들웨어를 설명합니다. 11장은 미들웨어로 서버에서 이메일을 보내는 방법을 알아보고, 보안과 이메일에서 피하기 어려운 레이아웃 문제를 살펴봅니다.

12장은 실무를 준비합니다. 이 시점에서는 아직 실무에 쓸 수 있는 웹사이트를 만들 준비는 되지 않았지만, 실무에 대해 미리 생각해두면 나중에 찾아올 두통거리를 줄일 수 있습니다.

13장은 지속성에 관한 내용으로 문서 데이터베이스의 선두 주자인 몽고DB와 인기 있는 오픈소스 관계형 데이터베이스 관리 시스템인 PostgreSQL을 알아봅니다.

14장은 익스프레스를 통한 라우팅(URL과 콘텐츠 연결)을 다루고, 15장에서는 익스프레스로 API를 만듭니다. 16장에서는 익스프레스에 대해 배운 것을 토대로 그동안 사용한 예제를 SPA 예제로 바꿔봅니다. 이 장에서는 15장에서 만든 API 서버로 익스프레스를 사용합니다. 17장은 정적 콘텐츠 전송에 관한 내용이며, 성능을 올리는 것에 집중합니다.

18장은 보안에 관해 설명합니다. 앱에서 인증을 사용하는 법을 설명하며, 외부 인증 공급자를 사용하는 방법을 주로 다룹니다. HTTPS를 사용하는 방법도 설명합니다.

19장은 외부 서비스 결합에 관한 내용으로 예제에서는 트위터, 구글 지도, 미국 기상청과 연결합니다.

20장과 21장은 여러분이 기다리던 사이트 오픈에 관한 내용입니다. 실제 오픈에 앞서 문제를 해결하도록 디버깅을 설명하고, 실제 서버에 올리는 방법도 설명합니다. 22장은 아주 중요하지만 종종 잊곤 하는 유지 보수에 관한 내용입니다.

마지막인 23장은 앞으로 노드와 익스프레스를 공부할 때 필요할 자료와 도움을 받을 수 있는 곳을 소개합니다.

예제 웹사이트

3장부터 책 전체에서 계속 사용할 예제인 메도라크^{Meadowlark} 여행사 웹사이트를 만듭니다. 필자는 리스본 여행을 다녀온 직후에 초판을 집필했던 터라 여행에 대한 기억이 아주 생생했습니다. 그래서 필자의 고향인 오리건 주에 존재할 법한 가상의 여행사를 예제 웹사이트로 선택했습니다(메도라크는 오리건 주를 상징하는 새입니다). 메도라크 여행사는 여행자에게 '아마추어 지역 여행 가이드'를 소개하고, 자전거나 스쿠터를 대여하는 회사와 연계되어 있으며 주로 생태 관광에 초점을 맞춘 투어를 진행합니다.

교육 목적으로 사용하는 예제가 그렇듯 메도라크 여행사 역시 가상의 웹사이트입니다. 하지만 외부 구성 요소와의 통합, 지리적 위치, 전자상거래, 성능, 보안 등 실제 웹사이트를 만들 때 고려해야 할 점을 다룹니다.

책의 초점이 백엔드 인프라 구조인 만큼, 예제 웹사이트는 완성된 사이트는 아닙니다. 추상적인 예제가 아니라 더 깊이 이해하고 실무처럼 생각할 수 있도록, 손에 쥐는 듯하게 느낄 수 있도록 구성한 가상의 예제일 뿐입니다. 여러분도 아마 직접 웹사이트를 만들거나 관리하고 있을 테니, 메도라크 여행사를 템플릿으로 사용할 수도 있습니다.

예제 코드는 다음 깃허브에서 확인할 수 있습니다.[2]

• https://github.com/EthanRBrown/web-development-with-node-and-express-2e

---

2 옮긴이_ 책에 수록된 코드가 저자의 깃허브와 다소 다를 수 있습니다. 책을 번역하는 시점에서 원서의 코드 중에 저자의 설명대로 실행되지 않는 부분이 있어 역자가 수정했는데, 번역 시점 이후 저자가 다른 독자의 피드백을 받아 깃허브를 수정할 수도 있기 때문에 이런 차이는 종이책 출판에서는 불가피한 부분으로 생각됩니다.
역자는 저자의 깃허브 내용을 수정할 수 없으므로 독자분께 깃허브를 클론해서 예제를 따라 해보시라고 권하기 어려운 부분이 있습니다. 이 점 양해를 부탁드립니다.

감사의 말

필자가 살아오면서 만났던 수많은 사람 모두 이 책을 완성하는 데 도움이 되었습니다. 그들이 없었다면 이 책도 없었고, 현재의 필자 역시 없었을 겁니다.

먼저 팝 아트에 있는 모든 이들에게 감사를 전합니다. 팝 아트에서 일하면서 컴퓨터 공학에 관한 열정을 다시 일깨웠을 뿐만 아니라, 그곳에 있는 모든 사람들에게 수없이 많은 것을 배웠습니다. 그들의 지원이 없었다면 이 책은 세상에 나올 수 없었습니다. 단순한 직장이 아니라 영감이 넘치는 곳으로 만들어준 스티브 로젠바움에게, 필자를 받아들이고 환영해준 리더 델 올즈에게 고마움을 전합니다. 흔들림 없이 필자를 지원해주고 컴퓨터 공학에 대한 고무적인 태도를 보여준 폴 인먼과 따뜻하게 지원해주고 팝 아트에 영향이 없도록 집필할 시간을 만들어준 토니 알페레즈에게 감사합니다. 마지막으로 함께 일해온 위대한 엔지니어인 존 스켈턴, 딜런 할스트룀, 그레그 영, 퀸 마이클스, CJ 스트리츨, 콜윈 프리츠 무어, 디아나 홀랜드, 샘 월스키, 코리 버클리, 다미온 모이어에게 감사합니다.

밸류 매니지먼트 스트래터지의 팀원들에게도 도움을 많이 받았습니다. 로버트 스튜어트와 그레그 브링크에게서 소프트웨어의 비즈니스 측면에 대해 배웠고, 애슐리 카슨이 팀 커뮤니케이션과 응집력, 효율성에 대해 많이 알려줬습니다. 스크래치 크로매틱의 지원과 테리 헤이스, 셰릴 크레이머, 에릭 트림블의 노고에 감사합니다. 또한 요구 사항 분석과 프로젝트 관리 부문에서 중요한 일을 맡은 데이먼 야이터, 타일러 브렌턴, 브래드 웰스에게 감사합니다. VMS에서 필자와 함께 일해온 재능있고 헌신적인 개발자 애덤 스미스, 셰인 라이언, 제러미 로스, 댄 메이스, 마이클 뮤, 줄리앤 소이퍼, 맷 나카타니, 제이크 펠드먼에게 감사합니다.

스쿨 오브 락의 모든 밴드 친구들에게도 고마움을 전합니다. 정말 미친 듯 즐겁고 창조적인 여행이었습니다. 음악에 대한 열정과 지식을 공유하는 조시 토마스, 아만다 슬론, 데이브 코니글리오, 댄 리, 데릭 블랙스톤, 코리 웨스트에게 감사합니다. 락 스타가 될 수 있는 기회를 주셔서 감사합니다!

영감이 되어준 재커리 메이슨에게도 고마움을 전합니다. 이 책이 『The Lost Books of the Odyssey』는 아니지만, 당신이 없었다면 지금과 같은 열정을 가질 수는 없었을 겁니다.

엘리자베스와 에즈라가 준 선물도 감사합니다. 당신들을 영원히 사랑할 겁니다.

가족 없이는 필자도 없었을 겁니다. 부모님이 준 사랑과 교육은 다른 곳에서는 찾을 수 없는 것이었습니다. 그리고 이제 그 사랑이 여동생에게도 이어지고 있습니다.

책을 쓸 기회를 준 사이먼 생 로랑에게 감사합니다. 2판을 맡은 안젤라 루피노와 초판을 담당한 브라이언 앤더슨이 보여준 끈기 있고 열성적인 편집과 오라일리에서 일하는 모든 이들의 헌신과 열정에 감사합니다. 기술 리뷰를 맡아준 알레산드라 올베라-노백, 체탄 카란데, 브라이언 슬레튼, 타마스 피로스, 제니퍼 피어스, 마이크 월슨, 레이 빌라로보스, 에릭 엘리엇에게도 고마움을 전합니다.

케이티 로버츠와 해나 넬슨이 필자의 엉뚱한 제안을 수락하고 가치를 따질 수 없는 피드백과 조언을 보내준 덕분에 이 책이 세상에 나올 수 있었습니다. 정말 감사합니다! QA장에서 더할 나위 없는 훌륭한 피드백을 보내준 크리스 코웰-샤도 고맙습니다.

마지막으로 친구들에게 고마움을 전합니다. 이들이 없었다면 필자는 책을 쓰다가 미쳐버렸을지도 모릅니다. 바이런 클레이턴, 마크 부스, 케이티 로버츠, 킴벌리 크리스텐센, 모두 정말 사랑한다.

이선 브라운

CONTENTS

CHAPTER **1** 익스프레스 소개

CHAPTER **2** 노드 시작하기

CONTENTS

CHAPTER **6 요청과 응답 객체**

CHAPTER 7 핸들바를 이용한 템플릿

CHAPTER 8 폼 처리

CONTENTS

CHAPTER 12 실무 환경

CONTENTS

CHAPTER 15 REST API와 JSON

CHAPTER 16 단일 페이지 애플리케이션

CONTENTS

CHAPTER **19** 서드파티 API와 통합

CHAPTER **20** 디버깅

CONTENTS

CONTENTS

APPENDIX | 서드파티 API와 통합

익스프레스 소개

1.1 자바스크립트의 혁명

책의 주제로 바로 들어가기보다는 자바스크립트와 노드의 배경과 역사에 대해 조금 알아두는 것이 좋겠습니다. 지금은 그야말로 자바스크립트의 시대입니다. 자바스크립트는 미약한 클라이언트 스크립트 언어로 시작했지만, 이제는 클라이언트 사이드를 완전히 장악했을 뿐만 아니라 노드에 힘입어 서버 언어로도 사용되고 있습니다.

모든 방면에서 자바스크립트를 사용하는 이점은 분명합니다. 생각하는 방식을 계속 바꿔야 할 필요가 없어지는 겁니다! 자바스크립트에서 PHP, C, 루비, 파이썬(또는 다른 서버 언어)을 오가며 머리를 쥐어뜯을 필요가 없어집니다. 또한 프런트엔드 엔지니어가 서버 프로그래밍에 참여할 수 있는 기회도 열립니다. 물론 서버 프로그래밍이 언어만 안다고 해결되는 것은 아닙니다. 그 외에도 고려해야 할 것이 많이 있죠. 하지만 자바스크립트로 통일되면, 최소한 언어의 장벽은 사라지는 겁니다.

이 책은 자바스크립트 기술 스택의 미래를 믿는 사람들을 위한 책입니다. 여러분 중에는 백엔드 개발로 경험을 넓히고 싶은 프런트엔드 엔지니어도 있고 자바스크립트를 서버 언어의 대안으로 생각하는 경험 많은 백엔드 개발자도 있을 겁니다.

오랫동안 소프트웨어 엔지니어로 일해왔다면 많은 언어와 프레임워크, API를 접해봤을 겁니다. 일부는 번창했고, 일부는 잊혀졌습니다. 새로운 언어, 새로운 시스템을 빨리 익히는 능력에 자부심을 품고 있을 수도 있습니다. 새 언어를 배우면 배울수록 조금씩 여러 가지 것들이 익숙해집니다. 이 부분은 대학에서 배웠던 것과 비슷하고, 저 부분은 몇 년 전에 직장에서 하던 일과 비슷하고, 이런 식으로 말입니다. 확실히 그런 관점을 갖는 것은 좋은 일이지만, 때로는 피곤한 일이기도 합니다. 낯선 기술을 새로 익히거나, 몇 달 전, 또는 수년 전에 사용하던 기억을 되살릴 필요 없이 그냥 눈앞에 있는 일을 **빨리 끝내고** 싶을 때도 있으니까요.

얼핏 보기에 자바스크립트가 시장을 지배할 만한 언어가 아닌 것 같을 수 있습니다. 필자 또한 그랬습니다. 만약 2007년으로 돌아가 필자에게 자바스크립트를 메인 언어로 사용하게 될 뿐만 아니라, 자바스크립트에 관한 책을 쓰게 될 거라고 말하는 사람이 있었다면 아마 그 사람을 제정신이 아니라고 생각했을 겁니다. 필자도 자바스크립트에 대한 일반적인 편견을 가지고 있었습니다. 자바스크립트는 '장난감' 같은 언어이고, 아마추어들이나 사용하는 언어라고 생각했습니다. 물론 자바스크립트가 아마추어 프로그래머들의 진입 장벽을 낮춘 것도 사실이고, 초보자들이 양산한 의문스러운 코드들이 잔뜩 있었으니 자바스크립트의 평판에 나쁜 영향을 미친 것도 사실입니다. 하지만 축구 경기가 재미없다면 대개는 팀이나 선수가 나쁜 것이지, 축구가 형편없는 스포츠라고 생각할 필요는 없습니다.

많은 사람들이 자바스크립트에 대한 편견을 가진 것은 불행한 일이었습니다. 사람들은 이 편견에 지배당해서 자바스크립트가 얼마나 강력하고 유연하며 우아한 언어인지 알아보려는 시도조차 하지 않았습니다. 자바스크립트는 1996년 무렵부터 존재했지만(물론 매력적인 기능 대부분이 2005년에 추가되긴 했습니다), 사람들은 이제서야 자바스크립트를 진지하게 생각하기 시작했습니다.

이 책을 선택한 여러분은 아마 그런 편견은 갖고 있지 않을 겁니다. 필자처럼 편견을 극복했거나, 아니면 처음부터 없었겠죠. 어느 쪽이든 여러분은 행운아입니다. 그리고 필자는 여러분에게 이 즐겁고 놀라운 언어로 만들어진 새로운 기술인 익스프레스를 소개하려고 합니다.

2009년, 사람들이 브라우저 스크립트 언어라는 관점에서 자바스크립트의 강력함과 표현성을 실감하기 시작한 지 몇 해가 지났을 무렵, 라이언 달^{Ryan Dahl}은 자바스크립트에 서버 언어의 잠재력이 있다는 것을 깨닫고 노드를 만들었습니다. 인터넷 기술에 혁명이 일어난 것입니다.

최근에는 바벨^{Babel} 같은 트랜스컴파일 기술 덕분에 웹 개발자들이 오래된 브라우저 사용자를 소외시킬 걱정 없이 자바스크립트의 최신 기능을 사용할 수 있습니다. 웹팩^{webpack}은 웹 애플리케이션의 의존성을 관리하고 성능을 보장하는 유비쿼터스 솔루션이 되었으며, 리액트^{React}, 앵귤러^{Angular}, 뷰^{Vue} 같은 프레임워크는 웹 개발에 접근하는 방식을 바꾸게 만들어 제이쿼리^{jQuery}

와 같은 선언적 DOM 조작 라이브러리를 구시대의 산물로 만들고 있습니다.

지금은 인터넷 기술에 참여하기 딱 좋은 시기입니다. 곳곳에 놀라운 새 아이디어(또는 오래된 아이디어를 새롭게 바꾼 아이디어)가 넘쳐나고 있습니다. 혁신과 열정이 지금만큼 충만한 시기도 드뭅니다.

1.2 익스프레스 소개

익스프레스 웹사이트는 익스프레스를 '웹과 모바일 애플리케이션에 빈틈없는 기능을 제공하는, 최소화되고 유연한 노드 웹 애플리케이션 프레임워크'라고 설명합니다. 무슨 의미일까요? 설명을 하나씩 살펴봅시다.

최소화

익스프레스에서 가장 매력적인 특징 중 하나입니다. 프레임워크 개발자들은 '넘침은 모자람만 못 하다'는 교훈을 잊곤 합니다. 익스프레스의 철학은 여러분의 머리와 서버 사이에 최소한의 다리만 놓아주는 겁니다. 하지만 이 말이 익스프레스의 기능에 빈틈이 있다거나, 유용한 기능이 충분하지 않다는 뜻은 아닙니다. 익스프레스가 끼어드는 일은 자제하고, 여러분의 아이디어를 최대한 펼칠 수 있게 하면서도 유용한 기능은 제공한다는 뜻입니다. 익스프레스는 최소한의 프레임워크를 제공하고, 여러분은 익스프레스의 기능 중에서 필요한 것만 추가하고 필요하지 않다면 제거할 수 있습니다. 듣기만 해도 신선한 공기를 마신 것 같은 기분입니다. 프레임워크를 사용하다 보면 심지어 코드 한 줄 작성하기도 전에 복잡하고 무슨 뜻인지도 모르는 것들을 잔뜩 늘어놔야 할 때가 많습니다. 이런 프레임워크를 사용하면 가장 먼저 불필요한 기능을 떼어내거나 요구 사항에 맞지 않는 기능을 대체하는 일로 시간을 낭비할 때가 많습니다. 익스프레스는 반대 방향에서 접근합니다. 필요한 것만 추가하면 됩니다.

유연한

익스프레스가 하는 일은 결국 아주 단순합니다. 익스프레스는 클라이언트(브라우저, 모바일 기기, 다른 서버, 데스크톱 애플리케이션, 기타 HTTP를 사용하는 모든 것)의 HTTP 요청을 받고, HTTP 응답을 반환합니다. 이것은 인터넷에 연결된 모든 것이 하는 기본 패턴이므로 익스프레스는 아주 유연하게 활용할 수 있습니다.

웹 애플리케이션 프레임워크

좀 더 정확히 말하자면 '웹 애플리케이션 프레임워크의 서버 부분'이라고 해야 할 겁니다. 요즘 '웹 애플리케이션 프레임워크'라고 하면 일반적으로 리액트, 앵귤러, 뷰 같은 단일 페이지 애플리케이션 프레임워크를 떠올립니다. 하지만 대부분의 웹 애플리케이션은 다른 서비스와 데이터를 공유하고 통합되어야 합니다. 이런 과정은 일반적으로 웹 API, 웹 애플리케이션 프레임워크의 서버 사이드 구성 요소를 통하게 됩니다. 여전히 애플리케이션 전체를 서버 사이드 렌더링만으로 만들 수 있고 때로는 그래야 할 때도 있는데, 익스프레스는 이런 경우에도 웹 애플리케이션 프레임워크 전체로 기능할 수 있습니다.

익스프레스에서 표현하는 설명 외에도, 필자는 두 가지를 추가하고 싶습니다.

속도

익스프레스가 노드 웹 프레임워크의 선두 주자가 되면서, 거대한 웹사이트를 운영하는 거대한 회사들이 익스프레스에 관심을 보였습니다. 이런 회사들은 익스프레스 팀에 성능에 집중할 것을 요구했고, 이제 익스프레스는 트래픽이 많은 웹사이트에서 최고의 성능을 발휘하고 있습니다.

겸손함

자바스크립트 생태계의 특징 중 하나는 그 크기와 다양성입니다. 익스프레스가 노드 웹 개발의 중심에 있긴 하지만, 익스프레스 애플리케이션에 참여하는 커뮤니티도 수백, 수천 개입니다. 익스프레스 팀은 이렇게 다양한 생태계를 인지하고, 애플리케이션을 개발할 때 원하는 구성 요소를 쉽게 추가할 수 있도록 극도로 유연한 미들웨어^{middleware} 시스템을 만들었습니다. 익스프레스로 개발하다 보면 '내장' 컴포넌트 대신 외부 미들웨어를 사용하는 일이 많을 겁니다.

필자는 익스프레스가 웹 애플리케이션 프레임워크의 '서버 사이드 부분'이라고 언급했습니다. 그러니 이제 서버 사이드 애플리케이션과 클라이언트 사이드 애플리케이션의 관계에 대해 생각해봐야겠습니다.

1.3 서버 사이드 애플리케이션과 클라이언트 사이드 애플리케이션

서버 사이드 애플리케이션이란 애플리케이션의 페이지를 서버에서 HTML, CSS, 이미지, 멀티미디어 자원, 자바스크립트 등을 결합, 즉 렌더링해서 클라이언트에 전송하는 것을 말합니다. 반대로 **클라이언트 사이드 애플리케이션**이란 사용자 인터페이스를 클라이언트에서 렌더링하는 것을 말합니다. 즉, 일단 브라우저가 초기(일반적으로 아주 최소한의) HTML을 받으면, 자바스크립트를 사용해 DOM을 동적으로 수정하므로 새 페이지를 표시할 때 서버에 의존하지 않습니다(물론 데이터 자체는 서버에서 받습니다).

1999년 이전에는 서버 사이드 애플리케이션이 표준이었습니다. 사실 웹 애플리케이션이라는 용어 자체는 공식적으로 1999년에 등장했습니다. 필자는 대략 1999년에서 2012년을 웹 2.0의 시대라고 생각합니다. 이 시기에 개발된 기술과 테크닉은 결국 클라이언트 사이드 애플리케이션으로 발전했습니다. 2012년에 접어들어 스마트폰이 실생활에 뿌리를 내리면서, 네트워크를 통해 전송하는 정보를 최소한으로 줄이는 것이 일반화되었고 이에 따라 클라이언트 사이드 애플리케이션이 발달했습니다.

서버 사이드 애플리케이션은 **서버 사이드 렌더링**server-side rendering(SSR)이라 부를 때가 많고, 클라이언트 사이드 애플리케이션은 **단일 페이지 애플리케이션**(SPA)이라 부를 때가 많습니다. 클라이언트 사이드 애플리케이션은 리액트, 앵귤러, 뷰 같은 프레임워크를 사용하곤 합니다. 필자는 항상 '단일 페이지'라는 표현이 좀 잘못된 것 아닌가 하는 생각을 하는데, 사용자의 입장에서 보면 페이지 하나라고 표현하기는 어렵기 때문입니다. 결국 차이는 페이지 전체를 서버에서 보내느냐, 아니면 클라이언트에서 동적으로 렌더링하느냐의 차이입니다.

현실에서는 서버 사이드 애플리케이션과 클라이언트 사이드 애플리케이션을 명백히 구분하기가 어려울 때가 많습니다. 클라이언트 사이드 애플리케이션은 보통 두세 개의 HTML을 클라이언트로 전송합니다. 예를 들어 공개되는 인터페이스와 로그인된 사용자를 위한 인터페이스, 관리자 인터페이스 등입니다. 또한, SPA라고 해도 검색엔진 최적화search engine optimization(SEO)와 첫 번째 페이지의 성능을 위해 SSR과 결합해 사용하는 경우도 많습니다.

일반적으로 서버에서 HTML 파일을 1~3개 정도 보내고 사용자는 동적인 DOM 조작을 통해 생성되는 인터페이스를 사용한다면 이를 클라이언트 사이드 렌더링이라고 말할 수 있습니다. 다양한 뷰에서 사용하는 데이터(보통 JSON 형태)와 멀티미디어 자원은 여전히 네트워크를 통해 전송되어야 합니다.

익스프레스는 물론 서버 사이드이든 클라이언트 사이드이든 크게 구분하지 않으며, 양쪽 역할을 다 수행할 수 있습니다. HTML을 단 하나 보내든, 수백 개를 보내든 익스프레스에는 차이가 없습니다.

SPA가 현재 웹 애플리케이션의 지배적인 위치를 차지하긴 했지만, 이 책은 서버 사이드 애플리케이션의 예제로 시작합니다. 서버 사이드 애플리케이션은 여전히 사용되고 있고, HTML 파일을 한 개 보내든 여러 개 보내든 개념 자체가 달라지는 것은 아니기 때문입니다. 16장에 SPA 예제가 있습니다.

1.4 익스프레스의 간단한 역사

익스프레스를 만든 TJ 할로웨이척Holowaychuk은 루비 기반 웹 프레임워크인 시나트라Sinatra에 영감을 받아 익스프레스를 만들었다고 밝혔습니다. 따라서 익스프레스에도 루비 프레임워크와 비슷한 기능이 여럿 있습니다. 루비는 웹 개발을 더 빠르고 효율적이며 유지 관리하기 쉽게 만들어 웹 개발에 큰 영향을 끼쳤습니다.

익스프레스는 시나트라에 영감을 받아 개발되기도 했지만, 노드의 '플러그인' 라이브러리인 커넥트Connect와도 깊은 연관이 있습니다. 웹 요청을 다양한 방법으로 처리하는 노드 모듈 플러그인을 가리키는 **미들웨어**라는 용어도 커넥트에서 가져왔습니다. 2014년에 버전 4로 올라가면서 익스프레스는 커넥트에 대한 의존성을 제거했지만, 미들웨어라는 개념을 커넥트에서 가져왔다는 사실은 변하지 않습니다.

> **NOTE_** 익스프레스는 버전 2에서 3으로 올라가면서, 다시 3에서 4로 올라가면서 아주 많이 바뀌었습니다.[1]
> 이 책은 버전 4를 기준으로 합니다.

---

1 옮긴이_ 익스프레스는 3에서 4로 올라가면서 커넥트에 대한 의존성을 제거하면서 기본적으로 로드하던 미들웨어 상당수가 사라지고 사용자가 직접 추가하는 형태로 바뀌어 많이 가벼워졌습니다. 또한 라우팅 방식이 바뀌면서 버전 3에서 미들웨어 순서에 따라 미묘하게 프로그램 동작 방식이 달라지던 문제가 사라졌고, 기타 몇 가지를 개선했습니다. 변경한 부분은 본문에서 간간이 소개되지만, 자세한 내용이 궁금하신 분은 *https://expressjs.com/ko/guide/migrating-4.html*을 참고하세요.

1.5 노드: 새로운 웹 서버

노드는 마이크로소프트의 인터넷 정보 서비스Internet Information Services (IIS)나 아파치Apache 같은 기존의 웹 서버와 비슷한 점이 많습니다. 하지만 보통은 차이점이 더 흥미로운 법이죠. 차이점부터 시작합시다.

익스프레스와 마찬가지로 노드 역시 최소한의 웹 서버를 목표로 개발됐습니다. IIS나 아파치는 마스터하려면 몇 년의 시간이 필요할 수도 있지만, 노드는 설치하고 설정하기 쉽습니다. 물론 실무 환경에서 노드 서버가 최대한의 성능을 발휘하도록 설정하는 것이 쉽다는 건 아닙니다. 그저 설정 옵션이 더 단순하고 간단하게 만들어져 있다는 뜻입니다.

노드와 전통적인 웹 서버의 중요한 차이 중에는 노드가 싱글 스레드를 사용한다는 것도 있습니다. 언뜻 보면 퇴보한 것으로 보일 수도 있지만 알고 보면 무척 영리한 결정이었습니다. 단일 스레드는 웹 앱을 만드는 작업을 단순화하며, 앱에서 멀티 스레드 성능이 필요하다면 노드 인스턴스를 늘리기만 해도 멀티 스레드의 성능을 누릴 수 있습니다. 현명한 독자라면 눈속임처럼 들린다고 생각할 수도 있습니다. 결국 서버 병렬화를 통해 멀티 스레드를 모방한다는 것은 복잡함을 없애는 게 아니라 단순히 옆으로 치웠을 뿐이니까요. 하지만 필자가 경험하기로는 복잡해야 할 곳은 복잡해지고, 복잡할 필요가 없는 곳은 단순해진 겁니다. 또한 클라우드 컴퓨팅이 대세가 되어 서버를 범용 자원으로 간주하는 사고방식이 늘어나는 현 상황에도 더 잘 들어맞습니다. IIS와 아파치는 물론 강력하고, 최근의 강력한 하드웨어에서도 성능의 마지막 한 방울까지 쥐어짜도록 설계되어 있습니다. 하지만 그런 강력함에는 대가가 따릅니다. 그 정도로 성능을 뽑아내기 위해서는 대단히 전문화된 인력이 필요합니다.

앱을 작성하는 관점에서 본다면, 노드 앱은 닷넷이나 자바 앱 보다는 PHP나 루비 앱에 더 가깝습니다. 노드가 사용하는 자바스크립트 엔진(구글의 V8)이 자바스크립트를 C나 C++과 비슷하게 네이티브 컴퓨터 코드로 컴파일[2]하긴 하지만, 이 과정은 사용자에게 노출되지 않으므로 사용자가 보기에는 순수한 인터프리터 언어와 다를 것이 없습니다. 따로 컴파일하는 과정이 포함되지 않으므로 유지 보수와 배포 과정 역시 단순해집니다. 자바스크립트 파일을 업데이트하기만 하면, 나머지는 자동으로 적용됩니다.

노드 앱의 또 다른 훌륭한 장점은 노드가 완전히 플랫폼 독립적이라는 겁니다. 노드가 최초의 플랫폼 독립적 서버이거나 유일한 플랫폼 독립적 서버인 것은 아니지만, 플랫폼 독립성은 단순

---

2 보통 적시(just in time, JIT) 컴파일이라고 부릅니다.

한 말로 표현하기 어려운 장점입니다. 예를 들어 리눅스 서버에서도 모노^{Mono}를 통해 닷넷 앱을 실행할 수는 있지만, 문서가 여기저기 흩어져 있고 시스템 호환성도 떨어지므로 아주 고통스런 작업을 해야 합니다. 마찬가지로, 윈도우 서버에서 PHP 앱을 실행할 수는 있지만 리눅스 컴퓨터만큼 쉽지는 않습니다. 반면 노드는 윈도우나 맥OS, 리눅스 같은 주요 운영체제에 쉽게 설치할 수 있고 협업하기도 쉽습니다. 웹사이트 디자인 팀에는 윈도우 PC를 사용하는 사람과 맥을 사용하는 사람이 섞여 있는 경우가 대부분입니다. 프런트엔드 개발자와 디자이너 중에는 맥을 사용하는 사람이 많은데, 닷넷 앱을 개발할 때 이들과 협력하려면 상당한 비효율성을 감수해야 합니다. 단 몇 분 만에(또는 몇 초 만에!) 어떤 운영체제에든 서버를 설치하고 동작하게 만들 수 있다니, 정말 꿈 같은 일입니다.

1.6 노드 생태계

물론 이 생태계의 중심은 노드입니다. 자바스크립트를 브라우저에서 독립시켜 서버에서 실행될 수 있게 만들고, 익스프레스처럼 자바스크립트로 작성한 프레임워크를 사용할 수 있게 만든 것은 노드입니다. 다른 주요 구성 요소인 데이터베이스에 대해서는 13장에서 더 자세히 설명합니다. 가장 단순한 일부를 제외하면 웹 앱은 모두 데이터베이스가 필요하며, 다른 서버보다 노드 생태계에 더 밀접한 데이터베이스들이 존재합니다.

MySQL, MariaDB, PostgreSQL, 오라클, SQL 서버 같은 주요 관계형 데이터베이스 인터페이스가 노드에 존재하는 것은 당연합니다. 이미 만들어져 있는 강력한 시스템을 배척하는 것은 어리석은 일이니까요. 하지만 노드가 득세하면서 데이터베이스 스토리지에도 소위 NoSQL 데이터베이스라 부르는 새로운 접근법이 생겨났습니다. NoSQL 데이터베이스를 'SQL이 아니다' 라고만 하면 무슨 뜻인지 알기 어려우니 '문서 데이터베이스', '키-값 쌍 데이터베이스'라고 부르는 편이 더 적절할 수도 있습니다. NoSQL 데이터베이스는 데이터 스토리지에 좀 더 단순한 방식으로 접근합니다. NoSQL 데이터베이스 역시 여러 가지이지만, 그중에서 선도적인 위치를 차지한 것은 몽고DB^{MongoDB}이며 이 책에서도 몽고DB를 사용합니다.

웹사이트를 만들기 위해서는 여러 가지 기술을 조합해야 하며, 이 조합을 흔히 '스택'이라 부릅니다. 예를 들어 리눅스, 아파치, MySQL, PHP의 조합은 **LAMP** 스택이라 부릅니다. 몽고DB 엔지니어인 발레리 카르포프^{Valeri Karpov}는 몽고, 익스프레스, 앵귤러, 노드의 앞 글자만 조합해

MEAN이라는 표현을 만들었습니다. 현실을 어느 정도 반영한 표현이긴 하지만 완전히 정확하지는 않습니다. MEAN이라는 표현으로는 노드 생태계에 존재하는 다양한 데이터베이스와 애플리케이션 프레임워크를 모두 표현할 수 없으니까요(필자는 렌더링 엔진 역시 중요한 구성 요소라고 보는데 MEAN이라는 표현에는 이것 역시 빠져 있습니다).

포괄적인 약어를 만들어보는 것은 흥미로운 일입니다. 물론 빼놓을 수 없는 구성 요소는 노드입니다. 다른 서버 사이드 자바스크립트 컨테이너도 있지만, 노드가 가장 지배적입니다. 익스프레스 역시 유일한 웹 앱 프레임워크는 아니지만, 지배력이라는 면에서는 노드에 버금갑니다. 나머지 두 구성 요소는 보통 웹 앱 개발에 필수적인 데이터베이스 서버와 렌더링 엔진(핸들바 같은 템플릿 엔진이나 리액트 같은 SPA 프레임워크)입니다. 이 두 가지는 노드나 익스프레스처럼 명백한 선두 주자가 없으므로, LAMP처럼 쉽게 약어를 만들 수는 없습니다.

아무튼 이들을 하나로 엮는 것은 자바스크립트이므로, 필자는 이들을 아울러 자바스크립트 스택이라고 부릅니다. 이 책에서 자바스크립트 스택이라는 표현을 쓰면 그건 노드와 익스프레스, 몽고DB(13장에서 다른 관계형 데이터베이스를 소개하긴 합니다)입니다.

1.7 라이선스

노드 애플리케이션을 개발할 때는 지금까지보다 라이선스 문제에 더 신경을 써야 합니다(최소한 필자는 그랬습니다). 노드 생태계의 장점 중 하나는 사용할 수 있는 패키지가 방대하다는 것입니다. 하지만 각 패키지마다 라이선스 정책이 다르고, 심지어 그 패키지가 다른 패키지에 의존할 수 있으므로 앱을 직접 만들더라도 다양한 부분의 라이선스 문제를 이해하기란 쉽지 않습니다.

아주 절망적인 것은 아닙니다. 다행히 노드 패키지에서 가장 많이 사용하는 라이선스는 MIT 라이선스이며, 이 라이선스는 매우 포괄적이어서 원하는 것은 거의 모두 허용하고 심지어 오픈소스가 아닌 소프트웨어에 사용하는 것도 허용합니다. 하지만 모든 패키지가 다 MIT 라이선스를 사용한다고 생각해서는 안 됩니다.

> **TIP** npm에는 프로젝트에 포함된 패키지와 그 의존성을 통해 라이선스 문제를 파악하도록 도와주는 패키지도 있습니다. npm에서 nlf나 license-report를 검색해보세요.

MIT가 가장 널리 쓰이는 라이선스이긴 하지만, 다음과 같은 라이선스 역시 종종 마주치게 될 겁니다.

GNU 일반 공중 사용 허가(GPL)

GPL은 소프트웨어를 무료로 사용할 수 있도록 잘 설계된 오픈 소스 라이선스입니다. 프로젝트에 GPL 라이선스를 적용한 패키지를 사용한다면, 그 프로젝트 역시 반드시 GPL 라이선스를 따라야 합니다. 즉, 이런 프로젝트는 클로즈드 소스(오픈 소스의 반대)가 될 수 없습니다.

아파치 2.0

이 라이선스 역시 MIT와 마찬가지로 프로젝트에 클로즈드 소스를 포함해 다양한 라이선스를 사용할 수 있도록 허가합니다. 하지만 아파치 2.0 라이선스를 따르는 구성 요소가 있다는 점을 반드시 명문화해야 합니다.

버클리 소프트웨어 배포(BSD)

아파치와 마찬가지로 BSD 역시 프로젝트에서 필요한 라이선스를 사용할 수 있지만 BSD 라이선스를 따른다는 점을 명시해야 합니다.

> **NOTE_** 소프트웨어 중에는 두 가지 라이선스를 사용하는 경우도 있습니다. 이렇게 하는 주된 이유는 그 소프트웨어를 GPL 프로젝트에서도 사용하고, GPL보다 더 너그러운 라이선스를 사용하는 프로젝트에서도 사용할 수 있게 하기 위해서입니다(GPL 라이선스를 따르는 소프트웨어에 사용하는 구성 요소는 모두 반드시 GPL 라이선스를 따라야 합니다). 필자 역시 개인 프로젝트를 만들 때 GPL과 MIT를 둘 다 사용하는 경우가 많습니다.

마지막으로 패키지를 직접 만든다면 선의를 가지고 패키지에 맞는 라이선스를 선택하고, 그 사실을 정확히 문서화해야 합니다. 다른 사람이 만든 패키지를 사용했다가 그 패키지의 라이선스 정책을 파악하기 위해 사방을 뒤적거려야 하거나, 심지어 라이선스가 아예 없는 경우는 개발자에게 정말 골치 아픈 일입니다.

1.8 마치며

이 장을 통해 익스프레스가 무엇인지, 노드와 자바스크립트 생태계에서 어떤 역할을 하고 있는지 이해할 수 있었기를 바랍니다. 또한 서버 사이드 웹 애플리케이션과 클라이언트 사이드 웹 애플리케이션의 관계에 대해서도 명쾌하게 이해했기를 바랍니다.

익스프레스가 정확히 무엇인지 아직 파악하지 못했어도 괜찮습니다. 때로는 먼저 이해하기보다 무작정 해보는 것이 더 쉬울 때도 있으니까요. 책을 따라오면 익스프레스로 웹 애플리케이션을 만들 수 있게 될 겁니다. 하지만 다음 장에서 익스프레스를 바로 시작하기 보다 먼저 노드를 간단히 알아봅니다. 노드를 이해하면 익스프레스가 어떻게 동작하는지 더 잘 이해하게 될 겁니다.

CHAPTER 2

노드 시작하기

노드가 처음이라면 이번 장이 유용할 겁니다. 익스프레스를 이해하고 잘 사용하려면 노드의 기본을 이해하고 있어야 합니다. 이미 노드로 웹 앱을 만들어봤다면 이번 장은 건너뛰어도 좋습니다. 여기서는 노드로 아주 기본적인 웹 서버를 만듭니다. 다음 장에서 같은 일을 익스프레스로 구현해봅니다.

2.1 노드 설치

노드를 컴퓨터에 설치하는 것은 아주 쉽습니다. 노드 개발 팀은 주요 플랫폼에서 노드를 아주 쉽고 단순하게 설치할 수 있도록 만들었습니다.

노드 홈페이지[1]에 방문해 버전 숫자 다음에 [LTS(Recommended for Most Users)]라고 쓰인 큼직한 녹색 버튼을 클릭하세요. 여기서 LTS는 오랫동안 지원된다는 뜻이며, 현재 버전이라 표시된 것보다 조금 더 안정적입니다. 현재 버전은 최근 기능을 포함하고 있고 성능이 조금 더 개선된 버전입니다.

윈도우와 맥OS에서는 설치 파일을 내려받아 실행합니다. 리눅스에서는 패키지 매니저[2]를 사

---

1 http://nodejs.org/

2 http://bit.ly/36UYMxI

용하는 편이 더 빠릅니다.

> **CAUTION_** 리눅스 사용자이고 패키지 매니저를 통해 노드를 설치하려 한다면, 반드시 앞에서 언급한 패키지 매니저의 지침을 따라야 합니다. 정확한 패키지 저장소를 추가하지 않는다면, 상당수의 리눅스 배포판에서 아주 오래된 버전을 설치할 겁니다.

https://nodejs.org/en/download에서 독립 설치 파일을 내려받을 수도 있습니다. 조직에 노드를 배포할 계획이라면 이 파일이 도움이 될 겁니다.

2.2 터미널 사용하기

필자는 터미널(콘솔, 명령 프롬프트)의 강력함과 생산성에 빠져 있는 광신도입니다. 이 책에서 사용하는 예제는 모두 독자 여러분이 터미널에 익숙하다고 가정합니다. 아직 터미널에 익숙하지 않다면, 꼭 시간을 내서 터미널 프로그램을 선택하고 익숙해지길 권합니다. 책에서 소개하는 도구들은 대부분 터미널에 대응하는 GUI 인터페이스가 있으므로 도저히 터미널에 익숙해지지 않더라도 방법이 없는 건 아니지만, 그 방법은 여러분이 직접 찾아야 할 겁니다.

맥OS나 리눅스 사용자라면 선택할 수 있는 셸(터미널 명령어 인터프리터)이 많이 있습니다. 가장 많이 사용하는 것은 단연 배시bash이며 zsh도 사용자 층이 꽤 두텁습니다. 필자가 배시를 선호하는 이유는 배시가 어디에든 있기 때문입니다. 유닉스를 사용하는 컴퓨터 중 99%는 배시를 기본 셸로 사용합니다.

윈도우 사용자에게는 상황이 그리 좋지만은 않습니다. 마이크로소프트는 터미널의 사용자 경험을 개선하는 데 별 관심이 없어 보이므로 여러분이 해야 할 일이 조금 더 많습니다. 다행히 깃에 깃 배시라는 셸이 들어 있습니다. 깃 배시는 유닉스와 비슷한 터미널입니다. 일반적인 유닉스 명령어에 비하면 좀 부족하지만 유용한 명령어를 제공합니다. 깃 배시를 사용하면 최소한의 배시 셸 기능을 쓸 수 있긴 하지만, 윈도에 내장된 콘솔 애플리케이션의 한계를 벗어나지 못하므로 연습 문제를 따라 하기에도 불편함이 많을 겁니다. 콘솔 윈도우의 크기를 조정하거나 텍스트를 잘라내고 붙여넣는 단순한 기능조차도 직관적이지 못하며, 한 마디로 형편없습니다.

따라서 필자는 콘솔Z[3]나 ConEmu[4] 같은 좀 더 나은 터미널 프로그램을 설치하길 권합니다. 윈도우 파워 유저, 특히 닷넷 개발자나 윈도우 시스템/네트워크 관리자라면 마이크로소프트 파워셸PowerShell 역시 써볼 만합니다. 파워셸은 이름 그대로 꽤 강력한 도구입니다. 파워셸로 꽤 인상적인 일을 할 수 있고, 경험이 풍부하다면 유닉스 터미널에 숙련된 사람도 부럽지 않습니다. 하지만 맥OS나 리눅스와 윈도우를 오가며 작업해야 한다면 작업 환경의 일관성을 고려해 깃 배시가 더 나을 수도 있습니다.

윈도우 10이나 그 이후 버전을 사용한다면 윈도우에 우분투 리눅스를 설치할 수 있습니다. 이 것은 듀얼 부팅이나 가상화 같은 것이 아니라, 마이크로소프트의 오픈 소스 팀에서 노력한 결과 윈도우에서도 리눅스를 경험할 수 있게 된 것입니다. 마이크로소프트 앱 스토어[5]에서 윈도우용 우분투를 설치할 수 있습니다.

윈도우 사용자의 마지막 옵션은 가상화입니다. 최신 컴퓨터는 강력하고 잘 짜여져 있으므로 가상 머신(VM)을 사용해도 실제 컴퓨터와 큰 차이가 나지 않습니다. 필자는 오라클의 버추얼박스VirtualBox[6]를 사용하면서 꽤 만족했었습니다.

마지막으로 사용하는 컴퓨터의 운영체제에 관계없이 사용할 수 있는 클라우드나인Cloud9[7] 같은 훌륭한 클라우드 기반 개발 환경도 있습니다. 클라우드나인을 사용하면 노드 개발 환경을 빠르게 구성할 수 있습니다.

마음에 드는 셸을 선택했다면 시간을 좀 투자해서 기본적인 사용법을 익히길 권합니다. 인터넷에는 배시 가이드[8] 같은 훌륭한 자료가 많습니다. 지금 조금만 시간을 투자하면 나중에 찾아올 두통거리를 줄일 수 있습니다. 최소한 디렉터리를 이동하고 파일을 복사, 이동, 삭제하는 법, 터미널에서 빠져나오는 법(보통 [Ctrl + C]) 정도는 알아야 합니다. 터미널 전문가가 되고 싶다면 파일에서 텍스트를 검색하는 법, 파일과 디렉터리를 검색하는 법, 명령어를 체인으로 묶는 법, 출력 결과를 리디렉트redirect하는 법도 배워두면 좋습니다.

---

3 *https://github.com/cbucher/console*
4 *https://conemu.github.io/*
5 *http://bit.ly/2KcSfEI*
6 *https://www.virtualbox.org/*
7 *https://aws.amazon.com/cloud9/*
8 *https://guide.bash.academy/*

2.3 에디터

에디터 선택만큼이나 프로그래머들을 불타오르게 하는 주제도 많지 않습니다. 그럴 만도 한 것이, 에디터야말로 가장 중요한 도구니까요. 필자가 주로 사용하는 에디터는 vi, 또는 vi 모드를 제공하는 에디터입니다.[9] vi는 배우기 쉬운 에디터는 아닙니다. 필자의 동료들은 필자가 vi를 쓰면 일이 얼마나 편해지는지 얘기할 때마다 불신의 눈빛을 보내곤 합니다. 하지만 강력한 에디터를 찾고 거기 익숙해지기만 하면 생산성이 얼마나 올라가는지 알고 있기에, 권할 만한 에디터라고 생각합니다. 필자가 vi를 선호하는 이유 중 하나는 배시처럼 어디에나 있다는 점입니다. 유닉스 시스템에 접속하면 vi가 대기하고 있습니다. 널리 쓰이는 에디터들은 대부분 vi 모드를 지원하므로 vi의 키보드 명령어를 사용할 수 있습니다. 일단 익숙해지면 다른 에디터를 사용하기가 어려워질 겁니다. vi는 배우기 어렵지만, 분명 그만한 가치가 있습니다.

만약 독자 여러분이 필자처럼 '어디서든 사용할 수 있는 에디터'에 중요한 가치를 둔다면, 이맥스 역시 괜찮은 선택입니다. 필자는 이맥스를 잘 사용하지 않는 편이지만(보통 이맥스 사용자와 vi 사용자로 양분됩니다), 이맥스의 강력함과 유연함은 충분히 인정하고 있습니다. vi의 모달 편집 방식이 익숙해지지 않는다면 이맥스를 써보는 것도 좋습니다.

vi나 이맥스 같은 콘솔 에디터에 익숙해지면 정말 편리하지만, 여전히 최신 에디터를 선호하는 사람도 있을 겁니다. 비주얼 스튜디오 코드[10]도 널리 사용되는 에디터입니다('코드'가 없는 비주얼 스튜디오와 혼동하지 마세요). 필자는 비주얼 스튜디오 코드를 자신 있게 권할 수 있습니

---

9 최근에는 vi가 vim(vi improved)의 비슷한 말처럼 쓰입니다. 대부분의 컴퓨터에서 vi는 vim을 호출하는 별칭으로 사용되지만, 필자는 vim을 사용하고 있다는 인식을 갖기 위해 보통 vim이라고 명령하는 편입니다.
10 *https://code.visualstudio.com/*

다. 비주얼 스튜디오 코드는 노드와 자바스크립트 개발에 안성맞춤인, 잘 설계되고 빠르고 효율적인 에디터입니다. 아톰[11] 역시 자바스크립트 커뮤니티에서 널리 쓰이는 에디터입니다. 둘다 윈도우, 맥OS, 리눅스에서 무료로 사용할 수 있으며, 둘 다 vi 모드가 있습니다!

마음에 드는 에디터를 찾았으면 이제 npm을 알아봅시다. npm에서 다른 사람이 만든 패키지를 설치할 수 있으므로 거대하고 활발한 자바스크립트 커뮤니티를 활용할 수 있게 됩니다.

2.4 npm

npm은 노드 패키지를 위한 패키지 매니저입니다.

패키지 매니저의 임무는 크게 말해 패키지를 설치하고 의존성을 관리하는 겁니다. npm은 빠르고, 사용하기 쉬우면서도 필요한 기능은 다 갖춘 패키지 매니저입니다. 필자는 노드 생태계가 이렇게 빠르게 확장된 것에는 npm의 역할도 컸다고 봅니다.

> **NOTE_** 얀Yam 역시 널리 쓰이는 패키지 매니저이며, npm과 같은 패키지 데이터베이스를 사용합니다. 16장에서 얀을 사용합니다.

npm은 노드를 설치할 때 함께 설치됩니다. 책을 따라왔다면 이미 설치되어 있습니다.

npm에서 가장 많이 사용할 명령어는 당연히 `install`입니다. 예를 들어 노드몬nodemon을 설치하려면 콘솔에서 다음과 같이 명령합니다.[12] 노드몬은 소스 코드를 수정했을 때 자동으로 노드 프로그램을 재시작하는, 널리 쓰이는 유틸리티입니다.

```
npm install -g nodemon
```

-g 플래그는 패키지를 **전역으로**globally 설치하라는 의미이며, 이렇게 하면 시스템 전체에서 해당 패키지를 사용할 수 있습니다. 이렇게 구분하는 이유는 `package.json` 파일에 대해 설명할 때

---

11 https://atom.io/
12 옮긴이_ npm install 대신 npm i로 명령해도 잘 동작합니다. 책의 예제는 수정하지 않습니다.

알게 될 겁니다. 일단은 노드몬 같은 자바스크립트 유틸리티는 일반적으로 전역으로 설치하며 특정 웹 앱이나 프로젝트에서만 사용하는 패키지는 전역으로 설치하지 않는다는 정도로만 알아두면 됩니다.

> **NOTE_** 파이썬 같은 언어는 2.0에서 3.0으로 넘어가면서 바뀐 것이 아주 많으므로 환경을 쉽게 바꿀 수 있는 방법이 꼭 필요하지만, 노드는 아직 그런 격변을 겪지 않았으므로 항상 최신 버전을 설치하고 사용하면 됩니다. 하지만 어떤 이유로 여러 가지 노드 버전을 지원해야 한다면, nvm[13]이나 n[14]을 사용해 파이썬처럼 환경을 바꿀 수도 있습니다. 컴퓨터에 설치된 노드 버전을 확인하려면 node --version 명령을 사용하면 됩니다.

2.5 노드로 만드는 단순한 웹 서버

정적인 HTML 웹사이트를 만들어본 일이 있거나 PHP나 ASP 환경에서 일한 경험이 있다면, 아파치나 IIS 같은 웹 서버에서 정적 파일을 전송하고 브라우저가 네트워크로 그 파일을 받는 개념에 익숙할 겁니다. 예를 들어 about.html 파일을 만들어 적당한 디렉터리에 넣으면 브라우저에서 http://localhost/about.html로 이동할 수 있습니다. 웹 서버의 설정에 따라서는 확장자인 .html을 생략할 수도 있습니다. 아무튼 URL과 파일 이름의 관계는 명확합니다. 웹 서버는 파일이 컴퓨터 어디에 있는지 확인하고 브라우저에 그 파일을 전송합니다.

> **NOTE_ 로컬 호스트** localhost는 이름 그대로 지금 사용 중인 컴퓨터를 가리킵니다. 로컬 호스트는 보통 IPv4 루프백loopback 주소 127.0.0.1이나 IPv6 루프백 주소 ::1의 별칭으로 쓰입니다. 127.0.0.1을 사용하는 사람도 있지만, 필자는 이 책에서 localhost를 사용합니다. 다만 SSH 등을 사용해 원격 컴퓨터에 접속했다면, localhost로 그 컴퓨터에 연결할 수 없다는 점은 기억하세요.

노드는 전통적인 웹 서버와는 다른 패러다임을 제시합니다. 노드에서는 앱이 곧 웹 서버입니다. 노드는 웹 서버를 만들 수 있는 프레임워크를 제공할 뿐입니다.

---

13 *https://github.com/creationix/nvm*
14 *https://github.com/tj/n*

'하지만 나는 웹 서버를 만들 생각은 없는데'라고 생각할 수도 있습니다. 물론 그건 자연스런 반응입니다. 보통은 웹 서버가 아니라 앱을 만들고 싶어 하니까요. 하지만 노드를 사용하면 웹 서버를 정말 쉽게 만들 수 있고, 심지어 코드 몇 줄로도 만들 수 있습니다. 이 정도 노력으로 애플리케이션을 훨씬 더 세밀히 제어할 수 있다는 점을 생각하면, 충분히 가치가 있는 일입니다.

그러니 웹 서버를 만들어봅시다. 노드를 설치했고, 터미널에도 익숙해졌다면 준비는 다 된 겁니다.

2.5.1 Hello World

필자는 프로그래밍 예제를 보여 줄 때마다 당연하다는 듯 Hello world라는 별 느낌 없는 메시지를 사용하는 현실이 늘 불만입니다. 하지만 이 유서 깊은 전통에 필자 혼자 거스르는 것은 이단으로 보일 테니, 먼저 Hello world부터 만들어본 다음 더 흥미로운 것을 만들어봅시다.

선택한 에디터에서 다음과 같이 helloworld.js 파일을 만듭니다(ch02/00-helloworld.js).

```
const http = require('http')
const port = process.env.PORT || 3000

const server = http.createServer((req, res) => {
res.writeHead(200, { 'Content-Type': 'text/plain' })
res.end('Hello world!')
})

server.listen(port, () => console.log(`server started on port ${port}; ` +
'press Ctrl-C to terminate....'))
```

> **NOTE**_ 그동안 자바스크립트를 사용했었다면, 행 끝에 항상 세미콜론을 붙이라는 얘기를 귀에 딱지가 앉도록 들었을 테니 필자의 예제에 세미콜론이 없는 걸 보고 의아해할 수도 있습니다. 필자 역시 항상 세미콜론을 사용하는 편이었지만, 리액트 개발에 참여하는 일이 늘어나면서 어느 날부터는 사용하지 않게 됐습니다. 리액트에서는 세미콜론을 사용하지 않는 관습이 있기 때문입니다. 세미콜론을 사용하지 않게 되고 얼마 후 필자는 왜 그동안 그렇게도 세미콜론을 부르짖었는지 의아해했고, 이제는 확실히 세미콜론을 쓰지 않는 편에 속하게 됐습니다. 따라서 이 책의 예제에서도 세미콜론을 사용하지 않습니다. 물론 이것은 필자의 개인적인 선택일 뿐이며, 독자 여러분이 세미콜론이 있는 게 편하다면 얼마든지 그렇게 해도 됩니다.

터미널에서 helloworld.js 파일을 저장한 디렉터리로 이동해서 node helloworld.js라고 입력합니다.[15] 그리고 브라우저를 열고 http://localhost:3000로 이동하면, 만세! 첫 번째 웹 서버를 만들었습니다. 이 서버는 HTML을 전송하지 않습니다. 그저 브라우저에 평범한 텍스트 'Hello world!'를 표시할 뿐입니다. 원한다면 이 파일의 text/plain 부분을 text/html로 바꾸고 'Hello world!'를 유효한 HTML로 바꿔서 HTML을 전송하는 실험을 해볼 수도 있습니다. 필자가 그런 예제를 직접 제시하지 않는 이유는, 7장에서 더 자세히 설명하므로 자바스크립트 안에 HTML을 삽입하는 일은 피하고 있기 때문입니다.

2.5.2 이벤트 주도 프로그래밍

노드의 배경이 되는 철학은 **이벤트 주도 프로그래밍**event-driven programming입니다. 이 말은 어떤 이벤트가 일어날지, 그 이벤트에 어떻게 반응해야 할지 프로그래머가 이해해야 한다는 뜻입니다. 이벤트 주도 프로그래밍을 설명할 때는 대개 사용자 인터페이스를 통해 설명합니다. 사용자가 뭔가를 클릭하면, 프로그래머는 **클릭 이벤트**를 처리합니다. 프로그래머는 사용자가 언제 클릭할지, 또는 클릭을 하긴 할지조차 전혀 알 수 없고 통제도 불가능하므로 사용자 인터페이스는 좋은 비유입니다. 이벤트가 서버에서 일어난다는 점은 낯선 개념이겠지만, 기본 발상은 동일합니다.

이전 예제의 이벤트는 HTTP 요청입니다. http.createServer 메서드는 함수를 매개변수로 받습니다. 그리고 HTTP 요청이 일어날 때마다 이 함수를 호출합니다. 이 예제의 프로그램은 콘텐츠 타입을 평문으로 맞추고 'Hello world!'라는 문자열을 보낼 뿐입니다.

일단 이벤트 주도 프로그래밍이라는 관점에서 생각하기 시작하면 모든 것이 이벤트로 보일 겁니다. 예를 들어 사용자가 애플리케이션의 한 영역(페이지)에서 다른 영역으로 이동하는 것도 이벤트입니다. 이런 내비게이션 이벤트에 애플리케이션이 어떻게 반응할지 정하는 것을 라우팅이라 부릅니다.

---

15 옮긴이_ 확장자를 빼고 node helloworld 같이 명령해도 됩니다. 책의 예제는 수정하지 않습니다.

2.5.3 라우팅

라우팅routing은 클라이언트가 요청한 콘텐츠를 전송하는 메커니즘을 가리킵니다. 웹 기반 클라이언트/서버 애플리케이션에서 클라이언트는 원하는 콘텐츠를 URL, 즉 경로path와 쿼리스트링querystring으로 요청합니다. URL의 각 부분에 대해서는 6장에서 자세히 설명합니다.

> **NOTE_** 서버 라우팅은 전통적으로 경로와 쿼리스트링에 의존하지만, 요청에는 헤더, 도메인, IP 주소 같은 다른 정보도 들어 있습니다. 서버는 이런 정보를 통해 몇 가지를 더 판단할 수 있습니다. 예를 들어 사용자가 (물리적으로) 대략 어디쯤에 있는지, 사용자가 어느 나라의 언어를 사용하는지 등입니다.

'Hello world!' 예제를 더 흥미로운 것으로 만들어봅시다. 홈페이지, 어바웃 페이지, 404 페이지로 구성된 최소한의 웹사이트를 전송하는 겁니다. 지금은 이전 예제를 조금만 수정해서 HTML 대신 평문만 보냅니다(ch02/01-helloworld.js).

```
const http = require('http')
const port = process.env.PORT || 3000

const server = http.createServer((req,res) => {
  // 쿼리스트링, 옵션인 마지막 슬래시를 없애고 소문자로 바꿔서 url을 정규화합니다.
  const path = req.url.replace(/\/?(?:\?.*)?$/, '').toLowerCase()
  switch(path) {
    case '':
      res.writeHead(200, { 'Content-Type': 'text/plain' })
      res.end('Homepage')
      break
    case '/about':
      res.writeHead(200, { 'Content-Type': 'text/plain' })
      res.end('About')
      break
    default:
      res.writeHead(404, { 'Content-Type': 'text/plain' })
      res.end('Not Found')
      break
  }
})

server.listen(port, () => console.log(`server started on port ${port}; ` +
'press Ctrl-C to terminate....'))
```

이 파일을 실행하면 홈페이지(http://localhost:3000)나 어바웃 페이지(http://local host:3000/about)로 이동할 수 있습니다. 쿼리스트링은 모두 무시하므로 http://local host:3000/?foo=bar는 홈페이지로 이동하고, http://localhost:3000/foo 같은 URL은 404 페이지로 이동합니다.

2.5.4 정적 자원 전송

이제 라우팅에 성공했으니 실제 HTML과 로고 이미지를 전송해봅시다. 이런 파일을 **정적**static 자원이라 부르는 이유는 일반적으로 바뀌지 않기 때문입니다. 페이지를 새로고침할 때마다 바뀌는 주가 표시기 같은 것과는 반대입니다.

TIP 노드에서 정적 자원을 전송하는 것은 개발 단계나 작은 프로젝트에서는 괜찮지만, 큰 프로젝트에서는 NGINX 같은 프록시 서버, 또는 CDN을 통해 정적 자원을 전송하는 편이 낫습니다. 17장에서 더 자세히 설명합니다.

아파치나 IIS를 사용했었다면, HTML 파일을 만들고 그 파일의 위치로 이동하기만 하면 브라우저가 자동으로 그 파일을 전송받는 형태에 익숙할 겁니다. 하지만 노드는 그런 식으로 동작하지 않으므로 파일을 열고, 콘텐츠를 읽어서 브라우저에 보내야 합니다. 그러니 정적 파일을 보관할 public 디렉터리를 만듭니다(static이라는 이름을 쓰지 않는 이유는 다음 장에서 설명합니다). public 디렉터리에 home.html, about.html, 404.html 파일을 만들고, img 서브디렉터리를 만들어 img/logo.png 이미지 파일을 저장합니다. 이 과정은 독자 여러분에게 맡기겠습니다. 이 책을 읽는 독자라면 HTML 파일을 만드는 방법이나 이미지 파일을 찾는 방법 정도는 알고 있을 겁니다. HTML 파일에 <img src="/img/logo.png" alt="logo">와 같이 로고 파일을 링크합니다.

이제 helloworld.js를 다음과 같이 수정합니다(ch02/02-helloworld.js).

```
const http = require('http')
const fs = require('fs')
const port = process.env.PORT || 3000

function serveStaticFile(res, path, contentType, responseCode = 200) {
  fs.readFile(__dirname + path, (err, data) => {
    if(err) {
```

```
      res.writeHead(500, { 'Content-Type': 'text/plain' })
      return res.end('500 - Internal Error')
    }
    res.writeHead(responseCode, { 'Content-Type': contentType })
    res.end(data)
  })
}

const server = http.createServer((req,res) => {
  // 쿼리스트링, 옵션인 마지막 슬래시를 없애고 소문자로 바꿔서 url을 정규화합니다.
  const path = req.url.replace(/\/?(?:\?.*)?$/, '').toLowerCase()
  switch(path) {
    case '':
      serveStaticFile(res, '/public/home.html', 'text/html')
      break
    case '/about':
      serveStaticFile(res, '/public/about.html', 'text/html')
      break
    case '/img/logo.png':
      serveStaticFile(res, '/public/img/logo.png', 'image/png')
      break
    default:
      serveStaticFile(res, '/public/404.html', 'text/html', 404)
      break
  }
})

server.listen(port, () => console.log(`server started on port ${port}; ` +
  'press Ctrl-C to terminate....'))
```

> **NOTE_** 이 예제에서는 라우팅에 별다른 상상력을 발휘하지는 않았으므로, `http://localhost:3000/`
> `about`로 이동하면 `public/about.html` 파일이 전송됩니다. 경로나 파일은 마음대로 바꿔도 됩니다. 예를
> 들어 요일마다 어바웃 페이지를 바꾸고 싶다면, `public/about_mon.html`, `public/about_tue.html`
> 같은 파일을 만들어둔 다음 사용자가 `http://localhost:3000/about`에 방문할 때 적절한 페이지를 전
> 송하는 코드를 라우팅에 삽입하면 됩니다.

이 예제에서는 몇 가지 일을 처리하는 보조 함수 **serveStaticFile**을 만들었습니다. **fs.read
File**은 파일을 비동기적으로 읽는 메서드입니다. 동기적으로 읽는 **fs.readFileSync**도 있지
만, 동기적 사고방식에서는 일찍 벗어날수록 좋습니다. **fs.readFile** 함수는 콜백이라 부르는

패턴을 사용합니다. 함수를 호출할 때 콜백 함수를 전달하면, 함수가 실행을 마쳤을 때 콜백 함수가 호출됩니다. 이 예제에서는 `fs.readFile`이 지정한 파일의 콘텐츠를 읽고, 다 읽은 다음에는 콜백 함수를 실행합니다. 만약 파일이 존재하지 않거나 권한 문제 때문에 파일을 읽을 수 없다면 err 변수가 만들어지고 함수는 서버 오류를 나타내는 HTTP 상태 코드 500을 반환합니다. 파일을 성공적으로 읽었으면 콜백 함수에 전달된 응답 코드와 콘텐츠 타입과 함께 파일을 클라이언트에 전송합니다. 응답 코드는 6장에서 더 자세히 설명합니다.

> **TIP** `__dirname`은 현재 실행 중인 스크립트가 존재하는 디렉터리입니다. 따라서 스크립트가 /home/sites/app.js 안에 존재한다면 `__dirname`은 /home/sites입니다. `__dirname` 변수는 가능한 자주 활용하는 편이 좋습니다. 이 변수를 활용하지 않으면, 앱을 다른 디렉터리에서 실행했을 때 찾기 힘든 오류가 일어날 수 있습니다.

2.6 익스프레스로 출발

지금까지만 보면 노드가 그리 인상적이지는 않을 겁니다. 결국 아파치나 IIS에서 자동으로 하는 일을 반복했을 뿐이지만, 노드가 일을 어떻게 처리하는지, 그 과정을 어떻게 제어할 수 있는지 감은 잡을 수 있었을 겁니다. 딱히 인상적인 결과물을 만든 건 아니지만, 더 세련된 결과물을 향한 출발점이 되리라는 것도 알았을 겁니다. 계속 노드만 사용한다면, 여러분의 코드도 점점 세련되어져서 언젠가는 익스프레스와 비슷한 것을 만들게 될 수도 있겠지만...

익스프레스가 이미 존재하니 시간을 투자해서 직접 인프라 구조를 만들 필요는 없습니다. 이제 노드를 약간 경험해봤으니, 익스프레스를 배울 때입니다.

CHAPTER 3

익스프레스로 시간 절약

2장에서는 노드만 사용해 간단한 웹 서버를 만들었습니다. 이번 장에서는 익스프레스를 사용해 2장에서 만들었던 서버를 다시 만듭니다. 이 장을 읽고 나면 책의 나머지 부분을 이해할 수 있는 기초가 생기고, 익스프레스의 기본 역시 이해할 수 있게 될 겁니다.

3.1 스캐폴딩

스캐폴딩scaffolding(비계, 발판)은 루비에서 도입한 개념입니다. 아이디어는 단순합니다. 대부분의 프로젝트에는 뼈대가 되는 소위 보일러플레이트boilerplate 코드가 필요한데, 프로젝트를 시작할 때마다 이 코드를 다시 만들 필요는 없습니다. 프로젝트의 뼈대를 미리 만들어두고, 새 프로젝트를 시작할 때마다 이 뼈대(템플릿)를 복사하면 됩니다.

루비 온 레일즈Ruby on Rails는 이 개념을 한 단계 더 발전시켜서 스캐폴딩을 자동으로 생성하는 프로그램을 만들었습니다. 이런 방법을 택하면 단순히 템플릿 컬렉션에서 선택하는 것보다 더 세련된 프레임워크를 만들 수 있다는 장점이 있습니다.

익스프레스는 루비 온 레일즈의 개념을 도입해 익스프레스 프로젝트를 시작할 때 스캐폴딩을 생성하는 유틸리티를 제공합니다.

익스프레스의 스캐폴딩 유틸리티는 분명 유용하지만, 필자는 아무것도 없는 상태에서 익스프레스 프로젝트를 시작하는 방법을 배워두는 것도 가치 있는 일이라고 생각합니다. 더 여러 가지를 배울 수 있는 것은 물론이고, 프로젝트에 설치되는 패키지와 구조를 더 세밀히 제어할 수 있게 됩니다. 또한, 익스프레스 스캐폴딩 유틸리티는 서버 사이드에서 HTML을 생성하는 방향에 치중해 있고 API나 단일 페이지 애플리케이션에는 큰 도움이 되지 않습니다.

이 책에서는 스캐폴딩 유틸리티에 대해 다루지 않겠지만, 책을 끝내고 나면 배워두기를 권합니다. 유틸리티 없이 프로젝트를 진행해보면, 자동으로 생성되는 스캐폴딩이 얼마나 유용할지 직접 판단할 수 있는 안목도 생깁니다. 더 자세한 정보는 express-generator 문서[1]에서 확인해보세요.

3.2 메도라크 여행사 웹사이트

이 책 전체에 걸쳐, 오리건에 방문하는 사람들에게 서비스를 제공하는 가상의 회사 메도라크 여행사의 웹사이트를 예제로 사용합니다. API를 만드는 것에 더 관심이 있더라도 좋습니다. 메도라크 여행사 웹사이트는 완전한 웹사이트로 동작할 뿐만 아니라 API도 제공합니다.

3.3 초기 단계

먼저 새 디렉터리를 만듭니다. 이 디렉터리는 프로젝트의 루트 디렉터리가 됩니다. 책에서 '프로젝트 디렉터리', '앱 디렉터리', '프로젝트 루트' 같은 표현을 쓴다면 이 디렉터리를 말하는 겁니다.

TIP 웹 앱 파일은 회의록이나 문서 같이 프로젝트에 동반되는 파일과는 별도로 보관하는 편이 좋습니다. 따라서 필자는 프로젝트 루트를 프로젝트 디렉터리의 서브디렉터리로 만들기를 권합니다. 예를 들어 메도라크 여행사 웹사이트의 경우, 필자라면 프로젝트 관련 파일을 ~/projects/meadowlark에 보관하고 프로젝트 루트는 ~/projects/meadowlark/site에 만들 겁니다.

npm은 프로젝트에 설치된 패키지 목록을 package.json 파일에 보관합니다. 이 파일에는 프

---

1 *http://bit.ly/2CyvvLr*

로젝트 메타데이터도 들어 있습니다. 이 파일을 만드는 가장 쉬운 방법은 npm init을 실행하는 겁니다. 이 명령을 실행하면 몇 가지 질문이 이어지고, 답한 내용에 따라 package.json 파일이 만들어집니다(entry point를 묻는 질문에는 meadowlark.js라고 답합니다).

TIP 이 질문에 엔터만 눌러서 넘긴다면, 이후 npm을 실행할 때마다 프로젝트 설명이나 저장소 필드가 비어 있다는 경고를 보게 될 겁니다. 이 경고는 그냥 무시해도 상관없지만, 눈에 거슬린다면 package.json 파일을 수정해서 적당한 답을 채워넣으세요. 이 파일의 각 필드에 대한 정보는 package.json 문서[2]에서 확인할 수 있습니다.

첫 단계는 익스프레스 설치입니다. 다음 npm 명령어를 실행합니다.[3]

```
npm install express@4
```

npm install을 실행하면 패키지를 node_modules 디렉터리에 설치하고, package.json 파일을 업데이트합니다. node_modules 디렉터리는 언제든 npm으로 다시 생성할 수 있으므로 깃 저장소에 추가할 필요가 없습니다. 실수로 저장소에 추가하는 일이 없게끔 다음과 같이 .gitignore 파일을 만듭니다.

```
# npm이 설치하는 패키지는 무시합니다.
node_modules

# .DS_Store(OSX) 처럼 운영체제에서 만드는 파일, 백업 파일 등
# 무시할 파일을 추가하세요.
```

meadowlark.js 파일을 만듭니다. 이 파일은 프로젝트의 진입점[entry point]이 됩니다. 책에서는 이 파일을 앱 파일이라 부릅니다(ch03/00-meadowlark.js).

```
const express = require('express')
const app = express()
const port = process.env.PORT || 3000

// custom 404 page
```

---

2 http://bit.ly/208HrbW

3 옮긴이_ @ 뒤의 숫자는 역자가 정상 실행을 확인한 버전 번호이며 생략할 경우 명령을 내리는 시점의 최신 버전이 설치됩니다. 이후 버전업이 되더라도 하위 호환성을 지키길 기대하지만, 만약 책의 예제가 실행되지 않을 경우 설치할 버전을 정확히 명시할 수 있습니다.

```
app.use((req, res) => {
  res.type('text/plain')
  res.status(404)
  res.send('404 - Not Found')
})

// custom 500 page
app.use((err, req, res, next) => {
  console.error(err.message)
  res.type('text/plain')
  res.status(500)
  res.send('500 - Server Error')
})

app.listen(port, () => console.log(
  `Express started on http://localhost:${port}; ` +
  `press Ctrl-C to terminate.`))
```

TIP 익스프레스 스캐폴딩 제네레이터를 포함해, 수많은 문서에서 주요 파일의 이름을 app.js, index.js, server.js 같은 것으로 정하길 권합니다. 필자는 호스팅 서비스나 배포 시스템에서 메인 애플리케이션 파일의 이름을 정해놓지 않은 이상 이렇게 할 필요가 없다고 생각하며, 메인 파일의 이름을 프로젝트 이름으로 정하는 걸 선호합니다. 에디터에 index.html이라는 이름이 붙은 탭을 대여섯 개씩 열어놓은 경험이 있다면 이 방법의 장점을 금세 깨달을 겁니다. npm init은 기본값으로 index.js를 사용합니다. 애플리케이션 파일의 이름을 다른 것으로 바꿨다면 package.json도 이에 맞게 수정하는 걸 잊지 마세요.

이제 최소한의 익스프레스 서버를 만들었습니다. node meadowlark.js 명령으로 서버를 시작하고 http://localhost:3000으로 이동해봅시다. 결과는 실망스러울 겁니다. 하지만 익스프레스에 아직 경로를 지정하지 않았으니 페이지가 존재하지 않는다는 범용 404 메시지가 표시되는 건 당연합니다.

NOTE_ 애플리케이션이 실행될 포트를 지정할 때 const port = process.env.PORT || 3000이라고 지정했습니다. 이렇게 하면 서버를 시작하기 전에 환경 변수를 설정해 포트를 덮어 쓸 수 있습니다. 이 예제를 실행할 때 앱이 포트 3000에서 실행되지 않는다면 PORT 환경 변수가 설정된 건 아닌지 확인해보세요.

홈페이지와 어바웃 페이지에서 사용할 경로를 추가합시다. 404 핸들러 앞에 다음과 같이 경로를 두 개 추가합니다(ch03/01-meadowlark.js).

```
app.get('/', (req, res) => {
  res.type('text/plain')
  res.send('Meadowlark Travel');
})

app.get('/about', (req, res) => {
  res.type('text/plain')
  res.send('About Meadowlark Travel')
})

// custom 404 page
app.use((req, res) => {
  res.type('text/plain')
  res.status(404)
  res.send('404 - Not Found')
})
```

app.get은 라우트를 추가하는 메서드입니다. 익스프레스 문서를 보면 app.METHOD라는 표현을 볼 수 있습니다. 이 표현은 문자 그대로 METHOD라는 메서드가 있다는 뜻은 아닙니다. 여기서 METHOD는 HTTP 동사(보통 get이나 post)가 들어갈 자리입니다. app.get은 경로와 함수 두 가지 매개변수를 받습니다.

경로는 라우트입니다. app.METHOD는 프로그래머가 해야 할 일의 상당수를 덜어줍니다. 이 메서드는 기본적으로 대소문자를 구분하지 않으며 경로 끝에 슬래시가 있든 없든 똑같이 동작하고, 쿼리스트링 역시 무시합니다. 따라서 어바웃 페이지의 라우트는 /about, /About, /about/, /about?foo=bar 모두 똑같이 동작합니다.

함수는 라우트가 일치할 때 호출할 함수입니다. 이 함수에는 요청과 응답 객체가 매개변수로 전달되는데, 이 객체에 대해서는 6장에서 설명합니다. 일단은 평문과 함께 상태 코드 200을 반환합니다(익스프레스는 기본적으로 상태 코드 200을 반환하므로 200을 직접 작성할 필요는 없습니다).

TIP 필자는 HTTP 요청의 상태 코드와 함께, 리디렉트가 일어났으면 그것도 함께 알려주는 브라우저 플러그인을 설치하길 강력히 권합니다. 이런 툴을 사용하면 놓치기 쉬운 리디렉트 문제나 부정확한 상태 코드 문제를 쉽게 발견할 수 있습니다. 크롬에서는 아이마Ayima의 리디렉트 패스Redirect Path가 완벽하게 동작합니다. 대부분의 브라우저에서 개발자 도구의 네트워크 섹션에서 상태 코드를 확인할 수 있습니다.

이 예제에서는 노드의 저수준 메서드 res.end 대신 익스프레스에서 확장한 res.send를 사용했습니다. 또 노드의 res.writeHead를 res.set과 res.status로 교체했습니다. 익스프레스에는 Content-Type 헤더를 설정하는 편의 메서드 res.type도 있습니다. 노드의 res.writeHead와 res.end를 써도 되긴 하지만, 그럴 필요도 없고 권장하지도 않습니다.

404와 500 페이지는 조금 다르게 처리했습니다. 이 페이지에는 app.get을 사용하지 않고 app.use를 사용했습니다. app.use는 미들웨어와 관련이 있는 메서드입니다. 미들웨어에 대해서는 10장에서 자세히 설명합니다. 지금은 일단 라우트가 일치하지 않을 때 사용할, 일종의 폴백^{catch-all} 핸들러라고 생각해도 무방합니다. 폴백이라는 표현에서 알아챈 독자도 있겠지만, **익스프레스에서는 라우트와 미들웨어의 순서가 중요합니다.** 만약 404 핸들러를 라우트보다 먼저 작성했다면 홈페이지와 어바웃 페이지는 동작하지 않고 무조건 404 페이지로 연결됩니다. 지금 사용하는 라우트는 아주 단순하지만, 라우트에는 와일드카드를 사용할 수 있고 이것 역시 순서 문제를 일으킬 수 있습니다. 예를 들어 어바웃 페이지에 /about/contact나 /about/directions 같은 서브페이지를 추가하고 싶다면 어떻게 해야 할까요? 다음 코드는 생각대로 동작하지 않을 겁니다.

```
app.get('/about*', (req,res) => {
  // 콘텐츠 전송
})
app.get('/about/contact', (req,res) => {
  // 콘텐츠 전송
})
app.get('/about/directions', (req,res) => {
  // 콘텐츠 전송
})
```

위 코드의 /about/contact와 /about/directions는 결코 사용되지 않습니다. 맨 위에 있는 /about*의 와일드카드가 서브페이지 URL 전체와 일치하기 때문입니다.

익스프레스는 콜백 함수가 받는 매개변수 숫자를 통해 404와 500 핸들러를 구분합니다. 오류 라우트에 대해서는 10장과 12장에서 자세히 설명합니다.

이제 서버를 다시 시작하면 홈페이지와 어바웃 페이지가 다시 잘 동작합니다.

지금까지 한 것만 보면 익스프레스를 사용하지 않고도 쉽게 만들 수 있지만, 익스프레스는 이미 언뜻 보기에는 파악하기 힘든 기능을 제공했습니다. 2장의 예제에서 req.url을 정규화^{normalize}했던 것을 기억하십니까? 요청을 정확히 파악하기 위해 쿼리스트링과 마지막 슬래시를 없애고, 소문자로 변환하는 일을 직접 해야 했습니다. 익스프레스의 라우트는 이런 작업을 자동으로 대신합니다. 이 정도는 사실 별게 아니지만, 우리는 익스프레스의 라우트가 제공하는 기능의 표면만 겨우 만져보고 있는 중입니다.

3.3.1 뷰와 레이아웃

모델-뷰-컨트롤러(MVC) 패러다임에 익숙하다면 뷰 개념에도 익숙할 겁니다. 간단히 말해 뷰는 사용자가 보는 것을 책임지는 부분입니다. 웹사이트에서는 보통 HTML이 뷰 역할을 수행하지만, PNG나 PDF 등 클라이언트가 렌더링할 수 있는 것은 모두 뷰라고 봐도 됩니다. 이 책에서는 뷰를 HTML이라고 간주합니다.

뷰는 이미지나 CSS 파일 같은 정적 자원과는 다릅니다. 뷰는 정적일 필요가 없습니다. HTML 역시 각 요청에 따라 즉석에서 변할 수 있습니다.

익스프레스는 여러 가지 뷰 엔진을 지원하며 이들의 추상화 레벨 역시 다양합니다. 익스프레스는 퍼그^{Pug}라는 뷰 엔진에 좀 더 특화된 모습을 보이는데, 퍼그 역시 TJ 할로웨이척이 만들었으므로 당연한 일입니다. 퍼그에서 작성하는 템플릿은 HTML처럼 보이지는 않습니다. 꺾쇠(<>)나 닫는 태그를 사용하지 않으므로 타이핑도 확실히 줄어듭니다. 퍼그 엔진은 이 템플릿을 HTML로 변환합니다.

> **NOTE_** 퍼그의 이름은 원래 제이드^{Jade}였지만, 상표 문제 때문에 버전 2에서 퍼그로 이름을 바꿨습니다.

퍼그는 분명 매력적이지만, 추상화가 너무 강하다 보니 호불호가 갈리는 편입니다. 프런트엔드 개발자라면 HTML을 정확히 이해하는 것은 당연하지만, 퍼그에서 만드는 뷰까지 정확히 이해할 의무가 있는 건 아닙니다. 필자가 함께 일했던 프런트엔드 개발자 대부분은 그들이 주로 사용하는 마크업 언어가 무참하게 변형되는 모습을 그리 달가워하지 않았습니다. 이런 이유로 필자는 **핸들바**^{Handlebar}라는 템플릿 프레임워크를 권합니다. 핸들바는 퍼그에 비해 추상화가 좀 덜한 편입니다.

핸들바는 머스태시^{Mustache}라는 언어 독립적 템플릿 언어를 기초로 개발됐으며, HTML 자체를 변형하지는 않습니다. HTML은 그대로 작성하고, 여기에 특별한 태그를 사용하면 핸들바가 그 태그에 콘텐츠를 삽입하는 방식으로 동작합니다.

핸들바를 사용하려면 에릭 페라이우올로^{Eric Ferraiuolo}가 만든 express-handlebars 패키지를 설치해야 합니다. 프로젝트 디렉터리에서 다음 명령을 실행하세요.

```
npm install express-handlebars@3
```

설치를 끝냈으면 다음과 같이 meadowlark.js의 처음 몇 행을 수정합니다(ch03/02-meadowlark.js).

```
const express = require('express')
const expressHandlebars = require('express-handlebars')
const app = express()

// 핸들바 뷰 엔진 설정
app.engine('handlebars', expressHandlebars({
  defaultLayout: 'main',
}))
app.set('view engine', 'handlebars')
```

이 코드는 뷰 엔진을 생성하고 익스프레스에서 이 엔진을 기본값으로 사용합니다. views 디렉터리를 만들고 그 안에 layouts 서브디렉터리를 만듭니다. 웹 개발자로 일한 적이 있다면 레이아웃(마스터 페이지) 개념에 익숙할 겁니다. 웹사이트를 만들 때는 모든 페이지마다 삽입되는 똑같은(거의 비슷한) HTML이 있기 마련입니다. 모든 페이지에 반복되는 코드를 다시 작성하는 것은 따분한 일이기도 하지만, 유지 보수를 악몽으로 만드는 일이기도 합니다. 모든 페이지에 반복되는 무언가를 수정했다면, 모든 파일을 수정해야 한다는 뜻이니까요. 레이아웃을 사용하면 사이트에 존재하는 모든 페이지에 프레임워크를 제공해 이런 문제를 피할 수 있습니다.

이제 사이트에 사용할 템플릿을 만듭시다. 다음과 같이 views/layouts/main.handlebars 파일을 만듭니다.

```
<!doctype html>
<html>
  <head>
    <title>Meadowlark Travel</title>
```

```
    </head>
    <body>
      {{{body}}}
    </body>
  </html>
```

이 파일에서 낯선 부분은 {{{body}}}뿐입니다. 이 표현식은 각 뷰에서 HTML로 바뀝니다. 핸들바 인스턴스를 만들었을 때 defaultLayout: 'main'으로 기본 레이아웃을 선언했습니다. 따라서 따로 명시하지 않는다면, 이 템플릿이 모든 뷰의 레이아웃으로 사용됩니다.

홈페이지 뷰는 다음과 같이 만듭니다(views/home.handlebars).

```
<h1>Welcome to Meadowlark Travel</h1>
```

어바웃 페이지는 views/about.handlebars입니다.

```
<h1>About Meadowlark Travel</h1>
```

404 페이지는 views/404.handlebars입니다.

```
<h1>404 - Not Found</h1>
```

마지막으로 서버 오류 페이지는 views/500.handlebars입니다.

```
<h1>500 - Server Error</h1>
```

> **TIP** 에디터에서 .handlebars와 .hbs를 HTML과 연결해야 문법 강조를 포함한 에디터 기능을 활용할 수 있습니다(.hbs 역시 핸들바 파일의 확장자입니다). vim에서는 ~/.vimrc 파일에 au BufNewFile,BufRead *.handlebars set filetype=html 행을 추가하면 됩니다. 다른 에디터는 해당 에디터의 문서를 참고하세요.

이제 뷰를 만들었으니 이전의 라우트를 교체해 뷰를 사용하도록 바꿉니다(ch03/02-meadowlark.js).

```
app.get('/', (req, res) => res.render('home'))

app.get('/about', (req, res) => res.render('about'))

// custom 404 page
app.use((req, res) => {
  res.status(404)
  res.render('404')
})

// custom 500 page
app.use((err, req, res, next) => {
  console.error(err.message)
  res.status(500)
  res.render('500')
})
```

뷰 엔진에서 콘텐츠 타입 text/html과 상태 코드 200을 기본으로 반환하므로, 콘텐츠 타입과 상태 코드를 따로 명시할 필요는 없습니다. 반면 404와 500에 해당하는 폴백 핸들러에는 상태 코드를 정확히 명시해야 합니다.

서버를 다시 시작하고 홈페이지나 어바웃 페이지에 가보면 뷰가 렌더링된 모습을 볼 수 있습니다. 개발자 도구에서 페이지 소스를 보면 views/layouts/main.handlebars에 작성한 HTML이 그대로 사용된 걸 볼 수 있습니다.

홈페이지에 방문할 때마다 똑같은 HTML이 나타나긴 하지만, 이 라우트는 동적 콘텐츠로 간주합니다. 라우트를 호출할 때마다 다르게 반응할 수 있기 때문입니다(책의 후반에 이런 예제가 많이 있습니다). 물론 절대 변하지 않는 정적 콘텐츠 역시 중요하므로, 이제 정적 콘텐츠에 대해 알아볼 차례입니다.

3.3.2 정적 파일과 뷰

익스프레스는 **미들웨어**를 사용해 정적 파일과 뷰를 처리합니다. 미들웨어는 10장에서 자세히 설명합니다. 일단 지금은 미들웨어를 통해 기능을 모듈화해서 요청을 쉽게 처리할 수 있다는 것만 알고 있어도 충분합니다.

static 미들웨어는 하나 이상의 디렉터리를 지정해서 이 디렉터리에 정적 자원을 보관하고,

이들은 아무런 변화 없이 클라이언트에 바로 전송합니다. 이 디렉터리에 이미지, CSS 파일, 클라이언트 사이드 자바스크립트 파일을 넣습니다.

프로젝트 디렉터리에 public 서브디렉터리를 만듭니다. 이 디렉터리에 들어 있는 것들은 조건 없이 클라이언트로 전송되므로 이름이 public입니다. 그리고 다음과 같이 라우트를 선언하는 코드 앞에 static 미들웨어를 추가합니다(ch03/02-meadowlark.js).

```
app.use(express.static(__dirname + '/public'))
```

static 미들웨어는 전송하려는 정적 파일 각각에 파일을 렌더링하고 클라이언트에 반환하는 라우트를 지정한 것과 효과가 같습니다. public 안에 img 서브디렉터리를 만들고 그 안에 logo.png 파일을 넣습니다.

이제 /img/logo.png라는 이름(public은 쓰지 않습니다. 이 디렉터리는 클라이언트에서 전혀 볼 수 없습니다)으로 로고 이미지를 참조할 수 있고, static 미들웨어는 이 파일을 전송할 때 콘텐츠 타입도 자동으로 설정합니다. 이제 로고가 모든 페이지에서 보이도록 레이아웃을 다음과 같이 수정합니다.

```html
<body>
  <header>
    <img src="/img/logo.png" alt="Meadowlark Travel Logo">
  </header>
  {{{body}}}
</body>
```

NOTE_ 미들웨어는 순서에 따라 처리되며, 보통 맨 처음이나 앞 부분에 선언하는 static 미들웨어가 다른 라우트를 가로챌 수도 있습니다. 예를 들어 public 디렉터리에 index.html 파일을 넣으면(직접 해보세요!) 설정한 라우트 대신 이 파일의 콘텐츠가 전송됩니다. 따라서 혼란스러운 결과가 나올 때는 정적 파일 중에 예기치 않게 라우트와 일치하는 것이 있는지 확인해봅시다.

3.3.3 뷰의 동적 콘텐츠

뷰는 정적 HTML을 괜히 복잡한 방법으로 처리하라고 만든 것은 아닙니다(물론 HTML이 바뀌지 않아도 아무 문제는 없지만). 뷰의 진정한 가치는 동적인 정보를 포함할 수 있다는 겁니다.

어바웃 페이지에 일종의 '포춘 쿠키'를 표시한다고 합시다. ch3/03-meadowlark.js 파일에 다음과 같이 포춘 쿠키를 만듭니다.

```
const fortunes = [
  "Conquer your fears or they will conquer you.",
  "Rivers need springs.",
  "Do not fear what you don't know.",
  "You will have a pleasant surprise.",
  "Whenever possible, keep it simple.",
]
```

포춘 쿠키를 표시하도록 /views/about.handlebars 뷰를 다음과 같이 수정합니다.

```
<h1>About Meadowlark Travel</h1>
{{#if fortune}}
  <p>Your fortune for the day:</p>
  <blockquote>{{fortune}}</blockquote>
{{/if}}
```

마지막으로 /about 라우트를 다음과 같이 수정합니다.

```
app.get('/about', (req, res) => {
  const randomFortune = fortunes[Math.floor(Math.random()*fortunes.length)]
  res.render('about', { fortune: randomFortune })
})
```

이제 서버를 재시작하고 /about 페이지에 방문하면 랜덤한 포춘 쿠키가 보이고, 페이지를 새로고침할 때마다 포춘 쿠키가 바뀝니다. 템플릿은 정말 유용합니다. 7장에서 템플릿을 더 자세히 알아봅니다.

3.4 마치며

이번 장에서는 익스프레스를 사용해 기본적인 웹사이트를 만들었습니다. 지금은 아주 단순하지만, 완전한 기능을 갖춘 웹사이트로 발전할 수 있는 토양은 다져졌습니다. 다음 장에서는 더 고급 기능을 추가합니다.

CHAPTER 4

모범 사례와 버전 관리

2장과 3장에서는 그저 약간의 실험을 했을 뿐입니다. 발가락만 살짝 담갔다고 해도 과언이 아닙니다. 더 복잡한 기능을 추가하기 전에, 먼저 주변 정리를 한 다음에 좋은 습관을 몸에 익히는 편이 좋습니다.

잠시 후 메도라크 여행사 프로젝트를 본격적으로 시작할 겁니다. 하지만 웹사이트를 시작하기 전에 품질을 높일 수 있는 도구부터 확실히 준비합시다.

4.1 파일과 디렉터리 구조

애플리케이션 구조 역시 끝나지 않는 논쟁의 중심에 서 있고, 정답은 한 가지가 아닙니다. 하지만 알아두면 도움이 되는 패턴이 몇 가지 있습니다.

프로젝트 경로의 파일 숫자는 가급적 줄이는 편이 좋습니다. 일반적으로 경로에는 설정 파일(`package.json`)과 README.md 파일, 디렉터리만 있는 게 좋습니다. 소스 코드는 대부분 `src` 디렉터리에 보관하지만, 간결함을 위해 이 책에서는 그렇게 하지 않습니다(익스프레스 스캐폴딩 애플리케이션 역시 `src` 디렉터리를 만들지 않습니다). 하지만 실무에서 프로젝트 경로에 소스 코드를 보관한다면 곧 정신없어질 테니 `src` 같은 디렉터리에 파일을 보관하면 좋습니다.

필자는 메인 애플리케이션 파일 이름을 **프로젝트의 이름과 동일하게** `meadowlark.js`로 정한다고 언급했습니다. 대개 index.js, app.js, server.js를 쓰는 관습과는 다릅니다.

애플리케이션 구조는 개발자에 따라 다르지만, 앞으로 어떤 구조를 사용할지 README.md 파일에 기록해두길 권합니다.

최소한 package.json과 README.md 파일은 항상 프로젝트 경로에 두길 권합니다. 나머지는 여러분이 결정해도 무방합니다.

4.2 모범 사례

모범 사례best practice라는 말을 자주 들어봤을 겁니다. 이 말은 일을 정확한 방식으로 하라는 뜻입니다. '일을 빨리 하거나, 저렴하게 하거나, 훌륭히 하거나. 이 세 가지 옵션 중 두 가지만 가능하다'와 같이 비슷한 얘기도 들어봤을 겁니다. 하지만 이 말에는 어폐가 있는데, 일을 정확히 함으로써 생기는 가치가 더 있다는 점을 전혀 고려하지 않은 말입니다. 처음으로 일을 정확히 할 때, 대충 해치우는 것보다 다섯 배의 시간이 필요하다고 합시다. 하지만 같은 일을 두 번째로 할 때는 세 배 정도의 시간이면 충분합니다. 일을 정확히 하기를 계속 반복하다 보면, 대충할 때 걸리는 시간과 거의 차이가 없을 겁니다.

필자에게 펜싱을 가르쳐 준 코치는 종종 이런 말을 하곤 했습니다. "연습한다고 완벽해지지는 않는다. 하지만 연습하면 영원해진다." 즉, 무언가를 계속 반복하면 그건 언젠가 자동으로 행하게 된다는 겁니다. 나쁜 습관을 반복하면, 나쁜 버릇이 몸에 배입니다. **완벽한** 습관을 반복하면, 언젠가는 완벽한 결과를 손에 넣게 됩니다. 그런 점을 염두에 두고, 이 책의 예제를 따라 할 때 실제 웹사이트를 만드는 것처럼, 그 사이트의 품질에 따라 유명해지고 수입도 늘어날 거라고 생각하며 따라 하길 권합니다. 책을 읽으면서 새로운 기술만 익히려 하지 말고, 좋은 습관도 함께 얻길 바랍니다.

우리가 집중할 습관은 버전 관리와 품질 보증(QA)입니다. 이 장에서는 버전 관리에 대해 설명하고, QA는 다음 장에서 설명합니다.

4.3 버전 관리

필자가 여기서 버전 관리의 가치를 설명할 필요는 없으리라 생각합니다. 요약하자면 버전 관리에는 세 가지 장점이 있습니다.

문서화

프로젝트 역사를 되짚어보면서 어떤 결정을 내렸고, 어떤 순서로 구성 요소를 개발했는지 알수 있다는 것은 그 자체로 훌륭한 문서입니다. 프로젝트 역사를 일목요연하게 파악할 수 있으면 큰 도움이 됩니다.

작성자

팀에서 일한다면 누가 무엇을 만들었는지 파악하는 것도 대단히 중요합니다. 불분명하거나 의문스러운 코드를 발견했을 때 누구에게 물어보면 되는지 알 수 있다면 몇 시간을 아낄 수도 있습니다. 코드에 있는 주석을 읽고 의문이 풀릴 때도 있지만, 그렇지 않을 때는 누가 답을 알고있는지 알 수 있습니다.

실험

버전 관리 시스템을 사용하면 자유롭게 실험할 수 있습니다. 프로젝트의 안정성이 떨어질 것을 걱정하지 않고 새로운 것을 시도해볼 수 있습니다. 실험이 성공적이면 프로젝트에 반영하고, 실패했다면 접으면 됩니다.

필자는 몇 년 전부터 분산형 버전 관리 시스템을 사용했습니다. 여러 가지를 경험해본 뒤 선택을 깃과 머큐리얼Mercurial로 좁혔고, 결국 깃을 선택했습니다. 하지만 둘 다 훌륭한 버전 관리 시스템이고 무료이므로, 어느 것을 써도 됩니다. 이 책에서는 깃을 사용하겠지만 머큐리얼(또는 다른 버전 관리 시스템)을 사용해도 아무 문제없습니다.

깃에 익숙하지 않다면 존 롤리거Jon Loeliger가 쓴 『분산 버전 관리 Git 사용설명서』(제이펍, 2013)을 읽어보길 권합니다. 깃허브에도 깃에 관한 참고 자료 목록이 있습니다.[1]

---

1 https://try.github.io/

4.4 책에서 깃을 사용하는 방법

우선 깃이 설치됐는지 확인합시다. 터미널에서 git --version을 입력하면 됩니다. 버전 번호가 나오지 않는다면 깃을 설치해야 합니다. 설치 방법은 깃 문서[2]에서 확인할 수 있습니다.

책의 예제를 따라 하는 방법은 두 가지입니다. 하나는 직접 예제 코드와 깃 명령어를 타이핑하는 방법이고, 다른 하나는 필자가 사용하는 깃허브 저장소를 복제하고 각 예제에 연결된 파일을 체크아웃하는 방법입니다. 직접 타이핑하면서 배우길 선호하는 사람도 있고, 예제를 훑어보며 실행만 해보길 선호하는 사람도 있습니다.

4.4.1 직접 따라 하는 경우

뷰, 레이아웃, 로고, 메인 애플리케이션 파일, package.json 파일이 있으니 프로젝트의 기초는 이미 만들어져 있습니다. 깃 저장소를 만들고 이 파일을 추가합시다.

프로젝트 디렉터리로 이동해서 다음과 같이 깃 저장소를 초기화합니다.

```
git init
```

파일을 추가하기 전에, 먼저 .gitignore 파일을 만들어서 저장소에 추가할 필요가 없는 파일을 실수로 추가하는 일을 막아야 합니다. 프로젝트 디렉터리에 .gitignore 파일을 만듭니다. 이 파일에는 깃이 무시할 파일이나 디렉터리를 한 행에 하나씩 기록합니다. .gitignore 파일은 와일드카드도 지원합니다. 예를 들어 에디터에서 meadowlark.js~ 처럼 파일 이름 끝에 물결(~)을 붙여 백업 파일을 만든다면, .gitignore 파일에 *~를 추가하는 게 좋습니다. 맥을 사용한다면 .DS_Store 파일도 추가하는 것이 좋습니다. node_modules 디렉터리 역시 추가하는 것이 좋습니다. 따라서 이들을 다 추가하면 파일은 다음과 같은 모양이 됩니다.

```
node_modules
*~
.DS_Store
```

---

2 *https://git-scm.com/*

이제 기존 파일을 모두 추가할 수 있습니다. 파일을 추가하는 방법은 여러 가지입니다. 필자가 일반적으로 선호하는 방법은 git add -A입니다. 깃이 처음이고 커밋할 파일이 한두 개 정도라면 git add meadowlark.js처럼 파일을 하나씩 추가하길 권합니다. git add -A는 삭제한 파일을 포함해 바꾼 내용 전부를 추가합니다. 여기서는 지금까지 해온 내용 전체를 커밋하므로 다음 명령어를 사용합니다.

```
git add -A
```

TIP 깃 초보자들은 보통 git add 명령어의 의미를 잘못 이해하곤 합니다. 이 명령어는 파일이 아니라 **변경 내용**을 추가합니다. 즉 meadowlark.js를 수정하고 git add meadowlark.js 명령을 사용한다면, 실제로 추가되는 것은 이 파일을 바꾼 내용입니다.

깃에는 대기staging 영역이 있고, git add 명령을 실행하면 변경 내용이 여기에 저장됩니다. 즉, 추가한 변경 내용은 커밋할 준비가 됐을 뿐, 실제 커밋이 된 것은 아닙니다. 변경 내용을 커밋할 때는 다음과 같이 git commit을 사용합니다.

```
git commit -m "Initial commit."
```

-m "Initial commit."은 커밋에 메시지를 첨부하는 플래그입니다. 깃은 메시지를 첨부하지 않고 커밋하는 것을 허용하지 않으며, 여기엔 그럴 만한 이유가 있습니다. 항상 의미 있는 커밋 메시지를 첨부해야 합니다. 커밋 메시지는 변경 내용을 짧고 명확하게 설명할 수 있어야 합니다.

4.4.2 공식 저장소를 따라 하는 경우

git clone 명령으로 책의 공식 저장소를 가져올 수 있습니다.

```
git clone https://github.com/EthanRBrown/web-development-with-node-and-express-2e
```

이 저장소에는 각 장에 해당하는 디렉터리가 있고, 디렉터리마다 코드 예제가 들어 있습니다. 예를 들어 이 장의 소스 코드는 **ch04** 디렉터리에 들어 있습니다. 각 장의 코드 예제는 찾기 쉽도록 번호를 붙였습니다. 각 디렉터리에는 코드 예제에 대한 설명이 있는 **README.md** 파일도 있습니다.

> **NOTE_** 책의 초판에서는 이런 구조를 취하지 않고, 프로젝트를 점점 발전시켜 나가는 모습을 반영하듯 저장소를 선형으로 만들었습니다. 이런 방식은 실무에서 프로젝트가 발전하는 모습을 반영한다는 장점은 있지만, 필자와 독자 모두에게 두통거리를 안겨주었습니다. npm 패키지가 바뀜에 따라 코드 예제가 바뀌어야 할 때도 있는데, 저장소를 이런 식으로 업데이트하거나 텍스트에 바뀐 내용을 추가할 수 있는 좋은 방법이 없었기 때문입니다. 2판처럼 각 장마다 디렉터리를 두는 방법은 인공적이긴 하지만, 책의 텍스트를 저장소와 더 밀접하게 유지할 수 있고 여러분이 참여하기도 더 쉽습니다.

책을 업데이트하면 저장소 역시 업데이트할 것이며, 저장소를 업데이트할 때는 여러분이 읽고 있는 책의 버전과 맞는 버전 태그를 붙일 겁니다. 저장소의 현재 버전은 2.0.0입니다. 필자는 **유의적 버전**semantic versioning 원칙을 따르므로, 버전 번호의 마지막 숫자가 다르다면 책을 따라 하는 데 아무 지장이 없을 겁니다. 즉, 저장소 버전이 2.0.15라면 책의 2판과 아무런 문제가 없다는 뜻입니다. 하지만 2.1.0처럼 두 번째 숫자가 바뀌었다면 저장소 콘텐츠가 현재 여러분이 읽고 있는 내용과 다르게 바뀌었을 수 있으므로 2.0으로 시작하는 태그를 체크아웃해야 할 수도 있습니다.

저장소에서는 코드 예제에 추가할 설명이 있다면 **README.md** 파일에 기록합니다.

> **NOTE_** 실험을 하고 싶을 때는 체크아웃한 태그가 깃에서 분리된 헤드detached HEAD라고 부르는 상태가 된다는 점을 기억하세요. 어떤 파일이든 수정할 수 있지만, 브랜치를 먼저 만들지 않고 커밋하면 안전하지 않습니다. 태그에서 실험용 브랜치를 만들고 싶다면 `git checkout -b experiment` 명령으로 새 브랜치를 만들고 체크아웃하세요(여기서 `experiment`는 브랜치 이름이며, 마음대로 바꿔도 됩니다). 일단 이렇게 한 다음에는 그 브랜치에서 얼마든지 파일을 수정하고 커밋해도 안전합니다.

4.5 npm 패키지

프로젝트에서 사용하는 npm 패키지는 `node_modules` 디렉터리에 보관됩니다. 궁금증을 해소하거나 프로그램을 디버그할 목적으로 디렉터리를 살펴보는 것은 상관없지만, 이 디렉터리의 코드를 수정해서는 안 됩니다. 좋은 습관이 아닐 뿐더러, 바꾼 내용을 npm에서 덮어 쓸 수 있기 때문입니다.

프로젝트에서 사용하는 패키지를 수정해야 한다고 판단할 때는 패키지의 포크^{fork}를 만드는 것이 올바른 방법입니다. 패키지를 포크해서 개선한 결과가 다른 사람들에게도 유용하다고 판단했다면, 축하합니다. 이제 오픈 소스 프로젝트에 참여할 수 있습니다! 변경 내용을 프로젝트에 보고한다면, 그 내용이 프로젝트 표준에 맞을 경우 공식 패키지에 포함될 수 있습니다. 기존 패키지에 참여하고 새로운 빌드를 만드는 것은 이 책의 범위를 벗어나지만, 기존 패키지에 참여하고 싶다면 기꺼이 도와줄 개발자 커뮤니티가 있습니다.

`package.json` 파일의 주요 목적은 프로젝트에 대한 설명을 남기는 것, 의존하는 패키지 리스트를 만드는 것 두 가지입니다. 지금 바로 `package.json` 파일을 열어보세요. 다음과 같은 내용이 보일 겁니다(패키지는 자주 업데이트되므로 정확한 버전 번호는 다를 겁니다).

```json
{
  "dependencies": {
    "express": "^4.16.4",
    "express-handlebars": "^3.0.0"
  }
}
```

지금 당장 `package.json` 파일에는 의존하는 패키지에 관한 정보만 들어 있습니다. 패키지 버전 앞에 있는 캐럿(^)은 이 버전 번호로 시작하는 버전, 즉 다음 메이저 버전업 이전의 버전은 상관없다는 뜻입니다. 예를 들어 이 `package.json`은 4.0.0에서 시작하는 익스프레스 버전은 모두 호환된다는 뜻이므로 4.0.1이나 4.9.9 모두 호환되지만, 3.4.7이나 5.0.0은 호환되지 않습니다. `npm install`을 실행할 때는 기본적으로 이 버전 규칙이 적용되며, 일반적으로 아주 안전합니다. 새 버전으로 올라갈 때는 파일을 수정해서 새 버전을 명시해야 합니다. 이 규칙을 따르면 의존하는 패키지가 여러분도 모르는 사이에 버전업을 해서 프로젝트가 망가지는 일이 생기지 않습니다. npm의 버전 번호는 semantic versioning의 약자인 semver라는 구성 요소에서 분석합니다. npm의 버전 규칙을 더 알아보고 싶으면 유의적 버전 명세semantic versioning specification[3]나 타마스 피로스Tamas Piros가 쓴 글[4]을 읽어보세요.

package.json 파일에 의존하는 패키지 리스트가 들어 있으므로, node_modules 디렉터리는 여기서 파생된다고 해도 무방합니다. 즉, node_modules 디렉터리를 삭제한다고 해도 npm install을 다시 실행하기만 하면 디렉터리가 다시 만들어지고 의존하는 패키지가 전부 설치되므로, 프로젝트를 다시 사용할 수 있습니다. .gitignore 파일에 node_modules를 추가하고 버전 관리에서 관리하게 하지 말라는 이유는 이 때문입니다. 사람들 중에는 프로젝트에 필요한 것은 전부 저장소에 들어 있어야 한다는 생각을 가지고, node_modules 역시 버전 관리 소프트웨어에서 관리하도록 하는 사람도 있습니다. 필자 개인적으로는 저장소에 불필요한 것을 추가하는 결과일 뿐이라고 생각하므로 주로 생략하는 편입니다.

---

3 https://semver.org/lang/ko/

4 https://blog.fullstacktraining.com/what-is-semantic-versioning/

5 http://bit.ly/2O8IjNK

4.6 프로젝트 메타데이터

package.json 파일에는 프로젝트 이름, 저자, 라이선스 정보 등 프로젝트 메타데이터를 저장하는 목적도 있습니다. npm init을 사용해서 package.json 파일을 만들었다면 언제든 이 내용을 수정할 수 있습니다. 프로젝트를 npm이나 깃허브에 공개할 생각이라면 메타데이터가 아주 중요합니다. package.json에 포함된 필드에 대한 정보가 더 필요하다면 package.json 문서[6]를 보세요. README.md 파일에도 중요한 메타데이터를 담을 수 있습니다. 이 파일에는 보통 전체적인 프로젝트 구조를 포함해, 프로젝트를 처음 접하는 사람이 알아둘 만한 중요한 정보를 기록합니다. README.md 파일은 마크다운이라 부르는 형식으로 작성한 텍스트 파일입니다. 마크다운에 관한 내용은 문서[7]를 참고하세요.

4.7 노드 모듈

앞에서 언급했듯 노드 모듈은 npm 패키지와 관련은 있지만 다른 개념입니다. **노드 모듈**은 그 이름에서 짐작할 수 있듯 모듈화와 캡슐화 기능을 제공하는 메커니즘입니다. 반면 npm 패키지는 프로젝트를 저장하고, 버전을 붙이고, 참조하는 표준화된 방법이며 모듈에 국한되지는 않습니다. 예를 들어 다음과 같이 메인 애플리케이션 파일에서 익스프레스를 모듈로 임포트합니다.

```
const express = require('express')
```

require는 모듈을 임포트하는 노드 함수입니다. 기본적으로 노드는 node_modules 디렉터리에서 모듈을 찾습니다. 즉, express 디렉터리는 node_modules 안에 들어 있습니다. 노드는 여러분이 스스로 모듈을 만드는 메커니즘 역시 제공합니다(하지만 직접 만든 모듈을 node_modules 디렉터리에 보관하면 안 됩니다). 패키지 매니저를 통해 node_modules에 설치되는 모듈 외에도 fs, http, os, path 등 노드가 제공하는 '코어 모듈'이 있습니다. 코어 모듈 전체

---

6 *https://www.npmjs.com/package/package-json*
7 *http://bit.ly/2q7BQur*

리스트를 보려면 스택 오버플로의 글[8]을 보세요. 노드 공식 문서[9]도 참고하세요.

3장에서 만든 포춘 쿠키 기능을 모듈화하는 방법을 알아봅시다.

먼저 모듈을 저장할 디렉터리를 만듭니다. 이름은 마음대로 정해도 되지만, 라이브러리의 약자인 lib을 주로 사용합니다. 이 폴더 안에 fortune.js 파일을 만듭니다(ch04/lib/fortune.js).

```
const fortuneCookies = [
  "Conquer your fears or they will conquer you.",
  "Rivers need springs.",
  "Do not fear what you don't know.",
  "You will have a pleasant surprise.",
  "Whenever possible, keep it simple.",
]

exports.getFortune = () => {
  const idx = Math.floor(Math.random()*fortuneCookies.length)
  return fortuneCookies[idx]
}
```

여기서 중요한 것은 전역 변수 exports를 사용했다는 겁니다. 모듈 바깥에서 모듈에 있는 내용을 보려면 반드시 exports를 사용해야 합니다. 이 예제에서는 getFortune 함수는 공개하지만 fortuneCookies 배열은 공개하지 않으며, 외부에서는 이 배열을 볼 수 없습니다. 이 또한 좋은 원칙입니다. 캡슐화 원칙을 지키면 잠재적인 오류나 취약한 코드를 피하기 쉬워집니다.

> **NOTE_** 모듈에서 기능을 외부에 노출하는 방법은 여러 가지입니다. 책을 진행하면서 몇 가지 방법을 소개하고, 22장에서 이들을 정리합니다.

이제 meadowlark.js에서 fortuneCookies 배열을 제거할 수 있습니다(그냥 뒤도 상관없긴 합니다. lib/fortune.js에 같은 이름이 정의되어 있지만, 이 둘은 절대 충돌하지 않습니다). 엄격한 규칙이 있는 것은 아니지만 전통적으로 임포트 문은 파일 위쪽에 쓰는 편이므로,

---

8 http://bit.ly/2NDIkKH

9 https://nodejs.org/ko/docs/

meadowlark.js 파일 맨 위에 다음 행을 추가합니다(ch04/meadowlark.js).

```
const fortune = require('./lib/fortune')
```

모듈 이름 앞에 있는 ./는 node_modules 디렉터리에서 모듈을 찾지 말라는 의미입니다. 이 부분을 생략하면 임포트에 실패합니다.

이제 어바웃 페이지의 라우트에서 다음과 같이 getFortune 메서드를 사용할 수 있습니다.

```
app.get('/about', (req, res) => {
  res.render('about', { fortune: fortune.getFortune() } )
})
```

책을 따라 하고 있다면 다음과 같이 커밋합니다.

```
git add -A
git commit -m "Moved 'fortune cookie' into module."
```

모듈은 기능을 캡슐화하는 쉽고 강력한 방법입니다. 기능을 캡슐화하면 프로젝트의 전체적인 디자인과 유지 보수성이 개선되고, 테스트도 쉬워집니다. 공식 노드 모듈 문서[10]에서 더 많은 정보를 찾아보세요.

> **NOTE_** 노드 모듈은 노드가 영감을 얻었던 예전 명세인 **커먼JS**CommonJS라고 불리기도 합니다. 자바스크립트 언어는 ECMAScript 모듈(ESM)이라 불리는 공식 패키지 메커니즘을 도입하고 있습니다. 리액트를 비롯한 프런트엔드 언어을 사용하고 있다면 exports, module.exports, require 대신 import와 export를 사용하는 ESM에 이미 익숙할 겁니다. ESM에 대해 더 알고 싶다면 악셀 라우슈마이어Axel Rauschmayer가 블로그에 기재한 'ECMAScript 6 모듈: 최종 문법'[11]을 읽어보세요.

---

10 https://nodejs.org/api/modules.html

11 http://bit.ly/2X8ZSkM

4.8 마치며

이제 깃과 npm, 모듈에 대해 더 알게 됐으니 더 나은 품질 보증(QA) 습관을 들일 때가 됐습니다.

이 장에서 설명한 내용 중 다음은 꼭 기억하길 바랍니다.

- 버전 관리를 사용하면 소프트웨어 개발이 더 안전하고 예측 가능하게 됩니다. 필자는 작은 프로젝트에도 버전 관리를 사용하는 좋은 습관이 들길 권합니다.

- 모듈화는 소프트웨어의 복잡함을 관리할 수 있는 중요한 테크닉입니다. npm을 통해 다른 개발자들이 만든 모듈을 이용할 수 있을 뿐만 아니라, 직접 작성한 코드를 모듈에 담아서 프로젝트를 더 잘 관리할 수 있습니다.

- CJS라고도 불리는 노드 모듈은 ECMAScript 모듈과는 다른 문법을 사용하므로, 프런트엔드와 백엔드를 오가며 작업할 때는 두 가지 문법을 모두 사용해야 할 수 있습니다. 두 가지 문법에 모두 익숙해지는 편이 좋습니다.

CHAPTER 5

품질보증

불행히도 **품질보증**quality assurance은 개발자의 등골에 오싹한 한기가 흐르게 하는 단어입니다. 어쨌든 품질 좋은 소프트웨어를 만들고 싶지 않습니까? 물론 그렇겠지요. 어려운 점은, 품질보증이 최종 목표가 아니라 대립하는 견해를 낳는 주제라는 겁니다. 필자는 QA의 관점에서 볼 때 웹 개발이 크게 두 가지로 나뉜다고 봅니다.

예산이 풍부하거나 규모가 큰 경우

보통 QA 부서가 따로 있고, 불행히도 QA 부서와 개발 부서 사이에는 적대적인 공기가 흐릅니다. 최악의 경우라고 볼 수 있죠. 두 부서는 모두 같은 팀에서 같은 목표를 향해 일하지만, QA 부서는 버그를 많이 찾아야 평가가 올라가고 개발 부서는 버그가 적어야 평가가 올라갑니다. 불화와 경쟁이 생길 수 있습니다.

예산이 빠듯하고 규모도 작은 경우

대개는 QA 부서가 따로 있지 않고, 개발 인력이 QA와 소프트웨어 개발을 모두 담당합니다. QA는 개발과는 사뭇 다르며 개성이나 재능이 다른 사람을 필요로 합니다. 물론 두 가지 재능을 다 갖춘 사람이 분명히 있겠지만, 마감 기한이 다가올 때는 보통 QA 시간을 희생하곤 합니다.

실무에서 일하다 보면 여러 가지 기술이 요구되는 경우가 많은데, 기술이 점점 발전하면서 모든 방면에서 전문가가 되기는 점점 어려워지고 있습니다. 하지만 여러분이 직접 책임질 필요가 없는 영역에도 약간이나마 경쟁력을 가진다면, 팀에 더 많이 공헌할 수 있고 팀의 효율도 올라갑니다. 개발자가 QA 기술을 갖추는 것도 좋은 예입니다. 두 방면은 떼어놓을 수 없이 단단히 묶여 있으므로, 이 두 방면을 모두 이해하는 것은 대단히 가치가 있습니다.

전통적으로 QA 부서에서 담당했던 역할이 개발 쪽으로 넘어오는 추세가 되면서, 개발자들도 QA에 책임을 지는 일이 많아집니다. 이런 상황에서는 QA에 특화된 소프트웨어 엔지니어가 개발자들의 조언가 같은 역할을 하면서 개발 업무에 QA를 넣을 수 있게 돕습니다. QA 역할이 나뉘어 있든 합쳐져 있든, QA에 대해 이해하는 것이 개발자에게 도움이 되는 것은 분명합니다.

이 책은 QA 전문가가 아니라 개발자를 위한 책입니다. 필자의 목표는 여러분을 QA 전문가로 만드는 것이 아니라, 조금이라도 경험할 수 있도록 만드는 것입니다. 여러분의 직장에 QA 전담 인력이 있다면, 그들과 소통하고 협업할 때 이런 경험이 도움이 될 겁니다. 전담 인력이 없다면 프로젝트에 QA 계획을 세우는 출발점이 될 겁니다.

이 장에서 배우는 내용은 다음과 같습니다.

- 품질 관리의 기본과 효과적인 습관
- 테스트 타입(단위 테스트와 통합 테스트)
- 제스트Jest로 단위 테스트를 만드는 방법
- 퍼펫티어Puppeteer로 통합 테스트를 만드는 방법
- ES린트ESlint를 설정해 일반적인 오류를 막는 방법
- 지속적 통합continuous integration(CI)의 정의와 배울 수 있는 곳

5.1 QA 계획

개발은 무언가를 구상한 다음 현실로 옮기는, 다분히 창의적인 과정입니다. QA는 반대로 검증과 질서의 영역에 속합니다. QA는 **해야 할 일을 파악하는 것**과 **그 일이 확실히 이루어지게 하는 것**이라 할 수 있습니다. 체크리스트, 절차, 문서에 익숙한 사람에게 잘 맞는 분야이기도 합니다. 필자는 QA의 주요 목표는 소프트웨어 테스트가 아니라, **포괄적이고 반복 가능한 QA 계획을 수**

립하는 일이라고 생각합니다.

필자는 프로젝트가 크든 작든, 설령 주말에 재미로 진행하는 프로젝트라도 QA 계획을 세우길 권합니다. QA 계획은 거창하거나 정교할 필요는 없습니다. QA 계획의 목표는 프로젝트가 의도한 대로 동작하도록 하기 위해 취한 단계 전체를 기록하는 겁니다.

어떤 형태든 QA 계획은 살아 있는 문서입니다. 다음과 같은 상황이 생길 때마다 QA 계획을 업데이트해야 합니다.

- 새로운 기능 추가
- 기존 기능의 변경
- 기능 제거
- 테스트 기술이나 테크닉의 변경
- QA 계획에서 놓친 버그

마지막 항목은 좀 더 언급할 가치가 있습니다. QA 계획이 아무리 빈틈없다 하더라도 버그는 일어날 겁니다. 그리고 그런 일이 생기면 버그를 어떻게 예방할 수 있을지 생각해보세요. 답을 찾으면 이런 타입의 버그도 예방할 수 있도록 QA 계획을 수정합니다.

여기까지 읽었다면 QA에 상당한 노력이 필요하다는 걸 깨닫고, 어느 정도까지 해야 합리적일지 궁금해졌을 겁니다.

5.2 QA에 가치가 있을까?

QA는 꽤 많은 비용이 들어갑니다. 때에 따라선 **아주** 많은 비용이 들어갑니다. 그만한 가치가 있을까요? QA는 복잡한 인수가 들어가는 복잡한 방정식입니다. 대부분의 조직은 투자했으면 얻는 것이 있어야 한다는 방식에 따라 움직입니다. 돈을 썼다면, 최소한 쓴 만큼은(가능하면 더) 벌어야 하는 게 당연합니다. 하지만 QA에서는 그런 관계를 명확하게 따질 수 없습니다. 잘 만들어지고 잘 알려진 프로젝트 하나가 있고, 만들어진 지 얼마 안 되고 별로 알려지지도 않은 프로젝트가 있습니다. 두 프로젝트에 같은 버그가 있다면, 과연 사람들이 똑같이 평가하고 반응할까요? 잘 알려진 프로젝트가 더 오랫동안 버그를 처리할 시간을 벌 수 있을 겁니다. 품질 낮은 소프트웨어를 만들고 싶어 하는 사람은 없지만, 상황에 따라 여러 가지 압력이 가해지기 마련입니다. 마감 기한은 항상 치명적이며, 때로는 완벽하지 않은 채 출시하는 편이 몇 달을 기다려 완벽한 제품을 출시하는 것보다 나을 때가 있습니다.

웹 개발에서는 '품질'을 네 가지 관점으로 나눌 수 있습니다.

점유율

점유율은 시장에 얼마나 영향력을 끼치는지 나타냅니다. 웹사이트를 이용하는 사람, 서비스를 사용하는 사람의 숫자로 표현할 수 있습니다. 점유율은 수익에 직접적인 영향을 줍니다. 웹사이트를 이용하는 사람이 늘어나면, 제품이나 서비스를 구입하는 사람도 늘어납니다. 개발자의 관점에서 본다면 검색엔진 최적화(SEO)가 점유율에 가장 큰 영향을 미치므로, QA 계획에는 SEO가 들어가야 합니다.

기능

일단 사람들이 사이트에 방문하거나 서비스를 사용하기 시작하면, 그때부터는 기능이 사용자의 반응에 큰 영향을 미칩니다. 사이트가 광고한 대로 동작한다면, 그렇지 않은 사이트보다 당연히 방문자가 많을 겁니다. 기능은 테스트 자동화로 평가하면 가장 좋습니다.

사용성

기능이 정확한 동작을 가리키는 말이라면, 사용성은 사람과 컴퓨터의 상호작용human-computer interaction(HCI)을 평가합니다. 기본적인 질문은 '이 기능이 대상 수요자에게 유용한 형태로 전해지는가?'입니다. 이 질문은 종종 '사용하기 쉬운가?'로 이해되곤 하지만, 쉬운 것만 찾다 보면 유연함이나 강력함을 잃기 쉽습니다. 프로그래머에게 쉬워 보이는 것과 기술과 상관없는 일반 사용자에게 쉬워 보이는 것은 다릅니다. 달리 말해, 사용성을 평가할 때는 반드시 대상 수요자의 입장에서 생각해야 합니다. 사용성을 평가할 때는 기본적으로 사용자가 필요하므로, 사용성을 자동으로 테스트하기는 어렵습니다. 그렇다고는 해도 QA 계획에는 사용자 테스트를 꼭 넣어야 합니다.

미학

미학은 네 가지 관점 중에서 가장 주관적이므로 개발과는 가장 관련이 적습니다. 개발 과정에서 사이트의 아름다움에 신경 쓸 이유는 별로 없겠지만, QA 계획에는 주기적인 평가가 들어 있어야 합니다. 대상 수요자를 대표할 만한 사람에게 사이트를 보여주고, 매력적인지 혹은 기대했던 반응이 나오는지 살펴보세요. 미학은 주관적이므로 개인에 따라 반응이 다를 수 있고, 대중적인 기준 역시 시간이 지나면 변할 수 있다는 점을 기억하세요.

네 가지 관점 모두 QA 계획에 포함되어야 하지만, 기능 테스트와 SEO는 개발 과정에서 자동으로 테스트할 수 있으며 이 장에서는 기능 테스트에 대해 설명합니다.

5.3 로직과 표현

크게 나누자면 웹사이트에는 **로직**(비즈니스 로직)과 **표현** 두 가지 영역이 있습니다. 웹사이트의 로직은 순수한 지적 영역에 속합니다. 예를 들어 메도라크 여행사 웹사이트에 고객이 스쿠터를 임대하려면 반드시 운전면허가 있어야 한다는 규칙이 있다고 합시다. 이 규칙은 단순한 데이터 기반 규칙입니다. 스쿠터를 임대하려는 사용자는 운전면허가 필요합니다. 하지만 이에 관한 표현은 다릅니다. 주문 페이지의 체크박스만 체크하면 운전면허가 있는 것으로 간주할 수도 있고, 사용자가 자신의 면허 번호를 기입하고 메도라크 여행사에서 그 번호를 인증해야만 면허 소지를 인정할 수도 있습니다. 로직과 표현의 구분은 중요합니다. 로직에서는 모든 것을 가능한 단순하고 명확하게 표현하는 게 좋지만, 표현은 필요에 따라 복잡할 수도, 단순할 수도 있습니다. 또한 표현은 사용성과 미학의 영역이지만 로직은 그렇지 않습니다.

가능한 한 로직과 표현을 명확히 구분하는 것이 좋습니다. 방법은 여러 가지가 있겠지만, 이 책에서는 로직을 자바스크립트 모듈에 캡슐화하는 것에 초점을 맞춥니다. 반면 표현은 HTML, CSS, 멀티미디어, 자바스크립트와 리액트, 뷰, 앵귤러 같은 프런트엔드 프레임워크의 조합으로 이루어집니다.

5.4 테스트 타입

이 책에서 설명하는 테스트 타입은 단위 테스트와 통합 테스트 두 가지로 나눕니다(필자는 시스템 테스트도 통합 테스트의 하나라고 생각합니다). 단위 테스트는 구성 요소 하나가 정확히 동작하는지 테스트하는 아주 세밀한 테스트입니다. 반면 통합 테스트는 여러 구성 요소, 심지어 시스템 전체의 상호작용을 테스트합니다.

일반적으로 단위 테스트는 로직 테스트에 더 적합합니다. 통합 테스트는 로직과 표현에 모두 적용할 수 있습니다.

5.5 QA 테크닉 개요

이 책에서는 다음과 같은 테크닉과 소프트웨어를 사용해 테스트를 진행합니다.

단위 테스트

단위 테스트는 애플리케이션에 존재하는 가장 작은 기능 단위, 보통 함수를 테스트합니다. 단위 테스트는 QA 전문가가 아니라 개발자가 작성합니다(물론 단위 테스트가 훌륭하면 QA 전문가도 도움을 받을 수 있습니다). 이 책에서는 단위 테스트에 제스트를 사용합니다.

통합 테스트

통합 테스트는 더 큰 기능 단위를 테스트합니다. 보통 애플리케이션의 여러 부분(함수, 모듈, 서브시스템 등)이 대상입니다. 우리는 웹 애플리케이션을 만들고 있으므로 최종적인 통합 테스트는 애플리케이션을 브라우저에서 렌더링하고, 브라우저를 조작하면서 애플리케이션이 의도한 대로 동작하는지 확인하는 작업입니다. 이런 테스트는 일반적으로 준비하고 유지하기 복잡한 편이며, 이 책의 포커스는 QA가 아니므로 퍼펫티어와 제스트를 사용하는 간단한 예제 하나만 준비했습니다.

린트

린트는 존재하는 오류가 아니라 잠재적인 오류를 찾는 작업입니다. 린트는 오류가 일어날 수 있는 부분, 나중에 오류로 연결될 수 있는 취약한 구조를 찾습니다. 이 책에서는 ES린트를 이용합니다.

단위 테스트와 통합 테스트에 모두 사용할 테스트 프레임워크인 제스트부터 시작합시다.

5.6 제스트 설치와 설정

필자는 이 책에서 어떤 테스트 프레임워크를 사용할지 조금 고심했습니다. 제스트는 원래 리액트 애플리케이션을 테스트하는 프레임워크로 출발했고 그 목적은 지금도 훌륭히 수행하고 있지만, 리액트에만 사용할 수 있는 것은 아니며 훌륭한 범용 테스트 프레임워크입니다. 테스트 프레임워크에는 제스트 이외에도 모카[Mocha][1], 재스민[Jasmine][2], 아바[Ava][3], 테이프[Tape][4] 등이 있으며 이들은 모두 훌륭한 프레임워크입니다.

필자는 결국 제스트를 선택했는데, 전체적인 느낌이 가장 좋았기 때문입니다. 2018년에 있었던 설문 조사[5]에서도 제스트가 가장 높은 점수를 받았습니다. 그렇긴 해도, 언급했던 프레임워크들은 아주 큰 차이가 없으므로 여기서 배운 내용을 마음에 드는 다른 테스트 프레임워크에도 거의 그대로 적용할 수 있습니다.

프로젝트 루트에서 다음 명령을 실행해 제스트를 설치합니다.

```
npm install --save-dev jest@25
```

여기서 사용한 --save-dev는 이 패키지가 개발 단계에서만 사용하는 패키지이며 애플리케이션 자체의 동작에는 필요하지 않다는 뜻입니다. 이렇게 설치하는 패키지는 package.json 파일에서 dependencies 섹션이 아니라 devDependencies 섹션에 기록됩니다.

---

1 *https://mochajs.org/*
2 *https://jasmine.github.io/*
3 *https://github.com/avajs/ava*
4 *https://github.com/substack/tape*
5 *http://bit.ly/33ErHUE*

계속 진행하기 전에 제스트를 실행할 방법을 정해야 합니다. 주로 사용하는 방법은 `package.json`에 스크립트로 추가하는 방법입니다. `package.json`을 다음과 같이 수정합시다(ch05/package.json).

```
"scripts": {
    "test": "jest"
},
```

이제 다음과 같이 입력하기만 하면 프로젝트의 테스트를 전부 실행할 수 있습니다.

```
npm test
```

지금 당장 실행하면, 아직 추가한 테스트가 없으므로 오류가 일어납니다. 그러니 단위 테스트를 만들어 추가해봅시다.

> **NOTE_** 일반적으로 `package.json` 파일에 스크립트를 추가하면 `npm run`을 통해 실행해야 합니다. 예를 들어 `foo`라는 스크립트를 추가했으면 `npm run foo`로 실행해야 합니다. 하지만 `test` 스크립트는 보편적으로 사용하므로 `npm test`라고만 명령해도 npm은 알아듣습니다.

5.7 단위 테스트

이제 단위 테스트에 대해 알아봅시다. 단위 테스트의 핵심은 함수나 구성 요소를 고립시키는 것이므로, 먼저 이 고립 작업의 중요한 테크닉인 모형^{mocking}에 대해 알아야 합니다.

5.7.1 모형

'이 코드를 어떻게 테스트할 수 있는 형태로 만들지'라는 질문을 자주 하게 될 겁니다. 일반적으로 너무 많은 일을 하거나 너무 여러 가지를 가정하는 코드는 그렇지 않은 코드에 비해 테스트하기 어렵습니다.

의존하는 패키지가 있으면 그 모형(시뮬레이션)을 만들어야 효율적으로 테스트할 수 있습니다. 예를 들어 우리가 의존하는 패키지 중에 가장 중요한 것은 익스프레스인데, 익스프레스는 이미 충분히 테스트를 거쳤으므로 우리가 다시 테스트할 필요는 없습니다. 우리가 테스트해야 할 것은 익스프레스를 **사용하는 방법**입니다. 그리고 익스프레스를 정확히 사용하고 있는지 확인하려면 익스프레스를 흉내 낼 수 있어야 합니다.

현재 우리가 만든 라우트는 테스트하기 상당히 어렵습니다. 이들은 익스프레스 앱, 요청 객체, 응답 객체가 있다는 가정 하에 동작하기 때문입니다. 다행인 것은 익스프레스 앱 자체에 대한 의존성은 제거하기 아주 쉽고, 응답 객체의 기능은 render 메서드 하나만 사용하고 있으므로 모형을 만들기 쉽다는 점입니다.

5.7.2 테스트를 위한 애플리케이션 리팩터링

현재 애플리케이션에는 테스트할 코드가 많지 않습니다. 지금까지는 라우트 몇 개와 get Fortune 함수만 만들었을 뿐입니다.

앱을 더 테스트하기 쉽게 만들려면, 라우트 핸들러를 라이브러리로 분리해야 합니다. 다음과 같이 lib/handlers.js 파일을 만듭니다(ch05/lib/handlers.js).[6]

```
const fortune = require('./fortune')

exports.home = (req, res) => res.render('home')

exports.about = (req, res) =>
  res.render('about', { fortune: fortune.getFortune() })

exports.notFound = (req, res) => res.render('404')

exports.serverError = (err, req, res, next) => res.render('500')
```

----

6 옮긴이_ 아직 노드에 익숙하지 않다면 500 핸들러에 다음과 같이 콘솔에 오류를 기록하는 부분을 남겨두는 것도 좋습니다.

```
exports.serverError = (err, req, res, next) => {
  console.log(err)
  res.render('500')
}
```

그리고 이 핸들러를 사용하도록, meadowloark.js 파일을 다음과 같이 수정합니다(ch05/meadowlark.js).

```javascript
// 보통 파일 맨 위에 둡니다.
const handlers = require('./lib/handlers')

app.get('/', handlers.home)

app.get('/about', handlers.about)

// custom 404 page
app.use(handlers.notFound)

// custom 500 page
app.use(handlers.serverError)
```

이제 핸들러는 요청과 응답 객체를 받는 단순한 함수이므로 테스트하기 쉬워졌습니다. 이제는 이 객체를 정확히 사용하는지 확인하면 됩니다.

5.7.3 첫 번째 테스트

제스트로 테스트를 하는 방법은 여러 가지입니다. 가장 널리 쓰이는 두 가지 방법은, 테스트를 모두 __test__(test 앞뒤로 밑줄이 두 개씩 있습니다) 서브디렉터리에 넣는 방법과 .test.js라는 확장자를 붙이는 방법입니다. 필자는 개인적으로 두 가지 방법을 모두 쓰는 편입니다. __test__ 디렉터리에 테스트를 모두 넣으면 소스 디렉터리가 깔끔해지고, .test.js 확장자를 사용하면 에디터에서 탭을 여러 개 열었을 때 어떤 탭이 소스 코드이고 어떤 탭이 테스트인지 쉽게 구분됩니다.

그러니 다음과 같이 lib/__tests__/handlers.test.js 파일을 만듭시다(ch05/lib/__tests__/handlers.test.js).

```javascript
const handlers = require('../handlers')

test('home page renders', () => {
  const req = {}
  const res = { render: jest.fn() }
```

```
  handlers.home(req, res)
  expect(res.render.mock.calls.length).toBe(1)
  expect(res.render.mock.calls[0][0]).toBe('home')
})
```

테스트에 익숙하지 않다면 해괴망측하게 보일 수도 있습니다. 하나씩 분리해서 알아봅시다.

우선 테스트할 코드인 라우트 핸들러를 임포트했습니다. 다음은 지금 테스트하고 있는 기능에 대한 설명입니다. 여기서는 홈페이지가 렌더링되는 게 확실한지 테스트합니다.

렌더링을 시작하려면 요청과 응답 객체가 필요합니다. 요청과 응답 객체를 실험하려면 한 주 내내 테스트 코드를 만들어야겠지만, 다행히 이 객체에서 테스트할 부분은 그렇게 많지 않습니다. 이 테스트에서는 요청 객체를 테스트할 필요가 없으므로 빈 객체를 만들었고, 응답 객체에서 필요한 부분은 렌더링 메서드뿐입니다. 렌더링 함수는 제스트 메서드 jest.fn()을 호출하면 만들어집니다. 이 함수는 어떻게 호출됐는지 추적하는 범용 모형 함수입니다.

그리고 테스트의 중요한 부분인 어서션^assertion이 있습니다. 테스트할 코드를 호출하는 데는 성공했지만, 의도한 대로 동작하는지 확신하려면 어떻게 확인해야 할까요? 이 테스트에서 코드가 해야 하는 일은 문자열 home을 가지고 응답 객체의 render 메서드를 호출하는 일입니다. 제스트의 모형 함수는 자신이 호출되었을 때를 항상 추적하므로, 이 함수가 단 한 번만 호출됐는지 확인하기만 하면 됩니다(두 번 호출했다면 문제가 있는 겁니다). 바로 첫 번째 expect 문인 expect(res.render.mock.calls.length).toBe(1)이 그 역할을 합니다. res.render.mock.calls[0]은 첫 번째로 호출된 상황이며, res.render.mock.calls[0][0]은 그 상황에서 전달받은 매개변수 중 첫 번째입니다. 따라서 이 매개변수는 home이어야 합니다.

> **TIP** 코드를 수정할 때마다 다시 테스트를 실행하려면 상당히 번거롭습니다. 다행히 대부분의 테스트 프레임워크에는 코드를 지켜보고 있다가 수정되면 자동으로 테스트하는 모니터링^watch 모드가 있습니다. 테스트를 모니터링 모드에서 실행하려면 npm test ---watch 명령을 실행해 --watch 매개변수를 제스트에 전달하면 됩니다.

홈 뷰가 아닌 다른 것을 렌더링하도록 홈페이지 핸들러를 수정하면 테스트가 실패합니다.

이제 다음과 같이 다른 라우트에 대한 테스트도 추가할 수 있습니다.

```
test('about page renders with fortune', () => {
  const req = {}
```

```
    const res = { render: jest.fn() }
    handlers.about(req, res)
    expect(res.render.mock.calls.length).toBe(1)
    expect(res.render.mock.calls[0][0]).toBe('about')
    expect(res.render.mock.calls[0][1])
      .toEqual(expect.objectContaining({
        fortune: expect.stringMatching(/\W/),
    }))
})

test('404 handler renders', () => {
  const req = {}
  const res = { render: jest.fn() }
  handlers.notFound(req, res)
  expect(res.render.mock.calls.length).toBe(1)
  expect(res.render.mock.calls[0][0]).toBe('404')
})

test('500 handler renders', () => {
  const err = new Error('some error')
  const req = {}
  const res = { render: jest.fn() }
  const next = jest.fn()
  handlers.serverError(err, req, res, next)
  expect(res.render.mock.calls.length).toBe(1)
  expect(res.render.mock.calls[0][0]).toBe('500')
})
```

어바웃 페이지와 서버 오류 테스트에 추가한 부분을 보세요. 어바웃 페이지의 렌더링 함수는
포춘 쿠키와 함께 호출되므로, 최소 한 글자 이상의 문자열로 이루어진 두 번째 매개변수가 있
다는 어서션을 추가했습니다. 제스트와 **expect** 메서드에서 사용할 수 있는 기능 전체를 설명
하는 것은 이 책의 범위를 벗어나므로, 더 자세히 알고 싶다면 제스트 홈페이지[7] 문서를 참고
하세요. 서버 오류 핸들러는 매개변수를 네 개 받으므로 여기서 제시한 예제만으로는 충분하지
않습니다.

---

[7] *https://jestjs.io/*

5.7.4 테스트 유지 보수

테스트는 만들어놓으면 거기서 끝나는 게 아닙니다. 예를 들어 어떤 이유로 홈 뷰를 다른 이름으로 바꾼다면 테스트는 실패합니다. 코드만 수정하면 끝나는 것이 아니라 테스트 역시 수정해야 합니다.

이런 이유로 개발 팀은 무엇을 테스트할지, 그 테스트는 얼마나 세밀해야 할지 정할 때 최대한 현실적인 예측을 하기 위해 노력합니다. 예를 들어 어바웃 핸들러를 호출할 때 포춘 쿠키를 전달하는 기능을 포기한다면, 해당 테스트도 필요 없어지는 겁니다.

또한 필자는 여러분의 코드를 얼마나 세밀히 테스트해야 할지 확실히 조언할 수도 없습니다. 항공 전자 공학이나 의료 기구에 들어갈 코드를 테스트하는 기준과 상업용 웹사이트에 들어갈 코드를 테스트하는 기준은 사뭇 다를 수밖에 없기 때문입니다.

필자가 제시할 수 있는 것은 코드를 얼마나 테스트했는가 하는 질문에 대답하는 방법뿐입니다. 이제 코드 커버리지를 알아봅시다.

5.7.5 코드 커버리지

코드 커버리지^{code coverage}는 코드를 얼마나 테스트했는가에 관한 정량적 답변이지만, 프로그래밍 주제가 대개 그렇듯 단순히 답변할 수는 없습니다.

제스트에는 자동으로 코드 커버리지를 분석하는 툴이 있습니다. 터미널에서 다음 명령을 실행합니다.

```
npm test -- --coverage
```

책을 쭉 따라 해왔다면 마음을 안정시켜주는 녹색 100%가 화면 가득 보일 겁니다. 제스트는 문(Stmts), 브랜치, 함수(Funcs), 행으로 나누어 커버리지 퍼센트를 보고합니다.

문이란 표현식이나 제어문 같은 자바스크립트 문을 말합니다. 행 커버리지는 100% 달성하더라도 문 커버리지는 100% 달성하지 못할 수 있는데, 자바스크립트에서는 행 하나에 여러 개의 문을 쓸 수 있기 때문입니다. 브랜치 커버리지는 if-else 같은 제어문을 가리킵니다. if-else 문이 있고 그 문의 if 부분만 테스트한다면 커버리지는 50%입니다.

meadowlark.js의 커버리지는 100%가 아닙니다. 하지만 이건 별 문제는 아닌데, 리팩터링을 끝낸 meadowlark.js 파일의 대부분이 단순한 설정이기 때문입니다. 지금은 익스프레스와 관련 미들웨어를 조합해서 서버를 시작하기만 하고 있습니다. 의미 있는 테스트를 만들기가 어려울 뿐 아니라, 이미 충분히 테스트된 코드를 단순히 조합하기만 하고 있으므로 굳이 테스트할 필요도 없습니다.

사실 지금까지 배운 내용이 익스프레스를 정확히 사용하고 있는지 확인하는 정도인데 이런 테스트가 의미가 있는지 의아한 분도 있을 수 있습니다.

필자도 정확히 대답하기는 어렵습니다. 어디까지 테스트하는 게 합리적일지는 만들고 있는 애플리케이션 타입, 여러분의 경험, 팀의 크기와 조합 등에 큰 영향을 받습니다. 테스트에 관해서는 과유불급이라는 말이 어울리지 않지만, 경험이 쌓이면 딱 좋은 지점을 찾을 수 있을 겁니다.

엔트로픽 기능 테스트

엔트로픽entropic 기능, 즉 랜덤한 기능을 테스트하기는 상당히 어렵습니다. 포춘 쿠키 생성기에 더 테스트할 것이 있다면, 아마 이 함수가 **정말** 랜덤한 포춘 쿠키를 반환하는지 테스트하는 일일 겁니다. 하지만 랜덤하다는 걸 어떻게 확인할 수 있을까요? 한 가지 방법은 포춘 쿠키를 아주 많이, 예를 들어 수천 개 만든 다음 그 분포를 관찰하는 방법입니다. 함수가 정상으로 랜덤한 결과를 반환한다면, 일부 결과가 유독 많거나 하진 않을 겁니다. 이 방법의 단점은 단정적이지 않다nondeterministic는 겁니다. 확률이 높진 않겠지만 포춘 쿠키 하나가 다른 쿠키에 비해 10배 정도 많이 나오는 일도 생길 수 있습니다. 이런 상황이 발생하면 테스트는 실패합니다. 하지만 테스트가 실패했다고 해서 그 함수가 잘못 만들어졌다고 말할 수도 없습니다. 엔트로픽 기능을 테스트하면 있을 수밖에 없는 결과입니다. 우리가 이 프로젝트에서 사용하는 정도라면, 아마 포춘 쿠키 50개를 생성하고 그중에서 최소 세 개라도 서로 다른 것이 나온다면 만족할 수 있을 겁니다. 반면, 과학 분야의 시뮬레이션이나 보안 분야에 사용할 랜덤한 코드는 훨씬 더 세밀히 테스트해야 합니다. 요점은 엔트로픽 기능은 테스트하기 어렵고 생각을 더 많이 해야 한다는 겁니다.

5.8 통합 테스트

지금 당장은 통합 테스트를 할 만한 기능이 없습니다. 그저 페이지 몇 개만 있을 뿐, 그들 사이의 상호작용이 없으니까요. 그러니 통합 테스트를 작성하기 전에 테스트할 만한 기능을 먼저 추가해야 합니다. 가급적 단순할수록 좋으니, 홈페이지에서 어바웃 페이지로 가는 링크가 잘 동작하는지 테스트합시다. 이보다 단순한 테스트는 별로 없을 겁니다. 정말 단순하긴 하지만, 그저 익스프레스 라우트 핸들러 두 개를 테스트하는 것이 아니라 HTML과 DOM의 상호작용 역시 테스트하는 것이므로 통합 테스트에 적합한 예제입니다. `views/home.handlebars`에 다음과 같이 링크를 추가합니다.

```
<p>Questions?  Checkout out our
<a href="/about" data-test-id="about">About Us</a> page!</p>
```

`data-test-id` 속성이 뭔지 궁금한 독자가 있을 겁니다. 테스트를 위해서는 클릭할 링크를 식별할 수 있어야 합니다. CSS 클래스를 사용해도 되지만, 필자는 스타일에만 클래스를 사용하고 자동화에는 데이터 속성을 사용하길 선호합니다. **About Us**라는 텍스트를 검색해도 되긴 하지만, 텍스트는 바꾸기 쉽고 DOM 검색은 비용이 듭니다. `href` 매개변수 역시 사용할 수 있지만 이 방법은 테스트가 실패할 가능성이 적어서 예제로는 적합하지 않습니다.

테스트를 자동화하기 전에, 먼저 애플리케이션을 실행하고 기능이 의도한 대로 작동하는지 직접 실험해봅시다.

퍼펫티어를 설치하고 통합 테스트를 작성하기 전에 애플리케이션을 수정해서 모듈을 만듭니다. 지금은 일단 직접 실행한다고 생각합니다. `meadowlark.js`에서 `app.listen`을 호출하는 부분을 다음과 같이 바꿉니다.

```
if (require.main === module) {
  app.listen(port, () => {
    console.log( `Express started on http://localhost:${port}` +
      '; press Ctrl-C to terminate.' )
  })
} else {
  module.exports = app
}
```

조금 따분할 수 있으니 이렇게 한 이유를 설명하지는 않겠습니다. 궁금하다면 노드 모듈 문서[8]를 읽어보세요. require.main이 전역 module과 일치한다면 노드에서 자바스크립트 파일을 직접 실행한 경우이고, 그렇지 않다면 다른 스크립트로 임포트된 경우라고 기억하면 됩니다.

이제 퍼펫티어를 설치합니다. 퍼펫티어는 간단히 말해 제어 가능한 헤드리스[headless] 크롬입니다 (**헤드리스**는 브라우저가 화면에 UI를 그리지 않고도 실행된다는 뜻입니다). 퍼펫티어는 다음과 같이 설치합니다.

```
npm install --save-dev puppeteer@1
```

지정한 포트에서 앱을 시작할 수 없을 때 발생하는 오류를 막기 위해, 사용할 수 있는 포트를 찾아주는 유틸리티도 하나 설치합니다.

```
npm install --save-dev portfinder@1
```

지금부터 작성할 통합 테스트는 다음과 같이 동작합니다.

1. 자유로운 포트에서 애플리케이션 서버를 시작합니다.
2. 헤드리스 크롬 브라우저에서 페이지를 엽니다.
3. 애플리케이션 홈페이지로 이동합니다.
4. data-test-id가 "about"인 링크를 찾아 클릭합니다.
5. 링크로 이동할 때까지 기다립니다.
6. /about 페이지에 도착했는지 확인합니다.

integration-tests 디렉터리(이름은 바꿔도 됩니다)를 만들고, 그 안에 다음과 같이 basic-navigation.test.js 파일을 만듭니다(ch05/integration-tests/basic-navigation.test.js).

```
const portfinder = require('portfinder')
const puppeteer = require('puppeteer')

const app = require('../meadowlark.js')
```

---

8 *http://bit.ly/32BDO3H*

```
let server = null
let port = null

beforeEach(async () => {
  port = await portfinder.getPortPromise()
  server = app.listen(port)
})

afterEach(() => {
  server.close()
})

test('home page links to about page', async () => {
  const browser = await puppeteer.launch()
  const page = await browser.newPage()
  await page.goto(`http://localhost:${port}`)
  await Promise.all([
    page.waitForNavigation(),
    page.click('[data-test-id="about"]'),
  ])
  expect(page.url()).toBe(`http://localhost:${port}/about`)
  await browser.close()
})
```

제스트의 beforeEach와 afterEach를 써서 각 테스트 전후에 서버를 시작하고 멈추게 했습니다(지금 당장은 테스트가 하나뿐이니 별 의미가 없긴 합니다). beforeAll과 afterAll을 쓰면 각 테스트마다 서버를 닫았다 여는 시간이 사라지므로 테스트가 더 빨리 끝날 수는 있겠지만, 만약 테스트 중 하나가 다음 테스트에 영향을 줄 수 있다면 이 때문에 문제의 원인을 찾기 어려워질 수 있으니 beforeEach와 afterEach를 권합니다.

실제 테스트에 사용할 퍼펫티어 API에는 DOM 쿼리 기능이 많이 들어 있습니다. 이 테스트는 거의 대부분 비동기적이므로(퍼펫티어 API는 대부분 프라미스를 반환합니다) await를 많이 썼습니다.[9] 퍼펫티어 문서에 따라 내비게이션과 클릭을 Promise.all에 같이 넣어서 경쟁 상태race condition를 방지했습니다.

퍼펫티어 API의 기능은 아주 다양하므로 필자가 이 책에서 다루기는 어렵습니다. 다행히 http://bit.ly/2KctokI에 훌륭한 문서가 있습니다.

----

9 await에 익숙하지 않다면 타마스 피로스가 쓴 글(*http://bit.ly/2rEXU0d*)을 읽어보세요.

테스트는 프로젝트의 품질을 보증할 때 빼놓을 수 없지만, 유일한 도구는 아닙니다. 린트를 통해 일반적인 오류를 피할 수 있습니다.

5.9 린트

훌륭한 린트는 사람이 놓치기 쉬운 실수를 잡아내는 프로그래머의 두 번째 눈이나 마찬가지입니다. 최초의 자바스크립트 린트는 더글라스 크락포드^{Douglas Crockford}가 만든 JS린트입니다. 2011년에 안톤 코발료프^{Anton Kovalyov}가 JS린트를 포크해 JS힌트를 만들었습니다. 코발료프는 JS린트가 제작자의 의견을 너무 강하게 내세우는 방향으로 가고 있다고 생각하고, 커뮤니티의 의견을 반영해 설정 옵션을 더 늘린 자바스크립트 린트를 만들었습니다. 그 뒤에 니컬러스 자카스^{Nicholas Zakas}가 ES린트[10]를 만들었고, ES린트는 가장 대중적인 자바스크립트 린트로 꼽힙니다. ES린트는 널리 쓰일 뿐만 아니라 린트 프로그램 중에서는 가장 활발히 관리되는 프로그램이고, JS힌트보다 유연한 설정 옵션을 제공합니다.

ES린트는 프로젝트 단위로 설치할 수도 있고 전역으로 설치할 수도 있습니다. ES린트를 전역으로 설치하고 자주 업데이트하면 오래된 프로젝트들이 린트 규칙에 걸리는 일이 자주 생기므로 필자는 ES린트를 프로젝트 단위로 설치하는 편입니다.

ES린트는 다음과 같이 설치합니다.

```
npm install --save-dev eslint@5
```

ES린트를 사용하기 위해서는 적용할 규칙을 설정 파일에 정의해야 합니다. 설정 파일을 처음부터 만들려면 시간이 많이 걸리므로, ES린트는 설정 파일을 만드는 유틸리티도 제공합니다. 프로젝트 루트에서 다음 명령을 실행합니다.[11]

```
./node_modules/.bin/eslint --init
```

---

10 *https://eslint.org/*

11 옮긴이_ 윈도우에서는 *node_modules\.bin\eslint* --init입니다.

ES린트에서 몇 가지 질문을 할 겁니다. 대부분 기본값을 선택해도 되지만, 몇 가지 질문은 주의해야 합니다.

프로젝트에서 어떤 타입의 모듈을 사용합니까?

브라우저가 아니라 노드를 사용하므로 [CommonJS (require/exports)]를 선택합니다. 프로젝트에서 클라이언트 사이드 자바스크립트도 사용한다면 별도의 린트 설정이 필요합니다. 가장 쉬운 방법은 프로젝트를 나누는 것이지만, 프로젝트 하나에 ES린트 설정을 여러 개 적용하는 것도 가능합니다. ES린트 문서[12]에서 더 많은 정보를 얻을 수 있습니다.

프로젝트에서 어떤 프레임워크를 사용합니까?

선택지에 익스프레스가 없으므로 [None of these]를 선택하세요.

어디에서 코드를 실행합니까?

노드를 선택하세요.

ES린트 설치가 끝났으니 간편하게 실행할 수 있는 방법이 필요합니다. package.json의 스크립트 섹션에 다음 내용을 추가합니다.

```
"lint": "eslint meadowlark.js lib"
```

린트할 파일과 디렉터리를 ES린트에 직접 지정해야 합니다. 소스를 모두 디렉터리 한 곳(보통 src)에 모으는 이유이기도 합니다.

----

12 *https://eslint.org/docs/user-guide/configuring*

이제 마음의 준비를 하고 다음을 실행합시다.

```
npm run lint
```

오류가 잔뜩 나타날 겁니다. ES린트를 처음 실행했다면 일반적으로 볼 수 있는 광경입니다. 특히 제스트 관련 테스트를 따라 했다면 다음과 같이 제스트 관련 오류가 많이 일어난 걸 볼 수 있습니다.

```
 3:1   error  'test' is not defined    no-undef
 5:25  error  'jest' is not defined    no-undef
 7:3   error  'expect' is not defined  no-undef
 8:3   error  'expect' is not defined  no-undef
11:1   error  'test' is not defined    no-undef
13:25  error  'jest' is not defined    no-undef
15:3   error  'expect' is not defined  no-undef
```

ES린트는 선언하지 않은 전역 변수를 지적합니다. 제스트는 test, describe, jest, expect 같은 전역 변수를 많이 사용합니다. 다행히 이건 쉽게 바로잡을 수 있습니다. 프로젝트 루트에 있는 .eslintrc.js 파일을 열고 env 섹션에 다음을 추가합니다.

```
"jest": true,
```

npm run lint를 다시 실행하면 오류가 많이 줄어든 걸 볼 수 있습니다.

나머지 오류는 어떻게 해결해야 할까요? 필자는 일반적인 조언은 할 수 있지만 명확한 지침을 제시할 수는 없습니다. 넓게 말하자면 린트 오류는 다음 세 가지 경우 중 하나입니다.

- 명백한 문제이며 반드시 수정해야 하는 경우: 항상 명백히 드러나지는 않으므로, 그럴 때는 ES린트 문서를 참고하세요.
- 규칙이지만 여러분의 의견과 다른 경우: 그냥 무시해도 문제는 없습니다. ES린트의 규칙 중 상당수는 의견이 갈리기도 합니다. 규칙을 비활성화하는 방법은 곧 설명합니다.
- 규칙에 동의하지만, 불가피하거나 수정하기 매우 어려운 경우: 파일의 특정 행만 규칙에서 제외시킬 수 있습니다. 이 방법 역시 곧 설명합니다.

책을 계속 따라왔다면 다음과 같은 오류가 표시됩니다.

```
/Users/ethan/wdne2e-companion/ch05/meadowlark.js
  27:5  error  Unexpected console statement  no-console

/Users/ethan/wdne2e-companion/ch05/lib/handlers.js
  10:39  error  'next' is defined but never used  no-unused-vars
```

ES린트는 콘솔을 지적하고 있습니다. 콘솔은 애플리케이션 출력으로 좋은 방법은 아닙니다. 양이 너무 많고 일관적이지도 않기 때문입니다. 하지만 우리가 사용하는 용도에는 그 정도가 문제되지는 않으니 이 규칙을 비활성화합니다. .eslintrc 파일을 열고 rules 섹션을 찾아 다음 규칙을 추가합니다(rules 섹션이 없으면 최상위 레벨 객체에 만듭니다).

```
"rules": {
    "no-console": "off",
},
```

이제 npm run lint를 다시 실행하면 콘솔에 관련된 오류는 보이지 않습니다. 다음 오류는 해결하기 조금 더 어렵습니다.

lib/handlers.js 파일을 열고 다음 행을 봅시다.

```
exports.serverError = (err, req, res, next) => res.render('500')
```

ES린트의 지적이 맞습니다. next를 매개변수로 전달했지만 사용은 하지 않았습니다. err과 req 역시 사용하지 않았지만, 자바스크립트에서 함수 매개변수를 처리하는 방법 때문에 그 자리에 무언가를 넣어야만 res를 사용할 수 있습니다.

그냥 next를 제거하면 되지 않나 생각할 수도 있습니다. 물론 그렇게 해도 런타임 오류는 일어나지 않고 린트도 더는 오류를 보고하지 않지만, 바로 발견하기 어려운 문제가 생깁니다. 커스텀 오류 핸들러가 동작하지 않게 됩니다. 직접 확인하고 싶다면 라우트 중 하나에서 예외를 일으키고 next 매개변수를 serverError 핸들러에서 제거한 다음 그 라우트에 방문해보세요.

익스프레스는 넘겨받은 실제 매개변수의 개수를 보고 오류 핸들러가 있는지 판단합니다. next 매개변수가 없으면(사용 여부는 상관없이) 익스프레스는 그 핸들러를 오류 핸들러로 인식하지 않습니다.

핸들러 코드를 바꿀 수는 없고, 오류 핸들러도 사용해야 합니다. ES린트의 규칙이 맞는 것도 명백하므로 함부로 비활성화할 수도 없습니다. 그냥 이 오류는 무시하고 넘길 수도 있지만, 이런 오류가 누적되고 계속 신경을 거스르며, 언젠가는 린트를 사용하는 이유 자체가 무의미해질 수도 있습니다. 다행히 이 한 행에 한해 규칙을 적용하지 않도록 만들 수 있습니다. lib/handlers.js의 오류 핸들러를 다음과 같이 수정합시다.

```
// 익스프레스는 매개변수가 네 개 있어야 오류 핸들러를 인식하므로
// next 매개변수는 사용하지 않더라도 그냥 둬야 합니다.
// 따라서 다음 행에 한해 ES린트의 no-unused-vars 규칙을 비활성화합니다.
/* eslint-disable no-unused-vars */
exports.serverError = (err, req, res, next) => res.render('500')
/* eslint-enable no-unused-vars */
```

처음에는 린트가 고역일 수도 있습니다. 끊임없이 신경을 건드리는 것처럼 느껴질 수도 있습니다. 물론 여러분과 맞지 않는 규칙은 비활성화할 수도 있습니다. 하지만 계속 개선하다 보면, 린트가 잡아내도록 설계된 실수를 자연스레 피하게 되고 그에 따라 린트도 친밀하게 느껴질 겁니다.

테스트와 린트는 거부할 수 없는 유용한 도구이지만, 사용하지 않으면 아무 의미가 없습니다. 단위 테스트를 만들고 린트를 준비하느라 시간과 노력을 들여 놓고도 잊어버릴 리 없다고 생각할 수도 있겠지만, 필자는 그런 상황을 자주 마주쳤습니다. 마감이 코앞일 땐 특히 더하죠. 다행히 테스트와 린트를 강제하는 방법이 있습니다.

5.10 지속적 통합

지속적 통합(이하 CI)은 유용한 QA 개념이지만, 이 부분은 여러분에게 맡기겠습니다. 지속적 통합은 팀에서 일할 때 특히 중요하지만, 혼자 일할 때도 유용합니다.

CI는 기본적으로 소스 코드 저장소에 커밋할 때마다 테스트 전체 또는 일부를 실행합니다. 테스트가 모두 통과하면 보통 아무 일도 일어나지 않습니다(CI 설정에 따라서는 수고했다는 이메일이 올 수도 있습니다).

반면 실패한 테스트가 있으면 그 결과는 좀 더... 공개적입니다. 역시 CI 설정에 따라 다르지만, 보통 팀원 전체가 '저 사람이 빌드를 망쳤다'와 비슷한 이메일을 받습니다. 통합 테스트 책임자의 성격에 따라서는 이메일 리스트에 사장이 포함되었을 수도 있습니다! 필자는 누군가 빌드를 망쳤을 때 사이렌이 울리게 해놓은 팀도 본 적이 있고, 심지어는 당사자에게 모형 미사일을 발사하게 만들어놓은 팀도 있었습니다. 이런 일을 겪고 나면, 누구라도 커밋하기 전에 QA 도구를 실행할 수밖에 없을 겁니다.

CI 서버를 설치하고 설정하는 것은 이 책의 범위를 벗어나지만, QA에 관해 설명하는 장에서 CI 서버를 언급하지도 않고 끝낸다는 것은 어불성설입니다.

현재 노드 프로젝트에서 가장 널리 쓰이는 CI 서버는 트래비스CI[13]입니다. 트래비스 CI는 호스팅 솔루션이므로 CI 서버를 직접 설치할 필요가 없다는 점이 매력적입니다. 깃허브를 사용한다면 깃허브 자체에서 CI를 지원합니다. 서클CI[14]도 괜찮은 선택입니다.

혼자 프로젝트를 진행한다면 CI 서버가 큰 도움이 되진 않겠지만, 팀에서 일하거나 오픈 소스 프로젝트에 참가한다면 CI 사용을 권합니다.

5.11 마치며

이번 장에서는 기본적인 내용만 다뤘지만, 필자는 이 부분이 어떤 개발 프레임워크에서도 필수적인 진짜 기술이라고 생각합니다. 자바스크립트 생태계는 엄청나게 넓고, 처음이라면 어디서부터 시작해야 할지 갈팡질팡할 수도 있습니다. 이 장을 읽고 올바른 방향을 찾았길 바랍니다.

이제 도구에 대해서는 어느 정도 경험이 쌓였으니 익스프레스 애플리케이션에서 일어나는 일 전체를 하나로 묶는 요청과 응답 객체를 알아볼 때가 됐습니다.

---

13 *https://travis-ci.org/*
14 *https://circleci.com/*

CHAPTER 6

요청과 응답 객체

이번 장에서는 요청과 응답 객체의 중요한 세부 사항을 알아봅니다. 이 두 객체는 익스프레스 애플리케이션에서 일어나는 모든 일의 처음과 끝이라고 해도 과언이 아닙니다. 익스프레스로 웹 서버를 만든다면 여러분이 하는 일 거의 대부분이 요청 객체로 시작하고 응답 객체로 끝납니다.

이 두 객체는 노드에서 제공한 걸 익스프레스에서 확장한 객체입니다. 이 두 객체를 설명하기 전에, 우선 클라이언트(보통 브라우저)가 서버에 페이지를 요청하는 방법과 그 페이지를 전송받는 방법에 대한 배경지식을 먼저 설명하겠습니다.

6.1 URL의 각 부분

우리는 항상 URL을 보지만, 그 구성 요소는 잘 생각하지 않습니다. 세 가지 URL을 살펴보면서 구성 요소를 생각해봅시다.

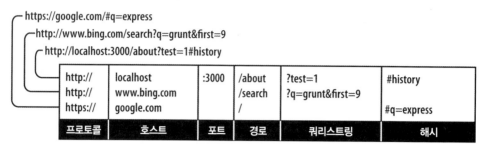

그림 6-1 URL의 각 부분

프로토콜

프로토콜은 요청을 어떻게 전송할지 결정합니다. 이 책에서는 http와 https만 다룹니다. 자주 쓰이는 다른 프로토콜에는 file과 ftp 등이 있습니다.

호스트

호스트는 서버입니다. 로컬 컴퓨터(로컬 호스트)나 로컬 네트워크에 있는 서버는 한 단어 또는 숫자 형태의 IP 주소로 표현합니다. 인터넷에 있는 서버는 .com이나 .net 같은 최상위 도메인으로 끝납니다. 또한 호스트 이름 앞에 **서브도메인**이 있을 수 있습니다. 가장 널리 쓰이는 서브도메인은 www지만, 다른 이름도 쓸 수 있습니다. 서브도메인은 옵션입니다.

포트

각 서버에는 숫자 형태의 포트가 있습니다. 80, 443 같은 일부 포트 번호는 특별한 용도로 쓰입니다. 포트를 생략하면 HTTP에서는 80, HTTPS에서는 443이라고 간주합니다. 일반적으로 80이나 443을 쓰지 않는다면 1023보다 큰 포트 번호를 써야 합니다.[1] 3000, 8080, 8088 같이 기억하기 쉬운 포트 번호를 쓰는 것이 일반적입니다. 한 서버에서 포트 번호를 중복으로 사용할 수는 없으므로 널리 사용되는 포트 번호를 선택했다면 바꿔야 할 수도 있습니다.

경로

경로는 일반적으로 앱에서 가장 많이 사용하는 URL 부분입니다. 프로토콜, 호스트, 포트만 가

---

1 포트 0번부터 1023번까지는 일반적인 서비스 용도로 예약되어 있습니다(참고: *https://ko.wikipedia.org/wiki/TCP/UDP의_포트_목록*).

지고 라우트를 결정할 수도 있지만 좋은 습관은 아닙니다. 앱에서 사용하는 페이지나 기타 자원은 모두 경로를 통해 유일하게 식별할 수 있어야 합니다.

쿼리스트링

쿼리스트링은 이름-값 쌍의 컬렉션이며 옵션입니다. 쿼리스트링은 물음표(?) 기호로 시작하고 이름-값 쌍은 앰퍼샌드(&) 기호로 구분합니다. 이름과 값은 모두 **URL 인코드**를 사용해야 합니다. 자바스크립트에는 이 목적으로 내장된 함수 encodeURIComponent가 있습니다. 예를 들어 스페이스는 + 기호로 바뀝니다. 다른 특수문자는 숫자형 문자 참조로 바뀝니다. 쿼리스트링을 검색 문자열^{search string}, 또는 서치^{search}라고 부르기도 합니다.

해시

해시^{hash}(또는 fragment)는 서버로 전송되지 않으며 브라우저에서만 사용합니다. 일부 단일 페이지 애플리케이션은 해시를 애플리케이션 내부의 내비게이션 용도로 사용합니다. 해시의 원래 목적은 브라우저가 문서의 `<a id="chapter06">` 같은 특정 부분으로 이동하는 것이었습니다.

6.2 HTTP 요청 메서드

HTTP 프로토콜에는 클라이언트가 서버와 통신할 때 사용하는 요청 메서드 컬렉션(HTTP 동사^{verb}라고 부를 때가 많습니다)이 정의되어 있습니다. 가장 많이 사용하는 메서드는 GET과 POST입니다.

브라우저에 URL을 입력하거나 링크를 클릭하면 브라우저는 서버에 HTTP GET 요청을 보냅니다. 서버로 전달되는 중요 정보는 URL 경로와 쿼리스트링입니다. 앱은 메서드, 경로, 쿼리스트링의 조합에 따라 이 요청에 어떻게 반응할지 결정합니다.

웹사이트의 페이지 대부분은 GET 요청에 반응합니다. POST 요청은 보통 폼 처리 등의 용도로 서버에 정보를 보낼 때 사용합니다. 서버가 POST 요청에 들어 있던 정보를 처리한 다음에는 GET 요청과 마찬가지 HTML을 전송하는 경우가 일반적입니다. 브라우저는 서버와 통신할 때 GET과 POST 메서드를 우선 사용합니다. 하지만 애플리케이션에서 에이젝스^{Ajax} 요청을 보낼 때는 어떤 HTTP 동사라도 사용할 수 있습니다. 예를 들어 HTTP 동사인 DELETE는 API 호출로 무언가를 삭제할 때 사용합니다.

노드와 익스프레스를 사용할 때는 어떤 메서드에 반응할지 직접 정해야 합니다. 익스프레스에서는 보통 특정 메서드를 처리하는 핸들러를 만들곤 합니다.

6.3 요청 헤더

페이지를 방문할 때 서버에 URL만 보내는 것은 아닙니다. 브라우저는 웹사이트에 방문할 때마다 '보이지 않는' 정보를 많이 보냅니다. 필자가 말하는 것은 해킹이나 피싱으로 개인 정보를 빼앗기는 게 아닙니다. 브라우저는 돌려받을 페이지가 어떤 언어로 되어 있으면 좋겠다는 정보를 서버에 보냅니다. 예를 들어 크롬을 스페인에서 내려받았다면, 크롬은 서버에 스페인어 버전이 존재한다면 그걸 전송하길 요청합니다. 브라우저는 사용자 에이전트(브라우저, 운영체제, 하드웨어)에 관한 정보도 보내고, 다른 정보도 약간 보냅니다. 이 정보는 모두 요청 헤더로 전달되며, 요청 객체의 **headers** 프로퍼티를 통해 확인합니다. 다음과 같이 익스프레스 라우트를 만들어 브라우저가 어떤 정보를 보내는지 확인합니다(**ch06/00-echo-headers.js**).

```
app.get('/headers', (req, res) => {
  res.type('text/plain')
  const headers = Object.entries(req.headers)
    .map(([key, value]) => `${key}: ${value}`)
  res.send(headers.join('\n'))
})
```

6.4 응답 헤더

브라우저가 요청 헤더 형태로 서버에 정보를 보내는 것과 마찬가지로, 서버 역시 브라우저가 렌더링하거나 표시하지 않는 정보를 보냅니다. 응답 헤더에 들어 있는 정보는 일반적으로 메타데이터와 서버 정보입니다. HTML, 이미지, CSS, 자바스크립트 등 콘텐츠의 종류를 나타내는

Content-Type 헤더는 이미 봤습니다. 브라우저는 URL 경로와 관계없이 콘텐츠 타입 헤더의 정보를 더 우선시합니다. 따라서 /image.jpg 경로에서 HTML을 전송하거나, /text.html 경로에서 이미지를 전송하는 것도 가능합니다. 물론 이렇게 하라는 것은 아니고, 경로는 추상적인 것이며 브라우저는 콘텐츠를 렌더링할 때 Content-Type의 정보를 사용해 렌더링 방법을 결정한다는 것을 이해하는 것이 중요합니다. 헤더에는 Content-Type 외에도 응답이 압축됐는지 여부, 사용하는 인코딩 종류 같은 정보도 들어 있습니다. 응답 헤더에는 브라우저가 전송된 자원을 얼마나 오래 캐시에 보관할 수 있는지에 관한 힌트도 들어 있습니다. 이 정보는 웹사이트를 최적화할 때 중요하며, 17장에서 자세히 설명합니다.

응답 헤더에는 서버에 관한 정보가 포함될 때도 많습니다. 서버 타입이 무엇인지, 때로는 운영체제가 무엇인지까지도 들어 있기도 합니다. 서버 정보를 전송하면 해커들이 사이트를 공격할 수 있는 단서가 된다는 단점이 있습니다. 보안이 생명인 서버는 이런 정보를 생략하는 경우가 많고, 심지어 가짜 정보를 보내기도 합니다. 익스프레스에서는 다음과 같이 쉽게 X-Powered-By 헤더를 비활성화할 수 있습니다(ch06/01-disable-x-powered-by.js).

```
app.disable('x-powered-by')
```

응답 헤더는 브라우저의 개발자 도구에서 확인할 수 있습니다. 예를 들어 크롬에서 응답 헤더를 보는 순서는 다음과 같습니다.

1. 자바스크립트 콘솔을 엽니다.
2. 네트워크 탭을 클릭합니다.
3. 페이지를 새로고침합니다.
4. 요청 리스트에서 HTML을 선택합니다(대개 첫 번째입니다).
5. 헤더 탭을 클릭하면 응답 헤더 전체가 보입니다.

6.5 인터넷 미디어 타입

Content-Type 헤더는 대단히 중요합니다. 이 정보가 없으면 클라이언트는 콘텐츠 렌더링 방법을 스스로 추론해야만 합니다. Content-Type 헤더 형식은 타입, 서브타입, 옵션인 매개변수로 구성된 **인터넷 미디어 타입**입니다. 예를 들어 text/html; charset=UTF-8에는 타입이

'텍스트', 서브타입이 'html', 문자 인코딩이 UTF-8이라는 정보가 들어 있습니다. 인터넷 할당 번호 관리기관(IANA)에 인터넷 미디어 타입의 공식 목록[2]이 있습니다. 콘텐츠 타입은 종종 인터넷 미디어 타입, 마임 타입과 혼용되곤 합니다. 마임(MIME)은 Multipurpose Internet Mail Extensions의 약어이며 인터넷 미디어 타입 이전에 쓰이던 용어입니다. 대개 이 둘은 같은 것을 가리킵니다.

6.6 요청 바디

응답의 바디가 실제 콘텐츠인 것과 마찬가지로, 요청에는 요청 헤더 외에 바디도 들어 있습니다. 일반적인 GET 요청에는 바디가 없지만 POST 요청에는 보통 바디가 들어 있습니다. POST 바디에서 가장 널리 쓰이는 미디어 타입은 application/x-www-form-urlencoded이며, 쿼리스트링과 마찬가지로 단순히 앰퍼샌드로 구분한 이름-값 쌍의 형태입니다. POST 요청을 통해 파일을 업로드할 때는 좀 더 복잡한 형식인 multipart/form-data 미디어 타입을 사용합니다. 마지막으로 에이잭스 요청에서는 바디에 application/json을 사용합니다. 요청 바디에 대해서는 8장에서 더 자세히 알아봅니다.

6.7 요청 객체

요청 객체는 핵심 노드 객체인 http.IncomingMessage의 인스턴스로 시작합니다. 이 객체는 요청 핸들러의 첫 번째 매개변수로 전달되므로, 이름은 원하는 대로 쓸 수 있지만 보통 req과 request를 가장 많이 사용합니다. 익스프레스는 이 객체에 기능을 추가합니다. 요청 객체에서 가장 유용한 프로퍼티와 메서드를 알아봅시다(req.headers와 req.url은 노드에서 제공하는 그대로이며, 나머지 메서드는 전부 익스프레스에서 추가한 것입니다).

req.params
이름 붙은 라우트 매개변수가 담긴 배열입니다. 14장에서 이 프로퍼티를 더 설명합니다.

---

2 https://www.iana.org/assignments/media-types/media-types.xhtml

req.query

이름-값 쌍 형태인 쿼리스트링 매개변수(GET 매개변수라고도 부릅니다)를 담은 객체입니다.

req.body

POST 매개변수를 담은 객체입니다. 이런 이름이 붙은 이유는 POST 매개변수가 요청 바디에 들어 있기 때문입니다. req.body를 사용하려면 바디 콘텐츠 타입을 분석할 수 있는 미들웨어가 필요하며, 이에 관해서는 10장에서 설명합니다.

req.route

현재 일치하는 라우트에 관한 정보입니다. 이 정보는 라우트 디버깅에 가장 많이 사용합니다.

req.cookies/req.signedCookies

클라이언트에서 전송한 쿠키 값을 담은 객체입니다. 9장에서 더 자세히 설명합니다.

req.headers

클라이언트에서 전송한 요청 헤더입니다. 이 객체의 키는 헤더 이름이고 값은 헤더 값입니다. 이 프로퍼티는 http.IncomingMessage 객체에서 파생한 것이므로 익스프레스 문서에서는 따로 설명하지 않습니다.

req.accepts(types)

클라이언트가 주어진 타입을 받아들이는지 확인하는 편의 메서드입니다. 옵션인 types에는 application/json 같은 마임 타입, 콤마로 구분한 리스트, 배열을 쓸 수 있습니다. 이 메서드는 공개 API를 제작하려는 사람들이 주로 이용하며, 브라우저가 항상 HTML을 받아들인다고 가정합니다.

req.ip

클라이언트의 IP 주소입니다.

req.path

요청의 경로, 즉 URL에서 프로토콜, 호스트, 포트, 쿼리스트링을 제외한 값입니다.

req.hostname

클라이언트에서 전송한 호스트 이름을 반환하는 편의 메서드입니다. 이 정보는 위조될 수 있으므로 보안 목적으로 사용해서는 안 됩니다.

req.xhr

요청이 에이잭스 호출에서 비롯됐다면 true를 반환하는 편의 프로퍼티입니다.

req.protocol

요청에 사용된 프로토콜입니다. 이 책에서는 http 아니면 https입니다.

req.secure

암호화된 연결인 경우 true를 반환하는 편의 프로퍼티입니다. req.protocol === 'https'와 동등합니다.

req.url/req.originalUrl

이 프로퍼티는 경로와 쿼리스트링을 반환합니다. 프로토콜, 호스트, 포트는 포함하지 않으니 약간 잘못된 이름이라고 해야 합니다. req.url은 내부 라우팅 목적으로 고쳐 쓸 수 있지만, req.originalUrl은 원래 요청 그대로 보존하도록 설계됐습니다.

6.8 응답 객체

응답 객체는 노드의 핵심 객체인 http.ServerResponse의 인스턴스입니다. 응답 객체는 요청 핸들러의 두 번째 매개변수로 사용되므로 이름은 원하는 대로 바꿀 수 있지만, 보통 res, resp, response를 사용합니다. 익스프레스는 이 객체에 기능을 추가합니다. 응답 객체에서 가장 유용한 프로퍼티와 메서드를 살펴봅시다. 이들은 모두 익스프레스에서 추가한 것입니다.

res.status(code)

HTTP 상태 코드를 설정합니다. 익스프레스의 기본값은 OK를 뜻하는 200이므로, 상태 코드 404(낫 파운드)나 500(서버 오류), 기타 200 이외의 상태 코드를 반환할 때만 이 메서드를 쓰면 됩니다. 리디렉트의 상태 코드는 301, 302, 303, 307이지만 이 메서드보다는 redirect 메서드를 쓰는 편이 좋습니다. res.status는 응답 객체를 반환하므로 res.status(404). send('Not found')처럼 메서드를 체인으로 묶을 수 있습니다.

res.set(name, value)

응답 헤더를 설정합니다. 이 메서드를 직접 사용하는 경우는 별로 없습니다. 키가 헤더 이름, 값이 헤더 값인 객체를 매개변수로 전달해 여러 가지 헤더를 한 번에 설정할 수도 있습니다.

res.cookie(name, value, [options]), res.clearCookie(name, [options])

클라이언트에 저장될 쿠키를 설정하거나 삭제합니다. 이 메서드는 미들웨어가 필요하며 9장에서 더 자세히 설명합니다.

res.redirect([status], url)

브라우저를 리디렉트합니다. 기본 리디렉트 코드는 302(발견됨)입니다. 일반적으로 페이지를 영구히 이동했을 경우 외에는 리디렉트는 자주 쓰지 않는 편이 좋으며, 이 경우에는 상태 코드 301(영구히 이동함)을 써야 합니다.

res.send(body)

클라이언트에 응답을 보냅니다. 익스프레스의 기본 콘텐츠 타입은 text/html이므로 text/plain으로 바꾸고 싶다면 res.send를 호출하기 전에 먼저 res.type('text/plain')을 호출해야 합니다. body가 객체나 배열일 경우 응답은 JSON으로 전송되며 콘텐츠 타입 역시 그에 맞게 자동으로 바뀌지만, JSON을 전송할 때는 res.json을 사용하길 권합니다.

res.json(json)

클라이언트에 JSON을 전송합니다.

res.jsonp(json)

클라이언트에 JSONP를 전송합니다.

res.end()

응답을 보내지 않고 연결을 끊습니다. res.send, res.json, res.end의 차이에 대해서는 타마스 피로스가 쓴 글[3]을 보세요.

res.type(type)

Content-Type 헤더를 설정하는 편의 메서드입니다. 기본적으로 res.set('Content-Type', type)과 동등하지만, res.type은 슬래시 없는 문자열을 매개변수로 썼을 때 파일 확장자를 인터넷 미디어 타입으로 사용하려 한다는 차이가 있습니다. 예를 들어 res.type('txt')는 Content-Type을 text/plain으로 설정합니다. 멀티미디어 파일 여러 개를 자동으로 전송할 때 이 기능이 유용하기도 하지만, 일반적으로 res.type보다는 정확한 인터넷 미디어 타입을 직접 설정하길 권합니다.

res.format(object)

이 메서드는 Accept 요청 헤더에 따라 다른 콘텐츠를 보낼 수 있습니다. 주로 API에 사용하며, 15장에서 더 자세히 설명합니다. res.format({'text/plain': 'hi there', 'text/html': 'hi there'})처럼 사용합니다.

res.attachment([filename]), res.download(path, [filename], [callback])

메서드 모두 Content-Disposition 응답 헤더를 attachment로 설정합니다. 이렇게 하면 브라우저가 콘텐츠를 렌더링하지 않고 파일 형태로 내려받습니다. filename을 써서 브라우저에 파일 이름 힌트를 줍니다. res.download는 내려받을 파일을 지정할 수 있지만, res.attachment는 단순히 헤더만 설정하므로 클라이언트가 받을 콘텐츠를 따로 전송해야 합니다.

res.sendFile(path, [options], [callback])

이 메서드는 path로 지정한 파일을 읽고 그 콘텐츠를 클라이언트에 전송합니다. 이 메서드를 사용할 이유는 별로 없습니다. 클라이언트에 보낼 파일을 public 디렉터리에 보관하고 static 미들웨어를 사용하는 편이 더 쉽습니다. 같은 URL에서 조건에 따라 다른 자원을 전송하고 싶다면 이 메서드가 유용합니다.

----

3 *https://blog.fullstacktraining.com/res-json-vs-res-send-vs-res-end-in-express/*

res.links(links)

Links 응답 헤더를 설정합니다. 이 헤더는 특화된 헤더라 활용도가 높지 않습니다.

res.locals, res.render(view, [locals], callback)

res.locals는 뷰 렌더링의 기본 콘텍스트를 담은 객체입니다. res.render는 설정된 템플릿 엔진을 사용해 뷰를 렌더링합니다. res.render의 locals 매개변수를 res.locals와 혼동하지 마세요. res.render의 locals 매개변수는 res.locals의 콘텍스트를 덮어 쓰지만, 덮어 써지지 않은 콘텍스트는 여전히 사용할 수 있습니다. res.render의 기본 응답 코드는 200이므로 다른 응답 코드가 필요하다면 res.status를 사용합니다. 뷰 렌더링은 7장에서 자세히 설명합니다.

6.9 더 많은 정보

자바스크립트의 프로토타입 상속 때문에 때때로 지금 뭘 다루고 있는 건지 정확히 알기 어려울 때가 있습니다. 노드가 제공하는 객체를 익스프레스가 확장하고, 때로는 패키지에서 그 객체를 다시 확장하기도 합니다. 따라서 무엇을 사용할 수 있는지 정확히 판단하기가 어려울 때가 있습니다. 어떤 기능에 대해 알아봐야 한다면 먼저 익스프레스 API 문서[4]를 확인하세요. 이 문서는 매우 완성도가 높아 필요한 내용이 많을 겁니다.

문서화되지 않은 정보가 필요할 때는 https://github.com/expressjs/express에서 익스프레스 소스를 읽어보는 게 도움이 됩니다. 한번 읽어볼 가치가 있습니다. 생각보다는 어렵지 않을 겁니다. 익스프레스 소스를 읽을 때는 다음을 참고하세요.

lib/application.js

익스프레스의 메인 인터페이스입니다. 미들웨어가 어떻게 연결되는지, 뷰가 어떻게 렌더링되는지 이해해야 한다면 이 부분을 봐야 합니다.

---

4 http://expressjs.com/api.html

lib/express.js

익스프레스 애플리케이션 인스턴스를 생성하는 `createApplication` 함수를 제공하는 비교적 작은 파일입니다.

lib/request.js

노드의 `http.IncomingMessage` 객체를 확장해 요청 객체를 만듭니다. 요청 객체의 프로퍼티와 메서드에 관한 정보는 여기서 전부 찾을 수 있습니다.

lib/response.js

노드의 `http.ServerResponse` 객체를 확장해 응답 객체를 만듭니다. 응답 객체의 프로퍼티와 메서드에 관한 정보는 여기서 전부 찾을 수 있습니다.

lib/router/route.js

기본 라우팅 지원을 제공합니다. 라우팅은 앱의 핵심이지만, 단순하고 우아하게 구성된 이 파일은 230행 밖에 되지 않습니다.

익스프레스 소스 코드를 읽다보면 노드 문서,[5] 그중에서도 HTTP 모듈 섹션을 참고할 일이 많습니다.

6.10 간단한 예제

이번 장에서는 익스프레스 애플리케이션의 핵심인 요청과 응답 객체를 간단히 살펴봤습니다. 하지만 이 기능 중 일부만 사용할 때가 대부분입니다. 그러니 가장 자주 사용할 기능을 하나씩 살펴봅시다.

---

5 *https://nodejs.org/en/docs/*

6.10.1 콘텐츠 렌더링

콘텐츠를 렌더링할 때는 뷰를 레이아웃 안에 렌더링하는 res.render를 가장 자주 사용합니다. 이따금 테스트 페이지를 빨리 만들어보고 싶을 때는 res.send를 사용합니다. req.query로 쿼리스트링 값을 가져오거나, req.session으로 세션 값을 가져오거나, req.cookie/req.signedCookies로 쿠키를 가져옵니다. [예제 6-1]부터 [예제 6-8]까지는 일반적인 콘텐츠 렌더링 작업에 관한 예제입니다.

예제 6-1 기본 사용법(ch06/02-basic-rendering.js)

```
// 기본 사용법
app.get('/about', (req, res) => {
  res.render('about')
})
```

예제 6-2 200 이외의 응답 코드(ch06/03-different-response-codes.js)

```
app.get('/error', (req, res) => {
  res.status(500)
  res.render('error')
})

// 다음과 같이 한 줄로 쓸 수도 있습니다.

app.get('/error', (req, res) => res.status(500).render('error'))
```

예제 6-3 뷰에 쿼리스트링, 쿠키, 세션 값 등의 콘텍스트 전달(ch06/04-view-with-content.js)

```
app.get('/greeting', (req, res) => {
  res.render('greeting', {
    message: 'Hello esteemed programmer!',
    style: req.query.style,
    userid: req.cookies.userid,
    username: req.session.username
  })
})
```

예제 6-4 레이아웃을 사용하지 않는 뷰 렌더링(*ch06/05-view-without-layout.js*)

```
// 다음 레이아웃은 해당하는 레이아웃 파일이 없으므로
// views/no-layout.handlebars에 필요한 HTML이 모두 있어야 합니다.
app.get('/no-layout', (req, res) =>
  res.render('no-layout', { layout: null })
)
```

예제 6-5 커스텀 레이아웃을 사용한 뷰 렌더링(*ch06/06-custom-layout.js*)

```
// 레이아웃 파일 views/layouts/custom.handlebars를 사용합니다.
app.get('/custom-layout', (req, res) =>
  res.render('custom-layout', { layout: 'custom' })
)
```

예제 6-6 평문 렌더링(*ch06/07-plaintext-output.js*)

```
app.get('/text', (req, res) => {
  res.type('text/plain')
  res.send('this is a test')
})
```

예제 6-7 오류 핸들러 추가(*ch06/08-error-handler.js*)

```
// 이 핸들러는 반드시 라우트 마지막에 있어야 합니다.
// next 함수를 사용하지 않더라도 매개변수로 써야만
// 익스프레스가 이 핸들러를 오류 핸들러로 인식합니다.
app.use((err, req, res, next) => {
  console.error('** SERVER ERROR: ' + err.message)
  res.status(500).render('08-error',
    { message: "you shouldn't have clicked that!" })
})
```

예제 6-8 404 핸들러 추가(*ch06/09-custom-404.js*)

```
// 이 핸들러는 반드시 라우트 마지막에 있어야 합니다.
app.use((req, res) =>
  res.status(404).render('404')
)
```

6.10.2 폼 처리

폼을 처리할 때 그 정보는 보통 req.body에 들어 있습니다(가끔 req.query에 들어 있기도 합니다). req.xhr을 써서 요청이 에이잭스 요청인지 브라우저 요청인지 판단합니다(8장에서 더 자세히 설명합니다). [예제 6-9]와 [예제 6-10]을 보세요. 다음 예제는 body-parser 미들 웨어가 필요합니다.

```
const bodyParser = require('body-parser')
app.use(bodyParser.urlencoded({ extended: false }))
```

body-parser 미들웨어는 8장에서 설명합니다.

예제 6-9 기본적인 폼 처리(*ch06/10-basic-form-processing.js*)

```
app.post('/process-contact', (req, res) => {
  console.log(`received contact from ${req.body.name} <${req.body.email}>`)
  res.redirect(303, '10-thank-you')
})
```

예제 6-10 빈틈없는 폼 처리(*ch06/11-more-robust-form-processing.js*)

```
app.post('/process-contact', (req, res) => {
  try {
    // 여기서 연락처를 데이터베이스나 파일 등의 저장 장소에 보관해야 하지만
    // 일단은 오류만 시뮬레이트합니다.
    if (req.body.simulateError) throw new Error("error saving contact!")
    console.log(`contact from ${req.body.name} <${req.body.email}>`)
    res.format({
      'text/html': () => res.redirect(303, '/thank-you'),
      'application/json': () => res.json({ success: true }),
    })
  } catch(err) {
    // 저장에 문제가 발생했을 경우 여기서 처리합니다.
    console.error(`error processing contact from ${req.body.name} ` +
      `<${req.body.email}>`)
    res.format({
      'text/html': () =>  res.redirect(303, '/contact-error'),
      'application/json': () => res.status(500).json({
        error: 'error saving contact information' }),
```

```
    })
  }
})
```

6.10.3 API 제공

API를 제공할 때는 폼 처리와 비슷하게 매개변수는 보통 `req.query`에 들어 있지만 `req.body` 역시 사용할 수 있습니다. API에서 다른 점은 보통 JSON이나 XML, 평문을 반환하며 일반 적으로는 잘 쓰지 않는 PUT, POST, DELETE 같은 HTTP 메서드를 자주 사용한다는 점입니다. API 제공에 대해서는 15장에서 설명합니다. [예제 6-11]과 [예제 6-12]는 다음 여행 상품 배 열을 사용하는데, 실무에서는 일반적으로 데이터베이스에서 가져옵니다.

```
const tours = [
  { id: 0, name: 'Hood River', price: 99.99 },
  { id: 1, name: 'Oregon Coast', price: 149.95 },
]
```

NOTE_ 엔드포인트endpoint라는 용어는 API에서 함수를 가리킬 때 자주 사용합니다.

예제 6-11 JSON만 반환하는 단순한 GET 엔드포인트(*ch06/12-api.get.js*)

```
app.get('/api/tours', (req, res) => res.json(tours))
```

[예제 6-12]는 `res.format` 메서드를 써서 클라이언트가 선호하는 응답을 전송합니다.

예제 6-12 JSON이나 XML, 텍스트를 반환하는 GET 엔드포인트(*ch06/13-api-json-xml-text.js*)

```
app.get('/api/tours', (req, res) => {
  const toursXml = '<?xml version="1.0"?><tours>' +
    tours.map(p =>
      `<tour price="${p.price}" id="${p.id}">${p.name}</tour>`
    ).join('') + '</tours>'
```

```
  const toursText = tours.map(p =>
    `${p.id}: ${p.name} (${p.price})`
  ).join('\n')
  res.format({
    'application/json': () => res.json(tours),
    'application/xml': () => res.type('application/xml').send(toursXml),
    'text/xml': () => res.type('text/xml').send(toursXml),
    'text/plain': () => res.type('text/plain').send(toursXml),
  })
})
```

[예제 6–13]은 상품 목록을 업데이트하고 JSON을 반환하는 **PUT** 엔드포인트입니다. 매개변수
는 요청 바디에 들어 있으며 라우트 문자열의 :id는 req.params에 id 프로퍼티를 추가하라
는 뜻입니다.

예제 6-13 업데이트에 사용하는 PUT 엔드포인트(*ch06/14-api-put.js*)

```
app.put('/api/tour/:id', (req, res) => {
  const p = tours.find(p => p.id === parseInt(req.params.id))
  if(!p) return res.status(404).json({ error: 'No such tour exists' })
  if(req.body.name) p.name = req.body.name
  if(req.body.price) p.price = req.body.price
  res.json({ success: true })
})
```

마지막으로 [예제 6–14]는 **DELETE** 엔드포인트입니다.

예제 6-14 삭제에 사용하는 DELETE 엔드포인트(*ch06/15-api-del.js*)

```
app.delete('/api/tour/:id', (req, res) => {
  const idx = tours.findIndex(tour => tour.id === parseInt(req.params.id))
  if(idx < 0) return res.json({ error: 'No such tour exists.' })
  tours.splice(idx, 1)
  res.json({ success: true })
})
```

6.11 마치며

이번 장에서 사용한 작은 예제를 살펴보면서 익스프레스 애플리케이션에서 자주 사용하는 기능들에 대해 감을 잡았길 기대합니다. 이 예제들은 나중에 빨리 확인할 수 있는 일종의 치트 시트로 사용할 수 있게 만들었습니다.

다음 장에서는 이번 장의 렌더링 예제에서 잠시 사용한 템플릿을 자세히 알아봅니다.

CHAPTER 7

핸들바를 이용한 템플릿

이번 장에서는 사용자에게 표시할 콘텐츠를 구성하고 형식에 맞추는 템플릿을 설명합니다. 템플릿은 일종의 메일 머지mail merge에서 진화한 형태라고 생각해도 됩니다. 'Dear [Name]: we regret to inform you nobody uses [Outdated Technology] anymore, but templating is alive and well!' 이런 메일을 수십 명에게 보낸다면 다른 내용은 그대로 두고 [Name]과 [Outdated Technology]만 바꿔가면서 보내는 겁니다.

> **NOTE_** 필드를 다른 값으로 교체하는 걸 **보간**interpolation이라고 표현하기도 합니다.

서버 사이드 템플릿은 리액트나 앵귤러, 뷰 등의 프런트엔드 프레임워크에 의해 빠르게 대체되고 있지만, HTML 이메일을 보내는 등 아직 프런트엔드에서는 사용할 수 없는 영역도 있습니다. 앵귤러와 뷰는 모두 HTML을 작성할 때 템플릿과 비슷한 방법을 사용하므로 서버 사이드 템플릿에 대해 배운 내용은 프런트엔드 프레임워크에도 적용할 수 있습니다.

PHP를 사용하던 독자라면 왜 이런 장황한 설명이 필요한지 의아할 수도 있습니다. PHP는 최초의 템플릿 언어 중 하나입니다. 웹에 적응한 주요 언어는 거의 전부 어떤 형태로든 템플릿을 지원합니다. 최근에 달라진 점은 **템플릿 엔진**이 언어에서 분리되고 있다는 겁니다.

템플릿은 어떤 형태일까요? 가장 명백하고 단순한 예제는 다음과 같이 한 언어에서 다른 언어를 만들어내는 것입니다.

```
document.write('<h1>Please Don\'t Do This</h1>')
document.write('<p><span class="code">document.write</span> is naughty,\n')
document.write('and should be avoided at all costs.</p>')
document.write('<p>Today\'s date is ' + new Date() + '.</p>')
```

위 예제가 '명백'해 보이는 것은 프로그래밍 책이 항상 다음과 같이 시작하기 때문입니다.

```
10 PRINT "Hello world!"
```

명령형 언어를 사용하는 사람은 '그걸 하고, 다 하면 저걸 하고, 다 하면 이걸 한다'는 식으로 명령하는 데 익숙합니다. 아무 문제없을 때도 많습니다. 500줄의 자바스크립트로 복잡한 계산을 할 때 결과가 단 하나의 숫자이고 각 단계가 이전 단계의 결과를 사용한다면, 절차대로 수행해도 아무 문제가 없습니다. 하지만 더 좋은 방법이 있다면 어떨까요? 500줄의 HTML을 만들기 위해 document.write를 500번 써야 할까요? 설마요.

사실 문제의 핵심은 이겁니다. 콘텍스트가 너무 자주 바뀌면 문제가 발생합니다. 자바스크립트를 주로 작성하면서 동시에 HTML을 끼워넣는 것은 불편하고 혼란스럽습니다. 그 반대는 그렇게 심각하지는 않습니다. <script> 블록에 자바스크립트를 작성하는 것은 이미 익숙하니까요. 하지만 HTML을 작성하는 것과 <script> 블록 안에 자바스크립트를 작성하는 것 사이에도 콘텍스트 전환은 존재합니다. 자바스크립트로 HTML을 생성하면 다음과 같은 문제가 있습니다.

- 어떤 문자를 어떻게 이스케이프해야 할지 계속 생각해야 합니다.

- 자바스크립트로 생성한 HTML 안에 다시 자바스크립트가 있다면 곧 머리가 복잡해집니다.

- 에디터에서 제공하는 **훌륭한 문법 강조 기능**, 기타 각 언어에 맞게 제공되는 기능을 사용할 수 없습니다.

- 잘못된 HTML 형식을 발견하기가 훨씬 어렵습니다.

- 코드를 눈으로 분석하기 어렵습니다.

- 다른 사람이 여러분의 코드를 이해하기 어렵습니다.

템플릿을 쓰면 대상 언어를 그대로 쓰기 때문에 이런 문제가 해결되고, 마찬가지로 동적 데이터 삽입도 가능합니다. 이전 예제를 머스태시 템플릿으로 고쳐 쓴 예제를 봅시다.

```
<h1>Much Better</h1>
<p>No <span class="code">document.write</span> here!</p>
<p>Today's date is {{today}}.</p>
```

이제 {{today}}에 들어갈 값만 제공하면 되고, 바로 이것이 템플릿 언어의 핵심입니다.

7.1 절대 규칙은 이것 하나뿐

자바스크립트 안에 HTML을 **절대** 쓰면 안 된다는 말은 아닙니다. 가능한 한 피해야 한다는 겁니다. 프런트엔드 코드에서 특히 그렇고, 잘 만들어진 프런트엔드 프레임워크를 사용할 때는 더더욱 그렇습니다. 예를 들어 다음 예제 정도는 별 문제가 아닙니다.

```
document.querySelector('#error').innerHTML =
    'Something <b>very bad</b> happened!'
```

하지만 이렇게 바뀐다고 생각해봅시다.

```
document.querySelector('#error').innerHTML =
    '<div class="error"><h3>Error</h3>' +
    '<p>Something <b><a href="/error-detail/' + errorNumber +
    '">very bad</a></b> ' +
    'happened.  <a href="/try-again">Try again<a>, or ' +
    '<a href="/contact">contact support</a>.</p></div>'
```

템플릿이 필요할 때가 됐습니다. 요점은 문자열 안에 HTML을 써도 괜찮을 때와 템플릿을 써야 할 때를 잘 가려야 한다는 겁니다. 필자는 템플릿을 적극적으로 사용하는 편이고, 정말 단순한 경우 외에는 자바스크립트로 HTML을 생성하는 일은 지양합니다.

7.2 템플릿 엔진 선택

노드 생태계에는 템플릿 엔진이 많습니다. 이 중 무엇을 택해야 할까요? 복잡한 질문이고, 여러분이 무엇을 필요로 하느냐에 따라 답은 크게 달라집니다. 일반적으로 다음과 같은 범주를 고려해봐야 합니다.

성능

가능한 빠른 템플릿 엔진을 선택하는 것이 좋습니다. 템플릿 엔진 때문에 웹사이트가 느려져서는 안 됩니다.

클라이언트용, 서버용 혹은 겸용

전부는 아니지만, 대부분의 템플릿 엔진은 서버와 클라이언트 양쪽에서 사용할 수 있습니다. 양쪽 모두 템플릿을 사용해야 한다면(사용해야 할 겁니다) 기능 차이가 없는 엔진을 골라야 합니다.

추상화 수준

일반적인 HTML에 중괄호가 좀 들어가 있는, 어느 정도 익숙한 형태를 원하는 사람도 있고, HTML의 수많은 괄호에 질려서 괄호에서 자유로워지길 원하는 사람도 있습니다. 템플릿, 특히 서버 사이드 템플릿에는 이 조건을 기준으로 선택할 수 있는 옵션이 몇 가지 있습니다.

이들은 템플릿 언어를 선택할 때 고려해야 할 여러 가지 기준 중 중요도가 다소 높은 몇 가지일 뿐입니다. 최근 선택할 수 있는 템플릿 엔진은 모두 상당히 발전해 있으므로, 무엇을 선택하든 크게 후회할 일은 없을 겁니다.

익스프레스에서는 어떤 템플릿 엔진이든 선택할 수 있으니, 핸들바가 마음에 들지 않는다면 다른 엔진으로 쉽게 바꿀 수 있습니다. 비록 업데이트는 중지됐지만, 템플릿 엔진 선택기[1]는 유용하고 재미있는 사이트입니다.

핸들바를 설명하기 전에 추상화 템플릿 엔진을 잠깐 살펴보고 넘어갑시다.

------

1 http://bit.ly/2CExtK0

7.3 퍼그: 독특한 접근법

대부분의 템플릿 엔진이 HTML 중심적인 접근법을 택한 데 반해, 퍼그[Pug]는 HTML의 형태를 제거한다는 점이 독특합니다. 퍼그는 익스프레스 개발자인 TJ 할로웨이척이 만들었기에 익스프레스와 아주 잘 통합됩니다. 퍼그의 독특한 접근법 뒤에, HTML은 손으로 작성하기에 까다롭고 귀찮은 언어라는 편견이 있습니다. 퍼그 템플릿과 이 템플릿에서 생성하는 HTML을 잠깐 보고 넘어갑시다. 이 텍스트는 퍼그 홈페이지[2]에서 가져왔고, 책의 형식에 맞게 조금 수정했습니다.

```
doctype html
html(lang="en")
  head
    title= pageTitle
    script.
      if (foo) {
        bar(1 + 5)
      }
  body

  h1 Pug
  #container
    if youAreUsingPug
      p You are amazing
    else
      p Get on it!
    p.
      Pug is a terse and
      simple templating
      language with a
      strong focus on
      performance and
      powerful features.
```

```
<!DOCTYPE html>
<html lang="en">
<head>
<title>Pug Demo</title>
<script>
  if (foo) {
    bar(1 + 5)
  }
</script>
<body>
<h1>Pug</h1>
<div id="container">

<p>You are amazing</p>


<p>
 Pug is a terse and
  simple templating
  language with a
  strong focus on
  performance and
  powerful features.
</p>
</body>
</html>
```

----

2 *https://pugjs.org*

퍼그를 사용하면 괄호나 닫는 태그가 필요 없어지므로 타이핑은 실제로 많이 줄어듭니다. 퍼그는 태그 대신 들여쓰기와 일반적인 상식에 입각한 규칙을 사용하므로 표현하고자 했던 것을 쉽게 표현합니다.

필자는 퍼그의 철학을 존중하지만, HTML의 형식을 걷어낸다는 발상이 마음에 들지는 않습니다. 웹 개발자로서 HTML은 항상 업무의 중심에 있는데, 키보드의 <,> 키가 닳아 없어진다고 한들 HTML이 아닌 다른 것에 억지로 익숙해지고 싶은 생각은 없습니다. 필자가 얘기를 나눠 본 프런트엔드 개발자 대부분이 비슷하게 생각했으니, 어쩌면 퍼그는 시대를 너무 앞서서 태어난 건지도 모르겠습니다.

퍼그 이야기는 이제 끝이며, 이 책에서 더 다루지는 않습니다. 퍼그의 방식이 마음에 든다면 큰 문제없이 익스프레스와 함께 쓸 수 있고, 참고 자료도 풍부합니다.

7.4 핸들바 기초

핸들바는 또 다른 템플릿 엔진인 머스태시를 확장해서 만들어졌습니다. 필자는 프런트엔드와 백엔드 양쪽에서 자바스크립트와 쉽게 통합할 수 있는 점, 익숙한 문법을 사용할 수 있다는 점에서 핸들바를 추천합니다. 필자는 핸들바가 아주 균형을 잘 잡고 있다고 생각하며 이 책에서는 그 점에 집중합니다. 하지만 앞으로 설명할 내용은 다른 템플릿 엔진에도 적용할 수 있는 개념이므로, 핸들바가 마음에 들지 않더라도 다른 템플릿 엔진으로 넘어갈 때 활용할 수 있습니다.

템플릿을 이해하기 위해서는 **콘텍스트**의 개념을 이해해야 합니다. 템플릿을 렌더링할 때는 템플릿 엔진에 **콘텍스트 객체**를 전달하며, 이를 통해 템플릿에 데이터를 삽입합니다.

예를 들어 다음과 같은 콘텍스트 객체가 있다고 합시다.

```
{ name: 'Buttercup' }
```

템플릿은 다음과 같습니다.

```
<p>Hello, {{name}}!</p>
```

그러면 템플릿 엔진은 {{name}}을 Buttercup으로 바꿉니다. 템플릿에 HTML을 넣고 싶으면 어떻게 해야 할까요? 예를 들어 콘텍스트 객체가 다음과 같다고 합시다.

```
{ name: '<b>Buttercup</b>' }
```

이 콘텍스트를 같은 템플릿에 적용한 결과는 `<p>Hello, &lt;b&gt;Butter cup&lt;b&gt;</p>`입니다. 이런 결과를 원하지는 않았을 겁니다. 이럴 때는 {{{name}}}과 같이 중괄호 세 개를 쓰면 됩니다.

> **NOTE_** 자바스크립트에서 HTML을 생성하는 것은 가급적 피해야 한다고 이미 말했지만, 중괄호 세 개를 써서 HTML 이스케이프를 막는 것은 중요한 용도가 있습니다. 예를 들어 위지위그^{What You See Is What You Get}(WYSIWYG) 방식의 CMS를 만든다면, 뷰에 HTML을 전달해야 할 필요가 있습니다. 또한 HTML 이스케이프 없이 콘텍스트에서 가져온 프로퍼티를 렌더링하는 능력은 곧 알아볼 **레이아웃**과 **섹션**에서 중요하게 사용됩니다.

[그림 7-1]은 핸들바 엔진이 콘텍스트(타원)와 템플릿을 결합해 HTML을 렌더링하는 과정입니다.

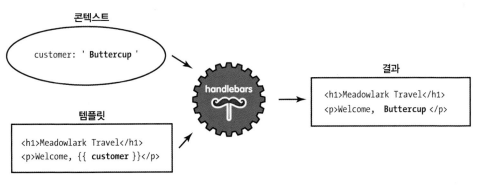

그림 7-1 핸들바를 사용한 HTML 렌더링

7.4.1 주석

핸들바의 **주석**은 {{! comment goes here }}과 같습니다. 핸들바 주석과 HTML 주석의 차이를 잘 이해해야 합니다. 다음 템플릿을 보세요.

```
{{! 절대 비밀인 주석 }}
<!-- 알려져도 상관없는 주석 -->
```

이 템플릿이 서버 사이드 템플릿이라고 가정하면, 절대 비밀인 주석은 브라우저에 전송되지도 않지만, 알려져도 상관없는 주석은 사용자가 HTML 소스를 통해 볼 수 있습니다. 프로그램의 동작과 관련된 것이나, 기타 노출되길 원하지 않는 주석은 모두 핸들바 주석을 사용합니다.

7.4.2 블록

블록을 사용하기 시작하면 조금 복잡해집니다. 프로그래밍에서 블록은 제어, 분기, 확장을 뜻합니다. 다음 콘텍스트 객체를 보세요.

```
{
    currency: {
        name: 'United States dollars',
        abbrev: 'USD',
    },
    tours: [
        { name: 'Hood River', price: '$99.95' },
        { name: 'Oregon Coast', price: '$159.95' },
    ],
    specialsUrl: '/january-specials',
    currencies: [ 'USD', 'GBP', 'BTC' ],
}
```

위 콘텍스트를 다음 템플릿에 전달한다고 생각해봅시다.

```
<ul>
  {{#each tours}}
    {{! 새로운 블록이며 콘텍스트가 바뀝니다. }}
    <li>
      {{name}} - {{price}}
```

```
        {{#if ../currencies}}
          ({{../currency.abbrev}})
        {{/if}}
      </li>
    {{/each}}
  </ul>
  {{#unless currencies}}
    <p>All prices in {{currency.name}}.</p>
  {{/unless}}
  {{#if specialsUrl}}
    {{! 새로운 블록이지만 콘텍스트가 바뀌지는 않았습니다. }}
    <p>Check out our <a href="{{specialsUrl}}">specials!</p>
  {{else}}
    <p>Please check back often for specials.</p>
  {{/if}}
  <p>
    {{#each currencies}}
      <a href="#" class="currency">{{.}}</a>
    {{else}}
      Unfortunately, we currently only accept {{currency.name}}.
    {{/each}}
  </p>
```

이 템플릿은 아주 복잡하니 하나씩 나눠서 살펴봅시다. 템플릿은 each 문으로 시작합니다. 이 문은 배열을 순회합니다. 중요한 것은 {{#each tours}}와 {{/each}} 사이에서 콘텍스트가 바뀐다는 겁니다. 콘텍스트는 루프의 첫 단계에서 { name: 'Hood River', price: '$99.95' }이고 두 번째 단계에서는 { name: 'Oregon Coast', price: '$159.95' }입니다. 따라서 이 블록 안에서는 {{name}}과 {{price}}를 참조할 수 있습니다. 하지만 currency 객체에 접근하기 위해서는 ../를 써서 **부모** 콘텍스트에 접근해야 합니다.

콘텍스트의 프로퍼티가 객체이면 {{currency.name}}처럼 일반적인 점 표기법으로 프로퍼티에 접근합니다.

if와 each에는 모두 옵션인 else 블록을 쓸 수 있습니다. each에서는 배열에 요소가 없을 때 else 블록이 실행됩니다. unless 블록은 if 블록의 반대이며 매개변수가 false일 때만 실행됩니다.

{{#each currencies}} 블록의 {{.}}는 현재 콘텍스트를 참조합니다. 여기에서 현재 콘텍스트는 배열에 들어 있는 문자열이며, 이 문자열은 그대로 렌더링됩니다.

현재 콘텍스트를 마침표 하나로 접근하는 방법에는 곧 알아볼 헬퍼와 현재 콘텍스트의 프로퍼티를 구별할 수 있다는 장점도 있습니다. 예를 들어 foo라는 헬퍼가 있고 현재 콘텍스트에도 foo라는 프로퍼티가 있다면, {{foo}}는 헬퍼를 가리키고 {{./foo}}는 프로퍼티를 가리킵니다.

7.4.3 서버 사이드 템플릿

서버 사이드 템플릿은 HTML를 완성한 다음 클라이언트에 전송합니다. 클라이언트 사이드 템플릿에서는 사용자가 HTML 소스 보기를 통해 템플릿을 볼 수 있지만, 서버 사이드 템플릿을 사용하면 사용자가 템플릿이나 콘텍스트 객체를 볼 수 없습니다.

서버 사이드 템플릿은 프로그램 구성 정보를 숨기는 효과 외에도 템플릿 **캐싱**이 가능해지므로 성능을 올릴 수 있습니다. 템플릿 엔진이 컴파일된 템플릿을 캐시하면 템플릿 뷰의 성능이 올라갑니다. 템플릿 자체가 바뀌었을 때만 컴파일과 캐시를 다시 하면 됩니다. 뷰 캐싱은 기본적으로 개발 모드에서는 비활성화되고, 실무 모드에서는 활성화됩니다. 뷰 캐시를 직접 활성화하고 싶으면 다음과 같이 작성합니다.

```
app.set('view cache', true)
```

익스프레스는 퍼그와 EJS, JSHTML을 기본으로 지원합니다. 퍼그는 이미 설명했고, EJS나 JSHTML은 그리 권할 만한 엔진이 아닙니다. 익스프레스에서 핸들바를 사용하기 위해서는 다음과 같이 패키지를 설치합니다.[3]

```
npm install express-handlebars
```

다음과 같이 익스프레스에서 임포트합니다(ch07/00/meadowlark.js).

```
const expressHandlebars = require('express-handlebars')
app.engine('handlebars', expressHandlebars({
    defaultLayout: 'main',
}))
app.set('view engine', 'handlebars')
```

---

3 옮긴이_ 책을 쭉 따라오셨다면 이미 설치되어 있습니다.

TIP express-handlebars는 핸들바 템플릿의 확장자가 .handlebars일 거라고 간주합니다. 필자는 이미 익숙해졌지만, 타이핑하기 너무 길다고 생각한다면 express-handlebars 인스턴스를 만들 때 app.engine() 부분을 다음과 같이 바꾸면 역시 널리 쓰이는 확장자인 .hbs로 바꿀 수 있습니다.

```
app.engine('.hbs', expressHandlebars({
  extname:'.hbs',
  defaultLayout: 'main',
  helpers: {
    section: function(name, options) {
      if(!this._sections) this._sections = {}
      this._sections[name] = options.fn(this)
      return null
    },
  },
}));
app.set('view engine', '.hbs');
```

7.4.4 뷰와 레이아웃

뷰는 보통 웹사이트에 존재하는 개별 페이지입니다. 물론 에이잭스로 불러온 페이지 일부, 이메일 등도 뷰라고 할 수 있습니다. 기본적으로 익스프레스는 뷰를 views 서브디렉터리에서 찾습니다. **레이아웃**은 특별한 뷰입니다. 말하자면 템플릿의 템플릿입니다. 사이트에 존재하는 페이지 거의 대부분이 비슷한 형태로 이루어져 있으므로 레이아웃은 매우 중요합니다. 예를 들어 <html> 요소와 <title> 요소는 반드시 존재하고, 보통 똑같은 CSS 파일을 불러옵니다. 이런 코드를 매 페이지마다 반복하지 않기 위해 레이아웃을 사용합니다. 가장 기본적인 레이아웃 파일을 봅시다.

```
<!doctype html>
<html>
  <head>
    <title>Meadowlark Travel</title>
    <link rel="stylesheet" href="/css/main.css">
  </head>
  <body>
    {{{body}}}
  </body>
</html>
```

<body> 태그 안에 있는 {{{body}}}를 보세요. 뷰 엔진은 이 자리에 뷰 콘텐츠를 렌더링합니다. 여기에 중괄호 세 개를 쓴 이유를 이해해야 합니다. 뷰는 대부분 HTML을 포함하고, 핸들바가 태그를 이스케이프하면 안 되므로 중괄호를 세 개 썼습니다. {{{body}}} 필드를 어디에 써야 한다는 제한은 없습니다. 예를 들어 부트스트랩에 사용할 반응형 레이아웃을 만들고 있다면 뷰를 컨테이너 <div> 안에 넣습니다. 헤더나 푸터 같은 공통적인 요소는 일반적으로 뷰가 아니라 레이아웃 안에 넣습니다. 다음 예제를 보세요.

```
<!-- ... -->
<body>
  <div class="container">
    <header>
      <div class="container">
        <h1>Meadowlark Travel</h1>
        <img src="/img/logo.png" alt="Meadowlark Travel Logo">
      </div>
    </header>
    <div class="container">
      {{{body}}}
    </div>
    <footer>© 2019 Meadowlark Travel</footer>
  </div>
</body>
```

[그림 7-2]는 템플릿 엔진이 뷰와 레이아웃, 콘텍스트를 결합하는 모습을 묘사한 겁니다. 이 그림에서 중요한 것은 동작의 순서입니다. **뷰가 가장 먼저 렌더링됩니다.** 레이아웃은 그다음입니다. 언뜻 보기에 이 순서는 직관적이지 않아 보입니다. 뷰는 레이아웃 안에 있는 것이니 레이아웃을 먼저 렌더링하는게 맞지 않을까요? 기술적으로는 그렇게 해도 되지만, 순서를 바꾸면 생기는 이점이 있습니다. 그중에서도 뷰 자체가 레이아웃을 바꾸는 부분은 **섹션**을 설명할 때 알게 될 겁니다.

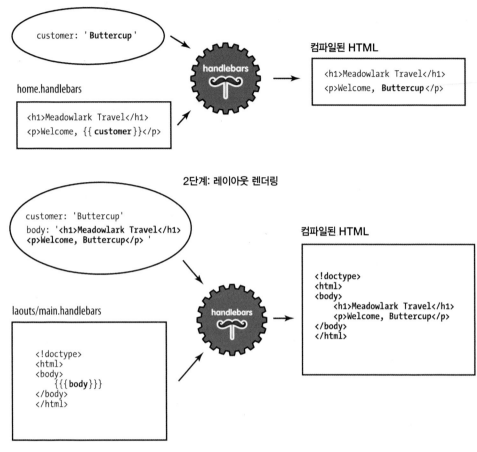

그림 7-2 뷰와 레이아웃 렌더링

NOTE_ 이런 동작 순서 때문에 뷰 안에 **body**라는 프로퍼티를 넣어도 정확히 렌더링됩니다. 하지만 레이아 웃이 렌더링될 때는 **body**의 값은 렌더링된 뷰에 덮어 씌워집니다.

7.4.5 익스프레스에서 레이아웃 사용

대부분의 페이지가 같은 레이아웃을 사용할 때가 많으니, 뷰를 렌더링할 때마다 레이아웃을 지정하려면 매우 불편합니다. 따라서 뷰 엔진을 생성할 때 다음과 같이 기본 레이아웃의 이름을 정합니다.

```
app.engine('handlebars', expressHandlebars({
    defaultLayout: 'main',
}))
```

익스프레스는 기본적으로 views 서브디렉터리에서 뷰를 검색하고, views/layouts에서 레이아웃을 검색합니다. 따라서 views/foo.handlebars라는 뷰가 있다면 다음과 같이 사용합니다.

```
app.get('/foo', (req, res) => res.render('foo'))
```

이 뷰는 views/layouts/main.handlebars를 레이아웃으로 사용합니다. 레이아웃을 전혀 사용하지 않으려면 다음과 같이 콘텍스트 객체에 layout: null을 전달합니다(이렇게 하려면 뷰 안에 템플릿이 전부 들어 있어야 합니다).

```
app.get('/foo', (req, res) => res.render('foo', { layout: null }))
```

main이 아닌 다른 레이아웃을 사용하려면 다음과 같이 레이아웃 이름을 지정합니다.

```
app.get('/foo', (req, res) => res.render('foo', { layout: 'microsite' }))
```

이 뷰는 views/layouts/microsite.handlebars 레이아웃을 사용합니다.

템플릿이 많아진다는 것은 관리해야 할 HTML 레이아웃이 늘어난다는 의미입니다. 물론 레이아웃 자체가 상당히 다른 페이지가 있다면, 관리 부담이 늘어나는 것을 감수할 가치가 있습니다. 프로젝트에 알맞은 균형을 잡는 것은 여러분의 몫입니다.

7.4.6 섹션

마이크로소프트의 템플릿 엔진 **레이저**^{Razor}에는 **섹션**이라는 훌륭한 개념이 있습니다. 레이아웃이 가장 잘 동작하는 경우는 뷰가 레이아웃 안의 요소에 딱 맞는 경우입니다. 하지만 뷰를 레이아웃의 다른 부분에 끼워넣어야 할 때는 어떨까요? 비슷한 예를 들자면 뷰에서 `<head>` 요소에 무언가를 삽입해야 한다거나 `<script>` 요소를 추가해야 하는 경우입니다. 둘 다 성능에 악영향을 끼치므로 레이아웃에서는 마지막까지 미뤄야 합니다.

핸들바와 express-handlebars도 이 동작을 자체적으로 지원하지는 않습니다. 다행히 핸들바 헬퍼로 쉽게 하는 방법이 있습니다. 핸들바 객체의 인스턴스를 만들 때 section이라는 헬퍼를 만듭니다(ch07/meadowlark.js).

```
app.engine('handlebars', expressHandlebars({
    defaultLayout: 'main',
    helpers: {
        section: function(name, options) {
            if(!this._sections) this._sections = {}
            this._sections[name] = options.fn(this)
            return null
        },
    },
}))
```

이제 뷰에서 section 헬퍼를 사용할 수 있습니다. 뷰를 추가해서 `<head>`와 script에 내용을 추가해봅시다(views/section-test.handlebars).

```
{{#section 'head'}}
  <!-- 구글이 이 페이지를 무시하게 만듭니다 -->
  <meta name="robots" content="noindex">
{{/section}}

<h1>Test Page</h1>
<p>We're testing some script stuff.</p>

{{#section 'scripts'}}
  <script>
    document.querySelector('body')
      .insertAdjacentHTML('beforeEnd', '<small>(scripting works!)</small>')
  </script>
```

```
{{/section}}
```

그리고 애플리케이션 파일에 다음과 같이 핸들러를 추가합니다.

```
app.get('/section-test', handlers.sectionTest)
```

<code>/lib/handlers.js</code> 파일에는 다음을 추가합니다.

```
exports.sectionTest = (req, res) => res.render('section-test')
```

서버를 다시 시작하고 브라우저에서 `http://localhost:3000/section-test`로 이동하면 스크립트가 동작합니다.

7.4.7 파셜

여러 페이지에서 똑같은 구성 요소를 재사용할 때가 많습니다(프런트엔드에서는 이런 구성 요소를 **위젯**widget이라 부릅니다). 템플릿 엔진을 사용할 때는 이런 경우에 **파셜**partial을 사용합니다. 파셜이라는 이름이 붙은 이유는 뷰 전체나 페이지 전체를 렌더링하는 것이 아니기 때문입니다. 포틀랜드Portland, 벤드Bend, 맨저니터Manzanita의 현재 날씨를 표시하는 '현재 날씨' 위젯을 만든다고 합시다. 필요한 페이지 어디든 이 구성 요소를 쉽게 넣을 수 있도록 하려면 파셜로 만들어야 합니다. 먼저 다음과 같이 파셜 파일 `views/partials/weather.handlebars`를 만듭니다.

```
<div class="weatherWidget">
  {{#each partials.weatherContext}}
    <div class="location">
      <h3>{{location.name}}</h3>
      <a href="{{location.forecastUrl}}">
        <img src="{{iconUrl}}" alt="{{weather}}">
        {{weather}}, {{temp}}
      </a>
    </div>
  {{/each}}
  <small>Source: <a href="https://www.weather.gov/documentation/services-web-api">
```

```
        National Weather Service</a></small>
    </div>
```

콘텍스트에 partials.weatherContext라는 네임스페이스를 사용했습니다. 어떤 페이지에서도 이 파셜을 사용할 수 있게 해야 하므로 모든 뷰에 이 콘텍스트를 전달하는 것은 합리적이지 않습니다. 모든 뷰에서 사용할 수 있는 res.locals를 대신 사용합니다. 하지만 개별 뷰의 콘텍스트와 충돌해도 안 되므로, 파셜 콘텍스트는 모두 partials 객체에 넣습니다.

> **CAUTION_** express-handlebars에서는 파셜 템플릿을 콘텍스트의 일부로 삽입할 수 있습니다. 예를 들어 콘텍스트에 partials.foo = "Template!"를 추가하면 이 파셜을 {{> foo}}로 렌더링할 수 있습니다. 이런 식으로 사용하면 .handlebars 뷰 파일을 덮어 쓰므로 partials.weather를 사용해서 views/partials/weather.handlebars를 덮어 쓰지 않도록 partials.weatherContext를 사용합니다.

19장에서 기상청 API에서 현재 날씨 정보를 가져오는 방법을 알아봅니다. 지금은 getWeatherData 함수에서 반환하는 샘플 데이터를 대신 사용합니다.

이 날씨 데이터를 모든 뷰에서 사용할 수 있도록 만들고 싶다면 가장 좋은 방법은 미들웨어입니다. 미들웨어에서 날씨 데이터를 res.locals.partials 객체에 삽입하고 파셜에서 콘텍스트로 사용합니다.

미들웨어를 테스트하기 쉽도록 별도의 파일 lib/middleware/weather.js를 만듭니다 (ch07/lib/middleware/weather.js).

```
const getWeatherData = () => [
    {
        location: {
            name: 'Portland',
            coordinates: { lat: 45.5154586, lng: -122.6793461 },
        },
        forecastUrl: 'https://api.weather.gov/gridpoints/PQR/112,103/forecast',
        iconUrl: 'https://api.weather.gov/icons/land/day/tsra,40?size=medium',
        weather: 'Chance Showers And Thunderstorms',
        temp: '59 F',
    },
    {
```

```
            location: {
                name: 'Bend',
                coordinates: { lat: 44.0581728, lng: -121.3153096 },
            },
            forecastUrl: 'https://api.weather.gov/gridpoints/PDT/34,40/forecast',
            iconUrl: 'https://api.weather.gov/icons/land/day/tsra_sct,50?size=medium',
            weather: 'Scattered Showers And Thunderstorms',
            temp: '51 F',
        },
        {
            location: {
                name: 'Manzanita',
                coordinates: { lat: 45.7184398, lng: -123.9351354 },
            },
            forecastUrl: 'https://api.weather.gov/gridpoints/PQR/73,120/forecast',
            iconUrl: 'https://api.weather.gov/icons/land/day/tsra,90?size=medium',
            weather: 'Showers And Thunderstorms',
            temp: '55 F',
        },
    ]

const weatherMiddleware = async (req, res, next) => {
    if(!res.locals.partials) res.locals.partials = {}
    res.locals.partials.weatherContext = await getWeatherData()
    next()
}

module.exports = weatherMiddleware
```

필요한 준비는 다 끝났으니 뷰에서 파셜을 사용하기만 하면 됩니다. 예를 들어 홈페이지의 위젯으로 사용하려면 views/home.handlebars를 다음과 같이 수정합니다.[4]

```
<h2>Home</h2>
{{> weather}}
```

···········
4   옮긴이_ 책에는 언급이 없는데, weather 미들웨어를 사용하려면 meadowlark.js 파일에 다음 명령이 들어 있어야 합니다.

```
const weatherMiddlware = require('./lib/middleware/weather')
app.use(weatherMiddlware)
```

명령의 위치는 ch07/meadowlark.js 파일을 참고하세요.

위 예제에서 사용했듯, 뷰에서 파셜을 사용할 때는 `{{> partial_name}}` 문법을 사용합니다. `express-handlebars`는 views/partials에서 `partial_name.handlebars`(여기서는 `weather.handlebars`)라는 뷰를 검색해야 한다는 걸 알고 있습니다.

> **TIP** express-handlebars는 서브디렉터리를 지원하므로 파셜이 아주 많다면 서브디렉터리에 나눠서 정리합니다. 예를 들어 소셜 미디어 파셜이 여러 개라면 이들을 views/partials/social 디렉터리에 넣고 `{{> social/facebook}}`, `{{> social/twitter}}` 같은 문법으로 사용합니다.

7.4.8 템플릿 완전 정복

템플릿은 웹사이트에서 아주 중요합니다. 템플릿 구조를 잘 갖추면 개발 시간이 줄어들고, 웹사이트에 일관성이 생기며 변덕스러운 레이아웃이 어딘가에 숨어 있는 경우도 줄어듭니다. 하지만 이런 장점을 누리기 위해서는 템플릿 자체에 시간을 투자해야만 합니다. 템플릿을 얼마나 사용해야 할지는 쉽게 답할 수 없는 문제입니다. 일반적으로는 적을수록 좋지만, 한계효용의 법칙은 여기에도 적용되며 페이지가 서로 얼마나 비슷한지에 따라 최적의 값이 달라집니다. 또한 템플릿은 브라우저 호환성 문제와 HTML 유효성 문제에 대비하는 제1 방어벽이기도 합니다. 템플릿은 반드시 프런트엔드 개발을 경험한 사람이 애정을 가지고 만들고, 관리해야 합니다. HTML 5 보일러플레이트[5]가 좋은 출발점이 될 겁니다. 이번 장의 예제에서는 책의 지면에 맞추기 위해 최소한의 HTML 5 템플릿을 사용했지만, 실제 프로젝트에서는 HTML5 보일러플레이트를 사용합니다.

외부 테마도 참고할 만합니다. 테마포레스트[ThemeForest][6]나 랩부트스트랩[WrapBootstrap][7]에는 바로 사용 가능한 HTML 5 테마가 수백 개 있으므로 이런 테마를 참고해서 템플릿을 만들어도 좋습니다. 외부 테마를 활용할 때는 주요 파일(보통 `index.html`)의 이름을 `main.handlebars`로 바꾸고 CSS, 자바스크립트, 이미지 같은 정적 자원을 `public` 디렉터리에 넣는 작업으로 시작합니다. 그다음 템플릿 파일을 수정해서 `{{{body}}}` 표현식에 뭘 넣으면 될지 고민하는 거죠.

템플릿에 따라서는 가져온 테마의 일부를 파셜로 바꾸는 게 좋을 수도 있습니다. **히어로**[hero](사

---

5 *http://html5boilerplate.com*

6 *http://bit.ly/34Tdkfj*

7 *https://wrapbootstrap.com*

용자의 시선을 끌기 위해 사용하는 큰 배너)가 좋은 예입니다. 히어로가 모든 페이지에 등장한 다면(좋은 선택은 아닙니다) 템플릿 파일에 남겨두는 게 좋습니다. 페이지 하나에만 사용한다면 그 뷰에만 있으면 됩니다. 여러 페이지에 존재하지만 전부는 아니라면 파셜에 넣는 것이 좋은 선택일 수 있습니다. 선택은 여러분의 몫이며, 이런 선택이 모여서 독특하고 매력적인 웹사이트를 만드는 겁니다.

7.5 마치며

템플릿을 사용하면 코드를 작성하고, 읽고, 관리하기가 쉽습니다. 템플릿을 사용하면 HTML과 자바스크립트 문자열을 짬뽕으로 만들어놓고 머리를 쥐어뜯을 필요가 없습니다. 좋아하는 에디터에서 HTML을 완성한 다음, 간결하고 읽기 쉬운 템플릿 언어를 써서 동적인 템플릿으로 바꾸면 됩니다.

콘텐츠를 표시하는 방법을 어느 정도 배웠으니, 이제 HTML 폼을 알아봅시다.

CHAPTER 8

폼 처리

사용자에게서 정보를 받을 때는 일반적으로 **폼**을 사용합니다. 브라우저에서 폼을 직접 전송하든, 에이잭스를 사용하든, 멋진 프런트엔드 메커니즘을 사용하든지와 관계없이 그 기반이 되는 메커니즘은 일반적으로 HTML 폼입니다. 이번 장에서는 폼을 처리하고, 유효성을 검사하고, 파일을 업로드하는 방법을 설명합니다.

8.1 클라이언트 데이터를 서버에 전송하기

넓게 말해 클라이언트 데이터를 서버에 보내는 방법에는 쿼리스트링과 요청 바디 두 가지가 있습니다. 일반적으로 쿼리스트링을 사용할 때는 GET 요청을, 요청 바디를 사용할 때는 POST 요청을 사용합니다. HTTP 프로토콜에서 이렇게 하라고 강제하는 것은 아니지만 다른 방법을 쓸 이유도 없습니다. 표준을 따르는 것이 가장 좋습니다.

POST는 안전하고 GET은 안전하지 않다는 오해가 널리 퍼져 있지만, 그렇지 않습니다. HTTPS를 사용하면 둘 다 안전하고, 사용하지 않으면 둘 다 안전하지 않습니다. HTTPS를 사용하지 않으면 침입자는 GET 요청의 쿼리스트링을 보는 것과 마찬가지로 쉽게 POST 요청의 바디를 볼 수 있습니다. 그 밖에도 GET 요청을 사용하면 숨은 필드를 포함해 사용자가 입력한 필드 전체가 쿼리스트링에 나타나므로 무척 지저분해 보입니다. 또한 브라우저는 보통 쿼리스트링 길이에 제한을 둡니다(바디 길이에는 제한이 없습니다). 이런 이유로 필자는 폼을 전송할 때 POST

를 사용하길 권장합니다.

8.2 HTML 폼

이 책은 서버 사이드에 포커스를 두고 있긴 하지만, HTML 폼의 기본 구조는 이해하고 있어야
합니다. 다음 예제를 봅시다.

```
<form action="/process" method="POST">
  <input type="hidden" name="hush" val="hidden, but not secret!">
  <div>
    <label for="fieldColor">Your favorite color: </label>
    <input type="text" id="fieldColor" name="color">
  </div>
  <div>
    <button type="submit">Submit</button>
  </div>
</form>
```

이 예제에서는 <form> 태그에 POST를 명시했습니다. 이렇게 하지 않으면 기본값은 GET입니
다. action 속성은 전송하는 폼을 받을 URL을 지정합니다. 이 속성을 생략하면 폼은 자기 자
신의 URL에 정보를 전송합니다. 에이잭스를 사용하더라도 항상 action 속성에 유효한 URL
을 사용하길 권합니다. 이렇게 하면 정보를 잃는 일을 막을 수 있으며, 자세한 내용은 22장에
서 설명합니다.

서버의 관점에서 볼 때 <input> 필드에서 중요한 속성은 name 속성입니다. 서버는 이 속성을
통해 필드를 인식합니다. name 속성은 id 속성과 다르다는 점을 기억해야 합니다. id 속성은
서버에 전송되지 않으므로 스타일과 프런트엔드 기능에만 사용해야 합니다.

사용자의 브라우저에서 숨은 필드는 렌더링되지 않습니다. 하지만 이 필드에 민감한 정보나 비
밀스러운 정보를 넣어서는 안 됩니다. 브라우저에서 소스 보기를 누르면 숨은 필드를 볼 수 있
습니다.

ASP 같은 오래된 서버 프레임워크에서는 같은 페이지에 폼을 여러 개 사용할 수 없었지만,
HTML에는 그런 제한이 없습니다. 폼은 논리적 일관성을 지켜야 합니다. 폼에는 한 번에 전송

해야 할 필드가 모두 들어 있어야 하고(옵션인 필드나 빈 필드는 상관없습니다), 불필요한 필드가 있어서는 안 됩니다. 페이지에서 두 가지 일을 한다면 폼을 두 개 만드세요. 예를 들어 사이트를 검색하는 폼을 하나 두고, 이메일 소식지를 구독하는 폼을 하나 두는 식으로 말입니다. 큰 폼을 하나 만들어 사용자가 어떤 버튼을 클릭했는지에 따라 다르게 반응하는 방법도 있지만, 관리하기 어려울 뿐 아니라 장애가 있는 사람은 사용하기 쉽지 않습니다.

8.3 인코딩

폼을 전송할 때는 반드시 인코딩해야 합니다. 인코딩을 직접 명시하지 않으면 기본값은 `application/x-www-form-urlencoded`입니다. 이 인코딩은 기본적이고 사용하기 쉬우며 익스프레스도 이를 기본으로 지원합니다.

파일을 올려야 할 때는 조금 더 복잡합니다. URL 인코딩을 통해 파일을 보내는 쉬운 방법은 없고 `multipart/form-data` 인코딩을 사용해야 하는데, 익스프레스는 이 인코딩을 직접 지원하지는 않습니다.

8.4 폼을 처리하는 다른 방법

에이잭스를 사용하지 않는다면 브라우저가 폼을 전송하게 해야 하는데, 이렇게 하면 페이지 리로드를 피할 수 없습니다. 하지만 페이지를 리로드하는 **방법**은 선택할 수 있습니다. 폼을 처리할 때 고려해야 할 두 가지는 경로(action)와 브라우저에 보낼 응답입니다.

권장하는 방법인 POST 메서드를 사용할 때는 일반적으로 폼을 표시하는 경로와 처리하는 경로가 같습니다. 이 둘은 GET 요청인지(표시), POST 요청인지(처리)를 보고 구분합니다. 이 방법을 사용하면 폼에서 action 속성을 생략해도 됩니다.

폼을 처리할 경로를 따로 둬도 됩니다. 예를 들어 연락처 페이지의 경로가 /contact라면 폼을 처리하는 경로에는 /process-contact를 사용합니다. 이렇게 하면 GET 요청으로 폼을 전송할 수 있긴 하지만, 불필요하게 폼 필드를 URL에 노출하므로 권장하지 않습니다. 한 가지 폼을 여러 페이지에서 공유한다면 폼 전송을 위한 엔드포인트를 따로 두는 것도 유용합니다. 이메일 구독 폼 같은 것은 여러 페이지에 사용할 수 있습니다.

폼을 처리할 경로를 정했으면 브라우저에 보낼 응답을 정합니다. 옵션은 다음과 같습니다.

HTML 응답

폼을 처리한 다음 브라우저에 뷰 같은 HTML을 바로 보냅니다. 이렇게 하면 사용자가 페이지를 새로고침하려 할 때 경고가 표시되고, 북마크나 뒤로 가기 버튼이 제대로 동작하지 않을 수 있으므로 권장하지 않습니다.

302 리디렉트

이 리디렉트를 사용하는 사람이 많지만, 302(찾음) 응답 코드의 원래 의미를 잘못 해석한 겁니다. HTTP 1.1에서는 이런 경우에 더 어울리는 응답 코드 303(기타 위치 보기)을 추가했습니다. 1996년 이전에 만들어진 브라우저를 대상으로 하는 것이 아니라면 303을 사용하는 것이 맞습니다.

303 리디렉트

응답 코드 303은 302 리디렉트의 오용을 막기 위해 HTTP 1.1에서 추가됐습니다. HTTP 명세에서는 브라우저가 303 리디렉트를 따라갈 때는 원래 메서드와 관계없이 GET 요청을 사용하도록 정했습니다. 폼 제출 요청에 응답할 때는 이 메서드를 권합니다.

폼 제출에 303 리디렉트로 응답할 것을 권했으니, 다음은 리디렉트가 어디로 향할지를 정해야 합니다. 이 질문의 답은 여러분에게 달려 있습니다. 보통 다음과 같은 방법을 사용합니다.

성공/실패 전용 페이지로 리디렉트

이 방법은 성공이나 실패 메시지에 사용할 전용 URL을 준비해야 합니다. 예를 들어 사용자가 이벤트 이메일에 가입했지만 데이터베이스 오류가 일어났다면 /error/database로 리디렉트합니다. 사용자가 제공한 이메일 주소가 유효하지 않다면 /error/invalid-email로 리디렉트하고, 모든 과정이 성공한다면 /promo-email/thank-you로 리디렉트합니다. 이 방법의 주요 장점은 분석하기 편하다는 겁니다. /promo-email/thank-you의 방문자 수는 이벤트 이메일에 가입한 사람 수를 대략 나타냅니다. 또한 이 방법은 구현하기도 쉽습니다. 하지만 단점도 있습니다. 모든 가능성에 대해 전부 URL을 준비해야 하므로 페이지를 디자인하고 관리하는 부담이 늘어납니다. 다른 단점은 사용자가 불편함을 느낄 수 있습니다. 사용자는 일이 빨리 끝나기를 바라지만 이 방법을 쓰면 이동을 피할 수 없습니다. 일단은 이 방법을 사용하고, 9장에서 플래시 메시지를 사용하는 방법으로 바꿉니다.

플래시 메시지와 함께 원래 위치로 리디렉트

이메일 구독처럼 사이트 곳곳에서 사용하는 작은 폼에서는 사용자의 내비게이션 흐름을 방해하지 않는 것이 최선입니다. 즉, 현재 페이지를 떠나지 않고 이메일 주소를 전송할 방법이 필요합니다. 물론 에이잭스를 사용할 수도 있지만, 에이잭스를 별로 좋아하지 않거나 사용자 경험을 개선하는 폴백 메커니즘을 제공하고 싶다면 사용자가 원래 있던 페이지로 다시 리디렉트합니다. 가장 쉬운 방법은 현재 URL로 채워진 숨은 필드를 사용하는 겁니다. 가입이 완료됐다는 피드백을 표시할 때 플래시 메시지를 사용합니다.

플래시 메시지와 함께 새 위치로 리디렉트

큰 폼은 일반적으로 독자적인 페이지를 사용합니다. 폼을 다 작성하고 전송했는데 그 페이지에 계속 머무를 이유는 없습니다. 이럴 때는 사용자가 다음에 어딜 갈지 추측한 다음, 그에 맞게 리디렉트합니다. 예를 들어 관리자 인터페이스에 새 휴가 패키지를 만드는 폼이 있다면, 폼을 전송한 다음에는 휴가 패키지를 전부 나열하는 관리자 페이지로 이동하고 싶을 거라고 예상합니다. 하지만 이런 경우라도 제출 결과에 대해 사용자에게 피드백을 제공하는 플래시 메시지는 사용해야 합니다.

에이잭스를 사용한다면 전용 URL을 쓰길 권합니다. 에이잭스 핸들러를 /ajax/enter 같은 이름으로 만들고 싶을 수도 있겠지만, 프로그램의 상세를 URL에 노출하는 것이므로 권하지 않습니다. 곧 보겠지만, 에이잭스 핸들러를 사용하더라도 폴백으로 기본 브라우저 메커니즘을 사용할 수 있게 만들어야 합니다.

8.5 익스프레스를 이용한 폼 처리[1]

폼 처리에 GET을 사용하면 필드는 req.query 객체에 들어갑니다. 예를 들어 name 속성이 email인 필드를 사용하면 그 값은 핸들러에 req.query.email로 전달됩니다. 이 방법은 더 말할 것이 없을 정도로 단순합니다.

POST를 사용한다면 URL로 인코드된 바디를 분석하는 미들웨어가 필요합니다. 먼저 npm install body-parser@1 명령으로 body-parser 미들웨어를 설치하고 연결합니다(ch08/ meadowlark.js).

```
const bodyParser = require('body-parser')
app.use(bodyParser.urlencoded({ extended: true }))
```

body-parser를 연결하면 req.body를 사용할 수 있고 폼 필드는 전부 여기에 들어 있습니다. req.body를 사용한다 해서 쿼리스트링을 사용할 수 없게 되는 것은 아닙니다. 이제 메도라크 여행사에 메일링 리스트에 가입할 수 있는 폼을 추가합시다. 일단 예시 목적으로 쿼리스트링을 사용합니다(/views/newsletter-signup.handlebars).

```
<h2>Sign up for our newsletter to receive news and specials!</h2>
<form class="form-horizontal" role="form"
    action="/newsletter-signup/process?form=newsletter" method="POST">
  <input type="hidden" name="_csrf" value="{{csrf}}">
  <div class="form-group">
    <label for="fieldName" class="col-sm-2 control-label">Name</label>
    <div class="col-sm-4">
      <input type="text" class="form-control"
      id="fieldName" name="name">
    </div>
  </div>
  <div class="form-group">
    <label for="fieldEmail" class="col-sm-2 control-label">Email</label>
    <div class="col-sm-4">
      <input type="email" class="form-control" required
          id="fieldEmail" name="email">
```

---

1 옮긴이_ 저자는 기본적인 사항이라 생각해서 설명하지 않은 것 같은데, 익스프레스에 익숙하지 않은 독자라면 책의 전개가 조금 당황스러울 수 있습니다. 따라서 부록 A에 설명을 조금 첨부했습니다. 본문과 깃허브 예제를 읽어보고 이해하신 독자분이라면 부록을 읽지 않으셔도 상관없습니다.

```
        </div>
      </div>
      <div class="form-group">
        <div class="col-sm-offset-2 col-sm-4">
          <button type="submit" class="btn btn-primary">Register</button>
        </div>
      </div>
    </form>
```

앞으로 책의 예제에서는 부트스트랩 스타일을 사용합니다. 부트스트랩 문서[2]를 참고하여 템플 릿 파일(`views/layouts/main.handlebars`)에 부트스트랩 CSS와 자바스크립트 파일을 링 크하세요. 부트스트랩에 익숙하지 않다면 문서[3]를 읽어보세요.

`body-parser`는 이미 연결했으니 메일링 리스트 가입 페이지를 위한 핸들러 함수를 다음과 같 이 만듭니다(`ch08/lib/handlers.js`).

```
exports.newsletterSignup = (req, res) => {
  // CSRF에 대해서는 나중에 알아봅니다. 지금은 일단 더미 값만 넣어둡니다.
  res.render('newsletter-signup', { csrf: 'CSRF token goes here' })
}
exports.newsletterSignupProcess = (req, res) => {
  console.log('Form (from querystring): ' + req.query.form)
  console.log('CSRF token (from hidden form field): ' + req.body._csrf)
  console.log('Name (from visible form field): ' + req.body.name)
  console.log('Email (from visible form field): ' + req.body.email)
  res.redirect(303, '/newsletter-signup/thank-you')
}
exports.newsletterSignupThankYou = (req, res) =>
  res.render('newsletter-signup-thank-you')
```

다음과 같이 `views/newsletter-signup-thank-you.handlebars` 파일을 만듭니다.

```
<h2>Thank You!</h2>
<p>Thanks for signing up for our newsletter!</p>
<p><a href="/">Home</a></p>
```

---

2 *http://bit.ly/36YxeYf*

3 *http://getbootstrap.com*

마지막으로 다음과 같이 핸들러를 애플리케이션에 연결합니다(ch08/meadowlark.js).

```
app.get('/newsletter-signup', handlers.newsletterSignup)
app.post('/newsletter-signup/process', handlers.newsletterSignupProcess)
app.get('/newsletter-signup/thank-you', handlers.newsletterSignupThankYou)
```

이게 전부입니다. 핸들러에서 '감사 인사' 뷰로 리디렉트한 이유는, 여기서 뷰를 렌더링할 수도 있지만 그렇게 한다면 사용자의 브라우저 주소 표시줄은 /process로 남아 있을 테고 혼란스러울 수 있기 때문입니다. 리디렉트를 사용하면 그런 문제가 없습니다.

> **NOTE_** 이 예제에서는 301이 아니라 303(또는 302) 리디렉트를 사용한다는 점이 중요합니다. 301 리디렉트는 완전히 이동했다는 의미이므로 브라우저가 리디렉트한 위치를 캐시에 저장할 수도 있습니다. 301 리디렉트를 사용한 상태에서 폼을 두 번째로 전송하면, 브라우저는 /process 핸들러를 아예 무시하고 /thank-you로 바로 이동할 수도 있습니다. 이전에 '완전히' 이동했다는 결과를 받았기 때문입니다. 반면 303 리디렉트는 '요청이 유효하며 그 응답은 여기에서 찾을 수 있다'는 뜻이므로, 브라우저는 리디렉트 위치를 캐시하지 않습니다.

최근의 프런트엔드 프레임워크는 대부분 폼 데이터를 fetch API를 써서 JSON 형식으로 보냅니다. 이제부터 이에 관해 알아보겠지만, 브라우저가 기본적으로 폼을 전송하는 방법을 알아두는 것이 좋습니다.

이제 fetch를 사용해 폼 제출하는 법을 알아봅시다.

8.6 fetch API를 이용한 폼 데이터 전송[4]

최근에는 fetch API를 사용해 JSON으로 인코드된 폼 데이터를 보내는 경우가 많습니다. 이렇게 하면 클라이언트와 서버의 통신을 더 세밀히 조절할 수 있고 페이지 새로고침도 줄어듭니다.

서버에 왕복 요청을 할 필요가 없으므로 리디렉트하거나 URL 여러 개를 준비할 필요가 없습니

---

4 옮긴이_ 본문의 설명을 잘 따라 하면 별 무리 없이 예상하는 결과를 얻을 수 있습니다.

다(폼 처리 자체에는 별도의 URL이 필요합니다). 따라서 메일링 리스트 가입에 관련된 작업 모두 /newsletter 하나로 모읍니다.

프런트엔드 코드부터 시작합니다. HTML 폼의 콘텐츠 자체는 바꿀 필요가 없지만, action이 나 method는 필요 없습니다. 다음과 같이 폼을 컨테이너 <div> 요소로 감싸서 감사 메시지를 표시하기 쉽게 만듭니다(ch08/views/newsletter.handlebars).

```
<div id="newsletterSignupFormContainer">
  <form class="form-horizontal" role="form" id="newsletterSignupForm">
    <!-- 폼 자체는 newsletter-signup.handlebars 그대로입니다 -->
  </form>
</div>
```

다음에는 preventDefault를 써서 폼 전송 이벤트를 취소하고 직접 전송하는 스크립트를 만 듭니다(ch08/views/newsletter.handlebars).

```
<script>
  document.getElementById('newsletterSignupForm')
    .addEventListener('submit', evt => {
      evt.preventDefault()
      const form = evt.target
      const body = JSON.stringify({
        _csrf: form.elements._csrf.value,
        name: form.elements.name.value,
        email: form.elements.email.value,
      })
      const headers = { 'Content-Type': 'application/json' }
      const container =
        document.getElementById('newsletterSignupFormContainer')
      fetch('/api/newsletter-signup', { method: 'post', body, headers })
        .then(resp => {
          if(resp.status < 200 || resp.status >= 300)
            throw new Error(`Request failed with status ${resp.status}`)
          return resp.json()
        })
        .then(json => {
          container.innerHTML = '<b>Thank you for signing up!</b>'
        })
        .catch(err => {
          container.innerHTML = `<b>We're sorry, we had a problem ` +
```

```
            `signing you up. Please <a href="/newsletter">try again</a>`
        })
    })
</script>
```

다음에는 JSON 바디를 분석할 수 있는 미들웨어를 엔드포인트 앞에 연결합니다(meadow lark.js).

```
app.use(bodyParser.json())

//...

app.get('/newsletter', handlers.newsletter)
app.post('/api/newsletter-signup', handlers.api.newsletterSignup)
```

폼을 처리하는 엔드포인트의 URL 앞에 api를 붙였습니다. 사용자(브라우저)가 쓰도록 만든 엔드포인트와 API에서 fetch로 접근하는 엔드포인트를 구별하기 위해 흔히 쓰는 방법입니다.

이제 lib/handlers.js 파일에 다음과 같이 엔드포인트를 추가합니다.

```
exports.newsletter = (req, res) => {
  // CSRF에 대해서는 나중에 알아봅니다. 지금은 일단 더미 값만 넣어둡니다.
  res.render('newsletter', { csrf: 'CSRF token goes here' })
}
exports.api = {
  newsletterSignup: (req, res) => {
    console.log('CSRF token (from hidden form field): ' + req.body._csrf)
    console.log('Name (from visible form field): ' + req.body.name)
    console.log('Email (from visible form field): ' + req.body.email)
    res.send({ result: 'success' })
  },
}
```

폼 처리 핸들러에서는 원하는 작업을 무엇이든 할 수 있습니다(보통은 데이터베이스에 데이터를 저장합니다). 문제가 있다면 result: 'success' 대신 err 프로퍼티가 있는 JSON 객체를 보낸다는 점입니다.

TIP 이 예제에서는 에이잭스 요청이 모두 JSON 응답을 기대한다고 가정하지만, 에이잭스에서 반드시 JSON을 사용해야 한다는 규칙은 없습니다(사실 에이잭스의 X는 XML을 뜻합니다). 자바스크립트가 JSON을 처리하기 쉽게 만들었으므로 자바스크립트에 밀접한 방법을 택했을 뿐입니다. 에이잭스 엔드포인트를 범용으로 만들어야 하거나 에이잭스 요청이 JSON이 아닌 다른 것을 사용할 수도 있다면, 보조 메서드 req.accepts에서 Accepts 헤더를 살펴보고 그에 맞는 응답을 반환해야 합니다. Accepts 헤더가 유일한 판단 기준이라면 클라이언트가 기대하는 것에 맞게 반응하기 쉽도록 만들어진 편의 메서드 res.format을 알아보세요.[5] 이 방법을 택한다면 자바스크립트로 에이잭스 요청을 만들 때 dataType이나 accepts 프로퍼티를 사용해야 합니다.

8.7 파일 업로드[6]

파일 업로드가 복잡하다고 얘기했지만, 다행히 도움이 되는 패키지가 있습니다.

멀티파트 폼 처리에 주로 쓰이는 패키지는 버스보이[busboy], 멀티파티[multiparty], 포미더블[formidable], 멀터[multer] 네 가지가 있습니다. 필자는 네 가지를 모두 사용해봤고 모두 좋은 패키지이지만, 필자가 보기에 유지 관리가 가장 잘 되고 있는 패키지는 멀티파티이므로 책에서는 이 패키지를 사용합니다.

메도라크 여행사 휴가 사진 콘테스트에 파일 업로드 폼을 만들어봅시다(views/contest/vacation-photo.handlebars).

```
<h2>Vacation Photo Contest</h2>

<form class="form-horizontal" role="form"
    enctype="multipart/form-data" method="POST"
    action="/contest/vacation-photo/{{year}}/{{month}}">
  <input type="hidden" name="_csrf" value="{{csrf}}">
  <div class="form-group">
    <label for="fieldName" class="col-sm-2 control-label">Name</label>
    <div class="col-sm-4">
      <input type="text" class="form-control"
      id="fieldName" name="name">
    </div>
```

---

5 *http://bit.ly/33Syx92*
6 옮긴이_ 부록 A.2를 참고해주세요.

```
    </div>
    <div class="form-group">
      <label for="fieldEmail" class="col-sm-2 control-label">Email</label>
      <div class="col-sm-4">
        <input type="email" class="form-control" required
            id="fieldEmail" name="email">
      </div>
    </div>
    <div class="form-group">
      <label for="fieldPhoto" class="col-sm-2 control-label">Vacation photo</label>
      <div class="col-sm-4">
        <input type="file" class="form-control" required  accept="image/*"
            id="fieldPhoto" name="photo">
      </div>
    </div>
    <div class="form-group">
      <div class="col-sm-offset-2 col-sm-4">
        <button type="submit" class="btn btn-primary">Register</button>
      </div>
    </div>
  </div>
</form>
```

파일 업로드를 활성화하기 위해서는 반드시 enctype="multipart/form-data"를 사용해야
합니다. 옵션인 accept 속성을 써서 업로드할 수 있는 파일 타입을 제한했습니다.

이제 라우트 핸들러를 만들 차례지만, 생각해야 할 부분이 좀 있습니다. 라우트 핸들러를 쉽게
테스트할 수 있어야 하지만, 멀티파트 폼 처리 때문에 복잡해질 수밖에 없습니다(핸들러를 사
용하기도 전에 여러 가지 바디 인코딩을 처리하는 미들웨어를 연결해야 합니다). 멀티파티에
서 멀티파트 폼 디코드를 충분히 테스트했다고 가정하므로 우리가 직접 테스트할 필요는 없고,
따라서 이미 처리된 정보를 넘기는 방식으로 핸들러를 '순수하게' 유지합니다. 핸들러가 어떤
형태가 될지 아직은 자세히 알 수 없으므로 우선 meadowlark.js부터 시작합니다.

```
const multiparty = require('multiparty')

app.post('/contest/vacation-photo/:year/:month', (req, res) => {
  const form = new multiparty.Form()
  form.parse(req, (err, fields, files) => {
    if(err) return res.status(500).send({ error: err.message })
    handlers.vacationPhotoContestProcess(req, res, fields, files)
  })
})
```

멀티파티의 **parse** 메서드를 써서 요청 데이터를 데이터 필드와 파일로 분석했습니다. 이 메서드는 파일을 서버의 임시 디렉터리에 저장하며, 그 정보를 **files** 배열로 반환합니다.

이제 라우트 핸들러에 전달할 정보가 더 생겼습니다. 수집한 파일에 대한 정보가 있고, 필드에 대한 정보가 있습니다(필드에 대한 정보는 이전 예제와 다른 **body-parser**를 쓰기 때문에 **req.body**에는 들어 있지 않습니다). 라우트 핸들러에 넘길 정보를 알게 됐으니 다음과 같이 라우트 핸들러를 작성합니다.

```
exports.vacationPhotoContestProcess = (req, res, fields, files) => {
  console.log('field data: ', fields)
  console.log('files: ', files)
  res.redirect(303, '/contest/vacation-photo-thank-you')
}
```

년과 월은 14장에서 배울 라우트 매개변수로 전달됩니다. 예제를 실행하고 콘솔을 보면 폼 필드가 필드 이름에 대응하는 프로퍼티를 가진 객체 형태로 전달된 걸 확인할 수 있습니다. **files** 객체에는 데이터가 더 많이 들어 있지만 비교적 단순한 편입니다. 업로드된 각 파일에 대해 파일의 크기, 업로드된 경로(보통 임시 디렉터리 안에 랜덤한 이름으로 저장됩니다), 사용자가 업로드한 원래 파일 이름을 볼 수 있습니다(보안과 개인 정보 보호를 위해 경로는 생략됩니다).

이제 이 파일로 무엇을 할지는 여러분이 정해야 합니다. 임시 디렉터리에서 일정한 규칙을 따르는 위치로 옮길 수도 있고, 클라우드 기반 파일 저장소에 업로드할 수도 있습니다. 파일을 로컬에 저장한다면 확장성에 제한이 생길 수 있다는 점을 염두에 두세요. 이 예제는 13장에서 다시 살펴봅니다.

8.7.1 fetch를 통한 파일 업로드[7]

fetch를 사용해 파일을 업로드하는 것은 브라우저가 처리하도록 맡기는 것과 별 차이가 없습니다. 파일 업로드에서 어려운 부분은 인코딩인데, 미들웨어가 이 부분을 처리하기 때문입니다.

---

7 옮긴이_ 부록 A.2.1을 참고해주세요.

다음은 폼 콘텐츠를 fetch로 전송하는 자바스크립트입니다.

```
<script>
  document.getElementById('vacationPhotoContestForm')
    .addEventListener('submit', evt => {
      evt.preventDefault()
      const body = new FormData(evt.target)
      const container =
        document.getElementById('vacationPhotoContestFormContainer')
      const url = '/api/vacation-photo-contest/{{year}}/{{month}}'
      fetch(url, { method: 'post', body })
        .then(resp => {
          if(resp.status < 200 || resp.status >= 300)
            throw new Error(`Request failed with status ${resp.status}`)
          return resp.json()
        })
        .then(json => {
          container.innerHTML = '<b>Thank you for submitting your photo!</b>'
        })
        .catch(err => {
          container.innerHTML = `<b>We're sorry, we had a problem processing ` +
            `your submission.  Please <a href="/newsletter">try again</a>`
        })
    })
</script>
```

여기서 눈여겨볼 것은 폼 요소를 FormData 객체[8]로 변환한다는 겁니다. fetch는 FormData 객체를 그대로 요청 바디로 사용합니다. 브라우저에 처리를 맡겼을 때와 인코딩이 똑같으므로 핸들러 역시 거의 같습니다. 리디렉트 대신 JSON 응답을 반환할 뿐입니다.

```
exports.api.vacationPhotoContest = (req, res, fields, files) => {
  console.log('field data: ', fields)
  console.log('files: ', files)
  res.send({ result: 'success' })
}
```

---

[8] *https://mzl.la/2CErVzb*

8.8 파일 업로드 UI 개선

브라우저에 내장된 파일 업로드용 `<input>` 컨트롤이 그다지 좋지는 않습니다. 그동안 인터넷에서 본 드래그 앤 드롭 인터페이스와 파일 업로드 버튼에 비하면 실망스럽습니다.

하지만 이번 장에서 배운 테크닉을 멋진 파일 업로드 컨트롤에도 대부분 적용할 수 있으니 걱정하지 마세요. 그런 멋진 컨트롤도 결국은 똑같은 폼 업로드 메커니즘에서 동작하는 것이니까요.

프런트엔드에서 가장 널리 쓰이는 파일 업로드 컨트롤은 다음과 같습니다.

- 제이쿼리 파일 업로드[9]
- 어피Uppy:[10] 드롭박스나 인스타그램 같은 외부 서비스를 폭넓게 지원합니다.
- 파일 업로드 윗 프리뷰:[11] 컨트롤을 상세히 설정할 수 있습니다. 파일 객체 배열로 fetch에서 사용할 FormData 객체를 만듭니다.

8.9 마치며

이번 장에서는 폼을 처리하는 다양한 기법을 배웠습니다. 브라우저가 POST 요청을 통해 폼 콘텐츠를 서버에 보내고(보통 리디렉트를 통해) 서버 응답을 렌더링하는 전통적인 폼 처리 방법을 배웠고, 최근 유행하는 방법인 브라우저의 개입을 막고 fetch를 통해 폼을 직접 전송하는 방법도 배웠습니다.

폼을 인코드할 때 널리 쓰이는 방법은 다음과 같습니다.

application/x-www-form-urlencoded
사용하기 쉬운 기본 인코딩이며 일반적으로 전통적인 폼 처리에 사용합니다.

---

9 *http://bit.ly/2Qbcd6I*
10 *http://bit.ly/2rEFWeb*
11 *http://bit.ly/2X5fS7F*

application/json

`fetch`를 통해 파일이 아닌 데이터를 보낼 때 널리 쓰입니다.

multipart/form-data

파일을 전송할 때 사용하는 인코딩입니다.

사용자 데이터를 서버에 보내는 방법을 배웠으니 이제 **쿠키**와 **세션**을 통해 서버와 클라이언트를 동기화하는 방법을 알아봅시다.

CHAPTER 9

쿠키와 세션

이번 장에서는 쿠키와 세션으로 사용자 경험을 개선하는 법을 배웁니다. 쿠키와 세션으로 모든 페이지, 심지어 브라우저 세션에서 사용자의 설정을 통일할 수 있습니다.

HTTP는 **상태가 없는**stateless 프로토콜입니다. 상태가 없다는 말은 브라우저에서 어떤 페이지를 불러온 다음, 같은 웹사이트의 다른 페이지로 이동할 때, 같은 브라우저가 같은 사이트에 방문한다는 사실을 알아낼 방법이 없다는 뜻입니다. 서버에도, 브라우저에도 없습니다. 달리 말하면, **모든 HTTP 요청에는 서버에서 그 요청을 수행할 때 필요한 정보가 모두 들어 있다는 뜻입니다.** 웹은 이런 방식으로 동작합니다.

하지만 이런 방식에는 문제가 있습니다. 이대로 진행한다면 사용자는 사이트에서 이동할 때마다 로그인이 풀립니다. 미디어 스트리밍도 제대로 동작하지 않습니다. 페이지를 이동할 때마다 해당 웹사이트에서 설정한 내용이 모두 사라집니다. 이를 해결하기 위해 '상태'를 보존할 방법이 필요했고 따라서 쿠키와 세션이 등장했습니다.

쿠키를 지저분한 용도로 사용한 사람들이 너무 많았기에, 쿠키라는 이름만 들어도 나쁜 선입견을 갖는 경우가 많습니다. '최신 웹'이 제대로 동작하려면 쿠키가 꼭 필요한데, 이런 선입견이 생겨버렸으니 한탄할 노릇입니다(HTML 5에서 쿠키와 비슷한 용도로 쓸 수 있는 로컬 스토리지를 도입했지만 여기에서는 생각하지 않기로 합시다).

쿠키의 기본 발상은 단순합니다. 서버에서 약간의 정보를 보내고, 브라우저는 그 정보를 일정 기간 보관합니다. 그 약간의 정보가 어떤 것인지는 전적으로 서버에서 결정합니다. 대개는 '상태'를 구현할 수 있도록 브라우저를 식별하는 고유한 ID 숫자를 쓰는 경우가 많습니다.

쿠키에 관해 알아둬야 할 중요한 내용은 다음과 같습니다.

사용자가 쿠키 내용을 볼 수 있습니다.

서버에서 클라이언트에 보내는 쿠키는 모두 클라이언트에서 볼 수 있습니다. 쿠키를 암호화해서 콘텐츠를 보호할 수 있긴 하지만, 떳떳한 목적으로만 사용한다면 굳이 암호화할 이유가 없습니다. **서명된**signed 쿠키는 콘텐츠를 읽기 어렵게 만들긴 하지만, 암호화라고 할 수 있는 수준은 아닙니다.

사용자가 쿠키를 삭제하거나 금지할 수 있습니다.

사용자는 쿠키 전체에 대한 권한이 있고, 브라우저에는 쿠키를 개별적으로, 또는 한꺼번에 삭제하는 기능이 있습니다. 사용자가 굳이 쿠키를 삭제할 이유는 없지만, 쿠키를 지워서 사용자 설정을 초기화하는 등 테스트 목적으로는 유용합니다. 또한 사용자가 쿠키를 금지할 수도 있는데, 이런 경우엔 골치가 아픕니다. 쿠키 없이도 제대로 동작할 수 있는 웹 애플리케이션은 정말 단순한 기능 말고는 수행하기 어렵습니다.

일반적인 쿠키는 변조될 수 있습니다.

브라우저에서 요청을 보낼 때 동봉하는 쿠키를 맹목적으로 믿는다면 공격에 문을 열어두는 것과 마찬가지입니다. 예를 들어 쿠키에 포함된 코드를 실행하는 건 미련하다고 해도 할 말이 없습니다. 쿠키 변조의 위험을 없애려면 서명된 쿠키를 사용하세요.

쿠키는 공격에 사용될 수 있습니다.

최근 몇 년 사이 사이트 간 스크립팅cross-site scripting attack(XSS) 공격이 급증했습니다. XSS 공격 중에는 악의적인 자바스크립트 코드로 쿠키 콘텐츠를 바꾸는 방법도 있습니다. XSS 공격도 서버에 전송되는 쿠키를 맹신해서는 안 되는 이유 중 하나입니다. 서명된 쿠키를 사용하면 사용자나 자바스크립트 코드로 쿠키를 변조했을 경우 그 흔적이 명백히 드러나므로 공격을 막는 데 도움이 됩니다. 또한 쿠키 변경은 오직 서버에서만 가능하게끔 하는 설정도 있습니다. 이런 쿠키는 활용도가 조금 떨어질 수는 있지만 훨씬 안전합니다.

쿠키를 남용하면 사용자가 눈치챕니다.

사용자의 컴퓨터에 쿠키나 데이터를 너무 많이 저장하면 사용자를 짜증나게 할 수 있으므로 피해야 합니다. 쿠키는 최소한으로 유지하세요.

가급적 쿠키보다 세션을 사용하세요.

대부분의 경우 **세션**을 통해 상태를 관리하며 일반적으로 세션이 더 현명한 선택입니다. 세션은 더 쉽고, 사용자에게 악영향도 적으며, 더 안전합니다. 물론 세션 자체가 쿠키에 의존하긴 하지만, 익스프레스를 쓰면 번거로운 작업이 많이 줄어듭니다.

> **NOTE_** 쿠키는 마법이 아닙니다. 서버에서 클라이언트에 쿠키를 저장할 때는 이름-값 쌍을 담은 **Set-Cookie** 헤더를 보내고, 클라이언트에서 서버에 쿠키를 요청할 때는 쿠키 값을 담은 **Cookie** 요청 헤더를 보냅니다.

9.1 자격 증명 위임

쿠키 보안을 위해서는 **쿠키 시크릿**cookie secret이 필요합니다. 쿠키 시크릿은 서버에서 쿠키를 클라이언트에 보내기 전에 암호화할 때 사용하는 문자열입니다. 쿠키 시크릿은 기억해야 할 비밀번호가 아니므로 랜덤한 문자열을 써도 됩니다. 필자는 보통 xkcd[1]의 랜덤 비밀번호 생성기를 써서 쿠키 시크릿을 만들거나, 랜덤한 숫자를 사용합니다.

서드파티를 통해 쿠키 시크릿이나 데이터베이스 비밀번호, API 토큰(트위터, 페이스북 등)의 자격 증명credential을 외부화하는 경우가 대부분입니다. 이렇게 하면 자격 증명을 찾고 업데이트하기 쉬워져서 유지 보수가 편해지고 버전 관리 시스템에 자격 증명 파일을 둘 필요가 없어집니다. 깃허브나 기타 공개된 소스 저장소에서 오픈 소스 프로젝트를 운영할 때 자격 증명 보안을 염려하지 않아도 된다는 것은 아주 큰 장점입니다.

이 목적에 맞게 자격 증명을 JSON 파일에 담아서 외부화합시다. 다음과 같이 `.credentials.`

---

1 https://preshing.com/20110811/xkcd-password-generator/

development.json 파일을 만듭니다.

```
{
  "cookieSecret": "...your cookie secret goes here"
}
```

개발하는 동안 이 파일을 자격 증명 파일로 씁니다. 이런 방식을 통해 실무용, 테스트용, 기타 용도에 맞게 자격 증명 파일을 따로 유지합니다.

실수로 자격 증명을 저장소에 추가하는 일이 없도록 .gitignore 파일에 .credentials.*를 추가합니다. 애플리케이션에서 자격 증명을 임포트하는 방법은 다음과 같습니다.

```
const credentials = require('./.credentials.development')
```

나중에 이 파일에 다른 자격 증명도 저장하겠지만, 지금은 쿠키 시크릿만 필요합니다.

> **NOTE_** 자격 증명 파일은 저장소에 포함되어 있지 않으므로 저자가 제공하는 저장소를 따라 하고 있다면 자격 증명 파일을 직접 만듭니다.

9.2 익스프레스와 쿠키

앱에서 쿠키를 사용하려면 cookie-parser 미들웨어를 추가해야 합니다. npm install cookie-parser@1 명령으로 설치하고 meadowlark.js에 다음을 추가합니다.

```
const cookieParser = require('cookie-parser')
app.use(cookieParser(credentials.cookieSecret))
```

이제 응답 객체에 접근할 수 있는 곳 어디서든 쿠키를 쓸 수 있습니다. 예를 들어 홈페이지에서 쿠키를 보낼 때는 핸들러를 다음과 같이 수정합니다(lib/handlers.js).

```
exports.home = (req, res) => {
```

```
    res.cookie('monster', 'nom nom')
    res.cookie('signed_monster', 'nom nom', { signed: true })
    res.render('home')
}
```

NOTE_ 서명된 쿠키는 일반적인 쿠키보다 우선순위가 높습니다. 서명된 쿠키에 signed_monster란 이름을 붙인다면, 같은 이름의 일반 쿠키는 사용할 수 없습니다.

클라이언트에서 보낸 쿠키에 접근할 때는 다음과 같이 요청 객체의 cookie나 signedCookie 프로퍼티에 접근합니다.

```
const monster = req.cookies.monster
const signedMonster = req.signedCookies.signed_monster
```

NOTE_ 쿠키 이름에는 어떤 문자열이든 쓸 수 있습니다. 예를 들어 'signed_monster' 대신 'signed monster'를 쓸 수 있지만, 이렇게 하면 쿠키를 가져올 때 req.signedCookies['signed monster'] 처럼 대괄호 표기법을 써야 합니다. 따라서 필자는 쿠키 이름에 특수문자는 쓰지 않길 권합니다.

쿠키를 삭제할 때는 req.clearCookie를 사용합니다.

```
req.clearCookie('monster')
```

쿠키에서 사용할 수 있는 옵션은 다음과 같습니다.

domain

쿠키에 도메인을 연결합니다. 즉, 특정 서브도메인에 쿠키를 할당합니다. 하지만 현재 서버가 실행 중인 도메인이 아닌 다른 도메인과 연결할 수는 없습니다. 시도하더라도 아무 일도 일어나지 않습니다.

path

쿠키가 적용될 경로를 지정합니다. 이 경로에는 암시적인 와일드카드가 적용됩니다. 경로에 기본값인 /를 사용하면 사이트의 모든 페이지에 쿠키가 적용됩니다. 경로를 /foo로 설정하면 /foo, /foo/bar 등에 쿠키가 적용됩니다.

maxAge

클라이언트가 쿠키를 얼마나 오래 보관하고 있어야 하는지 밀리초 단위로 지정합니다. 이 옵션을 설정하지 않으면 쿠키는 브라우저를 닫을 때 삭제됩니다. expires 옵션에서 만료 날짜를 설정할 수 있긴 하지만 문법이 대단히 복잡합니다. 필자는 maxAge를 권합니다.

secure

이 옵션을 설정하면 보안(HTTPS) 연결을 통해서만 쿠키를 전송합니다.

httpOnly

이 옵션을 true로 설정하면 서버에서만 쿠키를 수정합니다. 즉, 클라이언트 사이드 자바스크립트는 쿠키를 수정할 수 없습니다. XSS 공격을 막는 데 도움이 됩니다.

signed

이 옵션을 true로 설정하면 쿠키에 서명을 해서 res.cookies가 아니라 res.signedCookies에서 접근할 수 있게 합니다. 서명된 쿠키가 변조되면 서버는 그 쿠키를 거부하고 원래 값으로 초기화합니다.

9.3 쿠키 실험

테스트를 진행하는 동안 컴퓨터에서 쿠키를 실험해보고 싶을 겁니다. 대부분의 브라우저에서 개별 쿠키와 그 값을 볼 수 있습니다. 크롬에서는 개발자 도구를 열고 애플리케이션 탭을 선택하면 왼쪽에 있는 트리에서 Cookies를 볼 수 있습니다. 이 트리를 펼쳐보면 현재 접속한 사이트가 있고 이를 클릭하면 현재 사이트에 연결된 쿠키를 모두 볼 수 있습니다. 도메인을 마우스 오른쪽 버튼으로 클릭해서 쿠키 전체를 삭제하거나, 개별 쿠키를 오른쪽 클릭에서 따로 제거할 수도 있습니다.

9.4 세션

세션은 상태를 좀 더 쉽게 관리하는 수단입니다. 세션을 사용하기 위해서는 클라이언트에 뭔가 저장해야 합니다. 아무것도 없다면 서버는 클라이언트를 식별할 수 없습니다. 일반적으로 쿠키에 고유한 식별자를 담아서 사용합니다. 그러면 서버는 이 식별자를 보고 적합한 세션 정보를 가져옵니다.

쿠키 남용이 극심했던 시절에는 쿠키를 금지하는 사용자가 많았고, URL에 세션 정보를 담아서 보내는 등 여러 방법이 등장했습니다. 하지만 이런 편법들은 보기 싫고, 어렵고, 비효율적이니 다시 꺼낼 이유는 없습니다. HTML 5에는 다량의 데이터를 저장할 때 쿠키보다 더 나은 선택이며 세션에도 사용할 수 있는 **로컬 스토리지**를 도입했습니다. 로컬 스토리지를 더 알고 싶다면 MDN 문서[2]를 보세요.

세션을 구현하는 방법은 크게 두 가지입니다. 하나는 모든 정보를 쿠키에 저장하는 방법이고, 다른 하나는 쿠키에 고유 식별자만 저장하고 나머지 정보는 모두 서버에 저장하는 방법입니다. 전자를 **쿠키 기반 세션**이라고 부르며, 쿠키에 비해 편리하다는 점 외에는 그다지 장점이 없습니다. 쿠키 기반 세션은 세션에 추가하는 정보가 전부 클라이언트에 저장되는 것은 마찬가지이므로 필자는 이 방법을 권하지 않습니다. 쿠키 기반 세션은 세션에 아주 적은 정보만 저장하며 사용자가 그 정보에 접근할 수 있어도 괜찮고, 시간이 지나면서 통제 불가능해질 만큼 커지지 않을 때에만 쓰길 권합니다. 쿠키 기반 세션을 사용하고 싶으면 cookie-session 미들웨어[3]를 읽어보세요.

---

2 *https://mzl.la/2CDrGo4*

3 *http://bit.ly/2qNv9h6*

9.4.1 메모리에 저장

필자가 권하는 대로 세션 정보를 서버에 저장하기로 했다면 저장할 공간이 필요합니다. 가장 기본적인 옵션은 메모리 세션입니다. 메모리 세션은 사용하기 쉽지만, 서버를 재시작할 때 세션 정보가 모두 사라진다는 커다란 단점이 있습니다. 더 심각한 단점은, 여러 대의 서버로 확장할 때(12장을 참고하세요) 매 요청을 서로 다른 서버에서 서비스할 수 있다는 점입니다. 이런 상황에서는 사용자가 요청할 때 세션 데이터가 그 서버에 존재하지 않을 수도 있게 되며, 분명 사용자 경험을 수용할 수 없는 수준으로 떨어뜨립니다. 하지만 개발하고 테스트하는 목적에 쓰는 정도로는 충분합니다. 세션 정보를 영구히 저장하는 방법은 13장에서 설명합니다.

npm install express-session@1 명령으로 express-session을 설치하고 연결합니다 (meadowalrk.js).

```
const expressSession = require('express-session')
// 쿠키 미들웨어를 세션 미들웨어보다 먼저 연결해야 합니다.

app.use(expressSession({
    resave: false,
    saveUninitialized: false,
    secret: credentials.cookieSecret,
}))
```

express-session 미들웨어는 설정 객체를 받습니다. 옵션은 다음과 같습니다.

resave

요청이 수정되지 않았더라도 세션을 강제로 저장합니다. 일반적으로 이 옵션은 false로 두는 편이 낫습니다. 더 많은 정보는 express-session 문서를 보세요.

saveUninitialized

이 옵션을 true로 설정하면 새로운(초기화되지 않은) 세션을, 수정되지 않았더라도 강제로 저장합니다. 일반적으로 이 옵션 역시 false로 두는 편이 좋으며, 쿠키를 설정하기 전에 사용자의 허락을 받아야 할 때는 반드시 false로 둬야 합니다. 더 많은 정보는 express-session 문서에 있습니다.

secret

세션 ID 쿠키에 서명할 때 사용하는 키입니다. cookie-parser에서 사용하는 키와 같아도 됩니다.

Key

고유한 세션 식별자를 저장할 쿠키의 이름입니다. 기본값은 connect.sid입니다.

store

세션 저장소 인스턴스입니다. 기본값은 MemoryStore의 인스턴스이며 지금은 이걸 써도 충분합니다. 데이터베이스 저장소에 대해서는 13장에서 알아봅니다.

cookie

세션 쿠키에 적용할 설정(path, domain, secure 등)입니다. 일반 쿠키의 기본값이 적용됩니다.

9.4.2 세션 사용하기

일단 세션이 만들어지면 사용하기는 아주 쉽습니다. 요청 객체의 session 변수의 프로퍼티를 사용하면 됩니다.

```
req.session.userName = 'Anonymous'
const colorScheme = req.session.colorScheme || 'dark'
```

세션을 사용하면 요청 객체에서 값을 가져오고 응답 객체에서 값을 설정할 필요 없이, 전부 요청 객체에서 처리합니다(응답 객체에는 session 프로퍼티가 없습니다). 세션을 삭제할 때는 자바스크립트의 delete 연산자를 사용합니다.

```
req.session.userName = null         // 'userName'을 null로 설정하지만
                                    // 제거하지는 않습니다.

delete req.session.colorScheme      // 'colorScheme'를 제거합니다.
```

9.5 세션을 통한 플래시 메시지 구현[4]

플래시 메시지는 사용자의 사이트 이용을 방해하지 않으면서 피드백을 보내는 방법입니다. 플래시 메시지를 구현하는 가장 쉬운 방법은 세션을 사용하는 겁니다. 쿼리스트링을 사용할 수도 있지만, URL이 지저분해질 뿐 아니라 플래시 메시지가 히스토리에 저장되는 단점도 있습니다. 우선 HTML부터 만듭시다. 템플릿 파일에서 눈에 잘 띄는 곳에(일반적으로 사이트 헤더 바로 아래) 다음을 추가합니다(`views/layouts/main.handlebars`).

```
{{#if flash}}
  <div class="alert alert-dismissible alert-{{flash.type}}">
    <button type="button" class="close"
      data-dismiss="alert" aria-hidden="true">×</button>
    <strong>{{flash.intro}}</strong> {{{flash.message}}}
  </div>
{{/if}}
```

`flash.message`에 중괄호가 세 개 있습니다. 이를 통해 메시지에 단순한 HTML을 넣을 수 있으므로 메시지 일부를 강조하거나 하이퍼링크를 삽입하는 데 사용합니다. 이제 세션에 `flash` 객체가 있다면 콘텍스트에 추가하는 미들웨어를 만들어봅시다. 플래시 메시지를 표시한 다음에는 세션에서 제거해 다음 요청에서는 표시되지 않게 하고 싶습니다. 미들웨어를 만들어 세션에 플래시 메시지가 있는지 체크한 다음, 있다면 `res.locals` 객체로 전달해 뷰에서 사용할 수 있도록 수정합니다. 이 미들웨어는 다음과 같이 `lib/middleware/flash.js` 파일에 저장합니다.

```
module.exports = (req, res, next) => {
  // 플래시 메시지가 있다면
  // 콘텍스트에 전달하고 내용을 비웁니다.
  res.locals.flash = req.session.flash
  delete req.session.flash
  next()
}
```

그리고 `meadowalrk.js` 파일에서 플래시 메시지 미들웨어를 뷰 라우트 앞에 연결합니다.

---

4 옮긴이_ 부록 B.1을 참고해주세요.

```
const flashMiddleware = require('./lib/middleware/flash')
app.use(flashMiddleware)
```

이제 플래시 메시지를 실제로 사용하는 방법을 알아봅시다. 사용자에게 소식지 가입을 권유한 다음, 가입을 마친 사용자를 소식지 자료실로 리디렉트해야 한다면 폼 핸들러는 다음과 같은 형태가 됩니다.[5]

```
// W3C HTML5 이메일 정규 표현식을 조금 수정했습니다.
// https://html.spec.whatwg.org/multipage/forms.html#valid-e-mail-address
const VALID_EMAIL_REGEX = new RegExp('^[a-zA-Z0-9.!#$%&\'*+\/=?^_`{|}~-]+@' +
  '[a-zA-Z0-9](?:[a-zA-Z0-9-]{0,61}[a-zA-Z0-9])?' +
  '(?:\.[a-zA-Z0-9](?:[a-zA-Z0-9-]{0,61}[a-zA-Z0-9])?)+$')

app.post('/newsletter', function(req, res){
    const name = req.body.name || '', email = req.body.email || ''
    // 입력 유효성 검사
    if(VALID_EMAIL_REGEX.test(email)) {
      req.session.flash = {
        type: 'danger',
        intro: 'Validation error!',
        message: 'The email address you entered was not valid.',
      }
      return res.redirect(303, '/newsletter')
    }
    // NewsletterSignup은 생성할 수 있는 객체의 예제입니다.
    // 프로그램마다 상황이 다르므로 이와 같이
    // 프로젝트에 밀접한 인터페이스는 여러분이 작성해야 합니다.
    // 이 예제는 일반적인 익스프레스 예제가 여러분의 프로젝트에
    // 어떻게 나타날지 가정할 뿐입니다.
    new NewsletterSignup({ name, email }).save((err) => {
        if(err) {
          req.session.flash = {
            type: 'danger',
            intro: 'Database error!',
            message: 'There was a database error; please try again later.',
          }
          return res.redirect(303, '/newsletter/archive')
        }
        req.session.flash = {
```

----

5 옮긴이_ 부록 B를 참고해주세요.

```
                type: 'success',
                intro: 'Thank you!',
                message: 'You have now been signed up for the newsletter.',
            };
            return res.redirect(303, '/newsletter/archive')
        })
    })
```

입력 유효성 검사와 데이터베이스 오류를 신중하게 구별했습니다. 프런트엔드에서 입력 유효성 검사를 했더라도(해야 합니다) 서버에서도 해야 합니다. 악의적인 사용자가 프런트엔드 유효성 검사를 우회할 수 있기 때문입니다.

플래시 메시지는 아주 유용한 수단입니다. 폼 여러 개를 쓰는 '마법사'나 장바구니 등 일부 목적에는 더 유용한 수단이 있지만 플래시 메시지를 익숙하게 사용할 수 있도록 하는 편이 좋습니다. 플래시 메시지는 피드백을 쉽게 구현할 수 있으므로, 나중에 다른 방법으로 바꾸더라도 개발 단계에 유용하게 쓸 수 있습니다. 필자는 웹사이트를 준비할 때마다 항상 플래시 메시지 지원을 추가하면서 시작합니다. 이 책에서도 계속 플래시 메시지를 사용합니다.

TIP 플래시 메시지는 세션에서 `res.locals.flash`로 전달되므로, 플래시 메시지를 표시하려면 리디렉트가 필요합니다. 리디렉트 없이 플래시 메시지를 표시하려면 `req.session.flash` 대신 `res.locals.flash`를 사용합니다.

> **NOTE_** 예제는 리디렉트와 함께 브라우저의 폼 제출을 사용했습니다. 이런 형태로 세션을 사용해 UI를 컨트롤하는 방식은 폼 제출에 에이잭스를 사용하는 애플리케이션에서는 일반적이지 않습니다. 에이잭스 이벤트에서는 폼 핸들러에서 반환하는 JSON에 오류가 있다면 모두 파악해서 프런트엔드에서 DOM을 수정해 오류 메시지를 동적으로 표시해야 합니다. 그렇다고 세션이 프런트엔드에서 렌더링하는 애플리케이션에서 유용하지 않다는 것은 아닙니다. 단지 이 목적으로 사용되는 일이 많지 않을 뿐입니다.

9.6 세션 활용법

세션은 여러 페이지에 적용되는 사용자 설정을 저장할 때 유용합니다. 세션은 사용자 인증 정보를 보관할 때 가장 널리 사용됩니다. 로그인하면 세션이 만들어집니다. 일단 세션이 만들어지면 페이지를 새로고침할 때마다 다시 로그인할 필요가 없어집니다. 물론 세션은 사용자 계정이 필요 없는 상황에서도 유용합니다. 세션은 사용자가 선호하는 정렬 방식이나 날짜 표시 형식을 사이트에 저장할 때도 널리 쓰이며, 이런 정보는 로그인이 필요하지 않습니다.

필자는 쿠키보다 세션의 활용을 권하는 편이지만, 쿠키가 어떻게 동작하는지 이해하는 것도 중요합니다. 세션 활용을 위해서는 쿠키가 필요합니다. 쿠키를 활용하면 사이트에서 발생하는 문제를 분석할 때 도움이 되고, 애플리케이션의 보안과 개인 정보 관련 사항을 이해하는 데에도 도움이 됩니다.

9.7 마치며

쿠키와 세션을 이해하면 상태 없는 프로토콜인 HTTP 위에서 상태를 관리하는 방법을 더 잘 이해할 수 있습니다. 이번 장에서는 사용자 경험을 개선할 수 있도록 쿠키와 세션을 다루는 법을 배웠습니다.

그동안은 미들웨어에 대한 충분한 설명 없이 미들웨어를 만들고 사용했습니다. 다음 장에서는 미들웨어를 좀 더 자세히 알아봅니다.

CHAPTER 10

미들웨어

우리는 이미 미들웨어를 사용해본 경험이 있습니다. body-parser, cookie-parser, static 등의 기존 미들웨어를 사용했고, 템플릿 콘텍스트에 날씨 데이터를 추가하거나 플래시 메시지를 사용할 때 직접 만들어보기도 했습니다. 그런데 미들웨어는 정확히 무엇일까요?

개념적으로 말한다면 **미들웨어**는 기능, 구체적으로 애플리케이션으로 들어오는 HTTP 요청 위에서 동작하는 기능을 캡슐화하는 방법입니다. 현실적으로 말한다면 미들웨어는 요청 객체, 응답 객체, next() 함수의 세 가지 매개변수를 받는 함수입니다(오류 처리를 위해 네 번째 매개변수를 받는 형태도 있는데 이번 장 뒷부분에서 설명합니다).

미들웨어는 **파이프라인**pipeline 안에서 실행됩니다. 파이프라인은 송수관이라고 생각해도 됩니다. 송수관의 한쪽 끝에서는 펌프로 물을 끌어올리고, 송수관 중간에는 게이지와 밸브가 있습니다. 이 비유에서 잊지 말아야 할 것은 순서가 중요하다는 겁니다. 밸브 앞에 압력 게이지가 있을 때와, 밸브 다음에 압력 게이지가 있을 때 결과는 다릅니다. 마찬가지로 밸브를 통해 물에 무언가를 넣는다면 그 밸브 '다음'에는 항상 물에 물질이 섞여 있습니다. 익스프레스 앱에서는 app.use를 호출해 파이프라인에 미들웨어를 삽입합니다.

익스프레스 4.0 이전에는 **라우트**를 직접 연결해야 하는 복잡함이 있었습니다. 라우트를 연결한 위치에 따라 다르게 동작하는 경우가 있어, 미들웨어와 라우트 핸들러를 섞어 쓰면 파이프라인 연결이 명확히 드러나지 않았었습니다. 익스프레스 4.0부터는 미들웨어와 라우트 핸들러가 연결한 순서대로 호출되므로 파이프라인이 훨씬 명확해졌습니다.

파이프라인의 마지막 미들웨어는 이전 라우트와 일치하지 않는 요청을 모두 받는 폴백 핸들러로 만드는 게 일반적입니다. 이 미들웨어는 보통 상태 코드 404를 반환합니다.

미들웨어에서 next()를 호출하지 않으면 요청은 해당 미들웨어에서 종료됩니다.

10.1 미들웨어 원칙

익스프레스가 어떻게 동작하는지 이해하려면 미들웨어와 라우트 핸들러에 대해 유연하게 생각할 수 있어야 합니다. 다음을 꼭 염두에 두세요.

- app.get, app.post 등의 라우트 핸들러는 GET, POST 같은 특정 HTTP 동사만 처리하는 미들웨어라고 생각할 수 있습니다. 반대로 미들웨어는 HTTP 동사 전체를 처리하는 라우트 핸들러라고 생각할 수 있습니다(기본적으로 HTTP 동사 전체를 처리하는 app.all과 동등합니다. PURGE 같은 독특한 동사에서는 조금 차이가 있지만, 일반적인 동사에서는 같습니다).

- 라우트 핸들러는 첫 번째 매개변수로 경로를 받습니다. 모든 라우트에 일치하는 경로를 원한다면 *를 사용합니다. 미들웨어 역시 첫 번째 매개변수로 경로를 받을 수 있지만, 옵션입니다(생략하면 *를 쓴 것과 마찬가지로 모든 라우트에 일치합니다).

- 라우트 핸들러와 미들웨어는 2개, 3개 또는 4개의 매개변수가 있는 콜백 함수입니다. 매개변수가 없거나 하나만 있는 경우도 있지만 이런 형태는 현실적으로 거의 쓰이지 않습니다. 매개변수가 2개 또는 3개라면 첫 번째와 두 번째 매개변수는 요청과 응답 객체이고 세 번째 매개변수는 next 함수입니다. 네 번째 매개변수가 있으면 그 함수는 오류 처리용 미들웨어가 되고, 매개변수는 순서대로 오류 객체, 요청 객체, 응답 객체, next() 함수입니다.

- next()를 **호출하지 않는다면** 파이프라인은 거기서 종료되고 그 이후의 라우트 핸들러와 미들웨어는 호출되지 않습니다. next()를 호출하지 않는다면 클라이언트에 응답(res.send, res.json, res.render 등)을 보내야 합니다. 응답조차 보내지 않으면 클라이언트는 멈춰있다가 타임아웃에 걸립니다.

- next()를 호출했다면 클라이언트에 응답을 보내지 않는 편이 좋습니다. 일단 응답을 보내면 파이프라인에서 뒤에 있는 미들웨어와 라우트 핸들러는 계속 실행되긴 하지만 이들이 클라이언트에 보내는 응답은 무시됩니다.

10.2 미들웨어 예제

우선 단순한 미들웨어 예제를 봅시다(ch10/00-simple-middleware.js).

```
app.use((req, res, next) => {
  console.log(`processing request for ${req.url}....`)
  next()
})

app.use((req, res, next) => {
  console.log('terminating request')
  res.send('thanks for playing!')
  // next()를 호출하지 않았으므로 요청은 여기서 종료됩니다.
})

app.use((req, res, next) => {
  console.log(`whoops, i'll never get called!`)
})
```

세 가지 미들웨어 예제가 있습니다. 첫 번째 예제는 콘솔에 메시지를 기록한 다음 next()를 호출해서 다음 미들웨어로 요청을 전달합니다. 두 번째 미들웨어는 실제로 요청을 처리합니다. 여기서 res.send를 생략했다면 클라이언트에 응답이 전송되지 않고, 결국 타임아웃이 일어납니다. 두 번째 미들웨어에서 모든 요청이 종료됐으므로 마지막 미들웨어는 실행되지 않습니다.

이제 좀 더 복잡한 예제를 봅시다(ch10/01-routing-example.js).

```
const express = require('express')
const app = express()

app.use((req, res, next) => {
  console.log('\n\nALLWAYS')
  next()
})

app.get('/a', (req, res) => {
  console.log('/a: route terminated')
  res.send('a')
})
app.get('/a', (req, res) => {
  console.log('/a: never called');
```

```
})
app.get('/b', (req, res, next) => {
  console.log('/b: route not terminated')
  next()
})
app.use((req, res, next) => {
  console.log('SOMETIMES')
  next()
})
app.get('/b', (req, res, next) => {
  console.log('/b (part 2): error thrown' )
  throw new Error('b failed')
})
app.use('/b', (err, req, res, next) => {
  console.log('/b error detected and passed on')
  next(err)
})
app.get('/c', (err, req) => {
  console.log('/c: error thrown')
  throw new Error('c failed')
})
app.use('/c', (err, req, res, next) => {
  console.log('/c: error detected but not passed on')
  next()
})

app.use((err, req, res, next) => {
  console.log('unhandled error detected: ' + err.message)
  res.send('500 - server error')
})

app.use((req, res) => {
  console.log('route not handled')
  res.send('404 - not found')
})

const port = process.env.PORT || 3000
app.listen(port, () => console.log(`Express started on http://localhost:${port}` +
  '; press Ctrl-C to terminate.'))
```

예제를 실행해보기 전에 결과를 먼저 상상해보세요. 다른 라우트는 뭘까요? 클라이언트에는
어떤 결과가 표시될까요? 콘솔에는 무엇이 기록될까요? 이 질문에 정확히 대답할 수 있다면,

여러분은 익스프레스 라우트를 마스터한 겁니다. /b 요청과 /c 요청의 차이를 눈여겨봅시다. 양쪽 모두 오류가 있지만, 한 쪽은 404이고 다른 쪽은 500입니다.

미들웨어는 **반드시** 함수여야 합니다. 자바스크립트에서는 함수가 함수를 반환하는 것이 아주 쉽고, 널리 쓰이는 패턴이기도 합니다. 예를 들어 express.static은 함수이지만, 호출하면 다른 함수를 반환합니다. 다음을 살펴봅시다.

```
app.use(express.static)          // 원하는 대로 동작하지 않습니다.

console.log(express.static())    // 로그에 function이 기록됩니다.
                                 // express.static은 함수를 반환하는 함수라는 뜻
```

모듈 역시 함수를 내보내며 이 함수는 바로 미들웨어로 사용할 수 있습니다. 예를 들어 다음은 lib/tourRequiresWaiver.js 모듈입니다(메도라크 여행사의 암벽 등반 패키지는 책임 면제 동의서waiver를 요구합니다).

```
module.exports = (req,res,next) => {
  const { cart } = req.session
  if(!cart) return next()
  if(cart.items.some(item => item.product.requiresWaiver)) {
    cart.warnings.push('One or more of your selected ' +
      'tours requires a waiver.')
  }
  next()
}
```

이 미들웨어는 다음과 같이 연결합니다(ch10/02-item-waiver.example.js).[1]

```
const requiresWaiver = require('./lib/tourRequiresWaiver')
app.use(requiresWaiver)
```

하지만 대개는 미들웨어를 프로퍼티로 가지는 객체를 내보내는 형태로 사용합니다. 예를 들어 장바구니 유효성 검사 코드를 모두 lib/cartValidation.js에 넣어봅시다.

---

1 옮긴이_ 부록 C를 참고하세요.

```
module.exports = {

  resetValidation(req, res, next) {
    const { cart } = req.session
    if(cart) cart.warnings = cart.errors = []
    next()
  },

  checkWaivers(req, res, next) {
    const { cart } = req.session
    if(!cart) return next()
    if(cart.items.some(item => item.product.requiresWaiver)) {
      cart.warnings.push('One or more of your selected ' +
        'tours requires a waiver.')
    }
    next()
  },

  checkGuestCounts(req, res, next) {
    const { cart } = req.session
    if(!cart) return next()
    if(cart.items.some(item => item.guests > item.product.maxGuests )) {
      cart.errors.push('One or more of your selected tours ' +
        'cannot accommodate the number of guests you ' +
        'have selected.')
    }
    next()
  },

}
```

그러면 이 미들웨어를 다음과 같이 연결합니다(ch10/03-more-cart-validation.js).

```
const cartValidation = require('./lib/cartValidation')

app.use(cartValidation.resetValidation)
app.use(cartValidation.checkWaivers)
app.use(cartValidation.checkGuestCounts)
```

10.3 널리 쓰이는 미들웨어

npm에는 미들웨어 프로젝트가 수천 개 있지만, 기본적이면서도 널리 쓰이는, 최소한 어느 정도 수준을 갖춘 익스프레스 프로젝트에 항상 쓰이는 미들웨어는 그렇게 많지 않습니다. 이런 미들웨어 중에는 익스프레스 자체에 포함되어 있다가 개별 패키지로 독립한 것도 있습니다. 현재 익스프레스에 포함된 미들웨어는 static 하나뿐입니다.

다음 리스트는 가장 널리 쓰이는 미들웨어입니다.

basicauth-middleware

기본적인 접근 인증을 제공합니다. 기본 인증에는 가장 기본적인 보안만 포함됩니다. 기본 인증은 반드시 HTTPS로 전송해야 하며, 그렇지 않으면 사용자 이름과 비밀번호가 그대로 노출됩니다. 기본 인증은 HTTPS를 사용하는 상태에서 쉽고 빠르게 처리할 일이 있을 때만 사용해야 합니다.

body-parser

HTTP 요청 바디를 분석합니다. URL 인코드나 JSON 인코드 모두 가능하고, 그 외 다른 인코딩도 지원합니다.

busboy, multiparty, formidable, multer

이 미들웨어는 모두 multipart/form-data로 인코드된 요청 바디에 사용합니다.

compression

응답 데이터를 gzip 또는 deflate로 압축합니다. 전송량이 줄어드는 건 환영할 일이며 모바일 연결이나 느린 연결에서 특히 유용합니다. 이 미들웨어는 응답을 보내는 다른 미들웨어보다 먼저 연결해야 합니다. compress보다 앞서 연결하길 권하는 미들웨어는 디버깅이나 로그 미들웨어뿐입니다(둘 다 응답을 보내지 않습니다). 실무 환경에서는 대개 NGINX 같은 프록시에서 압축을 처리하므로 이 미들웨어는 불필요할 때가 많습니다.

cookie-parser

쿠키를 지원합니다. 9장에서 설명했습니다.

cookie-session

쿠키 기반 세션을 지원합니다. 필자는 일반적으로 이런 형태의 접근법보다는 세션을 권합니다. 이 미들웨어는 반드시 cookie-parser 다음에 연결해야 합니다. 9장에서 설명했습니다.

express-session

세션 ID를 쿠키에 저장하는 세션을 지원합니다. 기본적으로 메모리에 저장하며, 실무에는 걸맞지 않으므로 데이터베이스 저장소를 사용하도록 설정합니다. 9장과 13장을 보세요.

csurf

사이트 간 요청 위조(CSRF) 공격에 대비할 수 있게 도와줍니다. 이 미들웨어는 세션을 사용하므로 반드시 express-session 미들웨어보다 뒤에 연결해야 합니다. 단순히 이 미들웨어를 연결하기만 해도 CSRF 공격이 전부 차단되는 건 아닙니다. 18장에서 설명합니다.

serve-index

정적 파일의 디렉터리 리스트를 지원합니다. 정확히 디렉터리 리스트가 필요한 게 아니라면 이 미들웨어 역시 필요가 없습니다.

errorhandler

클라이언트에 스택 추적과 오류 메시지를 제공합니다. 이 미들웨어를 사용하면 프로그램 세부 사항이 드러나고 보안이나 개인 정보 문제가 발생할 수 있으므로 실무 서버에서는 사용하지 않길 권합니다. 20장에서 설명합니다.

serve-favicon

파비콘^{favicon} (브라우저 타이틀 바에 나타나는 아이콘)을 전송합니다. 꼭 필요한 미들웨어는 아닙니다. 정적 파일을 담은 디렉터리 루트에 `favicon.ico`을 두기만 하면 되지만, 이 미들웨어를 쓰면 성능이 향상됩니다. 이 미들웨어를 사용한다면 가급적 뒤에 배치하는 게 좋습니다. `favicon.ico` 이외에 다른 파일 이름을 사용할 수도 있습니다.

morgan

자동 로그를 지원합니다. 모든 요청을 전부 기록합니다. 20장에서 설명합니다.

method-override

`x-http-method-override` 요청 헤더를 지원합니다. 이 헤더는 브라우저가 GET이나 POST가 아닌 HTTP 메서드를 사용하는 것처럼 속일 수 있어 디버깅에 유용합니다. 이 미들웨어는 API를 만들 때만 필요합니다.

response-time

응답에 `X-Response-Time` 헤더를 추가해서 응답 시간을 밀리초 단위로 제공합니다. 성능 튜닝을 하는 경우가 아니라면 이 미들웨어는 필요하지 않습니다.

static

정적(공개) 파일 전송을 지원합니다. 이 미들웨어는 다른 디렉터리를 지정하면서 여러 번 연결할 수 있습니다. 17장에서 설명합니다.

vhost

가상 호스트(vhost)는 아파치에서 빌려온 용어이며 익스프레스에서 서브도메인을 관리하기 쉽게 만듭니다. 14장에서 설명합니다.

10.4 서드파티 미들웨어

현재는 서드파티 미들웨어를 망라하는 '스토어'나 인덱스 같은 것은 없습니다. 하지만 익스프레스 미들웨어는 거의 대부분 npm에서 찾을 수 있으므로 npm에서 Express나 middleware로 검색하면 상당한 정보를 찾을 수 있습니다. 공식 익스프레스 문서[2]에도 유용한 미들웨어 리스트가 있습니다.

10.5 마치며

이 장에서는 미들웨어가 무엇인지, 어떻게 만드는지, 익스프레스 애플리케이션에 어떻게 결합되는지 배웠습니다. 익스프레스 애플리케이션이 미들웨어의 조합이라고 생각하게 된다면, 익스프레스를 이해하기 시작한 겁니다. 그동안 사용했고 앞으로도 사용할 라우트 핸들러 역시 특화된 미들웨어입니다.

다음 장에서는 이메일을 전송하는 법을 배웁니다(역시 미들웨어를 사용합니다).

---

2 *http://bit.ly/36UrbnL*

CHAPTER 11

이메일 전송

이메일은 애플리케이션이 세계와 통신하는 기본적인 방법입니다. 사용자 등록, 비밀번호 초기화 안내, 이벤트 안내 등 이메일은 애플리케이션의 중요한 기능입니다. 이번 장에서는 노드와 익스프레스로 이메일을 만들고 전송해 사용자와 소통하는 방법을 배웁니다.

노드나 익스프레스에는 이메일 전송 기능이 들어 있지 않으므로 서드파티 모듈을 사용합니다. 필자가 추천하는 패키지는 안드리스 라인먼^{Andris Reinman}이 만든 **노드메일러**^{Nodemailer}¹입니다. 노드메일러 설정을 알아보기 전에 먼저 이메일 기본을 알아봅시다.

11.1 SMTP, MSA, MTA

이메일 전송의 기본은 단순 메일 전송 프로토콜^{Simple Mail Transfer Protocol}(SMTP)입니다. SMTP로 이메일을 수신자의 메일 서버에 직접 보낼 수는 있지만, 그다지 좋은 방법은 아닙니다. 구글이나 야후 같은 '신뢰할 수 있는' 송신자가 아니라면 이메일이 스팸함으로 직행할 확률이 높기 때문입니다. 그보다는 신뢰할 수 있는 채널을 통해 이메일을 전송하는 메일 발송 에이전트^{Mail Submission Agent}(MSA)를 쓰는 편이 낫습니다. MSA를 쓰면 이메일이 스팸으로 분류될 가능성이 더 낮습니다. MSA는 이메일이 도착했는지 확인할 뿐 아니라 일시적인 중단이나 반송 같은 성

---

1 *http://bit.ly/2Ked7vy*

가신 문제도 처리합니다. 마지막으로 이메일을 최종 목적지에 실제로 전송하는 서비스인 메일 전송 에이전트Mail Transfer Agent(MTA)가 있습니다. 이 책을 읽을 때는 **SMTP와 MSA, MTA 서버가 모두 동등하다**고 봐도 됩니다.

우선 MSA에 접근할 수 있어야 합니다. 지메일이나 아웃룩, 야후 같은 무료 이메일 서비스로 시작할 수도 있지만 이 서비스들이 남용하지 못하도록 변경되었기에 전처럼 자동화된 이메일로 이용하기 쉽지 않습니다. 다행히 소규모 사용은 무료로 제공하는 센드그리드Sendgrid[2]나 메일건Mailgun[3]도 있습니다. 필자는 두 서비스를 모두 사용해봤고 모두 만족스러웠습니다. 책의 예제에서는 센드그리드를 사용합니다.

기업에서 근무한다면 자체 MSA가 있을 수도 있습니다. IT 부서에 이메일 자동 전송이 가능한 SMTP 릴레이가 있는지 문의해보세요.

센드그리드나 메일건을 사용해야 한다면 계정을 등록합니다. 센드그리드에서는 API 키를 만들어야 합니다(이 키를 SMTP 비밀번호로도 사용합니다).

11.2 이메일 수신

대부분의 웹사이트는 비밀번호 초기화 안내나 이벤트 안내 등의 이메일을 **보내는** 기능이면 충분하지만, 일부 애플리케이션에서는 이메일을 받는 기능이 필요할 수도 있습니다. 누군가가 이슈를 업데이트하면 이메일을 보내고, 그 이메일에 응답하면 자동으로 업데이트되는 '이슈 추적 시스템'이 좋은 예입니다.

하지만 이메일 수신은 굉장히 복잡하므로 이 책에서는 다루지 않습니다. 이메일 수신 기능이 필요하다면 메일함을 제공하는 서비스가 있어야 하고, imap-simple[4] 같은 IMAP 에이전트로 그 서비스에 주기적으로 접근해야 합니다.

---

2 *https://sendgrid.com*
3 *https://www.mailgun.com*
4 *http://bit.ly/2qQK0r5*

11.3 이메일 헤더

이메일 메시지는 HTTP 요청과 마찬가지로 헤더와 바디 두 부분으로 구성됩니다. **헤더**에는 누가 보냈는지, 누구에게 보냈는지, 언제 받았는지, 주제가 무엇인지 등의 정보가 있습니다. 이런 정보는 보통 이메일 애플리케이션에서 볼 수 있지만, 그 외에도 여러 가지 정보가 있습니다. 대부분의 이메일 클라이언트에 헤더를 보는 기능이 있습니다. 아직 헤더를 본 적이 없다면 한번 읽어보길 권합니다. 헤더에는 이메일에 대해 알아야 할 모든 정보가 들어 있습니다. 이메일이 전송되면서 거친 서버와 MTA도 모두 헤더에 들어 있습니다.

헤더에 들어 있는 발신자 정보는 임의로 기재할 수 있습니다. 발신자 정보를 실제 계정과 다른 것으로 표시하는 걸 흔히 **스푸핑**spoofing이라 부릅니다. 원한다면 발신자 정보를 빌 게이츠 <billg@microsoft.com>라고 표시해도 아무도 막을 수 없습니다. 물론 필자는 여러분이 빌 게이츠를 사칭하라고 권하는 것은 아닙니다. 요점은 일부 헤더 정보를 마음대로 바꿀 수 있다는 겁니다. 때때로 이렇게 정보를 바꿔야 할 떳떳한 이유가 있을 수도 있지만, 남용해서는 안 됩니다.

아무튼 이메일에는 **반드시** 발신자 정보가 있어야 합니다. 때로는 발신자 정보가 반드시 있어야 한다는 것 때문에 이메일 자동 발송에 문제가 생기기도 합니다. 회신 주소에 회신 금지 <do-not-reply@meadowlarktravel.com> 같은 주소가 쓰여 있는 이유도 이 때문입니다. 회신 금지 주소를 쓰든, info@meadowlarktravel.com 주소를 쓰든 결정은 여러분이 해야 합니다. 다만 info@meadowlarktravel.com을 썼다면 그 주소로 들어오는 이메일에 대응할 준비는 해야 합니다.

11.4 이메일 형식

인터넷 초기에는 모든 이메일이 ASCII 텍스트 형식이었습니다. 하지만 시간이 흐르면서 사람들은 이메일을 다양한 언어로 작성했고 서식 있는 텍스트, 이미지, 첨부 파일을 사용하기 시작했습니다. 그리고 이와 함께 문제가 발생했는데, 이메일 형식과 인코딩은 온갖 기술과 표준이 뒤섞여 혼란스럽기 그지없습니다.

다행히 이런 복잡함을 우리 스스로 해결할 필요는 없습니다. 노드메일러가 복잡한 일은 다 처리합니다. 우리가 알아야 할 것은 이메일을 평문(유니코드)이나 HTML로 작성할 수 있다는 점입니다.

최신 이메일 애플리케이션은 거의 대부분 HTML 이메일을 지원하므로 이메일을 HTML 형식으로 보내도 안전합니다. 여전히 HTML 이메일을 피하는 '텍스트 순수주의자*text purist*'가 있으므로 항상 텍스트와 HTML 이메일을 모두 작성하길 권합니다. 노드메일러는 HTML에서 평문 버전 이메일을 자동으로 생성하는 기능을 지원하므로 별 문제는 없습니다.

11.5 HTML 이메일

HTML 이메일은 책 한 권을 할애해야 하는 주제입니다. HTML 이메일은 사이트에 사용하는 일반적인 HTML처럼 단순하지 않습니다. 메일 클라이언트는 대부분 HTML의 작은 부분집합만 사용합니다. 1996년에 HTML을 쓰던 것처럼 해야 하고, 결코 유쾌한 일은 아닙니다. 테이블로 레이아웃을 만들어야 하니까요.

HTML의 브라우저 호환성 문제를 경험해봤다면 얼마나 두통거리인지 알고 있을 겁니다. 이메일 호환성은 훨씬 심각한 문제입니다. 하지만 다행히 도움이 되는 것이 몇 가지 있습니다.

우선 메일침프*MailChimp*의 HTML 이메일 작성에 관한 뛰어난 글[5]을 읽어보길 권합니다. 이 글에는 기본이 충실히 설명되어 있고, HTML 이메일을 작성할 때 알아둬야 할 것들이 실려 있습니다.

HTML 이메일 보일러플레이트[6]는 시간을 꽤 많이 절약해주는 도구입니다. 이 템플릿은 아주 잘 작성되고, 충분히 테스트된 HTML 이메일 템플릿입니다.

마지막으로 테스트입니다. HTML 이메일 작성법과 보일러플레이트 사용법을 익혔더라도, 실제로 테스트하지 않으면 발송한 이메일이 로터스 노트 7*Lotus Notes 7*(네, 아직도 이걸 쓰는 사람이 있습니다)에서 깨지지 않는다고 확신할 수 없습니다. 이메일 하나를 테스트하기 위해 메일 클라이언트 30 종류를 설치하고 싶진 않겠죠? 다행히 테스트를 대행하는 훌륭한 서비스인 리

---

5 *http://bit.ly/33CsaXs*

6 *http://bit.ly/2qJ1XIe*

트머스Litmus[7]가 있습니다. 이 서비스에는 월 100달러 정도에서 시작하는, 크게 부담되지는 않는 플랜도 있습니다. 하지만 광고 이메일을 아주 많이 보낼 계획이라면 이런 서비스를 이용하는 게 최선일 겁니다.

아주 일반적인 서식만 사용한다면 리트머스 같은 유료 테스트 서비스를 사용하지 않아도 됩니다. 제목, 볼드체/이탤릭체 텍스트, 수평선, 이미지 링크 정도만 사용한다면 웬만해서 깨지지 않습니다.

11.6 노드메일러

먼저 노드메일러 패키지를 설치합니다.

```
npm install nodemailer@6
```

다음은 nodemailer 패키지를 연결하고 노드메일러 인스턴스(노드메일러에서는 트랜스포트transport라는 표현을 씁니다)를 만듭니다.[8]

```
const nodemailer = require('nodemailer')

const mailTransport = nodemailer.createTransport({
  auth: {
    user: credentials.sendgrid.user,
    pass: credentials.sendgrid.password,
  }
})
```

9장에서 만들었던 자격 증명 모듈을 사용합니다. .credentials.development.json 파일도 이에 맞춰 업데이트합니다.

---

7 http://bit.ly/2NI6JPo
8 옮긴이_ 부록 D.1을 참고하세요.

```
{
  "cookieSecret": "your cookie secret goes here",
  "sendgrid": {
    "user": "your sendgrid username",
    "password": "your sendgrid password"
  }
}
```

SMTP에서 주로 사용하는 설정 옵션은 포트, 인증 타입, TLS 옵션입니다. 주요 메일 서비스는
대부분 기본 옵션을 사용합니다. 어떤 설정을 써야 하는지는 메일 서비스 문서를 찾아보세요
(SMTP email, SMTP configuration, SMTP relay 등으로 검색해보세요). SMTP 이메일을
보낼 수 없다면 옵션을 확인해봐야 합니다. 노드메일러 문서[9]에서 지원하는 옵션 리스트를 확
인할 수 있습니다.

> **NOTE_** 깃허브 저장소를 따라 했다면 자격 증명 파일에 아무것도 없을 겁니다. 필자는 이 책의 초판을 발행
> 한 다음 파일이 왜 없는지, 왜 비어 있는지 문의하는 연락을 많이 받았습니다. 하지만 자격 증명은 주의 깊게
> 관리해야 하고, 필자도 그 이유 때문에 의도적으로 유효한 자격 증명을 제공하지 않았습니다. 필자는 여러분
> 을 깊이 신뢰하지만, 그렇다고 해서 필자의 이메일과 비밀번호를 알려줄 수 없으니까요.

11.6.1 메일 전송[10]

메일 전송 인스턴스를 만들었으니 이제 메일을 보낼 수 있습니다. 우선 수신자 단 한 명에게 텍
스트 메일을 보내는 간단한 예제로 시작해봅시다(ch11/00-smtp.js).

```
try {
  const result = await mailTransport.sendMail({
    from: '"Meadowlark Travel" <info@meadowlarktravel.com>',
    to: 'joecustomer@gmail.com',
    subject: 'Your Meadowlark Travel Tour',
    text: 'Thank you for booking your trip with Meadowlark Travel.  ' +
      'We look forward to your visit!',
  })
```

---

9 *https://nodemailer.com/smtp*

10 옮긴이_ 부록 D.1.1을 참고하세요.

```
    console.log('mail sent successfully: ', result)
  } catch(err) {
    console.log('could not send mail: ' + err.message)
  }
```

> **NOTE_** 책에서는 joecustomer@gmail.com 같은 임의의 이메일 주소를 사용합니다. 하지만 독자 여러분은 직접 확인할 수 있는 이메일 주소로 고쳐서 테스트해야 메일이 어떻게 오는지 확인할 수 있습니다. 수신자 주소를 바꾸지 않으면 joecustomer@gmail.com 씨는 엉뚱한 이메일을 잔뜩 받게 될 겁니다.

이 예제에서는 오류 처리를 하고 있지만, 오류가 없다고 해서 이메일이 **수신자**에게 성공적으로 전달됐다는 건 아닙니다. 콜백의 **error** 매개변수는 네트워크나 인증 같은 오류가 발생해서 MSA와 통신하는 데 문제가 생겼다는 의미입니다. 수신자 주소가 유효하지 않아 MSA가 이메일을 발송하지 못할 수도 있으니 메일 서비스의 계정 활동을 직접 확인해야 합니다.

이메일이 성공적으로 전달됐는지 자동으로 확인하기 위해서는 메일 서비스의 API를 사용해야 합니다. 더 많은 정보는 메일 서비스의 API 문서를 확인하세요.

11.6.2 여러 수신자에게 메일 전송[11]

노드메일러에서는 수신자가 여럿일 경우 쉼표로 구분해 보냅니다(ch11/01-multiple-recipients.js).

```
  try {
    const result = await mailTransport.sendMail({
      from: '"Meadowlark Travel" <info@meadowlarktravel.com>',
      to: 'joe@gmail.com, "Jane Customer" <jane@yahoo.com>, ' +
        'fred@hotmail.com',
      subject: 'Your Meadowlark Travel Tour',
      text: 'Thank you for booking your trip with Meadowlark Travel.  ' +
        'We look forward to your visit!',
    })
    console.log('mail sent successfully: ', result)
```

---

11 옮긴이_ 부록 D.1.2를 참고하세요.

```
  } catch(err) {
    console.log('could not send mail: ' + err.message)
  }
```

이 예제에서는 일반적인 이메일 주소(joe@gmail.com)와 수신자 이름을 함께 쓰는 이메일 주소("Jane Customer" jane@yahoo.com)를 섞어 썼습니다. 이렇게 해도 문법 문제는 없습니다.

수신자 여러 명에게 이메일을 보낼 때는 MSA에서 설정한 제한을 넘지 않도록 주의해야 합니다. 예를 들어 센드그리드는 이메일 하나에 1000명을 초과하지 않기를 권합니다(ch11/02-many-recipients.js).

```
// largeRecipientList는 이메일 주소의 배열입니다.
const recipientLimit = 100
const batches = largeRecipientList.reduce((batches, r) => {
  const lastBatch = batches[batches.length - 1]
  if(lastBatch.length < recipientLimit)
    lastBatch.push(r)
  else
    batches.push([r])
  return batches
}, [[]])
try {
  const results = await Promise.all(batches.map(batch =>
    mailTransport.sendMail({
      from: '"Meadowlark Travel", <info@meadowlarktravel.com>',
      to: batch.join(', '),
      subject: 'Special price on Hood River travel package!',
      text: 'Book your trip to scenic Hood River now!',
    })
  ))
  console.log(results)
} catch(err) {
  console.log('at least one email batch failed: ' + err.message)
}
```

11.7 대량으로 전송할 때 생각해볼 것

노드메일러를 사용하고 적절한 MSA를 통해 이메일을 대량으로 전송할 수 있는 것은 분명한 사실이지만, 실행에 옮기기 전에 생각해봐야 할 것이 있습니다. 수많은 사람에게 이메일을 보낸다면 반드시 수신자가 구독을 해지하거나 거부할 수 있는 수단도 마련해야 하지만, 이 작업이 쉽지 않습니다. 유지해야 하는 메일링 숫자에 구독 해지를 원하는 사람의 숫자를 곱한 만큼 작업을 해야 합니다. 이미 훌륭한 도구가 마련되어 있는데 처음부터 직접 만들 필요는 없습니다. 에마Emma,[12] 메일침프,[13] 캠페인 모니터Campaign Monitor[14] 같은 서비스에는 대량 전송에 필요한 것들이 전부 준비되어 있고, 이메일 캠페인이 얼마나 성공적이었는지 모니터하는 도구도 있습니다. 이 서비스들은 가격도 부담되지 않습니다. 이벤트 알림이나 소식지 등을 대량으로 전송할 계획이라면 이 서비스들을 고려하면 좋을 겁니다.

11.8 HTML 이메일 전송[15]

지금까지는 평문 이메일만 보냈지만 요즘 사람들은 단순한 텍스트보다는 좀 더 깔끔한 서식을 선호합니다. 노드메일러는 같은 이메일에 HTML과 텍스트 두 가지 버전을 모두 전송하므로 이메일 클라이언트가 두 버전 중 하나를 골라(보통 HTML) 표시합니다(ch11/03-html-email.js).

```
const result = await mailTransport.sendMail({
  from: '"Meadowlark Travel" <info@meadowlarktravel.com>',
  to: 'joe@gmail.com, "Jane Customer" <jane@yahoo.com>, ' +
    'fred@hotmail.com',
  subject: 'Your Meadowlark Travel Tour',
  html: '<h1>Meadowlark Travel</h1>\n<p>Thanks for book your trip with ' +
    'Meadowlark Travel.  <b>We look forward to your visit!</b>',
  text: 'Thank you for booking your trip with Meadowlark Travel.  ' +
    'We look forward to your visit!',
```

----

12 *https://myemma.com*
13 *http://mailchimp.com*
14 *http://www.campaignmonitor.com*
15 옮긴이_ 부록 D.2를 참고하세요.

```
})
```

HTML과 텍스트 두 가지 버전을 제공하려면 할 일이 많아질 텐데, 수신자 중 텍스트 버전을 선호하는 사람이 별로 없다면 더 허무하게 느껴질 겁니다. HTML 이메일만 작성하면 자동으로 HTML에서 텍스트 버전을 생성하는 html-to-formatted-text[16] 패키지를 사용해 시간을 절약할 수 있습니다(하지만 직접 작성한 텍스트에 비해서는 매끄러워 보이지 않을 수도 있습니다. HTML이 그렇게 명쾌한 언어는 아니니까요).

11.8.1 HTML 이메일과 이미지

HTML 이메일에 이미지를 직접 넣을 수 있지만, 필자는 그렇게 하지 않기를 강력히 권합니다. 이미지를 직접 넣으면 이메일 메시지가 지저분해지며 일반적으로 좋지 않은 습관입니다. 대신 사용할 이미지를 웹 서버에 저장한 다음 이메일에서 링크해서 사용합니다.

이메일 이미지에 사용할 정적 자원 폴더를 따로 두는 것이 최선입니다. 사이트와 이메일에서 함께 사용하는 자원 역시 별도로 관리해야 합니다. 이렇게 해야 이메일 레이아웃이 망가질 가능성이 줄어듭니다.

메도라크 여행사 프로젝트에 이메일 자원을 추가해봅시다. public 디렉터리에 email 서브디렉터리를 만듭니다. 그 안에 logo.png를 저장하고, 이메일에서 사용할 다른 이미지도 저장합니다. 그러면 다음과 같이 이메일에서 해당 이미지를 사용합니다.

```
<img src="https://meadowlarktravel.com/email/logo.png"
  alt="Meadowlark Travel Logo">
```

> **NOTE_** 다른 사람에게 이메일을 보낼 때 localhost를 사용하면 안 되는 건 당연히 알고 있을 겁니다. 메일 클라이언트에 따라서는 테스트 목적으로 localhost에 메일을 보낼 수도 있지만, 해당 컴퓨터에서만 열어 볼 수 있습니다. 개발 환경에서 실무 환경으로 자연스럽게 넘어가는 테크닉을 17장에서 설명합니다.

---

16 *http://bit.ly/34RX8Lq*

이메일에서 localhost 주소를 쓸 수 없으므로, 개발 단계에서는 실제 이미지 대신 넣을 플레이스홀 더placeholder 서비스를 써야 합니다. 예를 들어 http://placehold.it/100x100은 100픽셀 정사각형 그 래픽을 동적으로 전송합니다. 이런 테크닉은 자리를 잡아두는 이미지나 레이아웃 용도로 자주 사용됩니다.

11.8.2 뷰를 통한 HTML 이메일 전송[17]

지금까지는 자바스크립트 HTML 문자열을 생성하는 방식으로 예제를 만들었지만 이 방식을 추천하지는 않습니다. 그동안 만들었던 HTML이야 아주 단순해서 별 문제없었지만, HTML 이메일 보일러플레이트를 한번 훑어보세요. 그 많은 태그를 전부 문자열로 작성하고 싶진 않 겠죠?

뷰를 사용해서 이 문제를 처리할 수 있습니다. 그동안 만들었던 이메일 예제를 조금 더 확장하 면서 함께 살펴봅시다. 주문 정보가 들어 있는 장바구니 객체가 있고 이 장바구니 객체는 세 션에 저장됩니다. 주문 과정의 마지막 단계는 /cart/checkout에서 처리하는 폼이고, 동시 에 확인 이메일을 보냅니다. 감사 페이지에 사용할 뷰를 다음과 같이 만듭니다(views/cart-thank-you.handlebars).

```
<p>Thank you for booking your trip with Meadowlark Travel,
  {{cart.billing.name}}!</p>
<p>Your reservation number is {{cart.number}}, and an email has been
sent to {{cart.billing.email}} for your records.</p>
```

다음에는 이메일에 쓸 템플릿을 만듭니다. http://htmlemailboilerplate.com/에서 HTML 이메일 보일러플레이트를 내려받아 views/email/cart-thank-you.handlebars에 저장하세요.[18] <body> 태그 내용을 다음과 같이 수정합니다.[19]

```
<table cellpadding="0" cellspacing="0" border="0" id="backgroundTable">
  <tr>
    <td valign="top">
      <table cellpadding="0" cellspacing="0" border="0" align="center">
```

---

17 옮긴이_ 부록 D.2.1을 참고하세요.

18 옮긴이_ 해당 페이지에 접속하면 두 가지 템플릿이 있습니다. 둘 중 어느 것을 선택해도 좋습니다.

19 옮긴이_ 깃허브 예제를 클론하신 분은 수신된 메일의 이미지 부분이 파일을 찾을 수 없다고 되어 있을 텐데, 이미지 URL에 http가 빠 져서 그렇습니다. 중요한 사항은 아니지만 참고하세요.

```
      <tr>
        <td width="200" valign="top">
          <img class="image_fix" src="http://placehold.it/100x100"
              alt="Meadowlark Travel" title="Meadowlark Travel"
              width="180" height="220" />
        </td>
      </tr>
      <tr>
        <td width="200" valign="top">
          <p>Thank you for booking your trip with Meadowlark Travel,
          {{cart.billing.name}}.</p>
          <p>Your reservation number is {{cart.number}}.</p>
        </td>
      </tr>
      <tr>
        <td width="200" valign="top">Problems with your reservation?
        Contact Meadowlark Travel at
        <span class="mobile_link">555-555-0123</span>.</td>
      </tr>
    </table>
  </td>
</tr>
</table>
```

이제 다음과 같이 감사 페이지 라우트를 만듭니다(ch11/04-rendering-html-email.js).

```
app.post('/cart/checkout', (req, res, next) => {
  const cart = req.session.cart
  if(!cart) next(new Error('Cart does not exist.'))

  const name = req.body.name || '', email = req.body.email || ''

  // 입력 유효성 검사
  if(!email.match(VALID_EMAIL_REGEX))
    return res.next(new Error('Invalid email address.'))

  // 랜덤한 장바구니 ID를 할당합니다. 일반적으로 이런 곳에는
  // 데이터베이스 ID를 사용합니다.
  cart.number = Math.random().toString().replace(/^0\.0*/, '')
  cart.billing = {
    name: name,
    email: email,
  }
```

```
    res.render('email/cart-thank-you', { layout: null, cart: cart },
      (err,html) => {
          console.log('rendered email: ', html)
          if(err) console.log('error in email template')

          mailTransport.sendMail({
            from: '"Meadowlark Travel": info@meadowlarktravel.com',
            to: cart.billing.email,
            subject: 'Thank You for Book your Trip with Meadowlark Travel',
            html: html,
            text: htmlToFormattedText(html),
          })
            .then(info => {
              console.log('sent! ', info)
              res.render('cart-thank-you', { cart: cart })
            })
            .catch(err => {
              console.error('Unable to send confirmation: ' + err.message)
            })
      }
    )
  })
```

res.render를 두 번 호출했습니다. 일반적으로는 res.render를 한 번만 호출하며, 두 번 호출하더라도 첫 번째 호출 결과만 표시됩니다. 하지만 여기서는 처음 호출할 때 콜백을 사용해서 일반적인 렌더링 처리를 우회했습니다. 이렇게 하면 뷰가 브라우저에 렌더링되지 않습니다. 대신 콜백에서 html 매개변수로 렌더링된 뷰를 전달받으므로, 이 HTML로 이메일을 전송하기만 하면 됩니다. 레이아웃은 모두 이메일 템플릿에 들어 있으므로 layout: null로 레이아웃 파일을 사용하지 못하게 막았습니다(이메일 전용의 레이아웃 파일을 따로 만들어 쓰는 방법도 있습니다). 마지막으로 res.render를 다시 호출하면 결과가 HTML 응답으로 전송됩니다.

11.8.3 이메일 기능 캡슐화

사이트에서 이메일을 많이 보낸다면 이메일 기능을 캡슐화하는 편이 좋습니다. 사이트에서 이메일을 보낼 때 항상 똑같은 주소 "Meadowlark Travel" <info@meadowlarktravel.com>을 사용하고, 항상 HTML 형식으로 전송하며 자동으로 생성된 텍스트 버전을 동봉한다면 다음과 같이 lib/email.js 모듈을 만듭니다(ch11/lib/email.js).

```javascript
const nodemailer = require('nodemailer')
const htmlToFormattedText = require('html-to-formatted-text')

module.exports = credentials => {

  const mailTransport = nodemailer.createTransport({
    host: 'smtp.sendgrid.net',
    auth: {
      user: credentials.sendgrid.user,
      pass: credentials.sendgrid.password,
    },
  })

  const from = '"Meadowlark Travel" <info@meadowlarktravel.com>'
  const errorRecipient = 'youremail@gmail.com'

  return {
    send: (to, subject, html) =>
      mailTransport.sendMail({
        from,
        to,
        subject,
        html,
        text: htmlToFormattedText(html),
      }),
  }

}
```

이제 다음과 같이 간단하게 이메일을 보냅니다(ch11/05-email-library.js)

```javascript
const emailService = require('./lib/email')(credentials)

emailService.send(email, "Hood River tours on sale today!",
  "Get 'em while they're hot!")
```

11.9 마치며

이번 장에서는 이메일의 기본을 배웠습니다. 책을 따라 했다면 센드그리드나 메일건 같은 무료 이메일 서비스에 가입하고, 그 서비스로 텍스트와 HTML 이메일을 보냈습니다. 익스프레스 애플리케이션을 만들 때 템플릿으로 HTML을 렌더링한 것과 같은 방법으로 HTML 이메일을 렌더링하는 방법도 배웠습니다.

이메일은 사용자와 소통하는 중요한 수단입니다. 남용하지 않도록 주의하세요. 여러분은 아마 자동화된 이메일로 꽉 찬 메일함을 하나 이상 갖고 있으면서, 거기로 들어온 메일은 대부분 무시할 겁니다. 자동화된 이메일은 적을수록 좋습니다. 애플리케이션에서 사용자에게 이메일을 보내는 것은 정당하고 유용한 방법이지만, 사용자가 정말 이 메일을 원할지, 이 정보를 전달할 다른 방법은 없는지 항상 생각해야 합니다.

이제 애플리케이션을 만드는 기본기를 배웠으니, 애플리케이션을 실무 환경으로 이동하는 방법과 그 과정에서 고려해야 할 부분을 알아봅시다.

CHAPTER 12

실무 환경

이 시점에서 실무 환경을 이야기하는 게 좀 빠르다고 느낄 수 있지만, 실무를 미리 생각해두면 시간을 많이 아끼고 두통거리를 줄일 수 있습니다. 웹사이트 오픈 날짜는 순식간에 찾아오기 마련입니다.

이번 장에서는 실행 환경에 관한 익스프레스의 지원, 웹사이트를 확장하는 방법, 웹사이트를 모니터하는 방법을 알아봅니다. 실무 환경을 시뮬레이션하는 법, 스트레스 테스트로 실무 문제가 눈앞에 닥치기 전에 찾아내는 방법도 알아봅니다.

12.1 실행 환경

익스프레스는 **실행 환경**execution environment을 지원합니다. 실행 환경이란 애플리케이션을 실무, 개발, 테스트 모드로 실행하는 방법입니다. 환경은 원하는 만큼 만들 수 있습니다. 원한다면 스테이징staging 환경, 연습 환경도 만들 수 있지만, 개발, 실무, 테스트 세 가지가 '표준' 환경이며 익스프레스를 비롯한 서드파티 미들웨어는 이 세 가지 환경이 있다고 가정하고 동작합니다. 달리말해 '스테이징' 환경을 임의로 만들었을 때 실무 환경의 각종 프로퍼티를 자동으로 상속할 수 없다는 뜻입니다. 따라서 실무와 개발, 테스트라는 표준을 따르길 권합니다.

app.set('env', 'production')을 호출해서 실행 환경을 지정할 수 있긴 하지만 권장하지 않습니다. 이렇게 하면 애플리케이션은 실제 상황과 무관하게 그 환경에서 동작합니다. 더 큰 문제는 어떤 환경에서 실행했다가 갑자기 다른 환경으로 바뀔 가능성이 있다는 겁니다.

실행 환경을 지정할 때는 환경 변수 NODE_ENV를 사용하는 편이 좋습니다. app.get('env')을 호출해서 현재 실행 중인 모드를 보고하게 만들어봅시다.

```
const port = process.env.PORT || 3000
app.listen(port, () => console.log(`Express started in ` +
  `${app.get('env')} mode at http://localhost:${port}` +
  `; press Ctrl-C to terminate.`))
```

서버를 시작하면 개발 모드에서 실행됐음을 확인할 수 있습니다. 개발 모드는 따로 지정한 것이 없을 때 사용하는 기본값입니다. 이번에는 실무 모드로 바꿔봅시다.

```
$ export NODE_ENV=production
$ node meadowlark.js
```

유닉스나 BSD에서는 해당 명령어에만 환경을 적용하는 간편한 문법이 있습니다.

```
$ NODE_ENV=production node meadowlark.js
```

이렇게 하면 서버를 실무 모드로 실행하지만, NODE_ENV 환경 변수는 기본값으로 남아 있습니다. 실수로 환경 변수를 엉뚱한 값으로 바꿀 가능성이 낮아지므로 필자는 이 문법을 선호하는 편입니다.

> **NOTE_** 익스프레스를 실무 모드로 시작하면 실무 모드에 적합하지 않은 구성 요소에 관한 경고가 표시됩니다. 예를 들어 이 책의 예제를 따라 해왔다면 connect.session에서 메모리 저장소를 사용하고 있을 텐데 메모리 저장소는 실무 환경에 적합하지 않습니다. 13장에서 데이터베이스 저장소로 변경하면 이 경고는 사라집니다.

12.2 환경별 설정

실행 환경만 바꿔서 크게 달라지는 것은 없습니다. 익스프레스는 실무 모드에서 콘솔에 경고를 더 많이 기록합니다. 예를 들어 어떤 모듈이 폐기됐으며 이후 제거될 수 있다는 메시지도 기록됩니다. 또한, 실무 모드에서는 뷰 캐싱이 기본으로 활성화됩니다(7장을 보세요).

실행 환경을 사용하면 애플리케이션이 다른 환경에서 어떻게 작동해야 하는지를 쉽게 결정할 수 있습니다. 가능하면 세 가지 환경 사이의 차이를 최소화하는 것이 좋습니다. 다시 말해 실행 환경을 너무 과용하지 마세요. 개발이나 테스트 환경이 실무 환경과 판이하게 다르다면 애플리케이션이 실무 환경에서 다르게 동작할 가능성이 그만큼 크고, 찾기 어려운 버그가 생길 가능성도 커집니다. 피할 수 없는 차이도 있습니다. 예를 들어 데이터베이스에 크게 의존하는 앱을 개발할 때 개발 과정에서부터 실무용 데이터베이스를 붙들고 씨름하는 경우는 별로 없습니다. 이런 경우에는 환경별 설정이 유용합니다. 로그 수준을 환경별로 설정해도 큰 악영향이 없습니다. 개발 환경에서는 로그로 기록해야 할 것이 아주 많지만, 이 중 대부분이 실무에서 불필요합니다.

서버에 로그 기록 기능을 추가해봅시다. 유의할 점은 실무와 개발 환경에서 서로 다르게 동작해야 한다는 겁니다. 개발 환경에서는 기본값을 그대로 사용하고, 실무 환경에서는 로그를 파일에 기록합니다. 로그 미들웨어 중에서 가장 널리 쓰이는 morgan(npm install morgan)을 사용합니다(ch12/00-logging.js)

```
const morgan = require('morgan')
const fs = require('fs')

switch(app.get('env')) {
  case 'development':
    app.use(morgan('dev'))
    break
  case 'production':
    const stream = fs.createWriteStream(__dirname + '/access.log',
      { flags: 'a' })
    app.use(morgan('combined', { stream }))
    break
}
```

이제 node meadowlark.js로 서버를 시작하고 사이트에 방문하면 콘솔에 로그가 기록됩니다. 애플리케이션이 실무 모드에서 어떻게 동작하는지 보려면 NODE_ENV를 production으로 바꿔서 실행해보세요. 다시 사이트에 방문하면 터미널에는 아무것도 기록되지 않지만 활동 내용이 아파치의 로그 형식[1]으로 저장됩니다.

예제에서는 추가 가능한appendable ({ flags: a }) 쓰기 스트림을 만들고 이 스트림을 모건 설정에 전달하는 방식을 썼습니다. 모건에는 여러 가지 옵션이 있습니다. 더 많은 정보는 모건 문서[2]를 읽어보세요.

> **NOTE_** 이 예제에서는 __dirname로 요청 로그를 프로젝트의 서브디렉터리에 저장했습니다. 이 방법을 사용한다면 .gitignore 파일에 log를 추가하는 게 좋습니다. 아니면 아파치에서 기본적으로 하는 것처럼 로그를 /var/log 서브디렉터리에 저장합니다.

다시 한번 강조하지만 환경별 설정을 사용할 때는 신중해야 합니다. 일단 사이트를 런칭하면 애플리케이션은 실무 모드로 실행됩니다. 개발 환경에만 사용할 설정을 만들기 전에 항상 실무에서 QA 문제가 생길 수 있다는 점을 염두에 둬야 합니다. 13장에서 환경별 설정에 관한 예제를 더 살펴봅니다.

12.3 노드 프로세스 실행

여태까지는 node meadowlark.js 명령으로 애플리케이션을 직접 실행했습니다. 개발과 테스트는 이렇게 해도 충분하지만 실무에서도 이렇게 할 수는 없습니다. 무엇보다도 앱이 충돌하거나 종료됐을 때 복구할 방법이 없다는 문제가 있습니다. **프로세스 매니저**를 사용해 이 문제를 해결합니다.

호스팅 서비스에 따라서는 프로세스 매니저를 제공하는 곳도 있으므로 따로 준비할 필요가 없을 수 있습니다. 이런 경우에는 호스팅 서비스 회사에서 애플리케이션 파일 위치를 설정 옵션

---

1 *http://bit.ly/2NGC592*

2 *http://bit.ly/32H5wMr*

에 지정하도록 하는 게 일반적입니다.

호스팅 서비스에서 제공하지 않는다면 널리 쓰이는 프로세스 매니저는 다음 두 가지입니다.

- Forever[3]
- PM2[4]

실무 환경은 굉장히 다양하므로 여기서 프로세스 매니저를 설치하고 설정하는 방법까지 설명하지는 않습니다. Forever와 PM2는 문서화가 아주 잘 되어 있으며, 개발용 컴퓨터에 설치해 설정하는 방법도 제공합니다.

필자는 두 가지를 모두 써봤는데 어느 것이 더 좋다고 말하기는 어렵습니다. Forever는 조금 더 간단하고 바로 사용하기 쉽고, PM2에는 기능이 조금 더 많습니다.

프로세스 매니저에 시간을 충분히 투자할 수 없다면 Forever를 써보길 권합니다. 딱 두 단계만 거치면 됩니다. 다음과 같이 Forever를 설치합니다.

```
npm install -g forever
```

그리고 Forever를 사용해 애플리케이션을 시작합니다(애플리케이션 루트에서 실행해야 합니다).

```
forever start meadowlark.js
```

애플리케이션이 바로 실행되고, 터미널 윈도우를 닫더라도 계속 실행됩니다. 프로세스를 재시작할 때는 `forever restart meadowlark.js`, 종료할 때는 `forever stop meadowlark.js` 명령을 사용합니다.

PM2는 조금 더 복잡하지만 실무에서 프로세스 매니저를 사용하고 싶다면 시간을 투자할 가치가 있습니다.

----

3 *https://github.com/foreversd/forever*

4 *https://github.com/Unitech/pm2*

12.4 웹사이트 확장

웹사이트 확장이라고 하면 대개는 수직적 확장scale up 또는 수평적 확장scale out을 말합니다. **수직적 확장**은 더 빠른 CPU, 더 좋은 운영체제, 더 많은 코어, 더 많은 메모리를 사용해서 서버 자체의 성능을 올리는 겁니다. 반면 **수평적 확장**은 서버 숫자를 늘리는 것을 말합니다. 클라우드 컴퓨팅이 늘어나고 어디서나 가상화를 사용하게 되면서 서버 한 대의 처리 속도는 별로 중요하지 않게 됐으며, 웹사이트를 확장할 때는 **수평적 확장**이 가장 가성비가 높은 선택으로 떠올랐습니다.

노드에서 웹사이트를 개발할 때는 항상 **수평적 확장**을 염두에 둬야 합니다. 한정된 사람만 사용하는 인트라넷처럼 작은 애플리케이션이라 **수평적 확장**을 할 가능성이 전혀 없다 하더라도 염두에 두는 것이 좋은 습관입니다. 여러분이 다음에 개발할 노드 프로젝트가 트위터를 대체하는 SNS가 되어서 **수평적 확장**이 필수가 되지 않는다는 보장도 없으니까요. 다행히 노드는 **수평적 확장**을 아주 잘 지원하며, 따로 고민하지 않아도 애플리케이션에 이를 적용하기 쉽습니다.

웹사이트를 설계할 때 가장 중요한 것은 지속성입니다. 만약 파일 기반 스토리지로 지속성을 구현하려 한다면, 당장 멈추세요. 그 길의 끝에는 절벽이 도사리고 있습니다.

이와 관련된 필자의 첫 경험은 재난이나 다름없었습니다. 필자의 클라이언트 중 하나가 웹 기반 경쟁 프로그램을 운영 중이었고, 이 애플리케이션은 최초 50명에게 상품 제공을 알릴 수 있게 만들었습니다. 클라이언트 회사에서는 IT 환경에 따른 제한으로 데이터베이스를 사용할 수 없었으므로 지속성과 관련된 기능을 대부분 파일로 만들었습니다. 필자는 평소와 다름없이 각 참가자를 파일 하나에 기록하는 방식을 썼습니다. 파일에 50명이 기록되면, 경쟁이 끝난 것이므로 그 이후에는 상품 제공 안내 알림이 나가지 않도록 만든 겁니다. 문제는 서버가 로드 밸런싱을 사용하도록 만들어져서 요청의 절반은 이 서버에서, 나머지 절반은 다른 서버에서 처리하도록 구성됐다는 겁니다. 이 서버는 50명의 참가자에게 축하 메시지를 전달했고 다른 서버 역시 다른 50명에게 축하 메시지를 전달했습니다. 불행 중 다행으로 상품은 비교적 저렴한 것이었으며 클라이언트는 100명 전원에게 상품을 지급하기로 결정했습니다(필자는 실수를 책임지기 위해 50명의 상품 비용을 지불하겠다고 제안했지만, 관대한 클라이언트는 괜찮다고 했습니다).

이 이야기의 교훈은 서버 전체가 파일시스템 하나를 공유하는 게 아닌, 한 로컬 파일에 지속성을 의존해서는 안 된다는 겁니다. 로그나 백업 같은 읽기 전용 데이터는 예외로 해도 됩니다.

예를 들어 필자는 데이터베이스 연결 실패에 대비해 폼 제출 데이터를 파일에 백업할 때가 많습니다. 데이터베이스 장애가 발생할 경우 각 서버에 접속해서 파일을 수집하는 것이 번거롭긴 하지만, 최소한 데이터를 잃을 일은 없습니다.

12.4.1 앱 클러스터를 통한 스케일 아웃

노드는 자체적으로 **앱 클러스터**app cluster라는 수평적 확장 방법을 지원합니다. 앱 클러스터를 사용하면 시스템에 설치된 코어(CPU) 하나마다 독립적인 서버를 운영할 수 있습니다(이 경우 코어 숫자보다 서버 숫자가 많다면 성능이 향상되지는 않습니다). 앱 클러스터에는 두 가지 장점이 있습니다. 첫 번째는 서버(하드웨어든, 가상 머신이든)의 성능을 최대한 끌어낼 수 있다는 점입니다. 두 번째는 병렬 서버를 운영하는 상황을 최소한의 비용으로 테스트할 수 있다는 겁니다.

웹사이트에 클러스터 지원을 추가해봅시다. 메인 애플리케이션 파일에 이 작업을 하는 것이 일반적이지만, 우리는 앱을 클러스터에서 실행하는 두 번째 애플리케이션 파일을 만들고 그동안 사용하던 애플리케이션 파일은 그대로 둘 겁니다. 이렇게 하려면 먼저 `meadowlark.js`를 조금 수정해야 합니다(ch12/01-server.js).

```javascript
function startServer(port) {
  app.listen(port, function() {
    console.log(`Express started in ${app.get('env')} ` +
      `mode on http://localhost:${port}` +
      `; press Ctrl-C to terminate.`)
  })
}

if(require.main === module) {
  // 애플리케이션을 직접 실행했으므로 앱 서버를 시작합니다.
  startServer(process.env.PORT || 3000)
} else {
  // require를 통해 애플리케이션을 모듈로 임포트했습니다.
  // 서버를 생성하는 함수를 내보냅니다.
  module.exports = startServer
}
```

5장에서 설명했던 내용입니다. `require.main === module`이라면 스크립트를 직접 실행하는 것이고, 그렇지 않다면 다른 스크립트에서 require로 호출합니다.

그리고 새 스크립트 meadowlark-cluster.js를 만듭니다(ch12/01-cluster).

```javascript
const cluster = require('cluster')

function startWorker() {
  const worker = cluster.fork()
  console.log(`CLUSTER: Worker ${worker.id} started`)
}

if(cluster.isMaster){

  require('os').cpus().forEach(startWorker)

  // 연결이 끊어진 워커를 로그에 기록합니다.
  // 연결이 끊어진 워커는 종료(exit)되어야 하므로
  // exit 이벤트를 기다렸다가 새 워커를 만듭니다.
  cluster.on('disconnect', worker => console.log(
    `CLUSTER: Worker ${worker.id} disconnected from the cluster.`
  ))

  // 워커가 종료되면 이를 대체할 새 워커를 만듭니다.
  cluster.on('exit', (worker, code, signal) => {
    console.log(
      `CLUSTER: Worker ${worker.id} died with exit ` +
      `code ${code} (${signal})`
    )
    startWorker()
  })

} else {

  const port = process.env.PORT || 3000
  // 앱을 워커로 시작합니다. meadowlark.js를 보세요.
  require('./meadowlark.js')(port)

}
```

node meadowlark-cluster.js를 통해 직접 실행하면 마스터 모드로 실행되고, 노드의 클러스터 시스템에서 실행하면 워커 모드로 실행됩니다. cluster.isMaster와 cluster.isWorker 프로퍼티를 통해 어떤 모드에서 실행 중인지 알 수 있습니다. 이 스크립트를 실행하

면 마스터 모드로 실행되고, `cluster.fork`를 통해 시스템의 각 CPU에서 워커를 시작할 수 있습니다. 그리고 워커의 `exit` 이벤트를 주시하면서 종료된 워커를 다시 실행합니다.

마지막으로 `else` 절은 워커 모드입니다. `meadowlark.js`를 모듈로 사용하도록 변경했으므로 임포트하고 즉시 호출하기만 하면 됩니다(서버를 시작하는 함수로 내보냈습니다).

클러스터 서버는 다음과 같이 시작합니다.

```
node meadowlark-cluster.js
```

> **NOTE**_ 오라클의 버추얼박스 같은 가상화를 사용하고 있다면 VM에서 CPU 여러 개를 사용하도록 설정합니다. 가상 머신은 대개 기본적으로 CPU 하나만 사용합니다.

멀티코어 컴퓨터를 사용 중이라면 몇 개의 워커가 시동되는 걸 볼 수 있습니다. 워커들이 서로 다른 요청을 처리하고 있음을 확인하고 싶다면 라우트 앞에 다음 미들웨어를 추가합니다.

```
const cluster = require('cluster')

app.use((req, res, next) => {
  if(cluster.isWorker)
    console.log(`Worker ${cluster.worker.id} received request`)
  next()
})
```

이제 브라우저에서 애플리케이션에 접속해보세요. 몇 차례 리로드하면서 각 요청마다 서로 다른 워커가 요청을 처리하는 것을 확인하세요. 확인이 어려울 수도 있습니다. 노드는 대단히 많은 숫자의 연결을 처리하도록 설계됐으므로, 단순히 브라우저에서 새로고침하는 정도로는 충분한 부하를 주지 못할 수 있습니다.

12.4.2 예외 처리

노드는 비동기적이므로 항상 예외 처리에 신경 써야 합니다. 간단한 예제를 하나 살펴봅시다

(이 예제는 따라 해보길 권합니다).

```
app.get('/fail', (req, res) => {
  throw new Error('Nope!')
})
```

익스프레스는 라우트 핸들러를 실행할 때 **try/catch** 블록으로 감싸므로 실제로는 잡히지 않는 예외란 없습니다. 따라서 예외가 발생하더라도 큰 문제가 생기지는 않습니다. 익스프레스는 서버에 예외 로그를 기록하고, 방문자는 보기 흉한 메시지를 봅니다. 하지만 서버는 여전히 안정적으로 동작하며 다른 요청은 제대로 처리됩니다. **views/500.handlebars** 파일을 만들고 모든 라우트 다음에 오류 핸들러를 추가해서 '보기 좋은' 오류 페이지를 만듭니다.

```
app.use((err, req, res, next) => {
  console.error(err.message, err.stack)
  app.status(500).render('500')
})
```

항상 오류 페이지를 만들어두세요. 오류가 발생하더라도 대비되어 있다는 모습을 보여줄 뿐만 아니라 실제로도 대응할 수 있습니다. 예를 들어 오류 핸들러를 통해 개발 팀에 오류가 발생했다는 사실을 알릴 수 있습니다. 물론 어디까지나 익스프레스가 잡을 수 있는 예외에 한한 이야기입니다. 이번에는 더 심각한 상황을 만들어봅시다.

```
app.get('/epic-fail', (req, res) => {
  process.nextTick(() =>
    throw new Error('Kaboom!')
  )
})
```

직접 해보세요. 결과는 훨씬 심각해서, 서버 전체가 다운됩니다. 사용자에게 친절한 오류 메시지를 표시할 수 없을 뿐 아니라, 서버가 다운되면서 어떤 요청도 처리할 수 없게 됩니다. 이 문제는 setTimeout이 **비동기적으로** 실행되기 때문입니다. 함수 실행은 노드가 유휴 상태가 될 때까지 지연됩니다. 문제는 노드가 유휴 상태가 되어 함수를 실행하려고 할 때에는 이미 해당 요청에 관한 콘텍스트가 존재하지 않고 정의되지 않은 상태에 있으므로 서버 전체를 멈출 수밖에 없다는 겁니다(노드는 함수나 호출자의 목적을 알 수 없고, 따라서 이후의 함수가 정확히 동작할 거라고 가정할 수 없습니다).

> **NOTE_** process.nextTick는 setTimeout을 호출하면서 매개변수로 0을 넘기는 것과 비슷합니다. 여기서는 예시 목적으로 사용했을 뿐, 일반적으로 서버 사이드 코드에서 사용할 일은 거의 없습니다. 하지만 다음 장에서는 데이터베이스 접근, 파일시스템 접근, 네트워크 접근 등 비동기적으로 실행되는 것들을 알아볼 텐데 이들은 모두 같은 문제가 발생할 가능성이 있습니다.

잡히지 않은 예외를 처리하기 위해 취할 수 있는 동작이 있지만, **노드에서 애플리케이션의 안정성을 파악하지 못한다면 여러분도 할 수 없습니다.** 달리 말해, 잡히지 않은 예외가 있다면 서버를 다운시키는 것 외에는 할 수 있는 것이 없습니다. 우리가 할 수 있는 최선은 가능한 우아하게 서버를 다운시키고 복구 메커니즘을 준비하는 것입니다. 가장 쉬운 복구 메커니즘은 클러스터를 사용하는 것입니다. 애플리케이션이 클러스터 모드로 동작한다면 워커 하나가 다운될 때 마스터에서 다른 워커를 작동해 그 자리를 대신합니다. 심지어 워커가 여러 개 필요한 것도 아닙니다. 워커 하나만 있는 클러스터라도 시간이 조금 더 걸릴 뿐, 복구에는 문제가 없습니다.

복구는 클러스터가 처리합니다. 그럼 잡히지 않은 예외가 발생했을 때, 가능한 우아하게 다운시키려면 어떻게 해야 할까요? 노드에서는 이런 상황에 사용하도록 uncaughtException 이벤트를 제공합니다. **도메인**이라는 메커니즘도 있지만 이 모듈은 폐기됐으므로 권장하지 않습니다.

```
process.on('uncaughtException', err => {
  console.error('UNCAUGHT EXCEPTION\n', err.stack);
  // 데이터베이스 연결을 끊는 등의 정리 작업을 여기에서 수행합니다.
  process.exit(1)
})
```

잡히지 않은 예외가 결코 발생하지 않으리라고 기대할 수는 없습니다. 예외가 발생할 때 이를 기록하는 방법을 강구해야 합니다. 예외가 생겼을 때 이를 가볍게 넘기지 말고, 이유를 파악해서 수정하세요. 센트리Sentry,[5] 롤바Rollbar,[6] 에어브레이크Airbrake,[7] 뉴 렐릭New Relic[8] 등은 이런 종류

---

5 *https://sentry.io*

6 *https://rollbar.com*

7 *https://airbrake.io/*

8 *https://newrelic.com*

의 오류를 기록하고 분석할 때 편리한 서비스입니다. 예를 들어 센트리를 사용한다면, 먼저 계정을 등록하고 데이터 소스 이름data source name(DSN)을 받아서 예외 핸들러를 다음과 같이 수정합니다.

```
const Sentry = require('@sentry/node')
Sentry.init({ dsn: '** YOUR DSN GOES HERE **' })

process.on('uncaughtException', err => {
  // 데이터베이스 연결을 끊는 등의 정리 작업을 여기에서 수행합니다.
  Sentry.captureException(err)
  process.exit(1)
})
```

12.4.3 여러 서버로 확장

클러스터를 통한 수평적 확장으로 개별 서버의 성능을 최대한 끌어낼 수 있지만, 그렇게 해도 서버가 부족할 수 있습니다. 물리적 서버를 늘리려면 **프록시 서버**가 필요합니다. 외부 네트워크에 접근할 때 사용하는 일반적인 프록시와 구분하기 위해 이를 역 프록시reverse proxy라고 부르기도 하지만, 필자는 오히려 이런 호칭이 더 혼란스럽고 불필요하다 판단하므로 그냥 프록시라고 부릅니다.

가장 널리 쓰이는 프록시는 NGINX[9]와 HA프록시HAProxy[10]입니다. 특히 NGINX 서버가 폭발적으로 늘어나고 있습니다. 필자가 최근 분석한 결과로는, 경쟁사의 80% 이상이 NGINX를 사용하고 있었습니다. NGINX와 HA프록시는 모두 아주 튼튼한 고성능 프록시 서버이며 엄청난 부하를 감당합니다. 전 세계 인터넷 트래픽의 15% 이상을 사용하는 넷플릭스에서도 NGINX를 사용합니다.

작은 규모의 프록시 서버인 node-http-proxy[11]도 있습니다. 대규모 확장이 필요한 게 아니거나 개발 중에 테스트하고 싶을 때 적합합니다. 실무에는 NGINX나 HA프록시를 권합니다 (둘 다 기본적으로 무료이고 지원을 받을 때만 비용이 청구됩니다).

---

9 *https://www.nginx.com*
10 *http://www.haproxy.org*
11 *http://bit.ly/34RWyNN*

프록시 서버를 설치하고 설정하는 것은 이 책의 범위를 벗어나지만 생각보다 쉽습니다. 특히 node-http-proxy나 기타 경량 프록시는 더 쉽습니다. 일단은 클러스터를 사용하는 것만으로도 웹사이트가 수평적 확장을 대비하고 있다고 생각해도 좋습니다.

프록시 서버를 사용할 때는 프록시를 사용 중이며 신뢰할 수 있다고 익스프레스에 알려야 합니다.

```
app.enable('trust proxy')
```

이렇게 하면 `req.ip`, `req.protocol`, `req.secure`가 클라이언트와 앱이 아니라 클라이언트와 프록시 사이의 연결 세부 사항을 반영합니다. 또한 `req.ips`는 클라이언트 IP, 그리고 중간에 있는 프록시의 이름이나 IP 주소로 구성된 배열이 됩니다.

12.5 웹사이트 모니터링

웹사이트 모니터링은 QA에서 가장 중요한데도 종종 무시됩니다. 새벽 3시에 일어나서 웹사이트에 생긴 문제를 해결하는 것도 물론 고역이지만, 새벽 3시에 웹사이트가 다운됐다는 전화를 받고 일어나는 것보다는 낫습니다. 웹사이트가 다운된 걸 밤새도록 아무도 눈치채지 못해서 1만 달러의 손실이 발생한 걸 아침이 돼서야 깨닫는다면? 최악이죠.

장애 자체에 대해서는 할 수 있는 게 없습니다. 죽음과 세금처럼 피할 수 없는 것이니까요. 하지만 여러분의 상사와 고객에게 신뢰를 주려면 장애가 발생하기 **전에** 이를 파악하고 있어야 합니다.

12.5.1 서드파티 모니터

웹사이트를 운영하는 서버에 모니터를 같이 운영하는 것은 아무도 살지 않는 집에 화재경보기를 설치하는 것만큼이나 무의미합니다. 특정 페이지가 다운되면 오류를 감지할 수 있겠지만, 전체 서버가 다운되면 메시지를 보낼 틈도 없이 함께 다운됩니다. 따라서 서드파티 모니터가 반드시 필요합니다. 업타임로봇^{UptimeRobot}**12**은 모니터 50개까지는 무료이고 설정도 단순합니다. 이메일, 문자 메시지, 트위터, 슬랙 등을 통해 경고를 보냅니다. 페이지에서 보내는 코드를 모니터하거나(200 이외에는 전부 오류입니다), 페이지에 특정 키워드가 존재하는지 여부를 확인할 수도 있습니다. 키워드 모니터를 사용할 때는 그 자체가 웹사이트 분석에 영향이 있을 수 있다는 점을 기억하세요(대부분의 분석 서비스에서 모니터에서 발생하는 트래픽을 제외할 수 있습니다).

더 강력한 서비스가 필요하다면 핑덤^{Pingdom}**13**이나 Site24x7**14**도 있습니다.

12.6 스트레스 테스트

스트레스 테스트는 동시에 수백, 수천 개의 요청이 들어와도 서버가 감당할 수 있는지 테스트하는 것입니다. 스트레스 테스트 역시 책 한 권을 할애할 수 있는 주제입니다. 스트레스 테스트는 임의로 복잡하게 만들 수 있고, 얼마나 복잡하게 만들지는 프로젝트에 따라 다릅니다. 사이트 이용자 수가 아주 많을 거라고 생각한다면 스트레스 테스트에 시간을 더 투자해야 합니다.

아틸러리^{Artillery}**15**로 간단한 스트레스 테스트를 만들어봅시다. 먼저 npm install -g artillery 로 아틸러리를 설치하고, package.json 파일의 scripts 섹션에 다음 행을 추가합니다.

```
"scripts": {
  "stress": "artillery quick --count 10 -n 20 http://localhost:3000/"
}
```

이 행은 10명의 가상 사용자(--count 10)가 각 서버에 20개의 요청(-n 20)을 보내는 상황을 시뮬레이트합니다.

애플리케이션을 실행한 다음 npm run stress로 테스트를 실행하면 다음과 같은 결과가 나타납니다.

---

12 _http://uptimerobot.com_
13 _http://pingdom.com_
14 _http://www.site24x7.com_
15 _https://artillery.io/_

```
Started phase 0, duration: 1s @ 16:43:37(-0700) 2019-04-14
Report @ 16:43:38(-0700) 2019-04-14
Elapsed time: 1 second
  Scenarios launched:  10
  Scenarios completed: 10
  Requests completed:  200
  RPS sent: 147.06
  Request latency:
    min: 1.8
    max: 10.3
    median: 2.5
    p95: 4.2
    p99: 5.4
  Codes:
    200: 200

All virtual users finished
Summary report @ 16:43:38(-0700) 2019-04-14
  Scenarios launched:  10
  Scenarios completed: 10
  Requests completed:  200
  RPS sent: 145.99
  Request latency:
    min: 1.8
    max: 10.3
    median: 2.5
    p95: 4.2
    p99: 5.4
  Scenario counts:
    0: 10 (100%)
  Codes:
    200: 200
```

이 테스트는 필자의 개발용 랩탑에서 실행했습니다. 익스프레스가 모든 요청을 10.3밀리초 안에 처리했고, 그중 99%는 5.4밀리초 안에 처리했습니다. 스트레스 테스트 결과 기준을 어떻게 잡아야 할지 뚜렷하게 말할 수는 없지만, 애플리케이션이 신속하게 동작한다고 느끼려면 총 연결 시간이 50밀리초 미만이 되어야 합니다. 이 시간은 서버에서 클라이언트에 데이터를 전달할 때까지 걸리는 시간이며, 클라이언트에서 데이터를 렌더링하는 시간은 들어 있지 않습니다.

스트레스 테스트를 정기적으로 실행하고 결과를 분석하면 문제를 인식할 수 있습니다. 기능을 하나 추가했는데 연결 시간이 갑자기 세 배로 늘어났다면 새 기능의 성능 튜닝이 필요합니다.

12.7 마치며

이번 장을 읽으면서 애플리케이션 런칭에 대비해 어떤 부분을 고려해야 할지 알게 됐길 바랍니다. 실무 애플리케이션에는 고려해야 할 세부 사항이 아주 많습니다. 모든 것을 예상할 수는 없지만, 예상하는 것이 많을수록 결과는 더 좋아집니다. 루이 파스퇴르가 말했듯, 행운은 준비된 사람에게 찾아옵니다.

CHAPTER 13

지속성

웹사이트와 웹 애플리케이션에는 어떤 형태든 **지속성**^{persistence}이 필요합니다. 다시 말해 데이터를 메모리가 아닌 다른 형태로 저장해서 서버 다운, 정전, 업그레이드, 이전 등의 상황에서도 데이터를 유지할 수 있어야 합니다. 이번 장에서는 지속성을 달성할 수 있는 방법을 알아보고, 문서 데이터베이스와 관계형 데이터베이스를 살펴봅니다. 하지만 데이터베이스를 알아보기 전에 지속성의 가장 기본적인 형태인 파일시스템 지속성을 먼저 알아봅시다.

13.1 파일시스템 지속성

지속성을 획득하는 방법 중 하나는 데이터를 플랫 파일에 저장하는 겁니다. 여기서 **플랫**^{flat}이란 파일에 특별한 구조가 없이 그저 바이트의 연속일 뿐이라는 의미입니다. 노드는 fs(파일시스템) 모듈을 통해 파일시스템 지속성을 제공합니다.

파일시스템 지속성에는 단점이 있습니다. 가장 큰 단점은 확장하기 어렵다는 겁니다. 트래픽 요구가 늘어나서 서버 한 대로는 감당할 수 없게 됐을 때, 서버 전체가 파일시스템 하나를 공유하지 않는 이상, 파일시스템 지속성에 문제가 생기기 마련입니다. 또한 플랫 파일에는 일정한 구조가 없으므로 데이터를 찾고, 정렬하고, 필터링하는 기능을 모두 애플리케이션에서 구현해야 합니다. 이런 문제가 있으니 데이터를 저장할 때 파일시스템보다 데이터베이스를 사용하는 것이 좋습니다. 다만 이미지, 오디오, 비디오 같은 이진 파일은 예외입니다. 대부분의 데이터베이스에 이런 타입의 데이터를 처리하는 기능이 있지만 파일시스템보다 효율적이지는 않습니다. 이진 파일에 관한 정보는 보통 데이터베이스에 저장한 후 검색, 정렬, 필터 기능을 사용합니다.

이진 데이터를 저장해야 할 때는 파일시스템이 확장하기 어렵다는 문제를 늘 염두에 둬야 합니다. 호스팅 서비스에서 파일시스템 공유를 지원하지 않는다면(보통 지원하지 않습니다) 이진 파일을 데이터베이스에 저장하거나 아마존 S3, 마이크로소프트 애저 스토리지 같은 클라우드 기반 스토리지 서비스에 저장해야 합니다.

주의해야 할 점은 알아보았으니 이제 노드의 파일시스템 지원을 알아봅시다. 8장에서 만들었던 휴가 사진 콘테스트 예제를 다시 사용합니다. 애플리케이션 파일에 그 폼을 처리할 핸들러를 다음과 같이 연결합니다(ch13/00-mongodb/lib/handlers.js).

```js
const pathUtils = require('path')
const fs = require('fs')

// 휴가 사진을 저장할 디렉터리를 만듭니다(존재하지 않는다면).
const dataDir = pathUtils.resolve(__dirname, '..', 'data')
const vacationPhotosDir = pathUtils.join(dataDir, 'vacation-photos')
if(!fs.existsSync(dataDir)) fs.mkdirSync(dataDir)
if(!fs.existsSync(vacationPhotosDir)) fs.mkdirSync(vacationPhotosDir)

function saveContestEntry(contestName, email, year, month, photoPath) {
  // TODO
}

// fs 모듈을 프라미스로 바꾼 함수입니다. 나중에 사용합니다.
const { promisify } = require('util')
const mkdir = promisify(fs.mkdir)
const rename = promisify(fs.rename)

exports.api.vacationPhotoContest = async (req, res, fields, files) => {
  const photo = files.photo[0]
  const dir = vacationPhotosDir + '/' + Date.now()
  const path = dir + '/' + photo.originalFilename
  await mkdir(dir)
  await rename(photo.path, path)
  saveContestEntry('vacation-photo', fields.email,
    req.params.year, req.params.month, path)
  res.send({ result: 'success' })
}
```

처리하는 일이 아주 많으니 하나씩 살펴봅시다. 우선 업로드된 파일을 저장할 디렉터리가 존재하지 않는다면 새로 만듭니다. 데이터 디렉터리를 .gitignore 파일에 추가해서, 실수로 업로드된 파일을 커밋하지 않도록 하세요. 8장에서는 meadowlark.js에서 실제 파일 업로드를 처리했고 핸들러를 호출하면서 이미 디코드된 파일을 넘겼습니다. 그리고 업로드된 파일 정보를 담은 files 객체를 얻었습니다. 충돌을 피해야 하므로 사용자가 제시한 파일 이름을 그대로 사용할 수는 없습니다. 사용자 두 명이 portland.jpg라는 이름을 사용할 수도 있으니까요. 타임스탬프로 고유한 디렉터리를 만들어 이 문제를 피할 수 있습니다. 두 명 이상의 사용자가 밀리초 단위로 동시에 portland.jpg 파일을 업로드할 가능성은 없다고 볼 수 있으니까요. 그런 다음 업로드된 파일을 우리가 만든 이름으로 변경(이동)합니다.

마지막으로 사용자가 업로드한 파일과 그 사용자의 이메일 주소, 제출 연월을 연결할 방법이 필요합니다. 이 정보를 파일이나 디렉터리 이름에 담을 수도 있지만 검색 등의 기능을 사용하려면 데이터베이스에 저장하는 편이 낫습니다. 데이터베이스를 사용하는 방법은 아직 배우지 않았으니 이 기능은 vacationPhotoContest 함수에서 구현하는 것으로 하고, 이 함수는 나중에 완성합니다.

> **NOTE**_ 사용자가 업로드하는 것은 언제라도 공격에 사용될 수 있기 때문에 무엇이든 절대 믿어서는 안 됩니다. 악의적인 사용자가 위험한 실행 파일의 확장자를 .jpg로 바꿔서 업로드한 후 나중에 그 파일을 실행할 방법을 찾으려 할 수도 있습니다. 마찬가지로 브라우저에서 보내는 name 프로퍼티를 사용하는 것 역시 완전히 안전하지는 않습니다. 파일 이름에 특수문자를 삽입하는 식으로 악용할 수 있기 때문입니다. 이 코드를 완전히 안전하게 만들기 위해 파일 이름은 영숫자만 포함하도록 랜덤하게 바꾸고, 확장자만 그대로 사용합니다.

파일시스템 지속성에 단점이 있긴 하지만 널리 사용되고 있고, 노드의 파일시스템 라이브러리에 대해서도 알아두면 좋습니다. 이제 파일시스템 스토리지의 결함을 보완하는 클라우드 지속성을 알아봅시다.

13.2 클라우드 지속성

클라우드 스토리지는 점점 더 인기를 끌고 있습니다. 필자 역시 저렴하고 믿을 수 있는 서비스를 활용하길 권합니다.

클라우드 서비스를 사용하려면 선행되어야 할 일이 몇 가지 있습니다. 계정을 만드는 것은 당연하지만 클라우드 서비스와 연결된 인증 작업에 대해 이해해야 하며, 기본 용어도 알아두면 좋습니다. 예를 들어 파일 스토리지 메커니즘을 AWS에서는 **버킷**bucket이라 부르고 애저에서는 **컨테이너**라 부릅니다. 이런 정보를 이 책에서 모두 설명하는 것은 불가능하며 이들은 잘 문서화돼 있습니다.

- AWS: 노드제이에스에서 시작하기[1]
- 자바스크립트와 노드제이에스 개발자를 위한 애저[2]

초기 설정만 마치면 클라우드 서비스는 아주 사용하기 쉽습니다. 예를 들어 다음과 같이 아마존 S3 계정에 파일을 저장합니다.

```
const filename = 'customerUpload.jpg'

s3.putObject({
  Bucket: 'uploads',
  Key: filename,
  Body: fs.readFileSync(__dirname + '/tmp/ + filename),
})
```

더 많은 정보는 AWS 문서[3]에 있습니다.

마이크로소프트 애저에 저장할 때는 다음과 같습니다.

```
const filename = 'customerUpload.jpg'

const blobService = azure.createBlobService()
blobService.createBlockBlobFromFile('uploads', filename, __dirname +
```

---

1 *https://amzn.to/2CCYk9s*
2 *https://docs.microsoft.com/ko-kr/azure/developer/javascript/?view=azure-node-latest*
3 *https://amzn.to/2O3e1MA*

```
  '/tmp/' + filename)
```

더 많은 정보는 마이크로소프트 애저 문서[4]에 있습니다.

이제는 데이터베이스를 알아볼 차례입니다.

13.3 데이터베이스 지속성

웹사이트와 웹 애플리케이션에는 결국 데이터베이스가 필요합니다. 데이터 대부분이 이진 파일이며 공유된 파일시스템이나 클라우드 스토리지를 사용하고 있더라도, 데이터베이스로 편하게 관리할 수 있습니다.

전통적으로 **데이터베이스**라는 단어는 관계형 데이터베이스 관리 시스템relational database management system (RDBMS)의 약어입니다. 오라클, MySQL, PostgreSQL, SQL 서버 같은 관계형 데이터베이스는 수십 년 동안 연구된 데이터베이스 이론에 따라 만들어졌습니다. 데이터베이스는 충분히 성숙한 기술이며 그 강력함은 의심의 여지가 없습니다. 하지만 이제는 데이터베이스라는 용어의 의미가 달라졌습니다. 최근 몇 년 사이에 NoSQL 데이터베이스가 크게 늘어나면서 인터넷 데이터 스토리지 시장의 점유율을 가파르게 늘리고 있습니다.

NoSQL 데이터베이스가 관계형 데이터베이스보다 더 좋다고 말하는 것은 난센스이지만, 어떤 부분에서는 더 낫습니다. 물론 그 반대도 가능합니다. 관계형 데이터베이스도 노드 앱과 통합하기 아주 쉽지만, NoSQL 데이터베이스 중에는 마치 노드를 위해 설계된 것 같은 데이터베이스도 있습니다.

NoSQL 데이터베이스는 크게 **문서 데이터베이스**와 키-값 데이터베이스로 나눕니다. 문서 데이터베이스는 객체를 저장하기 적합하므로 노드와 자바스크립트에 잘 맞습니다. 키-값 데이터베이스는 이름에서 짐작할 수 있듯 아주 단순하며 데이터 스키마를 키-값 쌍으로 쉽게 변환할 수 있는 애플리케이션에 잘 어울립니다.

필자는 문서 데이터베이스가 관계형 데이터베이스의 제약과 키-값 데이터베이스의 단순함

---

4 *http://bit.ly/2Kd3rRK*

을 잘 절충한 케이스라고 생각하므로, 첫 번째 예제에는 문서 데이터베이스를 사용합니다. 몽고DB는 문서 데이터베이스의 선두 주자이며 이 시점에서 거의 완성되어 있습니다.

두 번째 예제에는 널리 쓰이는 오픈 소스 RDBMS인 PostgreSQL을 사용합니다.

13.3.1 성능에 관한 노트

NoSQL 데이터베이스의 단순함은 양날의 검입니다. 관계형 데이터베이스를 주의 깊게 설계하는 것은 상당한 전문성이 필요한 작업이지만, 그렇게 설계된 데이터베이스는 그만큼의 성능을 제공합니다. NoSQL 데이터베이스가 더 단순할 거라는 속단하지 마세요. 성능을 최대한 이끌어내기 위해서는 NoSQL 데이터베이스 역시 상당한 전문성이 필요합니다.

관계형 데이터베이스는 엄격한 데이터 구조와 수십 년의 최적화 연구를 통해 고성능을 달성했습니다. 반면 NoSQL 데이터베이스는 분산되어 존재한다는 인터넷의 특징을 살렸고, 노드와 마찬가지로 동시성concurrency에 집중해 성능을 끌어올렸습니다(관계형 데이터베이스 역시 동시성을 지원하지만, 대개는 극도로 큰 부하가 걸리는 애플리케이션에 한정됩니다).

성능과 확장성을 최대한 끌어올리는 데이터베이스 설계는 매우 광범위하고 복잡한 주제이며 이 책에는 맞지 않습니다. 애플리케이션에서 고성능 데이터베이스가 필요하다면 크리스티나 초도로Kristina Chodorow의 『몽고DB 완벽 가이드(3판)』(한빛미디어, 2021)을 추천합니다.

13.3.2 데이터베이스 레이어 추상화[5]

이 책에서는 두 가지 데이터베이스(단순히 데이터베이스 두 개가 아니라 상당히 다른 데이터베이스 구조)에서 같은 기능을 구현하는 방법을 설명합니다. 목적은 두 가지 데이터베이스 구조를 설명하는 것이지만, 프로젝트 중간에 애플리케이션의 주요 구성 요소를 교체한다는 현실적인 시나리오 역시 반영합니다. 여러 가지 이유가 있지만, 다른 기술로 교체하면서 비용 효율이 더 올라간다거나, 필요한 기능을 더 빨리 완성할 수 있기도 합니다.

가능하다면 선택한 기술을 **추상화**하는 편이 좋습니다. 대개는 일종의 API 레이어를 만들어 실제 동작하는 기술을 일반화하는 형태입니다. 적절히 추상화하면 구성 요소를 원하는 것으로 교

5　옮긴이_ 부록 E.1을 참고하세요.

체하는 비용을 줄일 수 있습니다. 물론 이 작업 역시 비용이 듭니다. 추상화 레이어 역시 여러분이 만들고 관리해야 하니까요.

일단 우리는 책의 목적에 맞는 몇 가지 기능만 추상화하므로 할 일이 그렇게 많지는 않습니다. 우선 필요한 것은 다음과 같습니다.

- 데이터베이스에서 휴가 패키지 리스트 가져오기
- 특정 휴가 패키지 알림을 받고자 하는 사용자의 이메일 주소 저장하기

아주 단순해 보이지만, 깊이 들어가면 결정해야 할 세부 사항이 많습니다. 휴가 패키지를 어떻게 노출할지, 항상 패키지 전체를 데이터베이스에서 가져올지, 아니면 기준에 맞게 필터링하거나 페이지를 나눠서 노출할지, 패키지를 어떻게 구분할지, 그 외에도 많습니다.

책의 목적에 맞게 추상화 레이어는 단순하게 만듭니다. db.js 파일에 레이어를 담고, 이 파일은 우선 더미 데이터를 제공하는 메서드 두 개를 내보냅니다.

```javascript
module.exports = {
  getVacations: async (options = {}) => {
    // 휴가 데이터를 임의로 만듭니다.
    const vacations = [
      {
        name: 'Hood River Day Trip',
        slug: 'hood-river-day-trip',
        category: 'Day Trip',
        sku: 'HR199',
        description: 'Spend a day sailing on the Columbia and ' +
          'enjoying craft beers in Hood River!',
        location: {
          // 이 지오코딩 부분은 나중에 사용합니다.
          search: 'Hood River, Oregon, USA',
        },
        price: 99.95,
        tags: ['day trip', 'hood river', 'sailing', 'windsurfing', 'breweries'],
        inSeason: true,
        maximumGuests: 16,
        available: true,
        packagesSold: 0,
      }
    ]
    // available 옵션이 있으면 해당하는 패키지만 반환합니다.
```

```
    if(options.available !== undefined)
      return vacations.filter(({ available }) => available === options.available)
    return vacations
  },
  addVacationInSeasonListener: async (email, sku) => {
    // 일단 한 것으로 처리해두기만 합니다.
    // 비동기 함수이므로 자동으로 새 프라미스가 반환되고
    // 그 프라미스는 undefined로 해석됩니다.
  },
}
```

이 코드는 데이터베이스가 애플리케이션에 어떻게 노출될지 예상한 일종의 모식도이므로 데이터베이스가 이 인터페이스에 만족하도록 만들면 됩니다. 휴가 패키지 가용성^availability^ 개념을 도입해 패키지를 데이터베이스에서 삭제하지 않고 임시로 비활성화할 수 있도록 합니다. 예를 들어 1박과 아침 식사를 제공하는 숙박업소가 리모델링을 위해 문을 몇 달 닫는다고 하면, 상품을 삭제하기보다는 임시로 비활성화하는 것이 편리합니다. 가용성과 판매 중^in season^을 구분하는 이유는 현재 판매 중이지 않은 상품 역시 웹사이트에 노출해서, 휴가 계획을 미리 짜려는 고객을 유도하기 위해서입니다.

아주 간단한 위치 정보도 넣었는데, 19장에서 이 부분을 더 자세히 알아봅니다.

데이터베이스 레이어 추상화의 기초를 잡았으니 몽고DB에서 실제로 데이터베이스를 만들어봅시다.

13.3.3 몽고DB 설정

몽고DB 인스턴스 설치는 운영체제에 따라 다릅니다. 잘 만들어진 무료 몽고DB 호스팅 서비스 mLab을 사용해 운영체제 문제를 피할 수 있습니다.

> **NOTE_** 몽고DB 서비스가 mLab만 있는 것은 아닙니다. 몽고DB 자체에서도 몽고DB 아틀라스[6]로 무료 플랜과 저렴한 호스팅을 제공합니다. 실무 목적이라면 무료 계정을 쓰는 건 권장하지 않습니다. mLab과 몽고DB 아틀라스 모두 실무에 쓸 수 있는 계정을 제공하므로 결정하기 전에 가격 정책을 잘 살펴보세요. 실무로 전환할 때 같은 호스팅 서비스를 사용해야 일이 번거롭지 않습니다.

----

6 https://www.mongodb.com

mLab 시작은 쉽습니다. `https://mlab.com`에 방문해서 [Sign Up]을 클릭합니다. 등록 폼을 완성하고 로그인하면 홈 화면으로 이동합니다. Databases 아래에 'no databases at this time.'이란 문구가 보일 겁니다. [Create new]를 클릭하면 새 데이터베이스에 관한 몇 가지 옵션이 있는 페이지로 이동합니다. 가장 먼저 선택해야 할 것은 클라우드 제공자입니다. 무료(샌드박스) 계정은 어떤 걸 선택해도 큰 관계는 없지만, 가급적 가까이에 있는 데이터 센터를 선택합니다(샌드박스 계정을 제공하지 않는 데이터 센터도 있으니 주의하세요). 샌드박스를 선택하고 지역을 선택합니다. 마지막으로 데이터베이스 이름을 고르고 [Submit Order]를 클릭하면 됩니다(무료입니다). 데이터베이스 페이지로 이동하고, 몇 초 안에 데이터베이스가 준비됩니다.

데이터베이스를 설정했으면 반은 온 겁니다. 이제 노드에서 접근하는 방법이 필요한데, 몽구스가 그 역할을 합니다.

13.3.4 몽구스

몽고DB에 사용할 수 있는 저수준 드라이버[7]가 존재하긴 하지만 객체 문서 매퍼^{object document} ^{mapper}(ODM)가 사용하기 편합니다. 몽고DB에서 가장 널리 쓰이는 ODM은 **몽구스**^{Mongoose}입니다.

자바스크립트의 장점 중 하나는 객체 모델이 매우 유연하다는 겁니다. 객체에 프로퍼티나 메서드가 더 필요하면 그냥 추가하기만 하면 됩니다. 클래스를 수정할 필요는 없습니다. 하지만 이런 유연성은 데이터베이스를 파편화하고 최적화하기 어렵게 된다는 단점이 있습니다. 몽구스는 **스키마**와 **모델**을 도입해 균형을 찾으려 합니다(스키마와 모델은 전통적인 객체지향 프로그래밍의 클래스와 비슷합니다). 스키마는 유연하지만 데이터베이스에 필요한 구조는 갖추고 있습니다.

시작하기 전에 먼저 몽구스 모듈을 설치합니다.

```
npm install mongoose@5
```

그리고 다음과 같이 `.credentials.development.json` 파일에 데이터베이스 자격 증명을

---

7 `https://www.npmjs.com/package/mongodb`

추가합니다.

```
"mongo": {
  "connectionString": "your_dev_connection_string"
}
```

연결 문자열connection string은 mLab의 데이터베이스 페이지에서 찾을 수 있습니다. 홈 화면에서 데이터베이스를 클릭하면 mongodb://로 시작하는 몽고DB 연결 URI를 볼 수 있습니다. 사용자도 만들어야 합니다. [Users]를 클릭하고 [Add database user]를 클릭합니다.[8]

.credentials.production.js 파일을 만들고 NODE_ENV=production을 사용하면 실무에 쓸 두 번째 자격 증명을 만들 수 있습니다. 실무로 전환할 때 이 작업이 필요합니다.

설정을 마쳤으니 이제 실제로 데이터베이스에 연결하고 뭔가 유용한 일을 해봅시다.

13.3.5 몽구스로 데이터베이스에 연결[9]

먼저 데이터베이스에 연결합니다. 데이터베이스 초기화 코드를 앞에서 만든 더미 API와 함께 db.js에 넣습니다(ch13/00-mongodb/db.js).

```
const mongoose = require('mongoose')
const { connectionString } = credentials.mongo
if(!connectionString) {
  console.error('MongoDB connection string missing!')
  process.exit(1)
}


mongoose.connect(connectionString)


const db = mongoose.connection
db.on('error', err => {
```

---

8 옮긴이_ 몽고DB 연결 문자열은 mongodb://<dbuser>:<dbpassword>@ds059712.mlab.com:59712/node와 같은 형태입니다. 중요한 점은, 이 dbuser가 mLab에 로그인하는 계정 이름이 아니라 데이터베이스에 등록한 '데이터베이스 사용자' 이름이라는 겁니다. 예를 들어 mLab에 user라는 계정으로 등록했고 데이터베이스에 dbuser1234라는 사용자를 만들었다면, dbuser1234를 사용해야 합니다.

9 옮긴이_ 부록 E.2를 참고하세요.

```
    console.error('MongoDB error: ' + err.message)
    process.exit(1)
  })
  db.once('open', () => console.log('MongoDB connection established'))

  module.exports = {
    getVacations: async () => {
      //...return fake vacation data
    },
    addVacationInSeasonListener: async (email, sku) => {
      //...do nothing
    },
  }
```

데이터베이스에 접근해야 하는 파일이 있으면 **db.js**를 임포트하기만 하면 됩니다. API가 필요해지기 전에 먼저 초기화를 해야 하니 **meadowlark.js**에서 임포트합니다(이 파일에는 API가 필요하지 않습니다).

```
require('./db')
```

이제 데이터베이스와 연결되었으니 데이터베이스와 주고받을 데이터를 어떤 구조로 만들지 생각해봅시다.

13.3.6 스키마와 모델 만들기

메도라크 여행사에서 사용할 휴가 패키지 데이터베이스를 만들어봅시다. 먼저 스키마를 정의하고, 그 스키마에서 모델을 만듭니다. **models/vacation.js** 파일을 만듭니다(ch13/00-mongodb/models/vacation.js).

```
const mongoose = require('mongoose')

const vacationSchema = mongoose.Schema({
  name: String,
  slug: String,
  category: String,
  sku: String,
  description: String,
  location: {
```

```
    search: String,
    coordinates: {
      lat: Number,
      lng: Number,
    },
  },
  price: Number,
  tags: [String],
  inSeason: Boolean,
  available: Boolean,
  requiresWaiver: Boolean,
  maximumGuests: Number,
  notes: String,
  packagesSold: Number,
})

const Vacation = mongoose.model('Vacation', vacationSchema)
module.exports = Vacation
```

이 코드는 휴가 패키지 모델의 프로퍼티와 타입을 선언합니다. 문자열, 숫자 프로퍼티가 몇 개 있고 불리언 프로퍼티가 두 개, 문자열 배열([String])이 하나 있습니다. 이제 스키마의 메서드도 정의할 수 있습니다. 각 상품에는 재고 관리 단위^{stock keeping unit} (SKU)가 있습니다. 휴가 패키지를 '재고'가 있는 상품이라고 생각하기는 쉽지 않지만 SKU는 회계 분야의 표준입니다.

스키마를 만들었으니 `mongoose.model`을 사용해 모델을 만듭니다. 이 시점에서 `Vacation`은 전통적인 객체지향 프로그래밍의 클래스와 아주 흡사합니다. 모델을 만들기 전에 메서드부터 정의합니다.

> **NOTE_** 부동소수점의 특징 때문에 자바스크립트에서 돈 계산을 할 때는 항상 주의해야 합니다. 금액을 달러가 아닌 센트 단위로 저장하면 도움이 되지만 문제가 완전히 해결되는 것은 아닙니다. 우리가 만드는 여행사 웹사이트 수준에서는 걱정하지 않아도 되지만, 아주 큰 액수나 아주 작은 액수(예를 들어 이자는 센트의 소수점 단위로 계산해야 할 수 있습니다)를 처리해야 할 때는 반드시 `currency.js`[10]나 `decimal.js-light`[11] 같은 라이브러리를 고려해야 합니다. 자바스크립트의 내장 객체 `BigInt`[12]는 노드 10부터 사용할 수 있고 집필 시점에서는 브라우저 지원이 완전하지는 않지만, 큰 숫자 계산에 유용합니다.

----

10 *https://currency.js.org*
11 *http://bit.ly/2X6kbQ5*
12 *https://mzl.la/2Xhs45r*

몽구스에서 만든 **Vacation** 모델 객체를 내보냈습니다. 이 모델을 직접 사용할 수도 있지만, 그렇게 하면 데이터베이스 추상화 레이어를 애써 만든 보람이 없습니다. 따라서 이 모델은 **db.js** 파일에서만 임포트하고, 애플리케이션의 다른 부분에서는 그 메서드를 사용합니다. 다음과 같이 **db.js**에 **Vacation** 모델을 추가합니다.

```
const Vacation = require('./models/vacation')
```

구조는 모두 정의했지만 데이터베이스에는 아직 아무것도 들어 있지 않습니다. 데이터를 좀 추가해봅시다.

13.3.7 초기 데이터 저장[13]

아직 데이터베이스에 휴가 패키지가 전혀 없으니 좀 추가해야 개발을 시작할 수 있습니다. 나중에는 패키지를 관리할 방법도 따로 필요해지지만, 이 책에서는 코드로 추가만 합니다 (ch13/00-mongodb/db.js).

```
Vacation.find((err, vacations) => {
  if(err) return console.error(err)
  if(vacations.length) return

  new Vacation({
    name: 'Hood River Day Trip',
    slug: 'hood-river-day-trip',
    category: 'Day Trip',
    sku: 'HR199',
    description: 'Spend a day sailing on the Columbia and ' +
      'enjoying craft beers in Hood River!',
    location: {
      search: 'Hood River, Oregon, USA',
    },
    price: 99.95,
    tags: ['day trip', 'hood river', 'sailing', 'windsurfing', 'breweries'],
    inSeason: true,
    maximumGuests: 16,
    available: true,
```

---

13 옮긴이_ 부록 E.3을 참고하세요.

```
      packagesSold: 0,
    }).save()

  new Vacation({
    name: 'Oregon Coast Getaway',
    slug: 'oregon-coast-getaway',
    category: 'Weekend Getaway',
    sku: 'OC39',
    description: 'Enjoy the ocean air and quaint coastal towns!',
    location: {
      search: 'Cannon Beach, Oregon, USA',
    },
    price: 269.95,
    tags: ['weekend getaway', 'oregon coast', 'beachcombing'],
    inSeason: false,
    maximumGuests: 8,
    available: true,
    packagesSold: 0,
  }).save()

  new Vacation({
      name: 'Rock Climbing in Bend',
      slug: 'rock-climbing-in-bend',
      category: 'Adventure',
      sku: 'B99',
      description: 'Experience the thrill of climbing in the high desert.',
      location: {
        search: 'Bend, Oregon, USA',
      },
      price: 289.95,
      tags: ['weekend getaway', 'bend', 'high desert', 'rock climbing'],
      inSeason: true,
      requiresWaiver: true,
      maximumGuests: 4,
      available: false,
      packagesSold: 0,
      notes: 'The tour guide is currently recovering from a skiing accident.',
    }).save()
  })
```

이 코드에서는 몽구스 메서드 두 가지를 사용했습니다. 첫 번째 메서드인 find는 이름 그대로
입니다. 여기서는 데이터베이스에서 Vacation 인스턴스를 모두 찾고 그 리스트에서 콜백을
호출했습니다. 이렇게 하는 이유는 이미 추가한 휴가 패키지를 데이터베이스에 다시 추가하지

않기 위해서입니다. 이미 저장된 패키지가 있다면 넘어갑니다. 하지만 첫 번째로 실행할 때는 find에서 빈 리스트를 반환하므로 휴가 패키지 세 개를 만들고 각각 save 메서드를 호출합니다. save 메서드는 새 객체를 데이터베이스에 저장합니다.

이제 데이터베이스에 데이터가 저장됐으니 꺼내서 사용해봅시다.

13.3.8 데이터 가져오기[14]

find 메서드로 패키지 리스트 전체를 가져오는 방법은 살펴봤습니다. 이번에는 find에 옵션을 전달해 데이터를 필터링해서 원하는 것을 찾는 방법을 알아봅시다. 현재 가용한 휴가 패키지만 표시하고 싶습니다.

다음과 같이 상품 페이지 뷰 views/vacations.handlebars를 만듭니다.

```
<h1>Vacations</h1>
{{#each vacations}}
  <div class="vacation">
    <h3>{{name}}</h3>
    <p>{{description}}</p>
    {{#if inSeason}}
      <span class="price">{{price}}</span>
      <a href="/cart/add?sku={{sku}}" class="btn btn-default">Buy Now!</a>
    {{else}}
      <span class="outOfSeason">We're sorry, this vacation is currently
      not in season.
      {{! The "notify me when this vacation is in season"
          page will be our next task. }}
      <a href="/notify-me-when-in-season?sku={{sku}}">Notify me when
      this vacation is in season.</a>
    {{/if}}
  </div>
{{/each}}
```

이제 라우트 핸들러를 만듭니다. lib/handlers.js 안에 다음과 같이 핸들러를 생성합니다 (../db 임포트를 잊지 마세요).

---

14 옮긴이_ 부록 E.4를 참고하세요.

```
exports.listVacations = async (req, res) => {
  const vacations = await db.getVacations({ available: true })
  const context = {
    vacations: vacations.map(vacation => ({
      sku: vacation.sku,
      name: vacation.name,
      description: vacation.description,
      price: '$' + vacation.price.toFixed(2),
      inSeason: vacation.inSeason,
    }))
  }
  res.render('vacations', context)
}
```

meadowlark.js에 이 핸들러를 호출하는 라우트를 추가합니다.

```
app.get('/vacations', handlers.listVacations)
```

이 예제를 실행하면 휴가 패키지 단 하나만 보입니다. 데이터베이스를 초기화하고 시드 데
이터를 넣었지만 실제 데이터로 교체하지는 않았습니다. 지금 바로 해봅시다. db.js를 열고
getVacations를 다음과 같이 수정합니다.

```
module.exports = {
  getVacations: async (options = {}) => Vacation.find(options),
  addVacationInSeasonListener: async (email, sku) => {
    //...
  },
}
```

아주 쉽습니다. 이렇게 짧게 끝난 이유는 몽구스가 복잡한 작업을 대부분 처리하기 때문이기도
하고, API를 몽구스와 비슷하게 설계했기 때문이기도 합니다. 이 방법을 나중에 PostgreSQL
에 맞게 바꿀 때도 실제로 할 일은 그렇게 많지 않습니다.

> **NOTE_** 현명한 독자라면 기술 중립이라는 목표에 데이터베이스 추상화 레이어가 적합하지 않다고 생각할
> 수도 있습니다. 예를 들어 어떤 개발자가 이 코드를 보고 패키지 모델에 어떤 몽구스 옵션이든 전달할 수 있
> 음을 알 수 있고, 그에 따라 몽구스에 의존하는 기능이 애플리케이션에 생기며, 결과적으로 다른 데이터베이

대부분은 익숙하겠지만 의아한 부분도 있습니다. 예를 들어 패키지 리스트의 뷰 콘텍스트를 처리하는 부분이 이상해 보일 수도 있습니다. 데이터베이스에서 반환한 상품을 거의 비슷한 객체로 굳이 변환할 필요가 있을까요? 가격을 좀 더 친근한 형태로 표시하려면 서식 있는 문자열로 전환해야 한다는 것이 한 가지 이유입니다.

다음과 같이 처리하면 코드가 좀 줄어듭니다.

```
const context = {
  vacations: products.map(vacations => {
    vacation.price = '$' + vacation.price.toFixed(2)
    return vacation
  })
}
```

위와 같은 형태에 장점이 없는 건 아니지만, 필자의 경험에 따르면 데이터베이스 객체를 변환하지 않고 뷰에 직접 전달하는 것은 좋지 않습니다. 그러면 뷰는 필요하지 않은 프로퍼티를 호환되지 않는 형식으로 잔뜩 넘겨받습니다. 지금까지는 예제가 무척 단순했지만, 객체가 복잡해지기 시작하면 뷰에 전달된 데이터를 처리하는 코드도 점점 늘어납니다. 실수로 개인 정보나 웹사이트 보안에 치명적인 정보가 노출될 수도 있습니다. 따라서 필자는 데이터베이스에서 반환하는 데이터 중 뷰에서 꼭 필요한 데이터만 뽑아서 전달하길 권합니다. 그 과정 중 price에서 했던 것처럼 필요한 변환은 모두 할 수 있습니다.

NOTE_ MVC 아키텍처의 변형 중에는 뷰 모델이라는 세 번째 구성 요소가 있는 변형도 있습니다. 뷰 모델은 기본적으로 모델을 추출하고 변환하는 역할이므로 뷰 안에서 표시하는 역할에 적합합니다. 지금 하고 있는 일은 뷰 모델을 즉석에서 만드는 것이나 마찬가지입니다.

지금까지 꽤 많은 일을 했습니다. 데이터베이스를 통해 휴가 패키지에 관한 정보를 성공적으로 저장했습니다. 하지만 데이터베이스를 업데이트할 수 없다면 충분히 활용할 수 없습니다. 이제 데이터베이스 업데이트에 필요한 인터페이스를 만들어봅시다.

13.3.9 데이터 추가[15]

사실 휴가 패키지의 시드 데이터를 만들면서 데이터를 추가했고, 패키지를 예약할 때 남은 숫자를 업데이트하기도 했지만, 문서 데이터베이스의 유연성이 잘 드러나는 조금 더 복잡한 시나리오를 만들어봅시다.

패키지 판매 기간이 끝나면, 나중에 그 패키지를 다시 판매할 때 고객에게 알리도록 예약하는 링크를 표시하려고 합니다. 이 기능을 만들어봅시다. 먼저 스키마와 모델을 만듭니다 (models/vacationInSeasonListener.js).

```javascript
const mongoose = require('mongoose')

const vacationInSeasonListenerSchema = mongoose.Schema({
  email: String,
  skus: [String],
})
const VacationInSeasonListener = mongoose.model('VacationInSeasonListener',
  vacationInSeasonListenerSchema)

module.exports = VacationInSeasonListener
```

다음으로 뷰 파일 views/notify-me-when-in-season.handlebars를 만듭니다.

```html
<div class="formContainer">
  <form class="form-horizontal newsletterForm" role="form"
    action="/notify-me-when-in-season" method="POST">
    <input type="hidden" name="sku" value="{{sku}}">
    <div class="form-group">
      <label for="fieldEmail" class="col-sm-2 control-label">Email</label>
      <div class="col-sm-4">
        <input type="email" class="form-control" required
          id="fieldEmail" name="email">
```

----

15 옮긴이_ 부록 E.5를 참고하세요.

```
        </div>
      </div>
      <div class="form-group">
        <div class="col-sm-offset-2 col-sm-4">
          <button type="submit" class="btn btn-default">Submit</button>
        </div>
      </div>
    </form>
  </div>
```

라우트 핸들러는 다음과 같습니다.

```
exports.notifyWhenInSeasonForm = (req, res) =>
  res.render('notify-me-when-in-season', { sku: req.query.sku })

exports.notifyWhenInSeasonProcess = async(req, res) => {
  const { email, sku } = req.body
  await db.addVacationInSeasonListener(email, sku)
  return res.redirect(303, '/vacations')
}
```

마지막으로 db.js에 다음을 추가합니다.

```
const VacationInSeasonListener = require('./models/vacationInSeasonListener')

module.exports = {
  getVacations: async (options = {}) => Vacation.find(options),
  addVacationInSeasonListener: async (email, sku) => {
    await VacationInSeasonListener.updateOne(
      { email },
      { $push: { skus: sku } },
      { upsert: true }
    )
  },
}
```

VacationInSeasonListener에 아직 존재하지도 않는 레코드를 어떻게 업데이트할 수 있을까요? 답은 몽구스에서 제공하는 '업서트upsert'(update + insert)라는 편의 기능입니다. 간단히 말해, 주어진 이메일 주소와 연결된 레코드가 없다면 레코드를 생성합니다. 레코드가 이미 존재한다면 업데이트합니다. 그리고 마법의 변수 $push를 써서 배열에 값을 추가합니다.

> **NOTE**_ 이 코드는 사용자가 폼을 여러 번 제출할 때 SKU가 레코드에 여러 번 추가되는 것을 막지는 못합니다. 패키지 판매 시즌이 돌아와서 알림을 예약한 고객들에게 알릴 때, 한 고객에게 알림이 여러 번 발송되지 않도록 주의해야 합니다.

여기까지 중요한 기초는 대부분 설명했습니다. 몽고DB 인스턴스에 연결하는 법, 시드 데이터를 삽입하는 법, 데이터를 읽는 법, 업데이트하는 법을 배웠습니다. 하지만 RDBMS를 선호하는 독자도 있을 테니 이번에는 같은 일을 PostgreSQL로 작업하는 방법을 알아봅시다.

13.3.10 PostgreSQL

물론 몽고DB 같은 객체 데이터베이스도 훌륭하고 일반적으로 사용하기도 쉽습니다. 하지만 거대한 애플리케이션을 만들고자 한다면 객체 데이터베이스를 설계할 때도 전통적인 관계형 데이터베이스를 설계할 때만큼, 혹은 어쩌면 그 이상의 노력을 기울여야 합니다. 이미 관계형 데이터베이스를 운영해본 경험이 있거나, 연결할 관계형 데이터베이스가 있을 수도 있습니다.

다행히 자바스크립트 생태계는 주요 관계형 데이터베이스를 빈틈없이 지원하므로 관계형 데이터베이스가 필요하다 해도 아무 문제없습니다.

이번에는 휴가 패키지 데이터베이스를 관계형 데이터베이스로 다시 만들어봅니다. 이번에는 널리 쓰이는 강력한 오픈 소스 관계형 데이터베이스인 PostgreSQL을 사용합니다. 여기서 사용할 테크닉과 원칙은 모든 관계형 데이터베이스에 비슷하게 적용됩니다.

몽고DB에서 사용했던 ODM과 마찬가지로 관계형 데이터베이스에는 ORM을 사용할 수 있습니다. 하지만 이 주제에 관심이 있을 독자 대부분은 이미 관계형 데이터베이스와 SQL에 익숙할 테니, 여기서는 ORM 대신 노드 PostgreSQL 클라이언트를 직접 사용합니다.

몽고DB와 마찬가지로 무료 온라인 PostgreSQL 서비스를 사용합니다. 물론 PostgreSQL 데이터베이스 설치와 설정에 익숙하다면 그렇게 해도 됩니다. 달라지는 것은 연결 문자열 하나뿐입니다. 온라인 서비스를 사용하지 않는다면 JSON 데이터 타입을 지원하는 PostgreSQL 버전 9.4 이상을 사용해야만 합니다(필자는 11.3 버전을 사용했습니다).

온라인 서비스에는 여러 종류가 있지만 이 예제에서는 ElephantSQL[16]을 사용합니다. 사용법은 아주 쉽습니다. 계정을 만들고(깃허브 계정으로 로그인할 수도 있습니다) [Create New Instance]를 클릭합니다. 데이터베이스 인스턴스에 '메도라크' 같은 이름을 붙이고 플랜을 선택하면 됩니다(무료 플랜도 있습니다). 지역도 선택해야 합니다(가능한 가까운 곳을 고르세요). 준비가 끝나면 인스턴스 정보가 나열됩니다. URL(연결 문자열)을 복사합니다. 이 문자열에 사용자 이름, 비밀번호, 인스턴스 위치가 모두 들어 있습니다.

이 문자열을 다음과 같이 `.credentials.development.json` 파일에 넣습니다.

```
"postgres": {
  "connectionString": "your_dev_connection_string"
}
```

RDBMS는 일반적으로 객체 데이터베이스에 비해 스키마를 정의하는 선행 작업이 더 많고, 데이터를 추가하거나 검색하기 전에 데이터 정의 SQL을 사용하여 스키마를 생성한다는 차이가 있습니다. 이런 차이점을 살리기 위해 몽고DB에서 했던 것처럼 ODM에 일임하지 않고 별도의 단계로 분리해서 수행합니다.

SQL 스크립트를 만들고 명령줄에서 실행해 테이블을 만들거나, PostgreSQL 클라이언트 API를 사용해 자바스크립트에서 처리할 수도 있습니다. 하지만 이 책은 노드와 익스프레스에 관한 책이니 이 작업은 나중에 합니다.

먼저 `npm install pg` 명령으로 `pg` 클라이언트 라이브러리를 설치합니다. 그리고 `db-init.js` 파일을 만듭니다. 이 파일은 데이터베이스를 초기화하는 역할이며 서버를 시작할 때마다 실행되는 `db.js` 파일과는 다릅니다.

```
const credentials = require('./.credentials.development')

const { Client } = require('pg')
const { connectionString } = credentials.postgres
const client = new Client({ connectionString })

const createScript = `
  CREATE TABLE IF NOT EXISTS vacations (
```

---

16 *https://www.elephantsql.com*

```
      name varchar(200) NOT NULL,
      slug varchar(200) NOT NULL UNIQUE,
      category varchar(50),
      sku varchar(20),
      description text,
      location_search varchar(100) NOT NULL,
      location_lat double precision,
      location_lng double precision,
      price money,
      tags jsonb,
      in_season boolean,
      available boolean,
      requires_waiver boolean,
      maximum_guests integer,
      notes text,
      packages_sold integer
   );
`

const getVacationCount = async client => {
  const { rows } = await client.query('SELECT COUNT(*) FROM VACATIONS')
  return Number(rows[0].count)
}

const seedVacations = async client => {
  const sql = `
    INSERT INTO vacations(
      name,
      slug,
      category,
      sku,
      description,
      location_search,
      price,
      tags,
      in_season,
      available,
      requires_waiver,
      maximum_guests,
      notes,
      packages_sold
    ) VALUES ($1, $2, $3, $4, $5, $6, $7, $8, $9, $10, $11, $12, $13, $14)
  `

  await client.query(sql, [
```

```
      'Hood River Day Trip',
      'hood-river-day-trip',
      'Day Trip',
      'HR199',
      'Spend a day sailing on the Columbia and enjoying craft beers in Hood River!',
      'Hood River, Oregon, USA',
      99.95,
      `["day trip", "hood river", "sailing", "windsurfing", "breweries"]`,
      true,
      true,
      false,
      16,
      null,
      0,
    ])
    // 다른 패키지 데이터를 삽입할 때도 같은 패턴을 씁니다.
}

client.connect().then(async () => {
  try {
    console.log('creating database schema')
    await client.query(createScript)
    const vacationCount = await getVacationCount(client)
    if(vacationCount === 0) {
      console.log('seeding vacations')
      await seedVacations(client)
    }
  } catch(err) {
    console.log('ERROR: could not initialize database')
    console.log(err.message)
  } finally {
    client.end()
  }
})
```

파일의 맨 아래쪽부터 봅시다. 데이터베이스 클라이언트(client)에서 connect()를 호출하면 데이터베이스에 연결되며 프라미스를 반환합니다. 프라미스가 완수되면 데이터베이스에 명령을 내릴 수 있습니다.

처음으로 하는 일은 client.query(createScript)를 호출해서 vacations 테이블을 생성하는 일입니다. createScript는 SQL입니다. SQL은 이 책의 범위를 벗어나지만, 이 부분을 읽고 있는 독자라면 SQL의 기본은 이해하고 있을 거라 생각합니다. SQL을 보면 캐멀 케이스^{camel case} 대신 스네이크 케이스^{snake case}를 쓴 걸 볼 수 있습니다. 즉 `inSeason`이 아닌, `in_season`을 사용했습니다. PostgreSQL에서도 캐멀 케이스를 쓸 수 있긴 하지만, 대문자가 들어간 식별자는 모두 따옴표로 감싸야 하기 때문에 표기법을 통일해서 얻는 득보다 실이 더 많습니다. 잠시 후 여기에 대해 다시 이야기합니다.

스키마에는 고려할 것이 많습니다. 패키지 이름은 몇 글자로 제한해야 할까요? 이미 200 글자로 제한했습니다. 카테고리와 SKU 이름은 몇 글자로 제한해야 할까요? 가격에는 PostgreSQL의 `money` 타입을 사용했고, ID를 따로 두는 대신 `slug`를 기본 키로 사용했습니다.

관계형 데이터베이스에 이미 익숙하다면 이런 단순한 스키마를 보면서 별 의문이 생기진 않을 겁니다. 하지만 '태그'를 사용한 방법은 조금 의외일 수 있습니다.

전통적인 데이터베이스 디자인이었다면 패키지와 태그를 연결하는 테이블을 따로 두었을 테고(이를 **정규화**^{normalization}라 부릅니다), 여기서도 그렇게 할 수 있었습니다. 하지만 여기서는 전통적인 관계형 데이터베이스 디자인과 자바스크립트 방식 사이에서 균형을 찾으려고 합니다. 테이블 두 개, 예를 들어 `vacations`와 `vacation_tags`를 만든다면 몽고DB 예제에서 했던 것처럼 패키지 하나에 관한 모든 정보를 가진 객체 하나를 찾기 위해 두 테이블에서 쿼리를 수행해야 합니다. 그리고 쿼리가 복잡해짐에 따라 성능에 영향이 있을 수 있지만 그건 무시하고, 그냥 원하는 패키지에 연관된 태그만 빠르게 찾고 싶습니다. 태그를 텍스트 필드로 만들고 콤마로 구분할 수도 있겠지만 그렇게 하면 태그를 다시 분석해야 합니다. PostgreSQL에는 JSON 데이터 타입을 사용하는 더 좋은 방법이 있습니다. 태그를 JSON(정확히는 고성능을 위해 사용하는 이진 표현인 `jsonb`) 타입으로 지정하면 몽고DB에서 했던 것처럼 자바스크립트 배열 형태로 저장하고 꺼낼 수 있습니다.

마지막으로 이전에 했던 것과 비슷한 방식으로 시드 데이터를 추가했습니다. `vacations` 테이블이 비어 있으면 초기 데이터를 추가하고, 그렇지 않다면 이미 추가한 것으로 간주합니다.

몽고DB에서 했던 방식보다 좀 복잡하다고 느낄 수도 있습니다. 다른 방법도 있긴 하지만, 필자는 이 예제에서 명시적인 SQL을 쓰길 원했습니다. `INSERT` 문을 좀 더 쓰기 편하게 만드는 함수를 사용하거나 ORM을 쓸 수도 있습니다. 하지만 SQL로도 필요한 작업을 할 수 있고, SQL에 익숙한 독자라면 이 방법이 더 편할 겁니다.

이 스크립트는 데이터베이스를 초기화하고 시드 데이터를 추가하기 위해 단 한 번만 실행하도록 설계했지만, 여러 번 실행하더라도 안전하게 만들었습니다. 테이블을 생성할 때는 **IF NOT EXISTS** 옵션을 사용했고, 시드 데이터를 추가하기 전에 테이블이 비어 있는지 확인했습니다.

이제 스크립트를 실행해서 데이터베이스를 초기화합니다.

```
$ node db-init.js
```

데이터베이스가 만들어졌으니 웹사이트에서 사용할 수 있는 코드가 필요합니다.

데이터베이스 서버는 일반적으로 동시에 연결할 수 있는 숫자를 제한하므로, 웹 서버는 보통 연결 풀connection pool을 써서 새로 연결을 만드는 부담과 연결을 너무 오래 유지하는 부담을 절충합니다. 다행히 연결 풀은 PostgreSQL 노드 클라이언트에서 담당하므로 크게 신경 쓸 필요는 없습니다.

이번에는 **db.js** 파일을 조금 다르게 사용합니다. 파일을 바로 임포트해서 데이터베이스와 연결하는 대신, 데이터베이스와 통신을 담당하는 API를 반환하도록 만듭니다.

휴가 패키지 모델에 대해서도 결정할 것이 있습니다. 모델을 만들 때 데이터베이스 스키마에는 스네이크 케이스를 썼지만 자바스크립트 코드에서는 전부 캐멀 케이스를 썼습니다. 크게 보면 세 가지 방향이 있습니다.

- 첫째, 스키마에서도 캐멀 케이스를 쓰도록 리팩터링합니다. 이렇게 하면 프로퍼티 이름을 따옴표로 감싸야 하므로 SQL이 보기 흉해집니다.
- 둘째, 자바스크립트에서도 스네이크 케이스를 사용합니다. 표준에서 벗어나므로 이상적인 해결책은 아닙니다.
- 셋째, 데이터베이스에서는 스네이크 케이스를 쓰고 자바스크립트와 통신할 때 캐멀 케이스로 변환합니다. 할 일이 좀 늘어나긴 하지만 SQL과 자바스크립트는 그대로 유지할 수 있습니다.

다행히 세 번째 옵션은 자동으로 수행됩니다. 변환 함수를 직접 만들어도 되지만 인기 있는 유틸리티 라이브러리인 로대시Lodash[17]를 사용합니다. **npm install lodash** 명령으로 설치합니다.

지금은 데이터베이스 요구 사항이 매우 적습니다. 가용한 휴가 패키지를 전부 가져오기만 하면

---

[17] *https://lodash.com*

되므로 db.js 파일은 다음과 같은 형태입니다(ch13/01-postgres/db.js).

```
const { Pool } = require('pg')
const _ = require('lodash')

const credentials = require('./.credentials.development')

const { connectionString } = credentials.postgres
const pool = new Pool({ connectionString })

module.exports = {
  getVacations: async () => {
    const { rows } = await pool.query('SELECT * FROM VACATIONS')
    return rows.map(row => {
      const vacation = _.mapKeys(row, (v, k) => _.camelCase(k))
      vacation.price = parseFloat(vacation.price.replace(/^\$/, ''))
      vacation.location = {
        search: vacation.locationSearch,
        coordinates: {
          lat: vacation.locationLat,
          lng: vacation.locationLng,
        },
      }
      return vacation
    })
  }
}
```

짧고 간결합니다. 앞에서 얘기한 대로 작동하는 getVacations 메서드를 내보냅니다. 이 메서드에서는 로대시의 mapKeys와 camelCase 함수를 사용해 데이터베이스 프로퍼티를 캐멀 케이스로 변환합니다.

price 프로퍼티는 주의해서 다뤄야 합니다. pg 라이브러리는 PostgreSQL의 money 타입을 서식 있는 문자열로 변환합니다. 이유는 이미 언급했듯 자바스크립트에 임의의 정확도를 갖는 숫자 타입(BigInt)이 최근에야 지원되기 시작했지만 이 타입을 제대로 활용하는 PostgreSQL 드라이버가 아직 없으며, 있다 하더라도 모든 상황에서 가장 효율적인 데이터 타입이라고 확신할 수는 없습니다. money 타입 대신 숫자 타입을 쓰도록 데이터베이스 스키마를 바꿀 수도 있긴 하지만, 프런트엔드의 요구에 따라 스키마를 바꿔서는 안 됩니다. pg에서 반환하는 문자열을 직접 처리할 수도 있지만, price가 숫자라는 가정 하에 동작하는 기존 코드를 전부 바꿔야 합니다. 또한 이렇게 하면 프런트엔드의 숫자 계산(장바구니에 있는 상품 단가를 합산하는 것 같은)이 더 까다로워집니다. 이러한 점을 감안하면 데이터베이스에서 문자열을 가져오면서 숫자로 변환하는 것이 가장 효율적입니다.

테이블에서 가져온 위치 정보도 자바스크립트 객체로 변환했습니다. 이렇게 한 유일한 이유는 몽고DB 예제와 통일하기 위해서입니다. 테이블에서 가져온 데이터를 그대로 사용하거나, 몽고DB 예제를 수정해도 아무 문제없습니다.

PostgreSQL에서 알아야 할 마지막은 데이터 업데이트입니다. 판매 중인 패키지 리스너 기능을 만들어봅시다.

13.3.11 PostgreSQL에 데이터 추가하기[18]

몽고DB 예제와 마찬가지로 패키지 시즌 알림 기능을 만듭니다. db-init.js의 create Script SQL에 다음을 추가합니다.

```
CREATE TABLE IF NOT EXISTS vacation_in_season_listeners (
  email varchar(200) NOT NULL,
  sku varchar(20) NOT NULL,
  PRIMARY KEY (email, sku)
);
```

db-init.js는 언제 실행해도 안전하도록 만들었습니다. 이 파일을 다시 실행하기만 하면 vacation_in_season_listeners 테이블이 만들어집니다.

이제 이 테이블을 업데이트하는 메서드를 내보내도록 db.js를 수정합니다.

```
module.exports = {
  //...
  addVacationInSeasonListener: async (email, sku) => {
    await pool.query(
      'INSERT INTO vacation_in_season_listeners (email, sku) ' +
      'VALUES ($1, $2) ' +
      'ON CONFLICT DO NOTHING',
```

---

18 옮긴이_ 부록 E.6을 참고하세요.

```
      [email, sku]
    )
  },
}
```

PostgreSQL의 **ON CONFLICT** 절은 업서트를 위한 옵션입니다. 이메일과 SKU가 모두 동일한 레코드가 이미 존재한다면 해당 사용자는 이미 알림에 등록한 것이므로 아무것도 할 필요가 없습니다. 만약 이 테이블에 마지막 등록일과 같은 다른 열이 있었다면 **ON CONFLICT** 절에서 다른 작업이 더 필요합니다(더 자세한 내용은 PostgreSQL의 인서트 문서[19]를 보세요). 이런 동작 방식은 테이블 정의에 따라 달라집니다. 이메일과 SKU 조합을 기본 키로 설정했으므로 이 조합이 중복되는 것은 불가능하고, 따라서 **ON CONFLICT** 절을 사용해야 했습니다. **ON CONFLICT** 절을 사용하지 않았다면 같은 사용자가 동일한 패키지에 등록하려 했을 때 **INSERT** 명령어에서 오류가 일어났을 겁니다.

지금까지 객체 데이터베이스와 RDBMS 두 가지 타입의 데이터베이스를 사용하는 예제를 봤습니다. 데이터베이스의 목적은 데이터를 일관적이고 확장 가능한 형태로 저장하고, 가져오고, 업데이트하는 것입니다. 목적이 동일하므로 추상화 계층으로 서로 다른 데이터베이스를 똑같이 다룰 수 있습니다. 데이터베이스에서 필요한 마지막 기능은 9장에서 언급했던 세션 스토리지입니다.

13.4 세션 스토리지를 위한 데이터베이스[20]

9장에서 언급했듯 실무 환경에 세션 데이터를 메모리에 저장하는 것은 좋은 선택이 아닙니다. 다행히 세션 정보를 데이터베이스에 저장하기는 쉽습니다.

몽고DB나 PostgreSQL 같은 기존 데이터베이스를 세션에 사용할 수도 있지만, 완전한 데이터베이스를 세션 정보 저장에 사용하는 것은 좀 과합니다. 세션 정보 저장에는 키-값 데이터베이스로도 충분합니다. 집필 시점에서 가장 유명한 키-값 데이터베이스는 레디스[Redis][21]와 멤캐

---

19 *http://bit.ly/3724FJI*
20 옮긴이_ 부록 E.7을 참고하세요.
21 *https://redis.io*

시트^{Memcached}[22]입니다. 이번 장의 다른 예제와 마찬가지로 무료 온라인 서비스를 통해 레디스 데이터베이스를 사용합니다.

레디스 랩[23]에 접속해서 계정을 만들고 무료 플랜을 선택하세요. 데이터베이스 이름만 정하면 나머지는 기본값대로 해도 됩니다.

View Database 화면으로 이동할 텐데, 집필 시점에는 몇 초 기다려야 중요한 정보가 나타났으니 조금만 기다리세요. 필요한 것은 Access Control & Security 화면에 있는 엔드포인트 필드와 레디스 비밀번호입니다. 이 화면은 기본적으로 숨겨져 있지만 버튼을 누르면 볼 수 있습니다. 문자열을 복사하고 다음과 같이 `.credentials.development.json` 파일에 저장합니다.

```
"redis": {
  "url": "redis://:<YOUR PASSWORD>@<YOUR ENDPOINT>"
}
```

URL이 조금 이상해 보입니다. 보통은 비밀번호 앞에 있는 콜론(`:`) 앞에 사용자 이름이 오기 마련이지만, 레디스에서는 비밀번호만으로 접속할 수 있습니다. 하지만 비밀번호 앞에 있는 콜론은 생략할 수 없습니다.

`connect-redis` 패키지를 통해 레디스 세션 스토리지를 사용합니다. `npm install connect-redis` 명령으로 설치하면 메인 애플리케이션 파일에서 사용할 수 있습니다. 여전히 `expression-session`을 사용하고 있지만, 데이터베이스에서 사용하도록 설정하는 새 프로퍼티 `store`를 전달합니다. 생성자를 얻기 위해서는 `connect-redis`에서 반환하는 함수에 `expressSession`을 넘겨야 합니다. 좀 복잡해 보이지만 세션을 저장할 때 자주 사용하는 방식입니다(`ch13/00-mongodb/meadowlark.js`, `ch13/01-postgres/meadowlark.js`).

```
const expressSession = require('express-session')
const RedisStore = require('connect-redis')(expressSession)

app.use(cookieParser(credentials.cookieSecret))
app.use(expressSession({
```

---

22 *https://memcached.org*
23 *https://redislabs.com*

```
    resave: false,
    saveUninitialized: false,
    secret: credentials.cookieSecret,
    store: new RedisStore({
      url: credentials.redis.url,
      logErrors: true,  // 이렇게 하길 권합니다.
    }),
  }))
```

이제 새로 만든 세션 저장소를 유용한 목적으로 써봅시다. 패키지 가격을 여러 가지 화폐 단위로 표시하고 싶습니다. 이에 더해, 사이트에서 사용자가 원하는 화폐 단위를 기억하게 하고 싶습니다.

먼저 다음과 같이 패키지 페이지 아래쪽에 화폐 선택기를 추가합니다.

```
<hr>
<p>Currency:
    <a href="/set-currency/USD" class="currency {{currencyUSD}}">USD</a> ¦
    <a href="/set-currency/GBP" class="currency {{currencyGBP}}">GBP</a> ¦
    <a href="/set-currency/BTC" class="currency {{currencyBTC}}">BTC</a>
</p>
```

다음은 CSS입니다. views/layouts/main.handlebars 파일에 인라인으로 추가해도 되고, public 디렉터리에 CSS 파일로 저장한 후 링크해도 됩니다.

```
a.currency {
  text-decoration: none;
}
.currency.selected {
  font-weight: bold;
  font-size: 150%;
}
```

마지막으로 화폐를 설정하는 라우트 핸들러를 추가하고, 현재 선택된 화폐로 패키지 가격을 표시하도록 /vacations 라우트 핸들러를 수정합니다(ch13/00-mongodb/lib/handlers.js, ch13/01-postgres/lib/handlers.js).

```
exports.setCurrency = (req, res) => {
  req.session.currency = req.params.currency
  return res.redirect(303, '/vacations')
}

function convertFromUSD(value, currency) {
  switch(currency) {
    case 'USD': return value * 1
    case 'GBP': return value * 0.79
    case 'BTC': return value * 0.000078
    default: return NaN
  }
}

exports.listVacations = (req, res) => {
  Vacation.find({ available: true }, (err, vacations) => {
    const currency = req.session.currency || 'USD'
    const context = {
      currency: currency,
      vacations: vacations.map(vacation => {
        return {
          sku: vacation.sku,
          name: vacation.name,
          description: vacation.description,
          inSeason: vacation.inSeason,
          price: convertFromUSD(vacation.price, currency),
          qty: vacation.qty,
        }
      })
    }
    switch(currency){
      case 'USD': context.currencyUSD = 'selected'; break
      case 'GBP': context.currencyGBP = 'selected'; break
      case 'BTC': context.currencyBTC = 'selected'; break
    }
    res.render('vacations', context)
  })
}
```

meadowlark.js에도 화폐 설정에 필요한 라우트를 추가합니다.

```
app.get('/set-currency/:currency', handlers.setCurrency)
```

물론 이 방법이 최선은 아닙니다. 서드파티 API를 사용해서 항상 최신 환율이 반영되도록 하는 게 더 좋습니다. 하지만 예제로 쓰기에는 충분합니다. 화폐를 바꿔가며 테스트해본 다음 서버를 재시작합니다. 마지막에 선택했던 화폐를 기억하고 있을 겁니다. 쿠키를 삭제하면 기억했던 화폐도 사라집니다. 화폐 표기법 역시 사라집니다. 조금 복잡할 수 있지만, 이건 독자 여러분의 연습 문제로 남겨두겠습니다.

다른 연습 문제를 원한다면 set-currency 라우트를 범용으로 만들어서 더 다양하게 활용할 수 있게 수정해보세요. 현재 이 라우트는 항상 vacations 페이지로 리디렉트하는데, 장바구니 페이지에서도 사용하고 싶다면 어떻게 해야 할까요? 이 문제를 해결하는 방법을 두 가지 이상 생각해봅시다.

데이터베이스를 살펴보면 sessions 컬렉션이 생겼습니다. 이 컬렉션을 살펴보면 세션 ID(sid 프로퍼티)와 선택한 화폐가 들어 있는 문서를 찾을 수 있습니다.

13.5 마치며

이번 장에서 꽤 많은 것을 배웠습니다. 유용한 웹 애플리케이션은 대부분 데이터베이스를 활용합니다. 데이터베이스를 설계하고 튜닝하는 것은 책 몇 권으로 살펴봐야 할 복잡한 주제지만, 이번 장을 읽으면서 두 가지 타입의 데이터베이스에 연결하고 데이터를 사용하는 기초를 익혔길 바랍니다.

이제 기본적인 것은 모두 배웠으니 라우팅의 중요성을 다시 알아봅시다.

CHAPTER 14

라우팅

라우팅은 웹사이트와 웹 서비스에서 가장 중요합니다. 다행히 익스프레스의 라우팅은 단순하고 유연하며 빈틈없이 운영됩니다. **라우팅**은 URL과 HTTP 메서드에 명시된 요청을, 그 요청을 처리하는 코드로 보내는 메커니즘입니다. 이미 언급했듯 라우팅은 보통 파일 기반으로 운영됩니다. 예를 들어 웹사이트에 `foo/about.html` 파일을 저장하면 브라우저에서 `/foo/about.html` 경로로 접근할 수 있습니다. 단순하지만 유연하지 않습니다. 또한 최근에는 URL에 `html`을 명시하는 경우가 거의 없습니다.

익스프레스 라우팅의 기술적인 측면을 살펴보기 전에 먼저 정보 구조^{information architecture}(IA)의 개념을 알아야 합니다. IA는 콘텐츠를 개념적으로 구조화하는 것을 말합니다. 라우팅을 생각하기 전에 지나치게 복잡하지 않으면서도 확장성 있는 IA를 준비하면 큰 도움이 됩니다.

팀 버너스-리^{Tim Berners-Lee}의 글은 시간이 흘렀음에도 IA 분야에서 가장 뛰어난 글 중 하나입니다. `http://www.w3.org/Provider/Style/URI.html`를 방문해 꼭 읽어보세요. 이 글은 1998년에 작성됐지만, 바로 어제 쓰었다고 해도 믿을 수 있을 정도입니다.

그 에세이에서는 우리가 책임져야 할 높은 가치를 다음과 같이 설명합니다.

> 2년, 20년, 200년이 흐르더라도 유지할 수 있는 URI를 만드는 게 웹마스터의 책임이다. 이를 위해서는 충분한 생각과 조직, 헌신이 필요하다.
>
> – 팀 버너스-리

필자는 만약 웹 디자인이 다른 공학처럼 전문가 라이선스를 발급하는 분야였다면, 팀 버너스-리 경이 한 말을 지키겠다고 서약해야만 라이선스를 발급받을 수 있어야 한다고 생각합니다 (재치가 넘치는 독자라면 이 글의 URL이 `.html`로 끝난다는 것을 재미있어할지도 모르겠습니다).

비유를 하나 들어보자면, 여러분이 즐겨 찾는 도서관에서 도서 분류 체계를 2년마다 완전히 바꾼다고 상상해보세요. 어느 날 도서관에 갔더니 원하는 책을 도저히 찾을 수 없게 될 수도 있습니다. URL 구조를 바꾸면 이와 똑같은 일이 벌어집니다.

URL을 정할 때는 신중히 생각하세요. 지금 정한 URL이 20년 뒤에도 상식적일까요? 200년 뒤는 좀 과할 수도 있습니다. 200년 뒤에도 여전히 URL을 쓰고 있을 거라고 확신하기는 어려우니까요. 하지만 그렇게 먼 미래까지 미리 생각해둬야 한다는 것에는 동의합니다. 콘텐츠를 주의 깊게 분류하세요. 논리적으로 분류하고, 스스로 코너에 몰리지 않게 하세요. IA는 과학이지만 예술이기도 합니다.

가장 중요한 것은 URL을 설계할 때 다른 사람과 함께 고민하세요. 설령 여러분이 주변 4km 안에서 IA에 가장 뛰어난 사람일지라도, 다른 사람들이 콘텐츠를 다른 관점에서 보는 것에 놀랄 수도 있습니다. 모든 이들을 만족시키는 IA를 기획해야 한다는 뜻은 아닙니다. 그건 보통 불가능하니까요. 하지만 여러 사람의 관점에서 문제를 바라보면 더 좋은 아이디어를 얻고 IA의 결점도 찾을 수 있습니다.

오랫동안 유지할 수 있는 IA를 수립하려면 다음 조언을 염두에 두어야 합니다.

URL에 기술적 세부 사항을 노출하지 마세요

URL이 `.asp`로 끝나는 것을 보고 웹사이트가 끔찍하게 오래됐다고 생각한 경험이 있나요? 하지만 ASP가 첨단 기술이었던 때도 있습니다. 인정하기 고통스럽지만, 자바스크립트, JSON, 노드, 익스프레스도 언젠가 비슷한 길을 걸을 수 있습니다. 남은 시간이 더 길기를 바라지만, 세월은 기술의 편이 아닙니다.

URL에 의미 없는 정보를 노출하지 마세요

URL에 포함되는 모든 단어를 주의 깊게 선택하세요. 의미 없는 단어가 있다면 제거하세요. 필자는 URL에 들어 있는 home이란 단어를 볼 때마다 눈살을 찌푸리곤 합니다. 홈페이지는 **당연**

히 루트 URL입니다. `/home/directions`, `/home/contact` 같은 URL은 무의미한 중복일 뿐입니다.

의미 없이 긴 URL은 피하세요

다른 조건이 모두 같다면, URL은 짧을수록 좋습니다. 하지만 명쾌함이나 검색엔진 최적화 (SEO)를 희생하면서까지 간략함을 추구해서는 안 됩니다. 약어를 사용하고 싶을 때가 있겠지만 먼저 충분히 생각한 후에 결정하세요. 일단 URL에 들어가면 박제되는 것이나 마찬가지입니다. 어디서나 쓰이고 누구나 이해하는 것인지 다시 확인하세요.

단어 구분자는 일관성 있게 사용하세요

단어들은 보통 하이픈(-)으로 구분합니다. 밑줄을 사용하는 경우는 많지 않습니다. 하이픈이 일반적으로 보기 좋고, 대부분의 SEO 전문가들이 하이픈을 권합니다. 하이픈이든 밑줄이든, 선택했다면 일관성 있게 사용하세요.

공백문자, 타이핑할 수 없는 문자는 쓰지 마세요

URL에는 공백을 쓰지 않길 권합니다. 공백은 보통 플러스 기호로 변환되며 혼란을 초래합니다. 타이핑할 수 없는 문자를 써선 안 되는 것은 당연합니다. 필자는 영숫자와 하이픈, 밑줄 이외의 문자는 쓰지 않길 권합니다. 때로는 이런 규칙에서 어긋나는 것이 쿨해 보일지도 모르지만, '쿨함'은 시간이 지나면 사라집니다. 물론 웹사이트의 사용자가 영어를 사용하지 않는다면 비영어 문자를 사용할 수도 있지만 언젠가 두통거리가 될 수도 있습니다.

URL에는 소문자를 쓰세요

이 조언은 논쟁의 대상이 될 수 있습니다. URL에 대소문자를 섞어 쓰는 것이 상관없을 뿐 아니라 더 좋다고 주장하는 사람들도 있습니다. 필자는 정답이 존재하지 않는 논쟁에 끼어들 생각은 없지만, 소문자 URL은 항상 코드에서 자동으로 생성할 수 있다는 장점에 주목하고 싶습니다. 웹사이트를 훑으면서 수천 개의 링크나 문자열을 비교해본 경험이 있다면 필자의 논점을 이해할 겁니다. 필자는 개인적으로 소문자 URL이 보기에도 더 좋다고 생각하는 편이지만 이 부분은 사람마다 다릅니다.

14.1 라우트와 SEO

더 많은 웹사이트 방문자를 원한다면 SEO를 생각해야 합니다. 중요한 키워드가 있고 키워드가 합리적이라면 URL에 키워드를 넣는 편이 좋습니다. 예를 들어 메도라크 여행사는 오리건 해안 관광 패키지를 여러 개 판매합니다. 이 패키지가 검색엔진에 노출될 가능성을 높이기 위해 '오리건 해안'이라는 문자열을 타이틀, 헤더, 바디, 메타 정보에 넣고 URL도 /vacations/oregon-coast로 시작하게 만듭니다. 따라서 맨저니터 휴가 패키지는 /vacations/oregon-coast/manzanita에 위치합니다. 만약 URL 길이를 줄이려고 /vacations/manzanita를 사용한다면 SEO를 잃게 됩니다.

하지만 검색엔진에 노출될 가능성을 높이려고 키워드를 URL에 마구잡이로 욱여넣어서는 안 됩니다. 역효과만 일어납니다. 예를 들어 맨저니터 패키지 URL에 '오리건 해안'을 한 번 더 넣고 '포틀랜드'와 '후드 강' 역시 놓치지 않으려고 /vacations/oregon-coast-portland-and-hood-river/oregon-coast/manzanita 같은 URL을 만드는 건 잘못된 생각입니다. 결코 좋은 IA가 아니며 역효과가 날 겁니다.

14.2 서브도메인[1]

서브도메인도 경로와 마찬가지로 요청을 처리할 때 사용합니다. 서브도메인은 애플리케이션에서 상당히 다른 부분, 예를 들어 REST API에 api.meadowlarktravel.com을 할당한다거나 관리자 인터페이스에 admin.meadowlarktravel.com을 할당하는 식으로 사용하는 것이 최선입니다. 때때로 서브도메인을 기술적 이유로 사용하기도 합니다. 예를 들어 사이트 대부분에 익스프레스를 사용하면서도 블로그에는 워드프레스를 사용한다면 블로그는 blog.meadowlarktravel.com으로 분리하는 것이 좋습니다(더 좋은 해결책은 NGINX 같은 프록시 서버를 사용하는 것입니다). 일반적으로 서브도메인으로 콘텐츠를 분할하면 SEO에 영향이 있으므로 서브도메인은 관리자 인터페이스나 API처럼 SEO가 중요하지 않은 영역에 사용하는 것이 보통입니다. 이 점을 염두에 두고, SEO 계획에 포함된 콘텐츠를 서브도메인에 할당할 때는 다른 옵션이 전혀 없는지 다시 한번 생각하세요.

---

1 옮긴이_ 부록 F.1을 참고하세요.

익스프레스의 라우팅 메커니즘은 기본적으로 서브도메인을 고려하지 않습니다. app.get(/about) 이 http://meadowlarktravel.com/about, http://www.meadowlarktravel.com/about, http://admin.meadowlarktravel.com/about 요청을 모두 처리합니다. 서브도메인을 별도로 처리하고 싶다면 vhost 패키지를 사용합니다(vhost는 가상 호스트[virtual host]의 약자이며 서브도메인을 처리할 때 아파치에서 흔히 쓰는 메커니즘을 따온 겁니다). npm install vhost 명령으로 패키지를 설치합니다. 개발용 컴퓨터에서 도메인 기반 라우팅을 테스트하려면 도메인 이름을 속일 방법이 필요합니다. hosts 파일을 사용하면 됩니다. 맥 OS와 리눅스 운영체제에서는 /etc/hosts에 있고, 윈도우에서는 c:\windows\system32\drivers\etc\hosts에 있습니다. 호스트 파일에 다음 내용을 추가합니다(관리자 권한이 필요합니다).

```
127.0.0.1 admin.meadowlark.local
127.0.0.1 meadowlark.local
```

이 내용은 meadowlark.local과 admin.meadowlark.local을 일반적인 인터넷 도메인과 똑같이 취급하면서도 로컬호스트(127.0.0.1)와 연결합니다. 여기서 최상위 도메인에 .local을 쓴 이유는 혼란을 피하기 위해서입니다. .com이나 기타 인터넷 도메인을 쓸 수도 있지만 그렇게 하면 실제 도메인을 덮어 쓰게 되므로 혼란스러울 수 있습니다.

이제 vhost 미들웨어로 도메인을 고려한 라우팅을 할 수 있습니다(ch14/00-subdomains.js).

```javascript
// '관리자' 서브도메인을 만듭니다.
// 이 행은 다른 라우트보다 앞에 있어야 합니다.
var admin = express.Router()
app.use(vhost('admin.meadowlark.local', admin))

// 관리자 라우트를 만듭니다. 위치는 상관없습니다.
admin.get('*', (req, res) => res.send('Welcome, Admin!'))

// 일반적인 라우트
app.get('*', (req, res) => res.send('Welcome, User!'))
```

express.Router()는 익스프레스 라우트의 새 인스턴스를 생성합니다. 이 인스턴스를 원래 인스턴스(app)와 똑같이 사용합니다. app에 했던 것처럼 라우트와 미들웨어를 추가할 수도 있습니다. 하지만 app에 실제로 추가하기 전에는 아무 일도 하지 않습니다. 라우트 인스턴스를 서브도메인에 연결하는 vhost를 통해 app에 추가합니다.

TIP express.Router로 라우트를 분할해 여러 라우트 핸들러를 한 번에 링크할 수도 있습니다. 자세한 정보는 익스프레스 라우팅 문서[2]를 보세요.

14.3 라우트 핸들러는 미들웨어입니다[3]

주어진 경로에 대한 기본적인 라우팅은 이미 확인했습니다. 하지만 app.get('/foo', ...)이 **실제로** 하는 일은 무엇일까요? 10장에서 살펴본 것처럼 이는 단순히 next 메서드를 전달하는 특수한 미들웨어입니다. 조금 더 복잡한 예제를 봅시다(ch14/01-fifty-fifty.js).

```
app.get('/fifty-fifty', (req, res, next) => {
  if(Math.random() < 0.5) return next()
  res.send('sometimes this')
})
app.get('/fifty-fifty', (req,res) => {
  res.send('and sometimes that')
})
```

이 예제에서는 같은 라우트에 두 가지 핸들러를 사용했습니다. 일반적으로 첫 번째 핸들러가 실행되지만, 이 예제에서는 대략 50%의 확률로 두 번째 핸들러로 넘어갑니다. 사실 app.get 을 두 번 사용할 필요도 없습니다. app.get을 한 번 호출하면서 핸들러는 원하는 만큼 사용할 수 있습니다. 다음은 세 가지 응답이 비슷한 확률로 나타나는 예제입니다.

```
app.get('/rgb',
  (req, res, next) => {
    // 요청의 1/3은 'red'를 반환합니다.
    if(Math.random() < 0.33) return next()
    res.send('red')
  },
```

---

2 *http://bit.ly/2X8VC59*
3 옮긴이_ 부록 F.2를 참고하세요.

```
  (req, res, next) => {
    // 나머지의 반(다른 1/3)은 'green'을 반환합니다.
    //
    if(Math.random() < 0.5) return next()
    res.send('green')
  },
  function(req, res){
    // 나머지는 'blue'를 반환합니다.
    res.send('blue')
  },
)
```

이 예제는 별로 유용해 보이진 않지만, 라우트 어디에서든 사용할 수 있는 범용 함수라고 생각해봅시다. 예를 들어 일부 페이지에 특별 할인 행사가 포함되어 있다고 합시다. 특별 할인 행사는 자주 바뀌고, 모든 페이지에 나타나지는 않습니다. 할인 행사를 res.locals 프로퍼티(7장에서 살펴봤습니다)에 집어넣는 함수를 만듭니다(ch14/03-specials.js).

```
async function specials(req, res, next) {
  res.locals.special = await getSpecialsFromDatabase()
  next()
}

app.get('/page-with-specials', specials, (req, res) =>
  res.render('page-with-specials')
)
```

인증 메커니즘 또한 이와 비슷한 방법으로 만듭니다. 사용자 인증 코드에서 req.session.authorized라는 세션 변수를 사용한다면 다음과 같이 재사용 가능한 인증 필터를 만듭니다(ch14/04-authorizer.js).

```
function authorize(req, res, next) {
  if(req.session.authorized) return next()
  res.render('not-authorized')
}

app.get('/public', () => res.render('public'))

app.get('/secret', authorize, () => res.render('secret'))
```

14.4 라우트 경로와 정규 표현식

익스프레스는 /foo 같은 경로를 정규 표현식으로 변환합니다. +, ?, *, (,) 같은 정규 표현식 메타 문자도 라우트 경로에 사용할 수 있습니다. 예제를 봅시다. /user와 /username URL을 같은 라우트에서 처리하고 싶습니다.

```
app.get('/user(name)?', (req, res) => res.render('user'))
```

지금은 문을 닫았지만, 필자가 좋아하던 http://khaaan.com이라는 웹사이트가 있었습니다. 유용한 사이트는 아니었지만 방문할 때마다 미소를 지을 수 있었습니다. 이 사이트에 'KHAAAAAAAN'이라는 페이지를 만들되, 사용자들이 a가 2개인지 3개인지 10개인지 헷갈리게 하고 싶지는 않습니다. 핸들러를 다음과 같이 만듭니다.

```
app.get('/khaa+n', (req, res) => res.render('khaaan'))
```

하지만 일반적인 메타 문자를 전부 라우트 경로에 사용할 수 있는 건 아닙니다. 앞에서 언급한 +, ?, *, (,)만 가능합니다. '어떤 글자든'을 의미하는 메타 문자 마침표는 이스케이프하지 않고 그대로 사용합니다.

라우트에 더 복잡하고 강력한 정규 표현식을 사용하고 싶다면, 다음과 같이 사용 가능합니다.

```
app.get(/crazy¦mad(ness)?¦lunacy/, (req,res) =>
  res.render('madness')
)
```

필자는 라우트 경로에 정규 표현식 메타 문자를 써본 경험은 별로 없지만, 가능하다는 걸 알고 있다면 언젠가 도움이 될 겁니다.

14.5 라우트 매개변수[4]

라우트에 정규 표현식을 쓸 일은 그리 많지 않겠지만, 라우트 매개변수는 꽤 자주 쓰게 될 겁니다. 라우트 매개변수는 간단히 말해 라우트 일부를 매개변수로 사용하는 방법입니다. 웹사이트에 각 개발자를 위한 페이지를 만들고 싶습니다. 개발자들의 이력과 사진이 담긴 데이터베이스는 만들어져 있습니다. 하지만 회사가 커지고 개발자들이 늘어나면 새 라우트를 일일이 추가하기가 점점 어려워질 겁니다. 라우트 매개변수로 문제를 해결해봅시다(ch14/05-staff.js).

```
const staff = {
  mitch: { name: "Mitch",
           bio: 'Mitch is the man to have at your back in a bar fight.' },
  madeline: { name: "Madeline", bio: 'Madeline is our Oregon expert.' },
  walt: { name: "Walt", bio: 'Walt is our Oregon Coast expert.' },
}

app.get('/staff/:name', (req, res, next) => {
  const info = staff[req.params.name]
  if(!info) return next()    // 실패가 이어지면 결국 404가 됩니다.
  res.render('05-staffer', info)
})
```

라우트의 :name을 보세요. 이 부분은 슬래시를 제외하면 어떤 문자열에도 일치하며, req. params 객체에 name 키로 들어갑니다. 이 기능은 자주 사용되며, 특히 REST API를 만들 때 애용하게 될 겁니다. 라우트 하나에 매개변수를 여럿 쓸 수도 있습니다. 예를 들어 개발자 목록을 도시별로 구분하고 싶다면 다음과 같이 구현합니다.[5]

```
const staff = {
  portland: {
    mitch: { name: "Mitch", bio: 'Mitch is the man to have at your back.' },
    madeline: { name: "Madeline", bio: 'Madeline is our Oregon expert.' },
  },
  bend: {
    walt: { name: "Walt", bio: 'Walt is our Oregon Coast expert.' },
  },
}
```

---

4 옮긴이_ 부록 F.3을 참고하세요.
5 옮긴이_ 번역 시점에서 다음 코드의 app.get부터는 깃허브 코드에 없습니다.

```
app.get('/staff/:city/:name', (req, res, next) => {
  const cityStaff = staff[req.params.city]
  if(!cityStaff) return next()  // 인식되지 않은 도시 => 404
  const info = cityStaff[req.params.name]
  if(!info) return next()        // 인식되지 않은 직원 => 404
  res.render('staffer', info)
})
```

14.6 라우트 구성

라우트 전체를 메인 애플리케이션 파일 하나에서 정의하면 감당하기가 어렵습니다. 파일이 커질 뿐만 아니라, 그 파일에서는 이미 너무 많은 일을 처리하고 있으므로 기능을 분리한다는 원칙에도 맞지 않습니다. 라우트가 10개 내외인 작은 사이트에서는 상관없지만 라우트가 수백 개씩 되는 큰 사이트에서는 문제가 됩니다.

그러면 라우트를 어떻게 구성해야 할까요? 정답은 없습니다. 익스프레스에는 라우트 구성 방법에 제한이 없으므로, 한계는 오직 여러분의 상상력뿐입니다.

일반적인 방법 몇 가지를 제시하겠지만, 그에 앞서 다음 네 가지 원칙을 염두에 두길 권합니다.

라우트 핸들러에는 이름 붙은 함수를 사용하세요

라우트 핸들러를 인라인으로 만들면 작은 애플리케이션이나 프로토타입에서는 문제가 없지만, 웹사이트가 커지면 곧 감당할 수 없게 됩니다.

라우트는 알쏭달쏭해서는 안 됩니다

크고 복잡한 웹사이트의 구성 스키마는 10페이지로 구성된 웹사이트에 비해 복잡할 수밖에 없습니다. 작은 사이트에서는 라우트 **전체를** 파일 하나에 넣을 수 있어 여기저기에서 찾을 필요가 없습니다. 하지만 거대한 웹사이트에서도 파일 하나에 다 몰아넣을 수는 없으니 라우트를 기능에 따라 분류합니다. 여러 파일로 나누더라도 어느 라우트가 어디에 있는지 명확해야 합니다. 뭔가를 수정하려 할 때 그 라우트가 어디에 있는지 한 시간씩 걸리면서 찾고 싶지는 않을 겁니다. 필자는 ASP .NET MVC 프로젝트를 진행한 적이 있는데, 이 프로젝트는 이런 면에서 악몽이나 다름없었습니다. 라우트는 최소 10개 이상의 파일에 흩어져 있었고, 논리나 일관성이 없는 모순 덩어리였습니다. 이 아주 큰 웹사이트에 대해서는 아주 잘 알고 있었음에도 불구하고, 특정 URL을 어디서 처리하는지 찾으려 할 때마다 시간을 많이 허비하고는 했습니다.

라우트는 확장성 있게 구성해야 합니다

라우트가 20개, 30개 정도라면 파일 하나에 전부 정의해도 별 문제는 없습니다. 하지만 3년 사이에 라우트가 200개로 늘어난다면 어떨까요? 충분히 가능한 일입니다. 어떤 방법을 택하든, 확장할 수 있도록 해야 합니다.

뷰에 기반한 자동 라우트 핸들러를 평가절하하지 마세요

사이트에 URL이 고정된 정적 페이지가 많다면, 라우트는 대개 `app.get('/static/thing', (req, res) => res.render('static/thing'))` 같은 형태가 됩니다. 뷰에 기반한 자동 라우트 핸들러를 사용해 코드 반복을 줄입니다. 이번 장에서 다시 설명합니다.

14.7 모듈에서 라우트 선언[6]

라우트를 구성하는 첫 번째 단계는 이들을 모듈로 분리하는 겁니다. 방법은 여러 가지입니다. 그중 하나는 모듈에서 '메서드'와 '핸들러' 프로퍼티를 포함한 객체 배열을 반환하는 겁니다. 그러면 애플리케이션 파일에서 다음과 같이 라우트를 정의합니다.

```
const routes = require('./routes.js')

routes.forEach(route => app[route.method](route.handler))
```

이 방법은 라우트를 데이터베이스나 JSON 파일에 동적으로 저장할 때 적합합니다. 하지만 동적 저장 기능이 필요하지 않다면 app 인스턴스를 모듈에 전달하고 모듈에서 라우트를 추가하는 방법을 추천합니다. `routes.js` 파일을 만들고 기존의 라우트를 모두 이동합니다.

---

6 옮긴이_ 부록 F.4를 참고하세요.

```
module.exports = app => {

  app.get('/', (req,res) => app.render('home'))

  //...

}
```

있는 그대로 잘라 넣기만 하면 문제가 생깁니다. 예를 들어 새 콘텍스트에서 사용할 수 없는 변수나 메서드를 사용하는 인라인 라우트 핸들러가 있었다면, 이렇게 이동할 때 참조가 끊어집니다. 필요한 임포트 역시 옮길 수 있긴 하지만 잠시 기다리세요. 곧 핸들러를 자신만의 모듈로 옮길 때 참조 문제도 함께 해결됩니다.

그러면 라우트는 어떻게 연결할까요? 간단합니다. meadowlark.js에서 다음과 같이 라우트를 임포트하면 됩니다.

```
require('./routes')(app)
```

아니면 다음과 같이 더 명시적으로 임포트에 이름을 붙일 수도 있습니다. addRoutes라는 이름은 함수라는 걸 좀 더 잘 드러낸다고 생각했기에 이름을 이렇게 붙였습니다. 파일의 이름도 이런 식으로 붙여도 됩니다.

```
const addRoutes = require('./routes')

addRoutes(app)
```

14.8 핸들러의 논리적 그룹

라우트 핸들러에 이름 붙은 함수를 사용하라는 첫 번째 원칙을 준수하려면 핸들러를 넣을 곳이 필요합니다. 극단적으로 생각하면 핸들러 하나에 자바스크립트 파일 하나를 쓸 수도 있지만, 이 방법이 더 나은 경우는 많이 없으므로 관련 기능을 하나로 묶어서 사용합니다. 그룹으로 묶으면 공유 기능을 활용하기도 쉽고 관련 메서드를 수정하기도 쉽습니다.

우선은 홈페이지 핸들러, 'about' 핸들러, 논리적으로 다른 곳에 묶기 애매한 기타 핸들러를 handlers/main.js에 담고, 휴가 패키지 관련 핸들러를 handlers/vacations.js에 담는 식으로 나눠봅시다.

handlers/main.js는 다음과 같이 만듭니다.

```
const fortune = require('../lib/fortune')

exports.home = (req, res) => res.render('home')

exports.about = (req, res) => {
  const fortune = fortune.getFortune()
  res.render('about', { fortune })
}

//...
```

이제 routes.js에서 위 파일을 사용하도록 수정합니다.

```
const main = require('./handlers/main')

module.exports = function(app) {

  app.get('/', main.home)
  app.get('/about', main.about)
  //...

}
```

이렇게 하면 앞서 말했던 네 가지 원칙을 모두 만족합니다. /routes.js는 **아주** 단순합니다. 사이트에 어떤 라우트가 있는지, 이 라우트를 어디에서 찾을 수 있는지 일목요연하게 드러납니다. 라우트가 늘어났을 때 확장할 공간도 많습니다. 관련된 기능을 필요한 만큼 파일로 묶을 수도 있습니다. 그리고 routes.js가 너무 복잡해지면, 같은 테크닉을 다시 사용하고 app 객체를 다른 모듈에 넘겨서 라우트를 등록할 수 있습니다(하지만 어디까지나 그렇게 할 수 있다는 것이지, 그렇게 해야 한다는 것은 아닙니다. 필자가 제시하는 것은 가능성이지 규칙이 아닙니다. 복잡한 것을 단순하게 만들자는 발상으로 출발해 더 복잡한 결과가 나오게 하지 마세요).

14.9 뷰 자동 렌더링

HTML 파일을 디렉터리에 저장하기만 하면 웹사이트에서 알아서 전송하던 시절을 그리워하는 사람도 있습니다. 웹사이트가 콘텐츠 중심이며 복잡하고 다양한 기능이 필요하지 않다면, 뷰 하나마다 라우트를 추가하는 작업이 불필요한 노동처럼 느껴질 수도 있습니다. 다행히 이 문제는 간단히 해결 가능합니다.

`views/foo.handlebars` 파일이 있기만 하면 `/foo` 라우트에서 자동으로 처리됐으면 좋을 것 같네요. 가능한 일입니다. 애플리케이션 파일의 404 핸들러 바로 앞에 다음 미들웨어를 추가합니다(`ch14/06-auto-views.js`).

```
const autoViews = {}
const fs = require('fs')
const { promisify } = require('util')
const fileExists = promisify(fs.exists)

app.use(async (req, res, next) => {
  const path = req.path.toLowerCase()
  // 캐시를 확인하고 있으면 뷰를 렌더링합니다.
  if(autoViews[path]) return res.render(autoViews[path])
  // 캐시에 없으면 일치하는 뷰를 찾습니다.
  if(await fileExists(__dirname + '/views' + path + '.handlebars')) {
    autoViews[path] = path.replace(/^\//, '')
    return res.render(autoViews[path])
  }
  // 뷰를 찾지 못했으므로 404 핸들러에 전달합니다.
  next()
})
```

이제 `.handlebars` 파일을 view 디렉터리에 추가하기만 하면 그에 맞는 경로가 자동으로 렌더링됩니다. 이 자동 뷰 핸들러를 다른 모든 라우트 뒤에 배치했으므로 일반적인 라우트는 이 메커니즘을 벗어납니다. 따라서 `/foo` 라우트에 다른 뷰가 있다면 그 뷰에 우선순위가 있습니다.

사용자가 한 번 이상 방문했던 뷰를 **삭제**하면 문제가 생깁니다. 해당 뷰는 이미 `autoViews` 객체에 추가됐으므로 다시 방문하면 존재하지 않는 뷰를 렌더링하는 결과가 되므로 오류가 발생합니다. 이 문제는 렌더링 부분을 `try/catch` 블록으로 감싸고, 오류가 생겼을 때 해당 뷰를

`autoViews`에서 제거하는 방식으로 해결합니다. 구체적인 구현은 독자 여러분의 연습 문제로 남기겠습니다.

14.10 마치며

라우팅은 프로젝트에서 중요한 부분이며, 여기서 다룬 내용 이외에도 라우트 핸들러를 구성하는 방법은 다양합니다. 여러분의 프로젝트에 딱 맞는 방법을 찾을 때까지 자유롭게 실험해보세요. 가능하면 명확하고 문제 추적이 쉬운 방법을 택하세요. 라우팅은 바깥 세계(클라이언트, 브라우저)를 서버 사이드 코드와 연결하는 작업입니다. 이 연결이 지나치게 복잡하면 애플리케이션에서 정보가 어떻게 흐르는지 파악하기 어려워지고, 개발과 디버깅도 어려워집니다.

CHAPTER 15

REST API와 JSON

8장에서 REST API 예제를 몇 개 살펴보긴 했지만, 지금껏 우리는 '서버에서 데이터를 처리하고 클라이언트에는 HTML을 전송한다'는 패러다임을 따라왔습니다. 하지만 최근에는 이 개념에서 벗어난 웹 애플리케이션이 늘어나고 있습니다. 최신 웹 애플리케이션 중 상당수가 HTML과 CSS 전체를 정적 파일로 받고, 데이터는 JSON으로 받아 HTML을 구성하는 단일 페이지 애플리케이션(SPA) 형태를 띱니다. 마찬가지로 폼으로 서버와 통신하던 방식은 API에 HTTP 요청을 보내는 방식으로 바뀌고 있습니다.

이에 맞춰 우리도 익스프레스에서 HTML을 완성해 전송하기보다 API 엔드포인트를 제공하는 방법을 알아두면 좋을 것 같네요. 16장에서 API를 사용해 동적으로 애플리케이션을 렌더링하는 법을 배울 때도 도움이 됩니다.

웹 서비스는 HTTP로 접근할 수 있는 애플리케이션 프로그래밍 인터페이스application programming interface(API)를 가리키는 범용적인 용어입니다. 웹 서비스의 기본 개념이 등장한 것은 제법 오래됐지만, 얼마 전까지만 해도 이를 구현하기 위해 사용한 기술은 답답하고, 구식이고, 지나치게 복잡했습니다. 아직 SOAP나 WSDL 같은 구식 기술을 사용하는 시스템이 있고, 이런 시스템과 연동할 수 있는 노드 패키지도 있습니다. 하지만 이 책에서는 구식 기술을 설명하기보다 훨씬 단순한 RESTful 서비스에 포커스를 맞춰 설명합니다.

REST는 representational state transfer(표현적인 상태 전송)의 약어이며, 문법적으로

좀 이상해 보이는 **RESTful**은 REST의 원칙을 만족하는 웹 서비스를 가리키는 형용사입니다. REST의 공식 정의는 복잡하고 정규 컴퓨터 공학에 익숙해야 이해할 수 있지만, 간단히 설명하면 클라이언트와 서버 사이에 이루어지는 상태가 없는 연결입니다. REST의 공식 정의에는 '서비스를 캐시할 수 있으며 계층을 구성할 수 있다', 즉 REST API를 사용하면 그 아래에 다른 REST API가 존재할 수 있다는 뜻입니다.

실용적인 관점에서 보면 HTTP의 성격상 RESTful이 아닌 API를 만들기가 더 어렵습니다. 예를 들어 상태를 설정하려면 HTTP 표준에서 정하지 않은 방식을 스스로 만들어야 합니다. 따라서 RESTful 서비스를 만드는 게 그리 어렵지만은 않습니다.

15.1 JSON과 XML

API를 제공하려면 양쪽에서 공통으로 사용하는 언어가 필수입니다. 통신의 일부는 이미 정해져 있습니다. 서버와 통신할 때는 반드시 HTTP 메서드를 사용해야 합니다. 하지만 HTTP를 사용한다는 조건을 만족하면, 데이터 언어는 자유롭게 선택할 수 있습니다. XML은 전통적으로 이 분야에서 사용됐고 현재도 쓰이는 중요한 마크업 언어입니다. XML이 심하게 복잡한 건 아니지만, 더글러스 크록포드Douglas Crockford는 XML에 불필요한 부분이 많다고 보고 자바스크립트 객체 표기법JavaScript Object Notation (JSON)을 만들었습니다. JSON은 자바스크립트에 친근할 뿐 아니라(물론 다른 언어로도 쉽게 파싱할 수 있지만) 일반적으로 XML보다 작성하기 쉽습니다.

필자는 XML보다 JSON을 선호합니다. JSON은 자바스크립트에서 더 잘 지원되고, 더 단순하며 더 간결합니다. JSON을 주로 사용하고 기존 시스템에서 반드시 XML을 요구할 때만 XML을 사용하길 권합니다.

15.2 API

API를 만들기 전에 먼저 계획부터 세워야 합니다. 패키지를 나열하고 판매 중인 상품에 알림을 등록하는 것 외에도, '패키지 삭제' 엔드포인트를 추가합니다. 이 API는 공개되어 있으므로 패키지를 실제로 삭제하지는 않습니다. 관리자가 검토할 수 있도록 '삭제 요청' 표시만 합니다. 실제 가이드들이 이 API로 패키지 삭제를 요청하면 관리자가 검토한 후 실제로 삭제하는 용도로 사용할 수 있습니다. API 엔드포인트는 다음과 같습니다.

GET /api/vacations

패키지 목록을 가져옵니다.

GET /api/vacation/:sku

SKU로 패키지를 검색합니다.

POST /api/vacation/:sku/notify-when-in-season

email을 쿼리스트링 매개변수로 받고 해당 패키지에 알림 리스너를 추가합니다.

DELETE /api/vacation/:sku

패키지 삭제 요청을 받습니다. 요청자의 email과 notes를 쿼리스트링 매개변수로 받습니다.

> **NOTE_** HTTP 동사는 여러 가지입니다. **GET**과 **POST**가 가장 많이 쓰이고, **DELETE**와 **PUT**은 그다음입니다. 뭔가를 **만들** 때는 **POST**를 쓰고, 뭔가 **업데이트**할 때는 **PUT**을 쓰는 것이 표준입니다. 각 단어의 의미로는 이를 구분할 수 없으니, 경로를 명확히 나눠서 혼란을 피하는 게 좋습니다. HTTP 동사에 대해 더 많은 정보가 필요하다면 타마스 피로스Tamas Piros의 글[1]을 추천합니다.

API 경로를 만드는 방법은 여러 가지입니다. 여기서는 HTTP 메서드와 경로를 조합해서 API 호출을 구분하고, 쿼리스트링과 바디 매개변수로 데이터를 전달하는 방법을 택했습니다. 메서드는 모두 통일하고 경로만 /api/vacations/delete처럼 다르게 정할 수도 있습니다.[2] 데이터 역시 일정한 방법으로 보낼 수 있습니다. 예를 들어 쿼리스트링을 쓰지 않고 DEL /api/vacation/:id/:email/:notes 같은 식으로 필요한 정보를 URL 매개변수로 보내는 것도 가능합니다. 하지만 URL이 지나치게 길어지는 것은 좋지 않으니, 패키지 삭제 요청에 첨부하는

---

1 *http://bit.ly/32L4QWt*

2 클라이언트에서 다른 HTTP 메서드를 사용할 수 없다면 method-override 모듈(*https://github.com/expressjs/method-override*)을 사용합니다. 이 모듈은 다른 HTTP 메서드를 흉내 낼 수 있게 합니다.

사유 같은 긴 데이터는 요청 바디로 보내길 권합니다.

> **TIP** JSON API에는 널리 알려지고 많은 사람들이 따르는 표기법이 있습니다. 이름도 창의적인 JSON:API입니다. 개인적으로 장황하고 반복적이라고 생각하지만, 불완전하더라도 표준이 있는 편이 아예 없는 것보다 낫습니다. 이 책에서 JSON:API를 따르지는 않지만, JSON:API에도 적용되는 내용은 모두 설명할 겁니다. 더 많은 정보는 JSON:API 홈페이지[3]에서 확인하세요.

15.3 API 오류 보고

HTTP API의 오류는 보통 HTTP 상태 코드로 보고합니다. 요청이 200(OK)을 반환하면 클라이언트는 요청이 성공적으로 수행됐다고 판단합니다. 요청이 500(내부 서버 오류)을 반환한다면 요청은 실패한 겁니다. 하지만 대부분의 애플리케이션에서 모든 것을 '성공'과 '실패'로 간단히 나눌 수는 없고, 나눠서도 안 됩니다. 예를 들어 ID를 통해 무언가를 요청했는데 그런 ID가 존재하지 않는다면 어떨까요? 서버 오류는 아닙니다. 클라이언트에서 존재하지 않는 것을 요청한 겁니다. 일반적으로 오류는 다음과 같은 그룹으로 묶을 수 있습니다.

심각한 오류

서버를 불안정, 또는 정의되지 않은 상태로 만드는 오류입니다. 보통은 처리하지 않은 예외 때문에 발생합니다. 이런 오류를 안전하게 복구할 수 있는 방법은 서버를 재시작하는 것 외에는 없습니다. 해당 오류를 일으킨 요청에 응답 코드 500을 반환하는 것이 이상적이지만, 오류가 심각하다면 서버가 전혀 반응할 수 없으므로 요청은 타임아웃에 걸립니다.

복구 가능한 서버 오류

복구 가능한 오류는 서버 재시작이나 기타 누군가의 개입이 필요하지 않은 오류입니다. 이런 오류는 예기치 못한 서버의 오류 조건(예를 들어 데이터베이스 연결이 끊기는 경우) 때문에 일어납니다. 문제는 일시적일 수도, 영구적일 수도 있습니다. 응답 코드 500이 적절한 반응입니다.

------

3 *https://jsonapi.org*

클라이언트 오류

클라이언트의 실수로 일어난 오류이며 보통 유효하지 않은 매개변수를 사용하거나 필요한 매개변수를 제공하지 않았을 때 일어납니다. 이런 오류에 응답 코드 500은 적절하지 않습니다. 서버에는 아무 문제도 없으니까요. 모든 것이 정상이며, 단순히 클라이언트가 API를 정확히 사용하지 않았을 뿐입니다. 이 오류에 대응하는 방법은 다양합니다. 상태 코드 200으로 응답하고 바디에 오류 메시지를 첨부하거나, 더 적절한 HTTP 상태 코드로 응답할 수도 있습니다. 필자는 후자를 추천합니다. 이런 경우 가장 유용한 응답 코드는 404(찾을 수 없음), 400(잘못된 요청), 401(인증되지 않음)입니다. 또한 응답 바디에는 오류를 자세히 설명하는 내용이 있어야 합니다. 더 추가하자면 오류 메시지에 관련 문서를 가리키는 링크를 넣을 수도 있습니다. 사용자가 어떤 리스트를 요청했는데 반환할 것이 없다면 그건 오류가 아닙니다. 그냥 빈 리스트를 반환하는 것이 맞습니다.

책의 예제에서는 HTTP 응답 코드를 쓰고, 바디에는 오류 메시지를 첨부합니다.

15.4 교차 출처 리소스 공유(CORS)

API를 만들고 있다면 다른 사람이 쓰게 할 목적일 겁니다. 따라서 **크로스 사이트 HTTP 요청**이 일어납니다. 크로스 사이트 HTTP 요청은 다양한 공격의 표적이 되어 왔고, 이에 따라 스크립트 서버를 제한하는 동일 소스 정책으로 제한됩니다. 프로토콜, 도메인, 포트가 반드시 일치해야 합니다. 이에 따라 API를 다른 사이트에서 사용하는 것이 불가능해지고, 이를 위해 교차 출처 리소스 공유cross-origin resource sharing(CORS)가 등장합니다. CORS는 건별로 이 제한을 푸는 것을 허용하고, 스크립트에 접근할 수 있는 도메인 리스트를 만드는 것도 가능합니다. CORS는 Access-Control-Allow-Origin 헤더를 통해 구현합니다. 익스프레스 애플리케이션에서 CORS를 구현하는 가장 쉬운 방법은 cors 패키지(npm install cors)입니다. 애플리케이션에서 CORS를 사용하는 방법은 다음과 같습니다.

```
const cors = require('cors')

app.use(cors())
```

동일 소스 정책은 공격을 막기 위한 것이므로, 필요할 때만 CORS를 적용하길 권합니다. 우리 애플리케이션에서는 API 전체를(API만) 노출하므로 다음과 같이 /api로 시작하는 경로에만 CORS를 적용합니다.

```
const cors = require('cors')

app.use('/api', cors())
```

CORS에 대한 더 자세한 정보는 패키지 문서[4]에서 확인하세요.

15.5 테스트

GET이 아닌 HTTP 동사를 테스트하는 것은 쉽지 않습니다. 다행히 포스트맨Postman[5] 같은 뛰어난 애플리케이션이 존재하긴 하지만, 이런 유틸리티의 사용 여부와 관계없이 자동화된 테스트를 구현해놓는 것이 좋습니다. API 테스트를 만들기 전에 REST API를 실제로 **호출**할 방법이 필요합니다. 이를 위해서 브라우저의 fetch API를 흉내 내는 노드 패키지 node-fetch를 사용합니다.

```
npm install --save-dev node-fetch@2
```

API 호출 테스트는 tests/api/api.test.js에 저장합니다(ch15/test/api/api.test.js).

```
const fetch = require('node-fetch')

const baseUrl = 'http://localhost:3000'

const _fetch = async (method, path, body) => {
  body = typeof body === 'string' ? body : JSON.stringify(body)
  const headers = { 'Content-Type': 'application/json' }
```

---

4 *https://github.com/expressjs/cors*
5 *https://www.getpostman.com*

```javascript
  const res = await fetch(baseUrl + path, { method, body, headers })
  if(res.status < 200 || res.status > 299)
    throw new Error(`API returned status ${res.status}`)
  return res.json()
}

describe('API tests', () => {

  test('GET /api/vacations', async () => {
    const vacations = await _fetch('get', '/api/vacations')
    expect(vacations.length).not.toBe(0)
    const vacation0 = vacations[0]
    expect(vacation0.name).toMatch(/\w/)
    expect(typeof vacation0.price).toBe('number')
  })

  test('GET /api/vacation/:sku', async() => {
    const vacations = await _fetch('get', '/api/vacations')
    expect(vacations.length).not.toBe(0)
    const vacation0 = vacations[0]
    const vacation = await _fetch('get', '/api/vacation/' + vacation0.sku)
    expect(vacation.name).toBe(vacation0.name)
  })

  test('POST /api/vacation/:sku/notify-when-in-season', async() => {
    const vacations = await _fetch('get', '/api/vacations')
    expect(vacations.length).not.toBe(0)
    const vacation0 = vacations[0]
    // 지금 할 수 있는 것은 HTTP 요청이 성공적이었는지 확인하는 것뿐입니다.
    await _fetch('post', `/api/vacation/${vacation0.sku}/notify-when-in-season`,
      { email: 'test@meadowlarktravel.com' })
  })

  test('DELETE /api/vacation/:id', async() => {
    const vacations = await _fetch('get', '/api/vacations')
    expect(vacations.length).not.toBe(0)
    const vacation0 = vacations[0]
    // 지금 할 수 있는 것은 HTTP 요청이 성공적이었는지 확인하는 것뿐입니다.
    await _fetch('delete', `/api/vacation/${vacation0.sku}`)
  })

})
```

테스트 스위트 맨 앞에 있는 _fetch는 몇 가지 공통 작업을 처리하는 보조 함수입니다. 이 함수는 바디를 JSON으로 인코드하고, 적절한 헤더를 추가하고, 응답 상태 코드가 200이 아닐 경우 적절한 오류를 일으킵니다.

일단 API 엔드포인트 하나마다 테스트를 하나씩만 만들었습니다. 하지만 API가 단순하다고 해서 이 정도의 테스트로 충분한 건 아닙니다. 각 엔드포인트마다 여러 가지 테스트를 추가할 수 있고, 추가해야 합니다. 여기에 있는 예제는 API 테스트 기법을 간단히 보여주는 출발점이라고 생각합시다.

이 테스트에는 언급할 만한 중요한 특징이 있습니다. 그중 하나는 API가 이미 시작했고 포트 3000에서 실행 중이라는 가정하에 테스트하고 있다는 겁니다. 테스트 스위트를 더 빈틈없이 만들려면 테스트 스위트 자체에서 열려 있는 포트를 찾고, 그 포트에서 API를 시작하고, 테스트가 끝나면 포트를 닫아야 합니다. 다른 하나는 이 테스트가 API에 이미 존재하는 데이터에 의존한다는 겁니다. 예를 들어 첫 번째 테스트는 휴가 패키지가 최소 하나는 존재하며, 그 패키지에는 이름과 가격이 존재한다는 가정하에 성립합니다. 하지만 실무 애플리케이션에서는 이런 가정이 불가능할 때가 있습니다. 예를 들어 데이터 없이 테스트를 시작하거나, 일부 데이터가 누락된 상태에서 테스트해야 할 때도 있습니다. 다시 말하자면, API의 초기 데이터를 설정하고 초기화하는 방법을 갖춰서 테스트 환경을 임의로 조성할 수 있어야 빈틈없는 테스트 프레임워크라 부를 수 있습니다. 매 테스트마다 테스트 자체에서 데이터베이스를 설정하고, 시드 데이터를 준비하고, API와 연결하는 작업을 실행하는 스크립트를 만들 수도 있습니다. 5장에서 언급했듯 테스트는 방대하고 복잡한 주제이며 여기서 완전히 설명하기란 불가능합니다.

첫 번째 테스트는 GET /api/vacations 엔드포인트를 테스트합니다. 휴가 패키지를 모두 가져오고, 패키지가 최소 하나 있는지 확인하고, 그중 첫 번째에 이름과 가격이 존재하는지 확인합니다. 다른 프로퍼티 테스트를 추가할 수도 있습니다. 어떤 프로퍼티가 테스트할 만큼 중요한지 판단하는 것은 독자의 연습 문제로 남겨두겠습니다.

두 번째는 GET /api/vacation/:sku 엔드포인트를 테스트합니다. 일관된 테스트 데이터가 없으므로 패키지 전체를 가져오고, 첫 번째 패키지에서 SKU를 가져와서 테스트합니다.

남은 두 테스트는 POST /api/vacation/:sku/notify-when-in-season와 DELETE /api/vacation/:sku입니다. 불행히도 현재 API와 테스트 프레임워크로는 두 엔드포인트가 의도한 대로 동작한다고 확실히 테스트하기가 어려우므로, API를 호출했을 때 오류를 반환하지 않는다면 제대로 동작한다고 가정할 수밖에 없습니다. 이 테스트를 보완하려면 다른 엔드포인트 (예를 들어 주어진 이메일이 해당 패키지에 등록됐는지 확인하는 엔드포인트)를 추가하거나, 어떤 방식으로든 데이터베이스에 접근할 수 있는 테스트용 '백도어backdoor'를 만들어야 합니다.

지금 테스트를 실행하면 타임아웃에 걸려서 실패합니다. API를 만들지도 않았고 서버를 시작하지도 않았으니 당연합니다. 이제 시작해봅시다.

15.6 익스프레스를 통한 API 제공[6]

익스프레스에서 제공하는 API도 매우 훌륭합니다. connect-rest나 json-api 등 유용한 기능을 제공하는 npm 모듈도 다양하지만, 필자는 익스프레스 자체로도 충분하다고 생각하므로 다른 모듈은 사용하지 않겠습니다.

다음과 같이 lib/handlers.js에 핸들러를 만듭니다. lib/api.js 같은 별도의 파일을 만들어도 되지만 일단은 단순하게 시작합시다.

```
exports.getVacationsApi = async (req, res) => {
  const vacations = await db.getVacations({ available: true })
  res.json(vacations)
}

exports.getVacationBySkuApi = async (req, res) => {
  const vacation = await db.getVacationBySku(req.params.sku)
  res.json(vacation)
}

exports.addVacationInSeasonListenerApi = async (req, res) => {
  await db.addVacationInSeasonListener(req.params.sku, req.body.email)
  res.json({ message: 'success' })
}

exports.requestDeleteVacationApi = async (req, res) => {
  const { email, notes } = req.body
  res.status(500).json({ message: 'not yet implemented' })
}
```

----

6 옮긴이_ 부록 G.1을 참고하세요.

그리고 `meadowlark.js`에서 API를 불러옵니다.

```
app.get('/api/vacations', handlers.getVacationsApi)
app.get('/api/vacation/:sku', handlers.getVacationBySkuApi)
app.post('/api/vacation/:sku/notify-when-in-season',
  handlers.addVacationInSeasonListenerApi)
app.delete('/api/vacation/:sku', handlers.requestDeleteVacationApi)
```

지금까지 책을 읽었다면 어려울 건 하나도 없습니다. 데이터베이스 추상화 레이어를 사용하고 있으므로 몽고DB를 쓰든 PostgreSQL을 쓰든 상관없습니다. 데이터베이스에 따라 사소하고 중요하지 않은 부분이 보일 수 있지만 삭제해도 무방합니다.

`requestDeleteVacationsApi`는 독자의 연습 문제로 남겨두려고 합니다. 이 기능은 구현 방법이 너무 다양하기 때문입니다. 가장 단순한 접근법은 패키지 스키마에 '삭제 요청됨' 필드를 만들고, API가 호출됐을 때 이 필드에 이메일과 노트가 남도록 업데이트하는 방법이 있습니다. 아니면 별도의 테이블을 만들고 삭제 요청이 들어오는 대로 기록하면서 해당 패키지를 참조하도록 만들면 관리자가 사용하기에는 더 편리할 겁니다.

5장에서 제스트를 정확히 설정했다면 `npm test`를 실행해 API를 테스트할 수 있습니다(제스트는 `.test.js`로 끝나는 파일은 전부 실행합니다). 세 가지 테스트는 성공하고, `DELETE /api/vacation/:sku`는 실패하는 걸 확인할 수 있습니다.

15.7 마치며

이번 장을 읽고 '응? 이게 다야?'라고 생각했길 바랍니다. 이 시점에서 여러분은 익스프레스의 기본 기능이 HTTP 요청에 반응하는 것임을 알고 있을 겁니다. 그 요청이 무엇을 요청하는지, 어떻게 반응하는지는 순전히 여러분이 정하는 바에 따릅니다. HTML, CSS, 평문 텍스트, JSON, 무엇으로 응답하든 익스프레스로 쉽게 만들 수 있습니다. 필요하다면 이진 파일로 응답할 수도 있습니다. 이미지를 동적으로 만들어 반환하는 것도 어렵지 않습니다. 이런 맥락에서 보면 API 역시 익스프레스가 응답할 수 있는 여러 가지 방법 중 하나일 뿐입니다.

다음 장에서는 이 API를 사용해 단일 페이지 애플리케이션(SPA)을 만들고, 이전 장에서 했던 작업을 다른 방법으로 바꿔보겠습니다.

CHAPTER 16

단일 페이지 애플리케이션

단일 페이지 애플리케이션(SPA)는 잘못된 이름이거나, 최소한 '페이지'라는 단어와 혼동해서 사용되는 용어입니다. 사용자의 관점에서 볼 때 SPA는 여전히 다른 페이지(홈페이지, 휴가 패키지 페이지, 어바웃 페이지 등)로 보일 수 있고, 대개 그렇게 받아들입니다. 사실 SPA는 사용자가 전통적인 서버 사이드에서 렌더링하는 애플리케이션과 전혀 구분할 수 없도록 만들 수도 있습니다.

'단일 페이지'는 사용자 경험보다 HTML이 어떻게 만들어지는가에 더 중점을 둡니다. SPA에서는 사용자가 애플리케이션을 처음으로 불러올 때 서버가 HTML 번들 하나를[1] 전송하고, UI 변경은(사용자는 다른 페이지로 인식할 수 있습니다) 자바스크립트가 사용자 행동이나 네트워크 이벤트에 대한 응답으로 DOM을 조작한 결과입니다.

SPA도 서버와 계속 통신하는 것은 마찬가지이지만, HTML은 보통 첫 번째 요청에서만 전송됩니다. 그 뒤로 클라이언트와 서버 사이에는 JSON 데이터와 정적 자원만 오고 갑니다.

현재 웹 애플리케이션 개발을 지배하고 있는 이 접근법을 이해하기 위해서는 역사에 대한 지식이 조금 필요합니다.

---

1 성능을 위해 번들을 여러 조각으로 나눠서 필요할 때 전송하기도 하지만 원칙은 동일합니다.

16.1 웹 애플리케이션 개발의 짧은 역사

웹 개발 방법은 지난 10년 동안 크게 바뀌었지만, 웹사이트와 웹 애플리케이션의 구성 요소는 비교적 그대로 유지되고 있습니다. 구성 요소는 다음과 같습니다.

- HTML과 문서 객체 모델(DOM)
- 자바스크립트
- CSS
- 정적 자원(일반적으로 이미지와 비디오 같은 멀티미디어)

브라우저는 이들 구성 요소를 합쳐서 사용자에게 제공합니다.

하지만 이들을 **어떻게** 합치는지는 2012년 전후로 극적으로 바뀌었습니다. 현재 웹 개발을 지배하는 패러다임은 **단일 페이지 애플리케이션(SPA)**입니다.

SPA를 이해하려면 그 반대에 서 있는 것을 이해해야 합니다. 조금 더 과거로 돌아가서, 제이쿼리가 등장하기 8년 전, '웹 2.0'이라는 용어가 처음으로 등장하기 바로 전 해인 1998년으로 돌아가봅시다.

1998년에는 웹 서버가 모든 요청에 대한 응답을 HTML, CSS, 자바스크립트, 멀티미디어 자원을 전송하는 방식으로 웹 애플리케이션을 만들었습니다. TV를 시청하다가 채널을 돌린다고 생각해보세요. 당시 웹 애플리케이션이 취하던 방법은 채널을 돌릴 때마다 그동안 보던 TV를 버리고, 새 TV를 구입해서 집에 설치한 다음, 전원과 안테나를 연결하는 것이나 마찬가지였습니다(같은 사이트에서 페이지만 이동할 때도 말입니다).

이 방법은 네트워크 부담이 너무 커서 문제였습니다. HTML 자체, 혹은 그 대부분이 전혀 변하지 않을 때도 많았고 CSS가 바뀌는 일은 더 드물었습니다. 브라우저는 자원을 캐싱하는 방법으로 이 부담을 완화하고는 있었지만, 이 모델로는 웹 애플리케이션이 발달하는 속도를 따라잡을 수 없었습니다.

1999년, 사람들이 웹사이트에서 기대하는 풍부한 경험은 '웹 2.0'이라는 용어로 대변됐습니다. 그리고 1999년부터 2012년 사이 급격한 기술 발전은 SPA의 기초를 만들었습니다.

현명한 웹 개발자들은 사용자들이 페이지를 이동할 때마다 웹사이트 전체를 다시 내려받는 부담이 계속 이어지면 사용자를 잃을 수밖에 없다는 걸 깨닫기 시작했습니다. 이 개발자들은 애플리케이션에서 뭔가가 변할 때마다 서버에 정보를 요청할 필요는 없다는 것과 서버에 정보를 요청해 애플리케이션 일부만 변경하기 위해 그 전체를 다시 가져올 필요가 없다는 것을 깨달았습니다.

1999년부터 2012년 사이에도 페이지는 여전히 페이지였습니다. 웹사이트에 처음 방문하면 HTML, CSS, 정적 자원을 전송받습니다. 그리고 다른 페이지로 이동하면 다른 HTML, 다른 정적 자원, 때때로 다른 CSS 파일을 다시 내려받습니다. 하지만 각 페이지 자체는 사용자 상호작용에 의해 바뀔 수 있으며, 서버에 애플리케이션 전체를 새로 요청하는 대신 자바스크립트에서 DOM을 직접 변경할 수도 있습니다. 서버에서 정보를 가져올 때는 XML이나 JSON으로 가져올 수 있고 굳이 HTML을 사용하지 않아도 됩니다. 가져온 정보는 자바스크립트에서 해석하고 그에 맞게 사용자 인터페이스를 변경할 수 있습니다. 2006년 제이쿼리가 등장하면서 DOM 조작과 네트워크 요청 처리의 부담을 크게 줄였습니다.

이러한 변화 대부분은 컴퓨터 성능과 브라우저가 발달하면서 이루어졌습니다. 웹 개발자들은 웹사이트나 웹 애플리케이션을 예쁘게 치장하는 작업을 굳이 서버에서 수행하고 다시 사용자에게 보낼 필요 없이, 사용자 컴퓨터에서 직접 할 수 있음을 깨달았고, 이런 작업의 종류도 점점 늘어났습니다.

이러한 접근 방식의 변화는 2000년대 후반, 스마트폰이 도입되면서 급격히 빨라졌습니다. 브라우저가 이전보다 더 많은 일을 할 수 있게 되었고, 사람들은 **무선 네트워크**를 통해 웹 애플리케이션을 사용하길 원했습니다. 이에 따라 데이터를 전송하는 부담이 크게 늘어났으며, 네트워크로 전송하는 양은 줄이고 브라우저가 하는 일은 늘리는 것을 선호하게 됐습니다.

2012년에는 이미 네트워크 사용량을 최소로 줄이고 브라우저에서 최대한 많은 일을 하는 것이 모범 사례로 자리 잡았습니다. 이렇게 풍부해진 환경은 단일 페이지 애플리케이션이라는 기법이 탄생할 수 있는 토양이 됐습니다.

아이디어는 단순합니다. 웹 애플리케이션을 구성하는 HTML, 자바스크립트, CSS는 **단 한 번만** 전송됩니다. 브라우저가 HTML을 전송받으면, DOM을 수정해 사용자가 다른 페이지로 이동한 것처럼 느끼게 하는 것은 자바스크립트가 담당합니다. 예를 들어 홈페이지에서 휴가 패키지 페이지로 이동한다고 해도 서버에서 다른 HTML을 전송하지는 않습니다.

물론 서버는 여전히 일을 합니다. 최신 데이터를 제공하고, 다중 사용자 애플리케이션에서 '통일된 정보 소스' 역할을 하는 것은 서버입니다. 하지만 SPA에서 애플리케이션이 사용자에게 어떻게 보이는가는 더 이상 서버와 관련이 없습니다. 사용자가 보는 것은 자바스크립트와 프레임워크에서 담당합니다.

첫 번째 SPA 프레임워크는 앵귤러였지만, 이제는 리액트, 뷰, 엠버^{Ember} 등도 강력한 경쟁 상대입니다.

웹 개발이 처음이고 SPA 형태로만 개발해봤다면 지금까지 한 얘기가 그냥 흥미로운 읽을거리로만 느껴지겠지만, 베테랑이라면 그동안 이루어진 패러다임 교체가 혼란스럽게 느껴질 수도 있습니다. 독자 여러분이 어느 쪽에 속하든 이번 장은 웹 애플리케이션을 SPA 형태로 서비스하는 방법과 익스프레스가 하는 역할을 이해할 수 있도록 썼습니다.

지금까지 이야기한 웹 개발의 역사에서 서버의 역할이 바뀌었음은 이해했을 테고, 익스프레스역시 그 부분에서 관련이 없지는 않습니다. 이 책의 초판을 발행했을 때 익스프레스는 여전히웹 2.0 기능을 지원하는 API와 함께 주로 다중 페이지 애플리케이션의 서버로 사용되었습니다. 하지만 이제 익스프레스는 웹 개발 방향의 변화를 반영해 주로 SPA, 개발 서버, API 용도로 사용됩니다.

그럼에도 불구하고 웹 애플리케이션에서 개별 페이지(브라우저에서 DOM을 조작하는 '범용'페이지가 아닌)를 전송하는 능력은 여전히 필요합니다. 얼핏 들으면 처음으로 돌아온 것처럼들리기도 하고 SPA의 장점을 포기하는 것처럼 들리기도 하지만, 사실 이를 위해 사용하는 기법은 SPA의 구조를 잘 반영합니다. 이 기법은 서버 사이드 렌더링(**SSR**)이라 불리며, 브라우저에서 개별 페이지를 생성할 때 사용하는 것과 같은 코드를 서버에서 사용해 최초 로딩 속도를 올립니다. 여기서 핵심은 서버에서 이것저것 판단할 필요가 없이, 브라우저가 특정 페이지를 생성하는 것과 같은 방법을 사용합니다. 이런 종류의 SSR은 보통 최초 로딩 속도를 올리고SEO에 기여하기 위해 사용합니다. SSR은 고급 주제이며 여기서 설명하지는 않겠지만 이런 흐름이 있다는 것은 알고 갑시다.

이제 SPA가 왜, 어떻게 생겨났는지에 관한 배경지식이 생겼으니 최근 사용할 수 있는 SPA 프레임워크에는 무엇이 있는지 알아봅시다.

16.2 SPA 프레임워크

현재 사용할 수 있는 SPA 프레임워크는 다음과 같습니다.

리액트

현재로서는 리액트가 앵귤러와 뷰를 제치고 SPA 분야의 강자로 떠올랐습니다. 리액트는 2018
년 무렵부터 사용자 통계에서 앵귤러를 제쳤습니다. 리액트는 오픈 소스 라이브러리이긴 하지
만 페이스북 프로젝트에서 처음 시작했으며, 페이스북은 여전히 리액트 개발에 활발히 참여하
고 있습니다. 메도라크 여행사는 리팩터링을 위해 리액트를 사용합니다.

앵귤러

많은 사람들이 SPA라는 말에 떠올리곤 하는 구글의 앵귤러는 엄청난 인기를 얻었지만 결국 리
액트에 따라잡혔습니다. 2014년, 앵귤러는 버전 2를 발표하면서 버전 1을 바닥부터 뒤집었는
데, 이 때문에 기존 사용자 상당수가 떨어져 나갔고 새로 진입하는 사용자도 매우 적었습니다.
필자는 이런 급변이(필요에 의한 것이었겠지만) 리액트가 앵귤러를 따라잡은 원인 중 하나였
다고 생각합니다. 앵귤러가 리액트에 비해 무척 무거운 프레임워크였다는 이유도 있습니다. 여
기엔 장단점이 모두 있습니다. 앵귤러는 완전한 애플리케이션을 만들 때 필요한 것을 모두 갖
췄고, 거의 모든 상황을 '앵귤러처럼' 해결할 수 있는 방법이 있었습니다. 이에 반해 리액트와
뷰는 개인의 선택과 창의성에 의존하는 부분이 많았습니다. 어느 쪽이 좋다고 확언할 수는 없
지만, 프레임워크가 크면 클수록 발전 속도는 느려지기 마련이며 이런 면에서 리액트는 혁신하
기에 유리했습니다.

뷰

뷰는 리액트에 도전하는 신생 프레임워크이며 에번 유Evan You가 단독으로 개발했습니다. 매우
짧은 시간에 인기를 얻었고 사용자들로부터 매우 호평을 받았지만, 아직 리액트에 비해 뒤처져
있습니다. 필자도 뷰를 써본 경험이 있고 뛰어난 문서화와 가벼움은 칭찬할 만하다고 생각하지
만, 개인적으로는 리액트의 구조와 철학을 더 좋아합니다.

엠버

엠버는 앵귤러와 비슷한 거대한 애플리케이션 프레임워크입니다. 엠버에도 활발한 개발 커뮤

니티가 존재하며, 리액트나 뷰만큼 혁신적이지는 않지만 기능이 훌륭하고 명쾌합니다. 하지만 필자는 가벼운 프레임워크를 훨씬 좋아하며, 이 때문에 리액트에 정착했습니다.

폴리머

필자는 폴리머Polymer를 써본 경험은 없지만 구글에서 지원하고 있으니 어느 정도 믿을 만하다고 생각합니다. 폴리머가 지향하는 방향에 관심을 가진 사람들은 많지만, 서둘러 받아들이는 사람은 별로 없는 것 같습니다.

기본적으로 강력한 프레임워크를 원한다면 앵귤러나 엠버를 고려하고 창의적인 표현과 혁신이 들어갈 공간이 필요하다면 리액트나 뷰를 고려해보세요. 필자는 폴리머가 어느 쪽인지는 아직 알 수 없지만, 관심을 가질 만한 가치는 있다고 생각합니다.

프레임워크는 살펴봤으니 이제 리액트로 넘어가서 메도라크 여행사를 리팩터링해봅시다.

16.3 리액트 앱 만들기[2]

리액트 앱을 시작하는 가장 좋은 방법은 create-react-app(CRA) 유틸리티를 사용하는 겁니다. CRA를 사용하면 유용한 템플릿, 개발자 도구, 베어본bare-bone 애플리케이션까지 만들어집니다. 또한 create-react-app은 설정도 최신으로 유지하므로 프레임워크에 신경 쓰지 않고 애플리케이션 개발에만 집중할 수 있습니다. 물론 어떤 시점에서 설정을 바꿔야겠다고 느끼면 애플리케이션을 '꺼낼' 수도 있습니다. 이렇게 하면 CRA로 최신 상태를 항상 유지하는 것은 불가능해지지만 대신 애플리케이션 설정 전체를 완전히 제어할 수 있습니다.

지금까지는 애플리케이션을 개발하면서 익스프레스 애플리케이션을 중심에 두고 있었지만, SPA는 완전히 다른 독립적 애플리케이션입니다. 이를 위해 애플리케이션 루트를 두 개로 분리합니다. 이 둘을 명확히 구분하기 위해, 익스프레스 애플리케이션이 존재하는 디렉터리는 **서버 루트**, 리액트 애플리케이션이 존재하는 디렉터리는 **클라이언트 루트**라고 구별해서 부르겠습니다. **애플리케이션 루트**는 이 두 디렉터리를 포함하는 디렉터리입니다.

---

2 옮긴이_ 부록 H.1을 참고해주세요.

애플리케이션 루트로 이동해서 **server** 디렉터리를 만듭니다. 이 디렉터리에 익스프레스 서버를 만듭니다. 클라이언트 앱이 들어갈 디렉터리는 만들지 마세요. CRA에서 필요한 작업을 할 겁니다.

CRA를 실행하기 전에 먼저 얀[3]을 설치해야 합니다. 얀은 npm과 비슷한 패키지 매니저이며 실제로 많은 부분에서 npm을 대체합니다. 얀이 리액트 개발에 필수는 아니지만 사실상 표준이며, 얀을 사용하지 않고 리액트 앱을 개발하는 것은 물길을 거슬러 헤엄치는 것만큼 어렵습니다. 얀과 npm 사이에는 세밀한 차이가 여러 가지 있지만, 여러분이 체감할 수 있는 차이는 `npm install` 대신 `yarn add`를 실행한다는 것 정도입니다. 얀을 설치하려면 `http://bit.ly/2xHZ2Cx`의 설명을 따라 하세요.

설치한 다음에는 애플리케이션 루트에서 다음 명령을 실행합니다.

```
yarn create-react-app client
```

다음에는 클라이언트 디렉터리로 이동해서 **yarn start** 명령을 실행합니다. 몇 초가 지나면 리액트 앱을 실행 중인 브라우저 창이 나타납니다.

이 터미널 창은 닫지 말고 그대로 둡니다. CRA는 실시간 리로드를 정말 잘 지원합니다. 소스 코드를 업데이트하면 즉시 서버 앱도 업데이트되고 브라우저도 자동으로 리로드됩니다. 일단 익숙해지고 나면 얀 없이는 개발하기가 싫어질 겁니다.

16.4 리액트 기본[4]

리액트는 문서화가 아주 잘 되어 있으므로 필자가 다시 설명할 필요는 없습니다. 리액트가 처음이라면 먼저 초보자 가이드[5]를 읽고, 주요 개념[6]도 읽어보세요.

리액트는 컴포넌트component로 구성됩니다. 리액트 앱에서 사용자가 보고, 조작하는 것은 거의

---

3 _https://yarnpkg.com_

4 옮긴이_ 부록 H.2를 참고해주세요.

5 _http://bit.ly/36VdKUq_

6 _http://bit.ly/2KgT939_

모두 리액트 컴포넌트입니다. `client/src/App.js` 파일을 열어보세요(시간이 지나면 CRA가 달라지므로 파일 콘텐츠는 책과 다를 수 있습니다).[7]

```
import React from 'react'
import {
  BrowserRouter as Router,
  Switch,
  Route,
  Link
} from 'react-router-dom'
import logo from './img/logo.png'
import './App.css'

import Vacations from './Vacations'

function Home() {
  return (
    <div>
      <h2>Welcome to Meadowlark Travel</h2>
      <ul>
        <li>Check out our "<Link to="/about">About</Link>" page!</li>
        <li>And our <Link to="/vacations">vacations</Link>!</li>
      </ul>
    </div>
  )
}

function About() {
  return (<i>coming soon</i>)
}

function NotFound() {
  return (<i>Not Found</i>)
}

function App() {
  return (
    <Router>
      <div className="container">
        <header>
          <h1>Meadowlark Travel</h1>
```

---

7 옮긴이_ 번역 시점에서 필자가 제공하는 깃허브의 소스 코드로 수정했습니다.

```
            <Link to="/"><img src={logo} alt="Meadowlark Travel Logo" /></Link>
          </header>
          <Switch>
            <Route path="/" exact component={Home} />
            <Route path="/about" exact component={About} />
            <Route path="/vacations" exact component={Vacations} />
            <Route component={NotFound} />
          </Switch>
        </div>
      </Router>
    )
}

export default App
```

리액트의 특징 중 하나는 **함수**가 UI를 생성한다는 겁니다. 여기서 확인할 수 있듯이 리액트 컴포넌트의 가장 단순한 형태는 HTML을 반환하는 함수입니다. HTML이 섞여 있으니 언뜻 보면 유효한 자바스크립트가 아닌 것처럼 보입니다. 리액트는 자바스크립트를 확장한 JSX를 사용합니다. JSX 문법은 이와 같이 HTML처럼 보이는 형태를 허용합니다. 사실 이것은 HTML이 아니라 리액트 요소를 만드는 구문이며, 리액트 요소의 목적은 DOM 요소에 대응하는 것입니다.

하지만 복잡한 것은 생략하고 그냥 HTML이라고 생각해도 문제는 없습니다. 여기서 **App**은 자신이 반환하는 JSX에 대응하는 HTML을 렌더링하는 함수입니다.

JSX는 HTML에 가깝지만 완전히 같은 것은 아니며 미묘한 차이가 있습니다. 예를 들어 `class` 대신 `className`을 사용했습니다. `class`는 자바스크립트의 예약어이기 때문입니다.

표현식을 쓸 수 있는 곳이라면 어디든 HTML을 사용할 수 있습니다. HTML 안에 중괄호를 써서 자바스크립트로 '돌아갈' 수도 있습니다.

```
const value = Math.floor(Math.random()*6) + 1
const html = <div>You rolled a {value}!</div>
```

이 예제에서 `<div>`는 HTML을 시작하고, `value`를 감싼 중괄호는 자바스크립트로 돌아가 `value`에 저장된 숫자를 반환합니다. 다음과 같이 인라인으로 계산할 수도 있습니다.

```
const html = <div>You rolled a {Math.floor(Math.random()*6) + 1}!</div>
```

유효한 자바스크립트 표현식은 뭐든 JSX의 중괄호에 쓸 수 있으며, 다른 HTML 요소도 가능합니다. 다음과 같이 목록을 렌더링하는 방법도 널리 쓰입니다.

```
const colors = ['red', 'green', 'blue']
const html = (
  <ul>
    {colors.map(color =>
      <li key={color}>{color}</li>
    )}
  </ul>
)
```

예제에서 두 군데를 눈여겨봐야 합니다. 첫 번째는 색깔을 <li> 요소로 변환해 반환한다는 겁니다. 이 부분은 매우 중요합니다. JSX는 **표현식**을 평가하는 방식으로 동작합니다. 따라서 <ul>에는 표현식이나 표현식 배열이 들어가야 합니다. 만약 map을 forEach로 바꾼다면 <li> 요소는 렌더링되지 않습니다. 두 번째는 <li> 요소가 key 프로퍼티를 받는 부분입니다. 리액트가 배열에 들어 있는 요소를 언제 다시 렌더링할지 파악하기 위해서는 각 요소에 고유한 키가 있어야 합니다. 예제에서는 배열 요소에 중복이 없으므로 그 값을 그대로 사용했지만, 보통은 ID를 쓰거나 사용할 수 있는 값이 없는 경우라면 아이템의 배열 인덱스를 사용합니다.

계속 진행하기 전에 client/src/App.js의 JSX 예제 몇 가지를 응용해보면서 익숙해지길 추천합니다. yarn start를 실행한 터미널을 계속 열어두기만 하면 소스 코드를 업데이트할 때마다 자동으로 브라우저에 반영되니 연습에 시간이 많이 걸리진 않을 겁니다.

리액트 기본을 마무리하기 전에 **상태** 개념을 좀 더 알아봅시다. 리액트 컴포넌트는 모두 자신만의 상태를 가질 수 있으며, 여기서 상태는 기본적으로 '컴포넌트에 연결된, 바뀔 수 있는 데이터'를 의미합니다. 장바구니가 좋은 예제입니다. 장바구니 컴포넌트 상태에는 아이템 목록이 들어갈 수 있습니다. 장바구니에 아이템을 추가하거나 제거할 때마다 컴포넌트 상태가 바뀝니다. 지나치게 단순해 너무 뻔한 개념으로 보일 수도 있지만, 리액트 애플리케이션을 만드는 과정은 사실 컴포넌트의 상태를 효율적으로 설계하고 관리하는 것으로 압축할 수 있습니다. 휴가 패키지 페이지를 만들 때 상태 예제를 살펴봅니다.

이제 메도라크 여행사 홈페이지를 만들어봅시다.

16.4.1 홈페이지

웹사이트의 기본적인 외형은 '레이아웃' 파일에 들어 있는 핸들바 뷰에서 결정했습니다. 우선 `<body>` 태그 내용부터 시작합시다(스크립트는 제외합니다).

```
<div class="container">
  <header>
    <h1>Meadowlark Travel</h1>
    <a href="/"><img src="/img/logo.png" alt="Meadowlark Travel Logo"></a>
  </header>
  {{{body}}}
</div>
```

이 파일은 리액트 컴포넌트로 리팩터링하기 매우 쉽습니다. 먼저 로고를 `client/src` 디렉터리에 복사합니다. **public** 디렉터리를 쓰지 않는 이유는 뭘까요? 크기가 작거나 자주 사용되는 이미지는 자바스크립트 번들에서 인라인으로 사용하는 것이 더 효율적이며, CRA에서 제공하는 번들 프로그램은 이를 지능적으로 처리합니다. CRA에서 만든 예제 앱은 로고가 `client/src` 디렉터리에 있다고 가정하지만, 필자는 이미지 자원을 서브디렉터리에 모으는 것을 선호하므로 `logo.png` 파일을 `client/src/img/logo.png`로 저장했습니다.

이해하기 어려운 부분은 `{{{body}}}`뿐입니다. 여기는 다른 뷰가 렌더링되는 곳, 즉 특정 페이지의 콘텐츠가 배치되는 장소입니다. 리액트에서도 기본 개념은 동일합니다. 콘텐츠는 모두 컴포넌트 형태로 렌더링되므로, 여기에서도 다른 컴포넌트를 렌더링합니다. 우선 빈 홈 컴포넌트로 시작하지만 곧 내용을 채울 겁니다.

```
import React from 'react'
import logo from './img/logo.png'
import './App.css'

function Home() {
  return (coming soon)
}

function App() {
  return (
    <div className="container">
      <header>
        <h1>Meadowlark Travel</h1>
```

```
        <img src={logo} alt="Meadowlark Travel Logo" />
      </header>
      <Home />
    </div>
  )
}

export default App
```

예제 앱이 CSS에서 사용한 방식을 그대로 따라 해서 CSS 파일을 만들고 임포트했습니다. 이 파일을 편집해서 원하는 스타일을 적용하면 됩니다. CSS로 HTML에 스타일을 적용하는 방법 자체는 변한 게 없으므로 그동안 하던 방식을 크게 바꿀 필요는 없습니다.

> **NOTE_** CRA는 린트 환경 역시 구성하므로 예제를 따라 하다 보면 CRA 터미널과 브라우저의 자바스크 립트 콘솔에서 경고가 출력됩니다. 이 경고는 우리가 단계별로 진행하고 있기 때문에 나타나며, 이 장을 끝낼 때쯤에는 모두 사라집니다. 만약 그 단계에서도 경고가 여전히 출력된다면 빼먹은 단계가 없는지 확인해보세 요. 저장소와 비교해봐도 됩니다.

16.4.2 라우팅

14장에서 배운 라우팅의 핵심 개념은 변하지 않았습니다. 여전히 URL 경로를 기준으로 사용 자가 인터페이스의 어떤 부분을 확인할지 결정합니다. 차이점은 그 판단을 클라이언트 애플리 케이션에서 수행한다는 것뿐입니다. 라우트에 따라 UI를 변경하는 것은 클라이언트 앱의 역할 입니다. 내비게이션에 새로운 데이터나 업데이트된 데이터가 필요할 때도, 데이터를 서버에서 가져올 때도 클라이언트 앱이 필요합니다.

리액트 앱의 라우팅에는 다양한 방법이 있고 사람마다 선호하는 것이 모두 다르지만, 가장 인 기 있는 라우팅 라이브러리는 리액트 라우터React Router[8]입니다. 필자는 개인적으로 리액트 라우 터를 그리 좋아하지 않지만 너무 광범위하게 사용되고 있으므로 언젠가 반드시 마주치게 될 겁 니다. 또한 썩 마음에 들지는 않더라도 없는 것보다는 나으니, 책에서는 리액트 라우터를 사용 합니다.

----

8 *http://bit.ly/32GvAXK*

먼저 리액트 라우터의 DOM 버전을 설치합니다(모바일 개발에 사용하는 리액트 네이티브 버전도 있습니다).

```
yarn add react-router-dom
```

이제 라우터를 연결하고, 어바웃 페이지와 낫 파운드 페이지를 추가합니다. 홈페이지에 사이트 로고도 다시 링크합니다.

```
import React from 'react'
import {
  BrowserRouter as Router,
  Switch,
  Route,
  Link
} from 'react-router-dom'
import logo from './img/logo.png'
import './App.css'

function Home() {
  return (
    <div>
      <h2>Welcome to Meadowlark Travel</h2>
      <p>Check out our "<Link to="/about">About</Link>" page!</p>
    </div>
  )
}

function About() {
  return (coming soon)
}

function NotFound() {
  return (Not Found)
}

function App() {
  return (
    <Router>
      <div className="container">
        <header>
          <h1>Meadowlark Travel</h1>
```

```
      <Link to="/"><img src={logo} alt="Meadowlark Travel Logo" /></Link>
    </header>
    <Switch>
      <Route path="/" exact component={Home} />
      <Route path="/about" exact component={About} />
      <Route component={NotFound} />
    </Switch>
  </div>
 </Router>
 )
}

export default App
```

첫 번째로 눈에 띄는 것은 애플리케이션 전체를 `<Router>` 컴포넌트로 감쌌다는 겁니다. 짐작하겠지만 이를 통해 라우팅이 가능해집니다. `<Router>` 안에서는 `<Route>`를 이용해 컴포넌트를 URL 경로에 따라 렌더링합니다. 콘텐츠 라우트는 `<Switch>` 컴포넌트 안에 두었으므로 한번에 컴포넌트 하나만 렌더링된다는 것을 보장합니다.

익스프레스에서 했던 라우팅과 리액트 라우터 사이에는 미묘한 차이가 있습니다. 익스프레스에서는 가장 먼저 일치한 것에 맞춰 페이지를 렌더링했고, 아무것도 일치하지 않으면 404 페이지를 렌더링했습니다. 리액트 라우터에서 경로는 컴포넌트를 어떻게 조합할지 판단하는 '힌트'일 뿐입니다. 이 방식은 익스프레스의 라우팅보다 유연합니다. 따라서 리액트 라우터의 라우트는 기본적으로 마지막에 별표(*)가 붙은 것처럼 동작합니다. 즉 / 라우트는 기본적으로 모든 페이지에 일치합니다. 페이지는 항상 슬래시로 시작하니까요. 이 때문에 **exact** 프로퍼티로 라우트가 익스프레스의 라우트처럼 동작합니다. 마찬가지로 **exact** 프로퍼티가 없으면 /about 라우트는 /about/contact와도 일치하게 됩니다. 바람직한 방향은 아닙니다. 메인 콘텐츠 라우팅에는 모든 라우트(404는 제외하고)에 **exact**를 쓰게 될 가능성이 높습니다. 이렇게 하지 않으려면 `<Switch>` 컴포넌트 안의 순서를 정확히 지켜야 합니다.

두 번째는 `<Link>`입니다. 왜 `<a>` 태그를 쓰지 않았는지 의아할 겁니다. `<a>` 태그의 문제는 설령 그 목적지가 같은 사이트라 하더라도 브라우저에서 '다른 곳'으로 간다고 판단해 서버에 HTTP 요청을 새로 보내므로, HTML과 CSS를 다시 내려받게 되어 SPA의 장점이 무색해집니다. 페이지 로드에는 문제가 없고 리액트 라우터도 정확히 동작하지만, 불필요한 네트워크 요청을 발생시키며 빠르지도, 효율적이지도 않습니다. 다음 코드에서 이 차이를 인지하고 SPA의 본질을 발견해봅시다. `<Link>`와 `<a>`를 사용해서 다음과 같이 내비게이션 요소를 두 개 만듭니다.

```
<Link to="/">Home (SPA)</Link>
<a href="/">Home (reload)</Link>
```

개발자 도구에서 네트워크 탭을 열고, 두 번째 아이콘을 눌러 현재 트래픽을 모두 삭제한 다음 [Preserve log] 옵션을 활성 상태로 만듭니다(크롬 기준). [Home (SPA)] 링크를 클릭하면 네트워크 트래픽이 전혀 발생하지 않습니다. 반면 [Home (reload)] 링크를 클릭하면 네트워크 트래픽이 발생합니다. 이것이 SPA의 본질입니다.

16.4.3 패키지 페이지 디자인

이제 순수한 프런트엔드 애플리케이션을 만들고 있는데, 그렇다면 익스프레스는 어디에서 개입하는 걸까요? 서버는 여전히 유일한 데이터 소스입니다. 더 구체적으로 말하자면 사이트에서 노출할 휴가 패키지의 데이터베이스를 관리하는 것이 서버의 역할입니다. 다행히 필요한 일은 15장에서 거의 다 했습니다. 휴가 패키지를 JSON 형식으로 반환하는 API를 만들었으니 리액트 애플리케이션에서 활용하기만 하면 됩니다.

이 둘을 조립하기 전에, 우선 패키지 페이지를 만들어봅시다. 렌더링할 패키지는 아직 존재하지 않지만 문제는 없습니다.

앞에서는 홈페이지 콘텐츠를 `client/src/App.js`에 담았는데, 일반적으로 좋은 방법은 아닙니다. 각 컴포넌트를 별도의 파일로 분리하는 편이 낫습니다. 따라서 `Vacations` 컴포넌트를 따로 만들어봅시다. 다음과 같이 `client/src/Vacations.js` 파일을 만듭니다.

```
import React, { useState, useEffect } from 'react'
import { Link } from 'react-router-dom'

function Vacations() {
  const [vacations, setVacations] = useState([])
  return (
    <>
      <h2>Vacations</h2>
      <div className="vacations">
```

```
        {vacations.map(vacation =>
          <div key={vacation.sku}>
            <h3>{vacation.name}</h3>
            <p>{vacation.description}</p>
            <span className="price">{vacation.price}</span>
          </div>
        )}
      </div>
    </>
  )
}
```

```
export default Vacations
```

아주 단순합니다. 여기서 반환하는 <div>에는 <div> 요소가 포함되고, 각각 휴가 패키지 하나입니다. 그러면 vacations 변수는 어디에서 오는 걸까요? 예제에서는 **리액트 훅**React Hook이라는 새로운 기능을 사용합니다. 훅을 사용하지 않았을 때는 컴포넌트에 상태(여기서는 휴가 패키지 리스트)를 구현하기 위해 클래스를 사용해야 했습니다. 훅을 사용하면 자신만의 상태를 가진 함수 기반 컴포넌트를 사용할 수 있습니다. Vacations 함수에서는 useState를 호출해 상태를 설정합니다. useState에는 빈 배열을 넘겨서 vacations의 상태 초깃값으로 사용했습니다(곧 다시 설명합니다). setState는 상탯값 자체(vacations)와 상태를 업데이트하는 방법(setVacations)을 담은 배열을 반환합니다.

왜 직접 vacations를 수정하지 않는지 의아할 수도 있습니다. 그저 배열일 뿐이니 push를 호출해 패키지를 추가하면 되지 않을까요? 그렇게 할 수도 있지만, 직접 추가하면 리액트의 상태 관리 시스템을 사용하지 않게 되므로 일관성, 성능, 컴포넌트 사이의 통신을 보장받을 수 없습니다.

패키지 리스트를 감싼 빈 컴포넌트(<>...</>)가 무엇인지도 궁금할 겁니다. 이를 **프래그먼트**fragment[9]라 부릅니다. 프래그먼트가 필요한 이유는 모든 컴포넌트가 반드시 요소 단 하나로 렌더링되어야 하기 때문입니다. 이 예제에는 <h2>와 <div> 두 요소가 있습니다. 프래그먼트가 하는 일은 이들 두 요소를 포함하면서 단일 요소로 렌더링되는 컨테이너 역할입니다.

아직 렌더링할 패키지가 없지만 Vacations 컴포넌트를 애플리케이션에 추가해봅시다. 우선

---

9 *http://bit.ly/2ryneVj*

`client/src/App.js`에서 휴가 패키지 페이지를 임포트합니다.

```
import Vacations from './Vacations'
```

다음에는 라우터의 `<Switch>` 컴포넌트 안에 라우트를 만듭니다.

```
<Switch>
  <Route path="/" exact component={Home} />
  <Route path="/about" exact component={About} />
  <Route path="/vacations" exact component={Vacations} />
  <Route component={NotFound} />
</Switch>
```

파일을 저장하면 애플리케이션이 자동으로 리로드되므로 아직 아무것도 없긴 하지만 /vacations 페이지로 이동합니다. 클라이언트의 인프라 구조는 거의 완성했으니 이제 익스프레스에서 할 일이 남았습니다.

16.4.4 휴가 패키지 페이지와 서버 통합[10]

필요한 작업은 거의 다 했습니다. 데이터베이스에서 패키지를 가져와 JSON 형식으로 반환하는 API 엔드포인트는 이미 만들어져 있습니다. 서버와 클라이언트가 통신하는 방법만 찾으면 됩니다.

15장에서 만든 걸로 시작하면 됩니다. 더 추가할 것은 없지만, 더 이상 필요하지 않은 것들을 제거할 수 있습니다.

- 핸들바와 뷰 지원(정적 자원을 처리하는 미들웨어는 남겨둡니다. 이유는 나중에 설명합니다)
- 쿠키와 세션(SPA에서도 쿠키를 사용할 수 있지만 서버의 도움은 필요하지 않습니다. 그리고 SPA에서는 세션을 완전히 새로운 관점에서 생각해야 합니다)
- 뷰를 렌더링하는 라우트 전체. 물론 API 라우트는 남겨둬야 합니다.

이를 제거하면 서버는 굉장히 단순해집니다. 그럼 어떤 것부터 시작할까요? 첫 번째로 할 일은

---

10 옮긴이_ 부록 H.2.1을 참고해주세요.

그동안 포트 3000을 사용했는데 CRA 개발 서버 역시 포트 3000을 사용한다는 문제를 해결하는 겁니다. 어느 쪽을 수정해도 마찬가지이므로 필자는 익스프레스 쪽을 수정하는 편입니다. 필자 개인적으로는 3033이라는 숫자의 발음이 좋아서 이 포트를 사용합니다. `ch16/server/meadowlark.js`에서 기본 포트를 설정한 방법을 기억해봅시다. 다음과 같이 바꾸기만 하면 됩니다.

```
const port = process.env.PORT || 3033
```

물론 환경 변수를 사용할 수도 있지만 이제부터 양쪽을 동시에 사용할 일이 많으므로 코드를 바꾸는 게 좋습니다.

두 서버가 모두 실행 중이니 둘 사이에서 통신이 가능합니다. 리액트 앱에서는 다음과 같이 통신합니다.

```
fetch('http://localhost:3033/api/vacations')
```

이 방법의 문제는 이런 형태의 요청을 애플리케이션 전체에서 해야 하고, 실무에서 사용하지 않을 `http://localhost:3033`를 사방에 뿌려야 하고, 동료의 컴퓨터에서는 포트가 달라서 실행되지 않을 수 있고, 테스트 서버에서도 포트가 달라서 실행되지 않을 수 있고... 문제가 아주 많습니다. 설정 관련 문제가 끝이 없을 겁니다. 물론 베이스 URL을 변수로 저장할 수도 있지만, 더 좋은 방법이 있습니다.

애플리케이션의 관점에서 보면 HTML, 정적 자원, API를 모두 같은 호스트, 포트, 프로토콜에서 가져오는 것이 이상적입니다. 이렇게 되면 아주 많은 것이 단순해지고 소스 코드의 일관성도 보장됩니다. 전부 같은 곳에서 가져온다면 호스트, 프로토콜, 포트를 모두 생략하고 `fetch(/api/vacations)`만 호출하면 됩니다. 아주 좋은 방법이고, 게다가 쉽기까지 합니다.

CRA 설정에는 **프록시** 지원도 포함되므로 웹 요청을 API에 전달할 수 있습니다. `client/package.json` 파일에 다음을 추가합니다.

```
"proxy": "http://localhost:3033",
```

위치는 중요하지 않습니다. 필자는 보통 `"private"`와 `"dependencies"` 사이에 넣는 편입니다. 이제 익스프레스 서버가 포트 3033에서 실행 중이기만 하면 CRA 개발 서버는 API 요청을 익스프레스 서버에 넘깁니다.

설정이 끝났으니 또 다른 리액트 혹인 **이펙트**effect로 패키지 데이터를 가져오고 업데이트해봅시다. 다음은 useEffect 혹을 사용한 Vacations 컴포넌트입니다.

```
function Vacations() {
  // 상태를 설정합니다.
  const [vacations, setVacations] = useState([])

  // 초기 데이터를 가져옵니다.
  useEffect(() => {
    fetch('/api/vacations')
      .then(res => res.json())
      .then(setVacations)
  }, [])

  return (
    <>
      <h2>Vacations</h2>
      <div className="vacations">
        {vacations.map(vacation =>
          <div key={vacation.sku}>
            <h3>{vacation.name}</h3>
            <p>{vacation.description}</p>
            <span className="price">{vacation.price}</span>
          </div>
        )}
      </div>
    </>
  )
}
```

컴포넌트 상태에 vacations 배열을 사용하는 것은 동일합니다. useEffect는 API를 호출해 패키지를 가져오고, 비동기적으로 세터setter를 호출합니다. useEffect의 두 번째 매개변수로 빈 배열을 넘겼습니다. 이렇게 하면 리액트는 이 이펙트를 컴포넌트가 연결될 때 단 한 번만 실행합니다. 얼핏 보면 좀 이상해 보일 수도 있지만 혹을 더 잘 알게 되면 아주 일관적인 방법임을 알 수 있습니다. 훅에 관한 자세한 정보는 리액트 훅 문서[11]를 참고하세요.

훅은 2019년 2월, 16.8 버전에 추가된 비교적 새로운 개념이므로, 리액트를 사용한 경험이 있더라도 훅에는 익숙하지 않을 수 있습니다. 필자는 훅이 리액트에서 아주 혁신적인 개념이라고 굳게 믿고 있습니다. 처음에는 좀 이상해 보일 수도 있지만, 훅을 통해 컴포넌트를 단순화할 수 있고 사람들이 종종 저지르는 상태 관련 실수를 줄일 수 있습니다.

서버에서 데이터를 가져오는 법을 배웠으니 이번에는 정보를 보내는 방법을 알아봅시다.

16.4.5 서버로 정보 전송

서버에 영향을 줄 수 있는 API 엔드포인트는 이미 가지고 있습니다. 패키지 재판매 알림 등록에 사용한 엔드포인트입니다. Vacations 컴포넌트를 판매 중지된 패키지 예약 폼으로 수정해봅시다. 리액트 방식에 따라 개별 패키지 뷰를 Vacation과 NotifyWhenInSeason 컴포넌트로 분리해 새 컴포넌트 두 개를 만듭니다. 컴포넌트 하나로도 가능하지만, 리액트 개발에서는 거대한 다목적 컴포넌트를 만들기보다 특정 용도에 사용하는 컴포넌트 여러 개를 만드는 걸 권합니다. 하지만 간결함을 위해 이들 컴포넌트를 개별 파일로 분리하는 것은 독자의 연습 문제로 남겨두겠습니다.

```
import React, { useState, useEffect } from 'react'

function NotifyWhenInSeason({ sku }) {
  return (
    <>
      Notify me when this vacation is in season:
      <input type="email" placeholder="(your email)" />
      <button>OK</button>
    </>
  )
}

function Vacation({ vacation }) {
  return (
    <div key={vacation.sku}>
      <h3>{vacation.name}</h3>
```

----

11 *http://bit.ly/34MGSeK*

```
      <p>{vacation.description}</p>
      <span className="price">{vacation.price}</span>
      {!vacation.inSeason &&
        <div>
          <p>This vacation is not currently in season.</p>
          <NotifyWhenInSeason sky={vacation.sku} />
        </div>
      }
    </div>
  )
}

function Vacations() {
  const [vacations, setVacations] = useState([])
  useEffect(() => {
    fetch('/api/vacations')
      .then(res => res.json())
      .then(setVacations)
  }, [])
  return (
    <>
      <h2>Vacations</h2>
      <div className="vacations">
        {vacations.map(vacation =>
          <Vacation key={vacation.sku} vacation={vacation} />
        )}
      </div>
    </>
  )
}

export default Vacations
```

inSeason이 false인 패키지가 있다면(데이터베이스를 변경하거나 초기화하지 않았다면
분명히 있습니다) 폼이 업데이트됩니다. 이제 API를 호출할 버튼을 만듭시다. 다음과 같이
NotifyWhenInSeason을 수정합니다.

```
function NotifyWhenInSeason({ sku }) {
  const [registeredEmail, setRegisteredEmail] = useState(null)
  const [email, setEmail] = useState('')
  function onSubmit(event) {
    fetch(`/api/vacation/${sku}/notify-when-in-season`, {
```

```
        method: 'POST',
        body: JSON.stringify({ email }),
        headers: { 'Content-Type': 'application/json' },
      })
      .then(res => {
        if(res.status < 200 || res.status > 299)
          return alert('We had a problem processing this...please try again.')
        setRegisteredEmail(email)
      })
    event.preventDefault()
  }
  if(registeredEmail) return (
    You will be notified at {registeredEmail} when
    this vacation is back in season!
  )
  return (
    <form onSubmit={onSubmit}>
      Notify me when this vacation is in season:
      <input
        type="email"
        placeholder="(your email)"
        value={email}
        onChange={(({ target: { value } }) => setEmail(value)}
        />
      <button type="submit">OK</button>
    </form>
  )
}
```

여기서 하는 일은 컴포넌트가 두 가지 값, 즉 사용자가 입력하는 이메일 주소와 [OK]를 눌렀을 때의 최종값을 추적하도록 합니다. 전자는 **제어 컴포넌트**controlled component라는 기법이며, 리액트 폼 문서[12]에 자세한 설명이 있습니다. 후자는 사용자가 [OK]를 눌렀을 때 UI를 그에 맞게 바꾸기 위해 추적합니다. registered 같은 단순한 불리언을 사용할 수도 있지만, 이 방법을 쓰면 사용자가 어떤 이메일로 등록했는지 알려주는 UI를 사용할 수 있습니다.

그밖에 API 통신을 위해 **POST** 메서드를 지정하고, 바디를 JSON으로 인코드하고, 콘텐츠 타입을 지정했습니다.

주목할 점은 어떤 UI를 반환하는지 판단하는 부분입니다. 사용자가 이미 등록했다면 단순한

....
12 *http://bit.ly/2X9P9qh*

메시지를 반환하며, 등록하지 않았다면 폼을 렌더링합니다. 이런 패턴은 리액트에서 아주 자주 쓰입니다.

작고 사소한 기능 하나를 위해 너무 많은 일을 한 것처럼 보입니다. API 호출에서 뭔가 문제가 생겼을 때 오류를 처리할 수 있긴 하지만 사용자 친화적이라고 하긴 어렵고, 이 페이지에 있는 동안에만 어떤 패키지에 등록했는지 컴포넌트가 기억합니다. 페이지를 떠났다가 다시 돌아오면 폼이 또다시 보입니다.

이 코드를 좀 더 매력 있게 만드는 방법도 있습니다. 우선 입력 인코딩과 오류 판단 작업의 복잡한 부분을 처리할 API 래퍼를 만듭니다. 사용하는 엔드포인트가 늘어날수록 가치가 있는 일입니다. 번거로운 폼 처리를 도와주는 리액트용 폼 처리 프레임워크도 다양합니다.

사용자가 어떤 패키지에 등록했는지 '기억'하는 문제는 좀 더 어렵습니다. 결국 필요한 것은 사용자의 등록 여부와 관계없이 패키지 객체에서 그 정보를 사용할 수 있도록 하는 방법입니다. 하지만 컴포넌트는 패키지에 대해 아무것도 모릅니다. 단지 SKU만 넘겨받았을 뿐입니다. 이제 **상태 관리**를 알아보면서 이 문제를 해결해봅시다.

16.4.6 상태 관리

리액트 애플리케이션의 계획과 설계의 핵심은 상태 관리이며, 보통은 단일 컴포넌트의 상태 관리가 아니라 여러 컴포넌트가 어떻게 상태를 공유하는가입니다. 예제 애플리케이션이 몇 가지 상태를 공유하긴 합니다. Vacations 컴포넌트는 컴포넌트에 Vacation 패키지 객체를 전달하고, Vacation 컴포넌트는 다시 NotifyWhenInSeason 리스너에 패키지 SKU를 전달합니다. 하지만 아직은 정보가 트리를 따라 **내려가기만** 합니다. 정보를 **위로** 보내려면 어떻게 해야 할까요?

가장 널리 쓰이는 접근법은 상태 업데이트를 담당하는 함수를 전달하는 겁니다. 예를 들어 Vacations 컴포넌트에 패키지를 수정하는 함수가 있어서 수정된 패키지를 Vacation에 전달하고, Vacation이 다시 NotifyWhenInSeason에 전달하는 형태입니다. NotifyWhenInSeason에서 이 함수를 호출해 패키지를 수정하면 트리 최상위에 있는 Vacations에서 이 변화를 인지하고 다시 렌더링되며, 이에 따라 자손들이 모두 다시 렌더링됩니다.

복잡하고 피곤하게 들리고, 또 실제로 그럴 수도 있지만, 도움이 되는 기법도 있습니다. 이런 기법은 무척 다양하고 개중에는 복잡한 것도 있어서 이 책에서 완전히 설명할 수는 없지만, 추가로 읽어볼 만한 기법 몇 가지를 소개합니다.

리덕스[13]

리덕스Redux는 리액트 애플리케이션에서 포괄적인 상태 관리가 필요할 때 사람들이 가장 먼저 떠올리는 것입니다. 리덕스는 최초로 공식화된 상태 관리 아키텍처 중 하나이며 여전히 매우 널리 쓰입니다. 리덕스 개념은 아주 단순하며 필자도 리덕스를 선호합니다. 여러분이 리덕스를 선택하지 않더라도 리덕스의 개발자인 댄 아브라모프Dan Abramov가 만든 사용법 영상[14]은 한 번 보길 추천합니다.

몹엑스[15]

몹엑스MobX는 리덕스 이후에 만들어졌습니다. 몹엑스는 짧은 시간 동안 상당히 많은 사용자에게 선택받았으며, 리덕스 다음으로 널리 쓰이는 상태 관리 아키텍처입니다. 몹엑스를 사용하면 코드 작성이 상당히 쉬워지지만, 필자는 애플리케이션이 확장될수록 리덕스의 가치가 더 높아진다고 생각합니다.

아폴로[16]

아폴로Apollo 자체는 상태 관리 라이브러리가 아니지만 종종 그런 용도로 사용됩니다. 아폴로는 사실 REST API의 대체재이며 리액트와 아주 잘 통합된 그래프QLGraphQL[17]의 프런트엔드 인터페이스입니다. 그래프QL을 사용하거나 관심이 있다면 아폴로 역시 알아둘 만합니다.

리액트 콘텍스트[18]

리액트 역시 콘텍스트 API를 발표하며 경쟁에 참여했고, 이 API는 이제 리액트에 통합됐습니다. 리액트 콘텍스트를 사용하면 템플릿을 덜 사용하고도 리덕스와 같은 일을 할 수 있습니다. 하지만 필자는 리액트 콘텍스트가 아직은 리덕스에 비해 부족하고, 애플리케이션이 확장될수

---

13 *https://redux.js.org*
14 *https://egghead.io/courses/getting-started-with-redux*
15 *https://mobx.js.org*
16 *https://www.apollographql.com*
17 *https://graphql.org*
18 *https://reactjs.org/docs/context.html*

록 리덕스가 더 낫다고 봅니다.

리액트를 처음 시작할 때는 애플리케이션의 복잡한 상태 관리를 무시해도 별 문제가 없을 수 있지만, 상태를 관리할 일관된 방법이 필요하다는 걸 곧 깨닫게 될 겁니다. 상태 관리의 필요성을 느낀다면 필자가 제시한 대안을 살펴보고 맞는 것을 택하길 바랍니다.

16.4.7 배포 옵션

지금까지는 CRA에 내장된 개발 서버를 사용했습니다. 개발 용도로는 최고의 선택이므로 다른 것은 필요 없습니다. 하지만 실무에 사용할 수는 없습니다. 다행히 CRA에는 실무에 최적화된 번들을 만들 수 있는 빌드 스크립트도 제공되고, 옵션도 다양하게 선택할 수 있습니다. 실무용 번들을 만들 때가 되면 yarn build를 실행해, build 디렉터리를 생성하세요. 이 디렉터리에 있는 자원은 모두 정적이며 어디든 배포할 수 있습니다.

필자는 최근 애플리케이션을 배포할 때 CRA 빌드를 정적 웹사이트 호스팅[19]과 함께 AWS S3에 올리는 편입니다. 물론 유일한 옵션은 절대 아닙니다. 주요 클라우드 서비스와 CDN은 모두 이와 비슷한 옵션을 제공합니다.

이 설정에서는 API 호출은 익스프레스 서버에서, 정적 번들은 CDN에서 전송되도록 해야 합니다. 필자는 AWS를 사용할 때 AWS 클라우드프런트AWS CloudFront[20]로 라우팅을 처리합니다. 정적 자원은 S3 버킷에서 전송하고 API 요청은 EC2 인스턴스나 람다Lambda에 있는 익스프레스 서버에서 처리합니다.

익스프레스에서 모든 일을 다 처리하도록 할 수도 있습니다. 이렇게 하면 애플리케이션 전체를 단일 서버에 집중하게 만들어 배포가 아주 단순해지고, 관리도 쉬워집니다. 확장성이나 성능에서는 최선의 선택이라 할 수 없지만 작은 애플리케이션에서는 충분합니다.

애플리케이션 전체를 익스프레스에서 처리하도록 하려면 yarn build를 실행했을 때 생성된 build 디렉터리 콘텐츠를 익스프레스 애플리케이션의 public 디렉터리에 복사합니다. 정적

----

19 *https://amzn.to/3736fuT*
20 *https://amzn.to/2KglZRb*

미들웨어가 연결되어 있기만 하면 `index.html` 파일은 자동으로 전송되며 할 일은 이게 전부입니다.

직접 테스트해보세요. 익스프레스 서버가 여전히 포트 3033에서 실행 중이라면, CRA 서버에서 서비스하는 애플리케이션을 `http://localhost:3033`에서도 똑같이 사용할 수 있습니다.

> **NOTE**_ CRA 개발 서버는 익스프레스 위에서 동작하는 `webpack-dev-server` 패키지를 사용합니다. 그러니 결국 익스프레스가 모든 일을 한다고 볼 수 있습니다.

16.5 마치며

이번 장에서는 리액트와 관련 기술을 간단히 알아봤습니다. 리액트를 더 깊이 알고 싶다면 알렉스 뱅크스Alex Banks와 이브 포르셀로Eve Porcello가 쓴 『러닝 리액트』(한빛미디어, 2018)를 읽어보길 추천합니다. 이 책에는 리덕스를 사용한 상태 관리에 대한 설명도 있습니다(아직 훅에 대한 설명은 없습니다). 또한 리액트 공식 문서[21] 에서도 자세한 내용을 확인할 수 있습니다.

SPA는 웹 애플리케이션에 관한 우리의 시각과 서비스 방법을 크게 바꾸었고 성능에 주목한 만큼, 특히 모바일 환경을 크게 개선했습니다. 익스프레스는 HTML 대부분이 서버에서 렌더링되던 시기에 개발되긴 했지만, SPA가 등장했다고 해서 익스프레스가 사장되는 것은 아닙니다. 오히려 그 반대로 단일 페이지 애플리케이션에서 API를 필요로 한다면 익스프레스에 더 주목해야 합니다.

또한 이번 장을 읽었다면 결국 이 모든 것이 브라우저와 서버 사이에서 데이터를 주고받는 것일 뿐임을 분명하게 이해해야 합니다. 바뀐 것은 오가는 데이터의 성격뿐이며, 동적으로 DOM을 수정해 HTML을 바꾸는 것에 익숙해지기만 하면 됩니다.

---

21 *http://bit.ly/37377Qb*

CHAPTER 17

정적 콘텐츠

정적 콘텐츠란 앱에서 전송하는 자원 중 요청에 따라 바뀌지 않는 자원을 말합니다. 정적 콘텐츠는 일반적으로 다음과 같습니다.

멀티미디어

이미지, 비디오, 오디오 파일입니다. 물론 이미지 파일을 즉석으로 생성할 수 있고 비디오와 오디오 역시 가능하긴 하지만, 멀티미디어 자원은 대부분 정적입니다.

HTML

웹 애플리케이션에서 뷰를 사용해 HTML을 동적으로 렌더링한다면 이런 HTML은 일반적으로 정적이라고 말하지 않습니다(성능을 올리기 위해 동적으로 HTML을 생성하고 캐시한 다음 정적 자원 형태로 전송할 수는 있습니다). SPA 애플리케이션은 일반적으로 정적 HTML 파일 단 하나를 클라이언트에 전송하며 이런 경우는 HTML을 정적 자원으로 간주합니다. 클라이언트에서 .html 확장자를 사용하도록 요구하는 것은 최근 트렌드에 맞지 않으므로 대부분의 서버는 이제 정적 HTML 자원을 확장자 없이 전송합니다(즉 /foo와 /foo.html은 같은 콘텐츠를 반환합니다).

CSS

서버에서 레스LESS, 사스Sass, 스타일러스Stylus 같은 추상화된 CSS 언어를 사용한다 하더라도 브

라우저가 받는 것은 정적 자원인 일반 CSS입니다.[1]

자바스크립트

서버에서 자바스크립트를 실행한다 해서 클라이언트 사이드에서 자바스크립트를 쓸 수 없는 것은 아닙니다. 클라이언트 사이드 자바스크립트는 정적 자원으로 간주합니다. 물론 조금 복잡한 부분도 있습니다. 백엔드와 클라이언트에서 공통으로 사용하는 코드가 있다면 어떨까요? 이 문제를 해결할 방법이 있긴 하지만, 결국 클라이언트에 전송되는 자바스크립트는 일반적으로 정적입니다.

이진 파일

PDF, 압축 파일, 워드 문서, 설치 파일 등이 모두 여기 속합니다.

> NOTE_ API만 만들고 있다면 정적 자원이 아예 없을 수도 있습니다. 이런 경우라면 이번 장은 건너뛰어도 됩니다.

17.1 성능 고려 사항

정적 자원을 처리하는 방법에 따라 웹사이트의 실제 성능이 크게 달라집니다. 멀티미디어를 많이 사용하는 사이트라면 차이가 더 커집니다. 성능에서 고려할 점은 크게 **요청 숫자를 줄이는 것**과 **콘텐츠 크기를 줄이는 것** 두 가지입니다.

둘 중에서는 HTTP 요청 숫자를 줄이는 것이 더 중요합니다. 무선 네트워크에서는 HTTP 요청을 만드는 부담이 아주 큰 편이므로 모바일 환경에서 특히 더 중요합니다. 요청 횟수는 자원 결합과 브라우저 캐싱 두 가지 방법으로 줄일 수 있습니다.

자원 결합은 프런트엔드 문제에 가깝습니다. 가능하다면 작은 이미지들을 합쳐서 스프라이트 sprite 하나로 만드는 편이 좋습니다. 그리고 CSS로 이미지의 일부분만 표시하도록 합니다. 스프

---

[1] 자바스크립트를 사용해서 브라우저에서 컴파일되지 않은 레스를 사용할 수도 있습니다. 하지만 이런 방법을 사용하면 성능이 떨어지므로 필자는 권장하지 않습니다.

라이트를 만들 때는 무료 서비스인 스프라이트패드^{SpritePad}[2]를 추천합니다. 이 서비스를 사용하면 스프라이트를 정말 편하게 만들 수 있고, 필요한 CSS도 만들 수 있습니다. 이보다 더 쉬운 방법은 없습니다. 스프라이트패드에서 무료로 제공하는 기능만 사용해도 충분하지만, 스프라이트를 아주 많이 만들 예정이라면 유료 플랜을 사용해도 아깝지 않을 겁니다.

브라우저 캐싱은 자주 사용하는 정적 자원을 클라이언트 브라우저에 저장하는 방식으로 HTTP 요청을 줄입니다. 브라우저는 캐싱을 자동화하기 위해 여러 가지를 지원하지만, 그냥 저절로 되는 것은 아닙니다. 정적 자원을 브라우저에서 캐시하려면 여러분이 직접 해야 할 일이 많습니다.

마지막으로 정적 자원의 크기를 줄여서 성능을 올립니다. 이 기법 중에는 데이터를 잃지 않고 크기를 줄이는 **무손실** 기법도 있고, 정적 자원의 품질을 떨어뜨려서 크기를 줄이는 **손실** 기법도 있습니다. 무손실 기법에는 자바스크립트와 CSS의 최소화, PNG 이미지 최적화가 포함됩니다. 손실 기법에는 JPEG와 비디오의 압축 레벨을 올리는 방법이 있습니다. 이번 장에서는 최소화와 번들(이 역시 HTTP 요청을 줄입니다)에 대해 설명합니다.

> `TIP` HTTP 요청을 줄이는 작업의 중요성은 HTTP/2가 널리 퍼짐에 따라 줄어들 수 있습니다. HTTP/2의 주요 개선점 중 하나는 요청과 응답의 다중화^{multiplexing}를 통해 여러 자원을 동시에 가져오는 부담을 줄이는 겁니다. 더 많은 정보는 일리아 그리고릭포르$^{Ilya\ Grigorikfor}$가 쓴 HTTP/2 소개[3]를 참고하세요.

17.2 콘텐츠 전송 네트워크

웹사이트를 실무에서 사용하려면 반드시 정적 자원을 인터넷 어딘가에서 서비스해야 합니다. HTML을 동적으로 생성하는 서버에서 정적 자원 역시 서비스한 경험이 있을 겁니다. 우리가 그동안 다룬 예제도 이 방법을 택했습니다. `node meadowlark.js`를 실행해서 만들어진 노드/익스프레스 서버가 HTML 역시 정적 자원으로 전송합니다. 하지만 사이트 성능을 최대로 끌어올리려면 정적 자원을 **콘텐츠 전송 네트워크**$^{content\ delivery\ network}$(CDN)에서 서비스해야 합니다. CDN은 정적 자원을 전송하는 데 최적화된 서버입니다. 이 서버는 브라우저 캐싱을 활성화하

---

[2] *http://bit.ly/33GYvwm*

[3] *http://bit.ly/34TXhxR*

는 특별한 헤더(곧 알아봅니다)를 사용합니다.

CDN은 위치 최적화(에지 캐싱^{edge caching}이라고도 합니다)를 사용해, 클라이언트에 가까운 서버에서 정적 콘텐츠를 전송합니다. 물론 인터넷은 아주 빠르지만, 수백 킬로미터 거리에서 전송하는 것보다 수십 킬로미터 거리에서 전송하는 것이 빠른 건 당연합니다. 파일 하나에서 줄어드는 시간은 아주 작겠지만, 사용자 수와 요청, 자원 숫자가 늘어날수록 이 효과는 급격히 커집니다.

정적 자원은 대부분 HTML 뷰에서 참조합니다. `<link>` 요소는 CSS 파일, `<script>`는 자바스크립트 파일, `<img>`는 이미지를 가져오며 멀티미디어에 관련된 태그도 있습니다. CSS에서 정적 자원을 참조하는 경우도 있으며 대개는 `background-image` 프로퍼티에서 사용합니다. 마지막으로 자바스크립트에서 정적 자원을 참조하는 경우도 있습니다. 자바스크립트 코드에서 동적으로 `background-image` 프로퍼티, `<img>` 태그를 삽입 또는 수정하는 것이 그 예입니다.

> **NOTE_** 일반적으로 CDN을 사용할 때는 CORS를 염려하지 않아도 됩니다. HTML에서 불러온 외부 자원은 CORS의 제약을 받지 않습니다. 에이잭스를 통해 불러온 자원에만 CORS를 활성화하면 됩니다(15장을 참고해주세요).

17.3 CDN을 고려한 설계

사이트 구조 역시 CDN 사용 방법에 영향을 줍니다. CDN 대부분은 들어오는 요청을 어디로 보낼지를 라우팅 규칙을 통해 결정합니다. 이 라우팅 규칙은 원하는 대로 만들 수 있지만, 보통은 정적 자원 요청을 한 위치(보통 CDN)로 보내고 동적 엔드포인트(동적 페이지나 API 엔드포인트) 요청을 다른 위치로 보내는 것이 일반적입니다.

CDN을 선택하고 설정하는 것은 방대한 주제이므로 이 책에서 설명하지는 않지만, CDN을 선택할 때 알아두면 도움이 될 만한 배경지식을 알아봅니다.

애플리케이션 구조를 만들 때 가장 간단한 방법은 동적 자원과 정적 자원을 구별해서 CDN 라우팅 규칙을 가능한 단순하게 만드는 겁니다. 동적 자원은 `meadowlark.com`에서 전송하고 정적 자원은 static.meadowlark.com에서 전송하는 식으로 서브도메인을 사용할 수도 있지만, 이 방법은 불필요한 복잡함을 동반하며 로컬 개발을 더 어렵게 만듭니다. 요청 경로를 이용하는 편이 더 쉽습니다. 예를 들어 /public/으로 시작하는 요청은 모두 정적 자원이고 그 외는 모두 동적 자원이라는 식으로 구별할 수 있습니다. 익스프레스에서 콘텐츠를 생성하거나, 익스프레스로 단일 페이지 애플리케이션 API를 만든다면 조금 달라질 수는 있습니다.

17.3.1 서버에서 렌더링하는 사이트

익스프레스를 사용해 HTML을 동적으로 렌더링하면 '/static/으로 시작하면 정적 자원이고 나머지는 전부 동적 자원이다'는 식으로 접근하기면 쉽습니다. 이 방법을 사용하면 (동적으로 생성되는) URL은 /static/으로 시작하지만 않으면 마음대로 만들어도 되고, 정적 자원만 /static/으로 시작하면 됩니다.

```
<img src="/static/img/meadowlark-logo-1.png" alt="Meadowlark Logo">
  Welcome to <a href="/about">Meadowlark Travel</a>.
```

지금까지는 정적 자원 전체를 루트 디렉터리에 저장한 것처럼 static 미들웨어를 사용했습니다. 즉 정적 자원 foo.png를 public 디렉터리에 저장했다면 URL 경로는 /static/foo.png가 아니라 /foo.png입니다. 물론 기존의 public 디렉터리 아래 static 서브디렉터리를 만들어, /public/static/foo.png 파일을 /static/foo.png URL에서 서비스할 수도 있지만 무의미한 행동입니다. 다행히 static 미들웨어를 사용하면 그런 바보 같은 일은 하지 않아도 됩니다. 다음과 같이 app.use를 호출할 때 다른 경로를 지정하기만 하면 됩니다.

```
app.use('/static', express.static('public'))
```

이렇게 하면 개발 환경에서도 실무와 똑같은 URL을 쓸 수 있습니다. public 디렉터리와 CDN을 같은 구조로 운영하기만 한다면 개발과 실무 양쪽에서 정적 자원을 똑같이 참조할 수 있으므로 더 부드럽게 두 환경을 오갈 수 있습니다.

CDN 라우팅은(CDN 문서를 참조해야겠지만) 대략 다음과 같은 형태가 됩니다.

URL 경로	라우팅 대상
/static/*	CDN 정적 파일 저장소
/*(나머지 전부)	노드/익스프레스 서버, 프록시, 로드 밸런서

17.3.2 단일 페이지 애플리케이션

단일 페이지 애플리케이션은 일반적으로 서버에서 렌더링하는 사이트와 정반대입니다. API만 서버로 보내지고, 나머지는 전부 정적 파일 저장소를 향합니다.

16장에서 본 것처럼 애플리케이션에서 사용할 실무 번들을 만들어야 하며, 이 번들에는 CDN 에 업로드할 정적 자원도 포함됩니다. 따라서 API 라우팅이 정확히 만들어졌는지만 확인하면 됩니다. 라우팅은 대략 다음과 같은 형태가 됩니다.

URL 경로	라우팅 대상
/api/*	노드/익스프레스 서버, 프록시, 로드 밸런서
/*(나머지 전부)	CDN 정적 파일 저장소

개발과 실무를 틈 없이 오고갈 수 있도록 애플리케이션 구조를 만들었으니, 이제 캐싱과 성능을 알아봅시다.

17.4 정적 자원 캐싱

브라우저가 정적 자원을 언제, 어떻게 캐시할지 판단하는 기준인 HTTP 응답 헤더를 알아두면 익스프레스에서 정적 자원을 전송하든, CDN을 사용하든지와 관계없이 도움이 됩니다.

Expires/Cache-Control

자원을 얼마나 오랫동안 캐시할지 정합니다. 이 헤더로 어떤 자원을 한 달 동안 캐시하도록 지정하면, 브라우저는 해당 자원이 캐시에 존재하는 동안은 다시 내려받지 않습니다. 하지만 개발자가 제어할 수 없는 이유 때문에 브라우저가 캐시에서 자원을 삭제할 가능성이 있습니다. 예를 들어 사용자가 직접 캐시를 비울 수도 있고, 사용자가 더 자주 방문하는 곳에서 자원을 캐시할 공간을 확보하기 위해 브라우저가 여러분의 사이트에서 캐시한 자원을 삭제할 수도 있습니다. 두 헤더 중 하나만 사용하면 되고, 둘 중 Expires가 더 널리 지원합니다. 자원이 캐시 안에 존재하고 아직 만료되지 않았으면 브라우저는 GET 요청을 아예 보내지 않으므로 성능이 향상됩니다. 모바일에서는 이 혜택이 더 큽니다.

Last-Modified/ETag

이 두 헤더는 일종의 버전 관리 역할을 합니다. 브라우저는 자원을 가져오기 전에 먼저 이 헤더를 검사합니다. 서버에 GET 요청을 보내는 것은 마찬가지이지만, 이들 헤더를 검사한 결과, 자원이 바뀌지 않았다고 확인되면 파일을 실제로 내려받지 않습니다. 이름에서 짐작할 수 있듯 Last-Modified는 자원을 마지막으로 수정한 날짜를 기록합니다. ETag에는 임의의 문자열을 기록할 수 있는데, 보통 버전 문자열이나 콘텐츠 해시를 사용합니다.

정적 자원을 전송할 때는 Expires 헤더와 **함께** Last-Modified 또는 ETag 헤더를 사용해야 합니다. 익스프레스에 내장된 static 미들웨어는 Cache-Control 헤더를 설정할 뿐 Last-Modified나 ETag는 설정하지 않습니다. 개발에는 적합하지만 실무에는 큰 도움이 되지 않습니다.

AWS 클라우드프런트, 마이크로소프트 애저, 패스틀리Fastly, 클라우드플레어Cloudflare, 아카마이Akamai, 스택패스StackPath 같은 CDN으로 정적 자원을 전송하면 이런 세부 사항 대부분을 CDN에서 해결합니다. 세부 설정을 더 다듬을 수도 있지만, 이들 서비스에서 제공하는 기본 설정만 사용해도 충분합니다.

17.5 정적 콘텐츠 수정

캐싱은 웹사이트 성능을 상당히 향상시키지만 부작용도 있습니다. 정적 자원을 수정한다 하더라도 클라이언트는 브라우저에 캐시된 버전이 만료되기 전에는 수정하기 전의 자원을 보게 됩니다. 구글은 캐시를 최소 한 달, 가능하면 일 년 동안 유지하기를 권합니다. 어떤 사용자가 매일 같은 브라우저로 여러분의 웹사이트에 접속한다고 하면, 그 사람은 어쩌면 일 년 동안 업데이트되지 않은 내용을 볼 수도 있습니다.

당연히 바람직한 결과가 아니며, 사용자에게 캐시를 삭제하라고 말할 수도 없습니다. 캐시 버스팅^{cache busting}으로 문제를 해결할 수 있습니다. **캐시 버스팅**은 사용자의 브라우저가 자원을 다시 내려받도록 강제하는 기법입니다. 보통은 `main.2.css`, `main.css?version=2`처럼 자원에 버전 번호를 붙이거나 `main.e16b7e149dccfcc399e025e0c454bf77.css`처럼 일종의 해시를 추가하는 식으로 사용합니다. 어떤 방법을 사용하든 자원을 업데이트하면 그 이름이 바뀌므로 브라우저는 해당 자원을 다시 내려받습니다.

멀티미디어 자원에도 같은 방법을 적용합니다. 로고(`/static/img/meadowlark_logo.png`)를 예로 들어봅시다. 이 파일을 CDN에 올리고 만료 기간을 일 년으로 지정한 다음 로고를 바꾸면, 사용자는 최장 일 년 동안 로고가 업데이트된 사실을 모를 수도 있습니다. 하지만 로고 파일의 이름을 `/static/img/meadowlark_logo-1.png`로 바꾸고 HTML에도 그 이름을 반영하면 브라우저는 새로운 자원이라고 판단하고 다시 내려받습니다.

`create-react-app` 같은 단일 페이지 애플리케이션 프레임워크에서는 자원 번들에 해시를 붙여서 실무에 사용하기 적절하게 만듭니다.

프레임워크를 사용하지 않는다면 **번들러**^{bundler}를 사용해야 할 수도 있습니다(사실 SPA 프레임워크도 번들러를 사용합니다). 번들러는 자바스크립트, CSS, 기타 정적 자원을 가능한 적은 숫자로 합치고 그 결과를 최소화해서 용량을 줄입니다. 번들러 설정은 지나치게 방대하므로 책에서 다룰 수 없지만 문서화가 잘 되어 있습니다. 지금 가장 널리 쓰이는 번들러는 다음과 같습니다.

웹팩[4]

웹팩은 최초로 성공한 번들러 중 하나이며 여전히 사용자가 많습니다. 웹팩은 아주 강력하지만, 학습 곡선^{learning curve}이 상당히 가파릅니다. 기초 정도는 알아두길 추천합니다.

---

4 `https://webpack.js.org`

파셀[5]

파셀Parcel은 최근에 개발된 번들러이며 급격히 성장했습니다. 파셀은 상당히 훌륭하게 문서화되어 있고, 아주 빠르며, 무엇보다 배우기 정말 쉽습니다. 번거로움 없이 신속하게 작업을 완료하고 싶다면 파셀을 사용해보세요.

롤업[6]

롤업Rollup은 웹팩과 파셀의 중간 정도에 위치합니다. 롤업은 웹팩과 비교할 수 있을 만큼 강력하고 기능도 다양합니다. 하지만 웹팩보다는 사용하기 쉽고, 파셀보다는 더 복잡합니다.

17.6 마치며

정적 자원은 단순해 보이지만 복잡한 문제를 일으킬 수 있습니다. 하지만 방문자에게 실제로 전송되는 데이터는 대부분 정적 자원이므로, 시간을 투자해 최적화할 가치가 충분합니다.

아직 언급하진 않았지만, 처음부터 정적 자원을 CDN에 호스팅하고 뷰와 CSS에는 항상 자원의 전체 URL을 사용하는 방법도 있습니다. 단순하다는 장점이 있긴 하지만 그만큼 손을 바삐 놀려야 합니다.

번들과 최소화를 정교하게 준비하는 것도 당장 애플리케이션 성능을 끌어올리지 못하는 것 같겠지만, 시간을 투자할 가치가 있습니다. 사이트에서 자바스크립트 파일을 한두 개 정도만 사용하고 모든 CSS가 파일 하나에 모여 있다면 번들링 자체가 의미 없어 보일 수도 있습니다. 하지만 실무 애플리케이션은 시간이 지나면서 복잡해지기 마련입니다.

정적 자원을 어떤 방법으로 전송하든, 필자는 이들을 따로 호스팅하길 권하며 가능하면 CDN을 사용하길 추천합니다. 번거로운 일처럼 들리겠지만, 생각보다 어렵지 않습니다. 배포 시스템에 조금 시간을 투자하면 정적 자원과 애플리케이션을 자동으로 서로 다른 곳에 호스팅할 수도 있습니다.

CDN 호스팅 비용이 부담된다면 지금 호스팅에 얼마나 예산을 투자하고 있는지 파악해보세

---

5 *https://parceljs.org*
6 *https://rollupjs.org*

요. 호스팅 서비스는 대부분 사용량 단위로 요금을 책정합니다. 어느 날 갑자기 여러분의 사이트가 유명해진다면, 상상도 못했던 호스팅 요금이 부과될 수 있습니다. 간단한 예를 하나 들자면, 필자가 한때 관리했던 중견 기업의 웹사이트는 대략 한 달에 20GB 정도를 사용했고 그중 미디어 파일 비율이 아주 높았음에도 불구하고, 정적 자원 호스팅에 쓴 비용은 한 달에 고작 몇 달러에 불과했습니다.

정적 자원을 CDN에 호스팅해서 얻을 수 있는 성능 이득은 대단히 크며, 그에 비해 추가되는 비용과 작업량은 무시할 수 있을 정도로 적습니다. 따라서 필자는 CDN을 적극 추천합니다.

CHAPTER 18

보안

최근 대부분의 웹사이트와 애플리케이션에는 어떤 형태로든 보안 수단이 갖춰져 있습니다. 사용자가 로그인해야 하거나 개인 식별 정보personally identifiable information (PII)를 저장해야 한다면 사이트에 보안 수단을 구현해야 합니다. 이번 장에서는 안전한 웹사이트를 만드는 기초인 보안 HTTP Secure (HTTPS)와 함께 인증 메커니즘을 설명합니다. 인증은 서드파티 인증에 주력합니다.

보안은 책 전체를 할애해야 하는 방대한 주제이므로 여기서는 기존 인증 모듈을 활용하는 데 초점을 맞춥니다. 인증 시스템을 직접 만드는 것도 물론 가능하지만, 할 일이 무척 많고 복잡합니다. 이번 장 후반에는 서드파티 로그인을 권하는 이유도 알아봅니다.

18.1 HTTPS

안전한 서비스를 만드는 첫 단계는 HTTPS입니다. 인터넷은 그 구조상 클라이언트와 서버 사이를 오가는 패킷을 제 3자가 가로챌 수 있습니다. HTTPS는 이 패킷을 암호화해서 공격자가 정보에 접근하기 대단히 어렵게 만듭니다. 필자는 '아주 어렵다'고 했지 '불가능'하다고는 하지 않았습니다. 완벽한 보안은 존재하지 않습니다. 하지만 HTTPS는 은행 거래, 기업 비밀, 헬스케어 분야에서도 사용할 수 있을 만큼 충분히 안전하다고 평가받고 있습니다.

HTTPS는 웹사이트 보안을 위한 일종의 기초입니다. HTTPS 자체가 인증을 제공하는 것은 아니지만 인증의 기반은 됩니다. 예를 들어 인증 시스템을 만든다면 아마 비밀번호를 전송할 겁니다. 그런데 이 비밀번호가 암호화되지 않는다면 인증 시스템을 아무리 철저하게 만든다 한들 보안은 이미 깨진 거나 다름없습니다. 보안의 강력함은 그 구성 요소 중 가장 약한 것을 기준으로 봐야 합니다. 그리고 이 구성 요소 중 첫 번째가 네트워크 프로토콜입니다.

HTTPS 프로토콜은 서버에 **공개 키 인증서**^{public key certificate}(SSL 인증서)를 둡니다. 현재 SSL 인증서의 표준 형식은 **X.509**라 불립니다. 인증서의 기본 개념은 인증서를 발급하는 **인증 기관**^{certificate authority}(CA)이 있다는 것입니다. 인증 기관은 브라우저 제조사가 **신뢰할 수 있는 루트 인증서**를 사용할 수 있게 합니다. 브라우저를 설치할 때 이 신뢰할 수 있는 루트 인증서가 같이 설치되며, 이 인증서가 CA와 브라우저 사이의 신뢰 관계를 보장합니다. 이 신뢰 관계가 작동하기 위해서는 서버에 반드시 CA가 발급하는 인증서를 사용해야 합니다.

따라서 HTTPS를 사용하려면 CA에서 인증서를 받아야 합니다. 어떻게 발급받을 수 있을까요? 크게 말하자면 직접 만들거나, 무료 CA에서 발급받거나, 상업적 CA에서 구입할 수 있습니다.

18.1.1 인증서 직접 생성

인증서는 쉽게 만들 수 있지만, 이런 인증서는 일반적으로 개발과 테스트 목적에만 사용해야 합니다(인트라넷에는 가능할 수도 있습니다). 인증서는 계층 구조를 가지므로 브라우저는 자신이 알고 있는 CA에서 생성한 인증서만 신뢰합니다. 여러분이 만든 인증서는 신뢰하지 않습니다. 웹사이트에서 브라우저가 알지 못하는 CA의 인증서를 사용하면 브라우저는 상당히 완고한 태도로 '미확인된(따라서 신뢰할 수 없는) 수단을 통해 보안 통신을 사용하고 있다'고 경고합니다. 개발과 테스트 단계에서는 그냥 경고를 무시해도 됩니다. 여러분과 동료들은 직접 만든 인증서를 사용한다는 사실을 알고 있고, 브라우저가 경고할 것도 알고 있습니다. 하지만 이런 웹사이트를 실무에 사용한다면 외면받을 것이 당연합니다.

> **NOTE_** 만약 브라우저의 배포와 설치를 관리할 수 있다면 브라우저를 설치할 때 직접 만든 루트 인증서 역시 자동으로 설치할 수 있습니다. 이 브라우저를 사용하면 웹사이트에 접속할 때 경고를 받지 않습니다. 하지만 꽤 어려운 방법이며, 사용할 브라우저까지 선택할 수 있는 환경에서나 가능한 방법입니다. 이렇게 해야 할 정말 확고한 이유가 있지 않다면, 보통 득보다 실이 더 많습니다.

인증서를 만들기 위해서는 OpenSSL이 필요합니다. [표 18-1]에 설치 방법을 정리했습니다.

표 18-1 운영체제별 설치 방법

운영체제	방법
맥OS	brew install openssl
우분투, 데비안	sudo apt-get install openssl
기타 리눅스	http://www.openssl.org/source/에서 내려받은 tarball 파일의 압축을 풀고 가이드를 따라 하세요.
윈도우	http://gnuwin32.sourceforge.net/packages/openssl.htm에서 내려받아 설치하세요.

TIP 윈도우 사용자라면 OpenSSL 설정 파일의 위치를 지정해야 하는데, 윈도우 경로명 때문에 조금 어려울 수 있습니다. 가장 간단한 방법은 openssl.cnf 파일을 찾은 다음(보통 설치된 곳 안의 share 디렉터리 안에 있습니다), openssl 명령어를 실행하기 전에 먼저 SET OPENSSL_CONF=openssl.cnf 명령으로 환경 변수 OPENSSL_CNF를 설정하는 것입니다.

OpenSSL을 설치했으면 다음과 같이 개인 키$^{private\ key}$와 공개 인증서를 생성합니다.

```
openssl req -x509 -nodes -days 365 -newkey rsa:2048 -keyout meadowlark.pem
-out meadowlark.crt
```

국가 코드, 도시, 주, 전체 주소 도메인 이름$^{fully\ qualified\ domain\ name}$(FQDN), 이메일 주소 같은 세부 사항을 입력해야 합니다. 이 인증서는 개발과 테스트 목적이므로 값은 별로 중요하지 않습니다. 사실 이들은 전부 옵션이지만, 비워두면 브라우저가 이 인증서를 더욱 의심합니다. FQDN은 브라우저에서 도메인을 식별할 때 사용합니다. 따라서 localhost를 사용하고 있다면 그걸 써도 되고, 서버의 IP 주소나 서버 이름을 써도 됩니다. URL의 도메인과 FQDN이 일치하지 않아도 암호화는 작동하지만, 브라우저에서 추가 경고를 표시할 겁니다.

이 명령어를 자세히 알고 싶다면 OpenSSL 문서 페이지[1]를 확인하세요. 문서를 읽지 않더라도, -nodes 옵션이 노드와는 아무 상관이 없다는 것은 알아두는 게 좋습니다. 이 옵션은 개인 키에 DES 암호화를 적용하지 않는다는 뜻인 'no DES'입니다.

----

1 http://bit.ly/2q64psm

명령어를 실행하면 `meadowlark.pem`과 `meadowlark.crt` 파일이 만들어집니다. `.pem` 파일이 개인 키 파일이며 클라이언트에 전송되면 안 됩니다. `.crt` 파일은 서명된 인증서이며 이 파일을 브라우저에 보내서 보안 연결을 만듭니다.

또는 `http://bit.ly/354ClEL`처럼 서명된 인증서를 무료로 제공하는 웹사이트도 있습니다.

18.1.2 무료 인증 기관

HTTPS는 신뢰를 기초로 운영되지만, 인터넷에서 신뢰를 얻는 가장 쉬운 방법이 구입하는 방법이라는 것은 좀 씁쓸한 현실입니다. 하지만 어쩔 수 없는 일이기도 합니다. 보안 인프라를 구축하고 인증서를 보증하고 브라우저 공급 업체와의 관계를 유지하려면 비용이 많이 듭니다.

실무에 사용할 인증서를 꼭 구입해야만 하는 것은 아닙니다. Let's Encrypt[2]는 오픈 소스로 만들어졌고 무료인 자동 CA입니다. 사실 호스팅 서비스의 일환으로 인증서를 무료로 제공하거나 저렴하게 판매하는 곳(예를 들어 AWS)과 계약하지 않았다면 Let's Encrypt도 괜찮은 대안입니다. Let's Encrypt의 최대 단점은 인증서 수명이 최대 90일이라는 겁니다. 하지만 Let's Encrypt에서 아주 쉽게 자동으로 인증서를 갱신할 수 있다는 점과 자동 갱신을 60일마다 수행해 인증서가 만료되지 않게 하는 설정을 제공한다는 점에서 그다지 큰 단점은 아닙니다.

코모도^{Comodo}나 시만텍^{Symantec} 같은 주요 인증서 공급사들도 30일에서 90일 정도 유지되는 무료 체험판 인증서를 제공합니다. 실무에 들어가기 전에 상업용 인증서를 테스트해보기만 할 생각이라면 이 인증서로도 충분합니다.

18.1.3 인증서 구입

현재 주요 브라우저에서 지원하는 약 50가지 루트 인증서의 90%는 시만텍, 코모도 그룹, 고대디^{GoDaddy}, 글로벌사인^{GlobalSign}에서 공급합니다. CA에서 인증서를 직접 구입하면 보통 일년에 300달러 이상을 지불해야 하므로 상당히 부담스럽습니다. 하지만 리셀러^{reseller}를 통해 구입하면 일 년에 10달러 이하의 가격으로 SSL 인증서를 구매할 수도 있습니다.

---

2 `https://letsencrypt.org`

무엇을 위해 비용을 지불하는지, 인증서에 왜 10달러, 150달러, 300달러(또는 그 이상)를 지불하는지 정확히 이해해야 합니다. 첫 번째로 이해해야 할 중요한 포인트는 10달러짜리 인증서와 1500달러짜리 인증서 사이에 암호화 수준의 차이는 전혀 없다는 겁니다. 인증 기관은 마케팅을 통해 이 사실을 감추기 위해 최선을 다합니다.

상업용 인증서를 선택했다면, 다음 세 가지를 고려하길 추천합니다.

고객 지원

브라우저 지원, 설치 문제, 번거로운 갱신 과정 등 인증서에 어떤 문제가 있다면 고객 지원이 잘 갖춰진 인증 기관의 도움을 받을 수 있습니다. 고객 지원이 꼭 필요하다면 비싼 인증서도 생각해볼 만합니다. 대개는 호스팅 업체에서 인증서를 재판매하며, 필자의 경험으로는 호스팅 업체의 고객 지원도 꽤 괜찮습니다. 그들도 고객을 유지해야 하니까요.

단일 도메인, 다중 서브도메인, 와일드카드, 다중 도메인 인증서

보통은 **단일 도메인** 인증서가 가장 저렴합니다. 하지만 meadowlarktravel.com에 사용할 인증서를 구입하면, 이 인증서는 www.meadowlarktravel.com에서는 동작하지 않습니다. 그 반대도 마찬가지입니다. 따라서 필자는 단일 도메인 인증서는 피하는 편이지만, 예산이 정말 제한적이라면 이런 인증서도 어떻게든 쓸 수는 있습니다. 예를 들어 리디렉트를 통해 인증된 도메인으로 요청을 돌리는 방법도 있습니다. **다중 서브도메인 인증서**를 구입하면 www.meadowlarktravel.com, blog.meadowlarktravel.com, shop.meadowlarktravel.com 등을 인증서 하나로 모두 커버할 수 있지만, 나중에 어떤 서브도메인으로 확장할지 미리 알 수 없다는 문제가 있습니다.

향후 일 년 사이에 HTTPS 지원이 필요한 서브도메인을 추가할 계획이라면 **와일드카드 인증서**가 더 나을 수도 있습니다. 이들은 조금 더 비싸지만, 어떤 서브도메인이든 동작하며 서브도메인을 명시할 필요조차 없습니다.

마지막으로 더 비싼 **다중 도메인 인증서**가 있습니다. 이 인증서는 meadowlarktravel.com, meadowlarktravel.us처럼 도메인 자체가 달라도 지원합니다.

도메인, 기관, 확장 인증서

인증서에는 도메인, 기관, 확장^{extended validation}(EV) 세 가지 종류가 있습니다. **도메인 인증서**는 이름에서 알 수 있듯이 도메인 소유자임을 증명합니다. 반면 **기관 인증서**는 실제 존재하는 기관 (업체)임을 증명합니다. 이 인증서는 발급받기가 좀 더 어렵습니다. 보통 서류 작업이 필요하 며 주 또는 국가에서 발행하는 증명, 실제 주소 등을 제출해야 합니다. 인증 기관에 따라 요구 하는 문서가 다르므로 이런 인증서를 발급받기 위해서는 반드시 판매자에게 확인해야 합니다. **EV 인증서**는 인증서 중에서 가장 비쌉니다. 기관 인증서와 마찬가지로 해당 기관의 존재를 증 명해야 하며, 요구하는 증빙 자료의 수준이 높을 뿐만 아니라 데이터 보안에 대한 감사를 요구 할 수도 있습니다(최근에는 줄어드는 추세입니다). 이런 인증서는 도메인 하나에 최소 150달 러 이상입니다.

필자는 도메인 인증서나 EV 인증서를 추천합니다. 기관 인증서는 기관의 존재를 증명하기는 하지만, 브라우저에서는 아무 차이도 없습니다. 사용자가 직접 인증서를 살펴보기 전에는(매 우 드뭅니다) 기관 인증서와 도메인 인증서 사이에 아무 차이가 없습니다. 반면 EV 인증서는 적법한 비즈니스라는 표시가 브라우저에 나타납니다(URL 바가 녹색으로 표시되고 기관 이름 앞에 SSL 아이콘이 나타남).

SSL 인증서를 다뤄본 경험이 있다면 필자가 왜 인증서 보험을 언급하지 않는지 궁금할 겁니다. 필자가 이를 생략한 이유는 거의 불가능한 것에 대한 보험이므로 무의미하게 가격만 올리는 거 라 생각했기 때문입니다. 인증서 보험은 누군가가 여러분의 웹사이트에서 일어난 일 때문에 재 산 손실을 입었고, **그것이 부적합한 암호화 때문임을 증명했을 때** 여러분이 책임져야 할 금액에 대한 보험입니다. 100% 불가능한 일은 아니지만, 가능성은 사실 0%입니다. 만약 필자가 어떤 회사의 온라인 서비스로 인한 재산 손실을 조사하게 됐다면, SSL 암호화가 깨졌는지 조사하는 것은 가장 마지막에 했을 겁니다. 두 인증서가 가격과 보험 범위만 다르다면 싼 쪽을 택하세요.

인증서 구입 절차는 개인 키를 만드는 것에서 시작합니다. 다음에는 인증서 서명 요청^{certificate signing request}(CSR)을 만들고, 이 요청은 인증서 구입 과정에 업로드됩니다. 이 절차는 인증 기관 에서 안내합니다. 인증 기관은 절대 여러분의 개인 키에 접근하지 않으며, 개인 키가 인터넷으 로 전송되는 일도 없습니다. 따라서 개인 키는 안전하게 보호됩니다. 그리고 나면 인증 기관에 서 `.crt`, `.cer`, `.der` 확장자를 가진 인증서를 전송합니다. 인증서 체인에 포함된 인증서는 모두 받습니다. 이 인증서는 여러분이 생성한 개인 키가 없으면 동작하지 않으므로 이메일로 전송해도 안전합니다.

18.1.4 익스프레스 앱에서 HTTPS 사용

익스프레스 앱이 HTTPS를 사용해 웹사이트를 전송하도록 설정할 수 있습니다. 곧 설명할 이유 때문에 실무에서는 대단히 드문 일이지만, 더 엄밀히 테스트하고 HTTPS를 잘 이해하려면 HTTPS로 전송하는 법을 알아두면 도움이 됩니다.

개인 키와 인증서를 확보했다면 앱에서 사용하기는 쉽습니다. 서버 앱을 어떻게 만들었는지 다시 확인해봅시다.

```
app.listen(app.get('port'), () => {
  console.log(`Express started in ${app.get('env')} mode ` +
    `on port + ${app.get('port')}.`)
})
```

HTTPS로 바꾸는 것은 쉽습니다. 개인 키와 SSL 인증서를 ssl 서브디렉터리에 저장하길 추천합니다(보통은 프로젝트 루트에 저장합니다). 그다음에는 http 대신 https 모듈을 사용하고, createServer 메서드에 options 객체를 전달하기만 하면 됩니다.

```
const https = require('https')
const fs = require('fs')              // 보통 파일 맨 위에 둡니다.

// 애플리케이션 설정 나머지

const options = {
  key: fs.readFileSync(__dirname + '/ssl/meadowlark.pem'),
  cert: fs.readFileSync(__dirname + '/ssl/meadowlark.crt'),
}

const port = process.env.PORT || 3000
https.createServer(options, app).listen(port, () => {
  console.log(`Express started in ${app.get('env')} mode ` +
    `on port + ${port}.`)
})
```

이게 전부입니다. 여전히 서버를 포트 3000에서 실행하고 있다면 이제 `https://localhost:3000`에 연결합니다. `http://localhost:3000`에 연결하려고 시도하면 타임아웃이 일어납니다.[3]

18.1.5 포트에 관한 노트

몰랐을 수도 있지만, 웹사이트에 방문하면 URL에 포트 번호가 없더라도 **항상** 특정 포트에 연결됩니다. 포트를 따로 지정하지 않으면 HTTP에서는 포트 80이라고 가정합니다. 사실 대부분의 브라우저는 포트 80을 직접 기입하더라도 포트 번호를 표시하지 않습니다. 예를 들어 `http://www.apple.com:80`에 방문해보세요. 페이지 로드가 끝나면 브라우저는 :80을 숨깁니다만 여전히 포트 80에 연결되어 있습니다. 다만 드러내지 않을 뿐입니다.

마찬가지로 HTTPS의 표준 포트는 443입니다. 브라우저는 비슷하게 동작합니다. `https://www.google.com:443`에 연결했을 때 대부분의 브라우저가 :443을 표시하지 않지만, 실제로 연결된 포트는 443입니다.

HTTP에 포트 80을 쓰지 않거나 HTTPS에 포트 443을 쓰지 않는다면 포트와 프로토콜을 명시해야 정확히 연결됩니다. HTTP와 HTTPS를 같은 포트에서 실행할 방법은 없습니다(기술적으로 완전히 불가능한 것은 아니지만 그렇게 해야 할 이유도 없고, 방법도 굉장히 복잡합니다).

포트를 명시하는 것을 피하기 위해 HTTP 앱을 포트 80에서 실행하거나 HTTPS 앱을 포트 443에서 실행한다면 염두에 두어야 할 두 가지가 있습니다. 첫 번째는 대부분의 시스템에서 웹 서버는 기본적으로 포트 80에서 실행된다는 겁니다.

다른 하나는 대부분의 운영체제에서 포트 1부터 1023까지는 높은 권한이 있어야 열 수 있다는 점입니다. 예를 들어 리눅스나 맥OS에서 앱을 포트 80에서 시작하려면 **EACCES** 오류가 발생합니다. 포트 80이나 443(또는 1024 미만의 어떤 포트든)에서 실행하려면 sudo 명령어를 통해 권한을 올려야 합니다. 관리자 권한이 없다면 포트 80이나 443에서 직접 서버를 열 수는 없습니다.

---

3 옮긴이_ 책을 번역하는 시점에서 크롬은 인증서 경고를 표시하며 사이트로 이동하는 옵션을 제공하지 않았습니다. 파이어폭스에서는 '위험을 감수하고 계속 진행' 옵션을 제공해 사이트로 이동할 수 있었으니 참고하세요.

서버를 직접 관리하는 것이 아니라면 호스트 계정에 루트 권한은 없습니다. 그럼 포트 80이나 443에서 실행하려고 하면 어떤 일이 일어날까요? 대개는 호스팅 제공자가 관리자 권한으로 일종의 프록시 서비스를 운영하며, 이 서비스에서 여러분의 앱에 대한 요청을 낮은 권한의 포트로 보냅니다. 여기에 대해서는 다음 섹션에서 더 알아봅니다.

18.1.6 HTTPS와 프록시

이미 설명했듯 익스프레스에서 HTTPS를 사용하기는 아주 쉽고, 개발 환경에서는 이것으로 충분합니다. 하지만 더 많은 트래픽을 감당하기 위해 사이트를 확장하면 NGINX 같은 프록시 서버를 사용해야 합니다(12장을 확인하세요). 사이트를 공유 호스팅 환경에서 실행한다면 요청을 애플리케이션에 라우트하는 프록시 서버가 거의 반드시 존재합니다.

프록시 서버를 사용한다면 클라이언트는 여러분의 서버가 아니라 **프록시 서버**와 통신합니다. 여러분의 앱과 프록시 서버는 신뢰할 수 있는 네트워크에서 함께 실행되므로, 여러분의 앱과 프록시 서버는 아마 일반적인 HTTP로 통신하게 됩니다. 이에 따라 HTTPS가 프록시 서버에서 종료되었거나 혹은 프록시가 SSL를 중단했다는 얘기를 들을 겁니다.

여러분이나 호스팅 제공자가 프록시 서버에서 HTTPS 요청을 처리하도록 정확히 설정하기만 했다면 추가 작업이 필요하지는 않습니다. 하지만 애플리케이션에서 보안 요청과 비 보안 요청을 모두 처리해야 할 경우는 예외입니다.

이 문제에는 두 가지 해결책이 있습니다. 첫 번째는 프록시 서버에서 HTTP 트래픽 전체를 HTTPS로 리디렉트하는 겁니다. 즉 여러분의 애플리케이션과 오로지 HTTPS로만 통신하는 방법입니다. 이 방법은 쉬운 해결책에 속하며, 사용 사례도 점점 늘어나고 있습니다.

두 번째 방법은 클라이언트 프록시 통신에 사용되는 프로토콜을 서버에 전달하는 것입니다. 일반적으로 X-Forwarded-Proto 헤더를 사용합니다. 예를 들어 다음과 같이 NGINX에 헤더를 사용합니다.

```
proxy_set_header X-Forwarded-Proto $scheme;
```

그러면 앱에서는 다음과 같이 HTTPS 프로토콜인지 확인합니다.

```
app.get('/', (req, res) => {
  // 다음은 간단히 말해 if(req.secure)와 동등합니다.
  //
  if(req.headers['x-forwarded-proto'] === 'https') {
    res.send('line is secure')
  } else {
    res.send('you are insecure!')
  }
})
```

> **CAUTION_** NGINX에는 HTTP와 HTTPS에서 **server** 설정 블록을 별도로 사용합니다. 만약 HTTP에 대응하는 설정 블록에서 **X-Forwarded-Protocol** 설정을 잊는다면 클라이언트가 헤더를 위조해 비 보안 연결을 보안 연결로 가장할 수도 있습니다. 이 방법을 사용한다면 **항상** X-Forwarded-Protocol 헤더를 사용하도록 유의하세요.

익스프레스에서는 프록시를 더 '투명'하게, 즉 프록시의 장점은 누리면서도 프록시를 사용하지 않는 것과 마찬가지로 만드는 '편의 프로퍼티'를 제공합니다. 이 프로퍼티를 사용하려면 **app. enable('trust proxy')**로 익스프레스에서 프록시를 신뢰하도록 설정합니다. 이 방법을 사용하면 **req.protocol**, **req.secure**, **req.ip**가 클라이언트 연결을 여러분의 앱이 아니라 프록시에서 참조합니다.

18.2 CSRF

사이트 간 요청 위조(CSRF) 공격은 사용자가 일반적으로 브라우저를 신뢰하며 한 세션에서 여러 사이트에 방문한다는 사실을 악용합니다. CSRF 공격에서는 악의적 사이트의 스크립트가 다른 사이트에 요청을 보냅니다. 다른 사이트에 로그인하면 악의적 사이트는 그 사이트의 중요한 데이터에 접근할 수 있습니다.

CSRF 공격을 방지하려면 요청이 정당하게 웹사이트에서 발생했음을 확인할 수 있는 방법이 반드시 필요합니다. 여기서는 브라우저에 고유한 토큰을 전달하는 방법을 사용합니다. 그러면 브라우저가 폼을 전송할 때 서버에서 토큰이 일치하는지 확인합니다. 토큰의 생성과 확인은

csurf 미들웨어에서 담당합니다. 우리는 토큰이 서버에 전달된 요청에 포함됐는지만 확인하면 됩니다. npm install csurf로 csurf 미들웨어를 설치하고 연결한 다음, res.locals에 토큰을 추가하세요. csurf 미들웨어는 body-parser, cookie-parser, express-session 다음에 연결해야 합니다.

```
// 반드시 body-parser, cookie-parser, express-session보다 뒤에 있어야 합니다.
const csrf = require('csurf')

app.use(csrf({ cookie: true }))
app.use((req, res, next) => {
  res.locals._csrfToken = req.csrfToken()
  next()
})
```

csurf 미들웨어는 요청 객체에 csrfToken 메서드를 추가합니다. res.locals에 할당할 필요는 없습니다. req.csrfToken()를 필요한 뷰에 직접 전달할 수도 있지만 이렇게 해야 작업량이 적습니다.

> **NOTE_** 패키지 자체의 이름은 **csurf**지만 변수와 메서드는 대부분 **csrf**입니다. 혼동하기 쉬우니 조심하세요.

이제 폼과 에이잭스 호출 전체에 _csrf라는 필드를 추가해야 하고, 이 필드는 반드시 생성된 토큰과 일치해야 합니다. 폼에는 다음과 같이 추가합니다(views/newsletter-signup. handlebars).

```
<form action="/newsletter" method="POST">
  <input type="hidden" name="_csrf" value="{{_csrfToken}}">
  Name: <input type="text" name="name"><br>
  Email: <input type="email" name="email"><br>
  <button type="submit">Submit</button>
</form>
```

나머지는 csurf 미들웨어가 처리합니다. 바디에 필드가 있지만 유효한 _csrf 필드가 없다면 오류가 발생합니다(미들웨어에 오류 라우트가 있는지 확인합니다). 숨김 필드를 제거하면 어

떻게 되는지 직접 확인하세요.[4]

TIP API에는 csurf 미들웨어를 사용하지 않는 편이 좋습니다. 다른 웹사이트에서 API에 접근하는 것을 제한하고 싶다면 connect-rest 같은 API 라이브러리의 API 키 기능을 사용합니다. csurf가 미들웨어에 간섭하는 것을 막으려면 csurf 앞에 연결하세요.

18.3 인증

인증 역시 크고 복잡한 주제입니다. 하지만 인증은 대부분의 웹 애플리케이션에서 빼놓을 수 없는 중요한 부분입니다. 필자가 하고 싶은 가장 중요한 충고는 **직접 만들려고 하지 말라**입니다. 여러분의 명함에 '보안 전문가'라는 글귀가 찍혀 있지 않다면, 보안 인증 시스템을 설계하는 복잡한 과정을 감당하기 어려울 겁니다.

물론 애플리케이션의 보안 시스템을 이해하려는 노력도 하지 말라는 뜻은 아닙니다. 그저 직접 만드는 시도는 피하라는 겁니다. 필자가 추천하는 인증 기법의 오픈 소스 코드를 읽고 공부하는 것은 괜찮습니다.

18.3.1 인증과 권한 부여

인증과 권한 부여를 구별하지 않고 사용하는 경우가 많지만 둘은 다른 용어입니다. 인증authentication은 사용자를 확인하는 작업입니다. **권한 부여**authorization는 사용자가 무엇에 접근하고, 수정하고, 볼 권한이 있는지 확인합니다. 예를 들어 고객은 자신의 계정 정보에 접근할 수 있고, 메도라크 여행사 직원은 다른 사람의 계정 정보와 구매 이력을 조회할 수 있습니다.

> **NOTE_** 인증은 authN, 권한 부여는 authZ라고 짧게 표기하는 사례가 많습니다.

보통(항상 그런 건 아닙니다) 인증이 먼저 일어나고 그 뒤에 권한 부여가 이루어집니다. 권한

---

4 옮긴이_ 브라우저에서 연결이 의심스럽다고 경고하지는 않고, 해당 폼을 전송할 때 500 오류가 발생합니다.

부여는 권한이 있고 없고를 나누는 것처럼 단순할 수도 있고, 사용자와 관리자를 나누는 것처럼 크게 나눌 수도 있으며 계정 타입에 따라 읽기, 쓰기, 삭제, 업데이트 권한을 세분할 수도 있습니다. 권한 부여 시스템을 얼마나 복잡하게 만들지는 애플리케이션 타입에 따라 달라집니다.

권한 부여가 애플리케이션의 성격에 따라 크게 달라지므로 이 책에서는 고객과 직원으로 나누는 아주 광범위한 인증 스키마를 사용하는 큰 개요만 설명합니다.

18.3.2 비밀번호 문제

비밀번호에서 문제는 모든 보안 시스템의 강도가 그중 가장 약한 고리에서 결정된다는 겁니다. 비밀번호는 사용자가 직접 만들어야 하며 이것이 가장 약한 고리입니다. 사람은 강력한 비밀번호를 만들기 어렵습니다. 2018년 보안 분석 결과, 대부분의 비밀번호가 '123456'이었고 'password'가 두 번째로 많았습니다. 보안에 상당히 민감해진 2018년에도 여전히 사람들은 몹시 약한 비밀번호를 사용합니다. 대문자, 숫자, 특수문자가 반드시 포함되어야 한다는 비밀번호 규칙을 강요해도 여전히 'Password1!' 같은 비밀번호를 사용합니다.

흔히 쓰이는 비밀번호 리스트를 분석해도 이 문제는 별로 완화되지 않습니다. 강력한 비밀번호를 강요하면, 사람들은 강력한 비밀번호를 만든 다음 메모장에 기록해서 컴퓨터에 암호화되지 않은 파일로 저장하거나 자신에게 이메일로 보냅니다.

결국 이 문제에 대해 앱 개발자가 할 수 있는 일은 별로 없습니다. 하지만 더 강력한 비밀번호를 권하는 방법을 제안할 수는 있습니다. 그중 하나는 서드파티에 인증을 위임하는 것이고, 다른 하나는 로그인 시스템을 원패스워드[1Password], 비트워든[Bitwarden], 라스트패스[LastPass] 같은 비밀번호 관리 서비스와 연동하도록 만드는 겁니다.

18.3.3 서드파티 인증

서드파티 인증은 인터넷을 사용하는 사람들 거의 대부분이 구글이나 페이스북, 트위터, 링크드인 같은 주요 서비스 중 최소 한 가지는 사용한다는 점을 이용합니다. 이들 서비스는 모두 사용자를 인증하고 식별하는 메커니즘을 가집니다.

서드파티 인증에는 세 가지 주요 장점이 있습니다. 첫 번째는 인증 부담이 줄어든다는 겁니다. 개별 사용자를 인증할 필요 없이 신뢰할 수 있는 서드파티와 협력하기만 하면 됩니다. 두 번째 장점은 다양한 계정을 사용하면서 생기는 비밀번호 고갈을 피할 수 있습니다. 필자는 라스트패스를 사용하는데, 지금 막 비밀번호 저장소를 체크해봤더니 거의 400개나 되는 비밀번호가 저장되어 있었습니다. 물론 필자는 기술 전문가이므로 일반적인 인터넷 사용자에 비해 계정이 많긴 하지만, 일반적인 인터넷 사용자들도 보통 수십, 많게는 수백 개의 계정을 사용합니다. 마지막으로 서드파티 인증은 사용자를 더 편리하게 합니다. 사용자는 자신이 이미 가지고 있는 자격 증명으로 여러분의 사이트를 더 빨리 이용할 수 있습니다. 최근에는 사용자 이름과 비밀번호를 또 만들어야 한다는 문구만 보면 사이트를 떠나는 사람도 많습니다.

비밀번호 관리자를 사용하지 않는다면 대부분의 사이트에서 똑같은 비밀번호를 쓰고 있을 겁니다. 은행 업무나 그 비슷한 사이트에서는 '강력한' 비밀번호를 쓰고, 나머지는 전부 '약한' 비밀번호를 쓰는 사람들이 많습니다. 문제는 이런 사이트 중 하나라도 해킹당한다면 해커가 그 비밀번호를 다른 서비스 전체에 시도할 거라는 겁니다.

서드파티 인증에도 물론 단점이 있습니다. 믿기 어렵겠지만 구글, 페이스북, 트위터, 링크드인에 계정이 없는 사람도 **있습니다**. 그리고 주요 서비스에 계정이 있는 사람들 중에도, 의심(또는 개인 정보에 대한 집착) 때문에 이 자격 증명으로 여러분의 웹사이트에 로그인하길 꺼리는 사람도 있습니다. 많은 웹사이트에서 기존 계정을 사용하길 권장하지만, 계정이 없거나 공유를 꺼리는 사람들은 여러분의 서비스에서 다시 계정을 만들길 원할 겁니다.

18.3.4 데이터베이스에 사용자 저장

서드파티 인증 사용 여부와 관계없이 데이터베이스에 사용자를 저장하는 게 좋습니다. 예를 들어 페이스북 인증을 사용한다면 이 사람이 그 사람이 맞는지 확인하는 것 외에는 할 수 있는 것이 없습니다. 그 사용자의 정보를 저장하기 위해 페이스북을 사용하는 건 불가능하므로, 직접 데이터베이스를 사용해야만 합니다. 사용자와 이메일 주소를 연결시켜야 할 텐데, 페이스북에 사용하는 이메일 주소를 여러분의 서비스에서 사용하길 꺼리는 사람도 있습니다. 마지막으로 사용자 정보를 데이터베이스에 저장하면 인증 시스템을 직접 만들어야 할 경우에도 사용할 수 있습니다.

사용자 모델을 만들어봅시다(models/user.js).

```javascript
const mongoose = require('mongoose')

const userSchema = mongoose.Schema({
  authId: String,
  name: String,
  email: String,
  role: String,
  created: Date,
})

const User = mongoose.model('User', userSchema)
module.exports = User
```

그리고 데이터베이스 추상화에 맞게 db.js를 수정합니다(PostgreSQL은 독자의 연습 문제로 남기겠습니다).

```javascript
const User = require('./models/user')

module.exports = {
  //...
  getUserById: async id => User.findById(id),
  getUserByAuthId: async authId => User.findOne({ authId }),
  addUser: async data => new User(data).save(),
}
```

몽고DB 데이터베이스의 객체는 모두 고유한 ID가 있으며 이 ID는 _id 프로퍼티에 저장됩니다. 하지만 이 ID는 몽고DB에서 관리하므로 사용자 레코드를 서드파티 ID와 연결할 방법이 필요합니다. 여기 사용할 ID 프로퍼티 authId를 만들었습니다. 다중 인증을 사용하므로 충돌을 방지하기 위해 인증 타입과 서드파티 ID의 조합으로 만듭니다. 예를 들어 페이스북 사용자의 authId는 facebook:525764102이 되고, 트위터 사용자의 authId는 twitter:376841763가 되는 식입니다.

사용자는 '고객'과 '직원' 두 가지입니다.

18.3.5 인증과 등록, 사용자 경험

인증이란 신뢰할 수 있는 서드파티, 또는 사용자에게 지급한 사용자 이름과 비밀번호 같은 자격 증명을 통해 사용자를 확인하는 것입니다. 등록은 사용자가 사이트에서 계정을 만드는 것입니다(우리의 관점에서 등록은 데이터베이스에 사용자 레코드를 기록하는 것에서 끝납니다).

사용자가 사이트에 처음 방문했을 때는 등록해야 한다는 것이 명확히 드러나야 합니다. 서드파티 인증 시스템을 사용하는 사용자가 성공적으로 인증했다면 등록한다는 사실을 인지하지 못하는 경우도 있습니다. 하지만 이는 좋은 사례가 아닙니다. 사용자는 자신이 여러분의 사이트에 등록하고 있다는 것을 명확히 인지해야 하며, 탈퇴도 쉽게 가능해야 합니다.

여기서 고려해야 할 것은 서드파티 혼동입니다. 어떤 사용자가 1월에 페이스북을 통해 등록했다고 합시다. 이 사용자가 7월에 다시 방문한다면, '페이스북, 트위터, 구글, 링크드인을 통해 로그인하세요' 같은 메시지가 보이는데, 처음에는 어떤 서비스로 등록했는지 생각나지 않을 확률이 높습니다. 이것이 서드파티 인증의 함정 중 하나인데, 다행히 대응할 만한 방법이 하나 있습니다. 사용자의 이메일 주소를 저장해뒀다면 이메일로 어떤 서비스를 통해 인증했었는지 알리는 방법입니다.

사용자들이 어떤 소셜 네트워크를 주로 이용하는지 확실히 파악했다면, 주요 인증 서비스를 돋보이게 하는 것으로도 이 문제를 완화할 수 있습니다. 예를 들어 사용자 대다수가 페이스북 계정을 이용한다고 판단되면, '페이스북으로 로그인하세요'라고 쓰인 큰 버튼을 사용하고 구글, 트위터, 링크드인은 더 작은 버튼으로 표시하거나 아예 텍스트 링크만 사용할 수도 있습니다. 이렇게 하면 서드파티 혼동이 일어날 가능성이 낮아집니다.

18.3.6 패스포트

패스포트Passport는 노드와 익스프레스에서 아주 널리 쓰이는 강력한 인증 모듈입니다. 패스포트는 한 가지 인증 메커니즘만 사용하는 것이 아니라, 다양한 인증 방법을 플러그인처럼 사용합니다. 서드파티 인증을 사용하지 않는다면 로컬 인증도 가능합니다. 인증 정보의 흐름을 이해하기는 쉽지 않으니 우선 인증 메커니즘 하나로 시작하고 나중에 더 추가하기로 합시다.

이해해야 할 중요한 점은 서드파티 인증을 사용할 때 여러분의 앱은 **절대 비밀번호를 받지 않는다**는 겁니다. 비밀번호는 모두 서드파티에서 처리합니다. 이건 좋은 일입니다. 비밀번호를 안전하게 처리하고 저장하는 부담을 서드파티가 대신 지는 거니까요.[5]

서드파티 이후 과정은 리디렉트에 의존합니다. 애플리케이션에서 사용자의 서드파티 비밀번호를 받지 않기 위해서는 리디렉트를 통해야 합니다. 처음에는 **로컬호스트** URL을 서드파티에 전달하고도 성공적으로 인증된다는 것이 의아할 수 있습니다. 어쨌든 서드파티 서버는 여러분의 로컬호스트에 대해 전혀 모르니까요. 서드파티에서 브라우저에 리디렉트를 지시하고, 브라우저는 여러분의 네트워크 안에 있으므로 로컬 주소로 리디렉트할 수 있는 겁니다.

기본적인 흐름을 [그림 18-1]에 나타냈습니다. 이 다이어그램은 기능의 중요한 흐름을 표시한 것이므로 실제로 서드파티 웹사이트에서 인증이 일어남을 묘사합니다. 그림은 단순하지만, 내용은 곧 복잡해집니다.

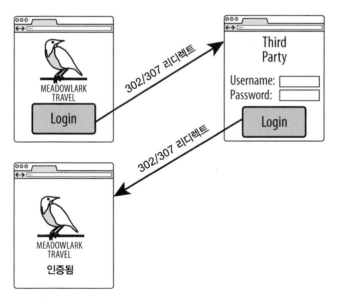

그림 18-1 서드파티 인증 흐름

---

5 서드파티에서 비밀번호를 그대로 저장하는 경우는 거의 없습니다. 비밀번호는 '소금을 친(salted)' 해시를 저장하고 이와 비교하는 방식으로 확인합니다. 해시는 비밀번호를 단방향으로 변환합니다. 즉 일단 비밀번호에서 해시를 생성하면 해시에서 비밀번호를 파악할 수는 없습니다. 이런 해시는 특정 공격에 대응할 수 있습니다.

패스포트를 사용하면 앱에서 네 단계를 처리해야 합니다. [그림 18-2]는 서드파티의 인증 흐름을 좀 더 자세히 묘사한 겁니다.

[그림 18-2]는 사용자가 로그인 페이지에서 계정 정보 페이지로 이동하는 과정을 묘사합니다 (계정 정보 페이지는 묘사 목적으로 사용한 것이고, 인증이 필요한 웹사이트의 모든 페이지가 여기 해당합니다).

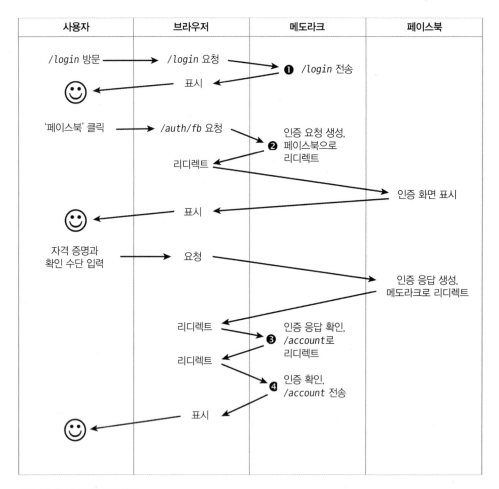

그림 18-2 서드파티 인증 흐름

일반적으로는 생각하지 않지만, 현재 문맥에서 이해해야 할 중요한 세부 사항이 이 다이어그램에 포함되어 있습니다. URL에 방문할 때 요청을 만드는 것은 **브라우저**입니다. 즉, 브라우저는

HTTP 요청을 만들고, 응답을 표시하고, 리디렉트를 수행하는 세 가지 역할을 합니다. 리디렉트는 사실 다른 요청을 만들어서 다른 응답을 표시합니다.

메도라크 열을 보면 애플리케이션에서 실제로 하는 일이 네 가지임을 확인할 수 있습니다. 다행히 패스포트와 플러그인이 이 단계의 세부 사항들을 처리합니다. 아니었다면 이 책은 지금보다 훨씬 더 두꺼웠을 겁니다.

실제 코드로 넘어가기 전에 각 단계를 조금 더 자세히 살펴봅시다.

로그인 페이지

로그인 페이지는 사용자가 로그인 방법을 정하는 곳입니다. 서드파티 인증을 사용한다면 버튼이나 링크가 표시됩니다. 로컬 인증을 사용한다면 사용자 이름과 비밀번호 필드가 표시됩니다. 사용자가 로그인하지 않은 상태에서 인증이 필요한 URL(그림에서는 /account)에 접근하려면 이 페이지로 리디렉트해야 합니다(로그인 페이지 링크를 담은 '인증되지 않음' 페이지로 리디렉트할 수도 있습니다).

인증 요청 생성

이 단계에서는 리디렉트를 통해 서드파티에 전송될 요청을 만듭니다. 이 요청의 세부 사항은 복잡하고 인증 수단마다 다릅니다. 패스포트와 플러그인이 이 단계의 세부 사항을 처리합니다. 인증 요청에는 중간자 공격^{man in the middle attack}(MITM)을 포함해 공격자가 사용할 수 있는 수단을 보호합니다. 인증 요청은 보통 금세 만료되므로 저장했다가 나중에 사용하는 것은 불가능합니다. 이는 공격자가 활동할 시간이 있는 윈도우를 제한하는 방식으로 공격을 방어합니다. 이 단계에서 서드파티 인증 메커니즘에 추가 정보를 요청합니다. 예를 들어 사용자 이름과 이메일 주소를 요청하는 경우는 흔합니다. 단, 사용자에 대해 너무 많은 것을 요청하면 서드파티에서 여러분의 애플리케이션을 거부할 가능성도 있습니다.

인증 응답 확인

서드파티에서 인증이 완료되면 유효한 인증 응답을 보내며, 이를 통해 사용자를 확인합니다. 다시 말하지만 이 검사 과정은 복잡하며 패스포트와 플러그인에서 처리합니다. 유효한 사용자가 아니라는 인증 응답을 받는다면(사용자가 유효하지 않은 자격 증명을 입력했거나 여러분의 애플리케이션에 권한을 부여하지 않은 경우) 적절한 페이지(로그인 페이지, '인증되지 않음'

페이지 등)로 리디렉트합니다. 인증 응답에는 해당 서드파티에서 고유한 ID가 포함되며, 2단계에서 요청한 추가 정보도 포함됩니다. 4단계로 이동하기 위해서는 사용자가 인증됐음을 반드시 '기억'해야 합니다. 보통은 사용자 ID를 담은 세션 변수를 사용합니다. 쿠키를 사용할 수도 있지만 필자는 세션을 권합니다.

인증 확인

3단계에서 사용자 ID를 세션에 저장했습니다. 사용자 ID가 있으면 데이터베이스에서 사용자가 어떤 권한을 가졌는지에 관한 정보가 담긴 사용자 객체를 가져올 수 있습니다. 이런 방식을 사용하면 모든 요청마다 서드파티 인증을 통할 필요가 없습니다. 만약 모든 요청마다 서드파티 인증을 한다면 속도가 느려짐은 물론이고 사용자 경험도 최악으로 떨어집니다. 이 작업은 단순하고 패스포트를 쓸 필요도 없습니다. 우리가 직접 만든 인증 규칙이 담긴 사용자 객체가 있기 때문입니다(만약 사용자 객체를 사용할 수 없다면 요청이 인증되지 않았다는 뜻이므로 로그인 페이지로 리디렉트합니다).

> **TIP** 이번 장에서 보겠지만 인증을 위해 패스포트를 사용하는 것도 작업량이 만만치는 않습니다. 하지만 인증은 애플리케이션에서 중요한 부분이므로 정확히 할 수 있도록 시간을 투자하길 권합니다. 락잇 [6]처럼 완결된 솔루션을 제공하는 프로젝트도 있습니다. Auth0 [7] 역시 사용자가 빠르게 늘어나고 있는데, 이 프로젝트는 아주 강력하긴 하지만 락잇에 비해 사용하기 어렵습니다. 락잇이나 Auth0, 기타 비슷한 솔루션을 효율적으로 사용하려면 인증과 권한 부여를 상세히 알고 있어야 하며, 이번 장의 목표가 바로 그것입니다. 인증 솔루션을 개인화하고자 한다면 패스포트가 좋은 출발점이 될 수 있습니다.

패스포트 설정

단순함을 위해 우선 인증 제공자를 단 하나만 사용하는 것으로 출발합니다. 여기서는 페이스북을 사용합니다. 패스포트를 설치하고 페이스북 플러그인을 사용하려면 먼저 페이스북에서 설정해야 할 게 있습니다. 페이스북 인증을 위해서는 페이스북 앱이 필요합니다. 이미 적당한 페이스북 앱이 있다면 그걸 쓰면 되고, 아니면 인증 전용으로 하나를 만들어도 됩니다. 가능하다면 기관의 공식 페이스북 계정으로 앱을 만들길 권합니다. 즉, 메도라크 여행사를 위한 애플리케이션을 만든다면 메도라크 여행사의 페이스북 계정으로 앱을 만듭니다(언제든지 여러분의

---

6 _http://bit.ly/lock_it_
7 _https://auth0.com_

개인 페이스북 계정을 해당 앱의 관리자로 추가할 수 있습니다). 테스트 목적으로는 개인 계정을 써도 아무 문제없지만, 실무에까지 개인 계정을 사용한다면 프로처럼 보이지 않을 뿐만 아니라 사용자가 의심할 수도 있습니다.

페이스북 앱 관리 화면은 매우 자주 바뀌므로 책에서 상세히 설명하지는 않겠습니다. 앱을 만들고 관리할 때 도움이 필요하다면 페이스북 개발자 문서[8]를 확인해보세요.

개발과 테스트 목적에 사용하려면 개발과 테스트용 도메인 이름을 앱과 연결해야 합니다. 페이스북에서는 localhost와 포트 번호를 허용하므로 테스트 목적으로 알맞습니다. 또한 가상화 서버를 사용한다면 로컬 IP 주소를 명시할 수도 있고, 네트워크에 있는 다른 서버 주소를 사용해도 됩니다. 중요한 점은 앱을 테스트하기 위해 브라우저에 입력하는 URL(예를 들어 http://localhost:3000)이 페이스북 앱과 연결됩니다. 현재는 여러분의 앱과 도메인 단 하나만 연결할 수 있습니다. 여러 도메인을 사용하고 싶다면 '메도라크 개발', '메도라크 테스트' 앱을 여러 개 만들어야 합니다.

앱 설정을 마쳤으면 고유한 앱 ID와 앱 시크릿secret이 필요합니다. 이들은 모두 앱의 페이스북 앱 관리 페이지에서 찾을 수 있습니다.

> **TIP** 페이스북에서 '주어진 URL은 애플리케이션 설정에서 허용하지 않습니다' 같은 메시지를 표시할 수 있습니다. 이 메시지는 콜백 URL의 호스트 이름과 포트가 앱에서 설정한 것과 일치하지 않는다는 뜻입니다. 이럴 때는 브라우저의 URL에 있는 인코드된 URL에서 단서를 찾을 수 있습니다. 예를 들어 192.168.0.143:3443을 사용하면서 이런 메시지를 받았는데, 쿼리스트링에 redirect_uri=https%3A%2F%2F192.68.0.103%3A 3443%2Fauth%2Ffacebook%2Fcallback 같은 구문이 있다면 호스트 이름에 168이 아니라 68을 사용한 것을 알 수 있습니다.

이제 패스포트와 페이스북 인증 플러그인을 설치합니다.

```
npm install passport passport-facebook
```

다음으로 넘어가기 전에, 인증 코드를 아주 많이(플러그인을 여러 개 사용한다면 더 많이) 사용하게 될 텐데, 이 코드가 meadowlark.js 파일을 어지럽히는 건 좋지 않습니다. 대신 lib/auth.js 모듈을 만듭니다. 이 모듈은 꽤 큰 파일이 될 테니 여러 조각으로 나눕니다. 완성된

---

8 *http://bit.ly/372bc7c*

예제는 저장소의 ch18을 보세요. 먼저 임포트를 하고, 패스포트에 필요한 serializeUser와 deserializeUser 메서드를 먼저 만듭니다.

```
const passport = require('passport')
const FacebookStrategy = require('passport-facebook').Strategy

const db = require('../db')

passport.serializeUser((user, done) => done(null, user._id))

passport.deserializeUser((id, done) => {
  db.getUserById(id)
    .then(user => done(null, user))
    .catch(err => done(err, null))
})
```

패스포트는 serializeUser와 deserializeUser를 사용해 요청을 인증된 사용자에 연결하므로 어떤 스토리지에든 호환됩니다. 우리는 데이터베이스 ID(_id 프로퍼티)를 세션에 저장하기만 합니다. 여기서 ID를 사용하는 방법은 '직렬화serialize'와 '역직렬화deserialize'의 의미와는 조금 다릅니다. 사용자 ID를 세션에 저장할 뿐이니까요. 이 작업이 끝나면 필요할 때 이 ID를 데이터베이스에서 찾아 사용자 객체를 가져옵니다.

이 메서드를 만들면, 활성화된 세션이 있고 사용자가 성공적으로 인증됐다면 req.session. passport.user는 데이터베이스에서 가져온 이 사용자의 '사용자 객체'입니다.

다음은 내보낼 것을 선택할 차례입니다. 패스포트의 기능을 사용하려면 우선 패스포트를 초기화해야 하고, 인증과 함께 서드파티 인증 서비스에서 리디렉트한 콜백을 처리할 라우트를 등록해야 합니다. 이 두 작업을 함수 하나로 만들지는 않을 겁니다. 메인 애플리케이션 파일에서 패스포트를 미들웨어 체인에 포함시켜야 할 수도 있기 때문입니다(미들웨어 순서가 중요하다는 걸 잊지 마세요). 따라서 모듈에서 이 작업을 하는 함수를 내보내기보다, 필요한 메서드를 가진 객체를 반환하는 함수를 내보냅니다. 단순한 객체를 반환하지 않는 이유는 그 객체 안에 설정값을 함께 넣어야 하기 때문입니다. 또한 패스포트 미들웨어를 애플리케이션에 연결해야 하므로 익스프레스 애플리케이션 객체를 전달하기 위해서는 함수가 편리합니다(lib/auth.js).

```
module.exports = (app, options) => {
  // 성공과 실패 리디렉트가 지정되지 않았다면
```

```
  // 기본값을 지정합니다.
  if(!options.successRedirect) options.successRedirect = '/account'
  if(!options.failureRedirect) options.failureRedirect = '/login'
  return {
    init: function() { /* TODO */ },
    registerRoutes: function() { /* TODO */ },
  }
}
```

Init과 registerRoutes 메서드를 상세히 살펴보기 전에 이 모듈을 어떻게 사용할지 알아봅시다. 객체를 반환하는 함수를 반환하는 이유가 좀 더 명확해집니다(meadowlark.js).

```
const createAuth = require('./lib/auth')

// 기타 설정

const auth = createAuth(app, {
  // baseUrl은 옵션입니다. 생략하면 localhost입니다.
  // 여러분의 로컬 컴퓨터에서 작업하지 않는다면 이렇게 설정하는 게 좋습니다.
  // 예를 들어 대기 서버를 사용 중이라면 BASE_URL 환경 변수를
  // https://staging.meadowlark.com로 설정하는 식입니다.
  baseUrl: process.env.BASE_URL,
  providers: credentials.authProviders,
  successRedirect: '/account',
  failureRedirect: '/unauthorized',
})

// auth.init()은 패스포트 미들웨어를 연결합니다.
auth.init()

// 이제 인증 라우트를 지정할 수 있습니다.
auth.registerRoutes()
```

성공과 실패 리디렉트 경로를 명시한 것 외에도 자격 증명 파일(13장을 확인하세요)에서 외부화한 providers 프로퍼티 역시 명시했습니다. .credentials.development.json에 authProviders 프로퍼티를 추가해야 합니다.

```
"authProviders": {
  "facebook": {
    "appId": "your_app_id",
```

```
    "appSecret": "your_app_secret"
  }
}
```

TIP 이렇게 모듈 안에서 인증 코드를 번들로 만들면 다른 프로젝트에서도 재사용할 수 있습니다. 사실 여기서 하고 있는 작업을 대신해주는 인증 패키지도 있습니다. 하지만 이런 일을 하는 이유를 이해하는 것이 중요합니다. 직접 해보면 나중에 다른 사람이 만든 모듈을 사용하게 되더라도 인증 과정에서 어떤 일이 일어나는지 이해하는 데 도움이 됩니다.

이제 `init` 메서드를 만들어봅시다(`auth.js`에서 TODO로 남겨뒀던 겁니다).

```
init: function() {
  var config = options.providers

  // 페이스북 플러그인 설정
  passport.use(new FacebookStrategy({
    clientID: config.facebook.appId,
    clientSecret: config.facebook.appSecret,
    callbackURL: (options.baseUrl || '') + '/auth/facebook/callback',
  }, (accessToken, refreshToken, profile, done) => {
    const authId = 'facebook:' + profile.id
    db.getUserByAuthId(authId)
      .then(user => {
        if(user) return done(null, user)
        db.addUser({
          authId: authId,
          name: profile.displayName,
          created: new Date(),
          role: 'customer',
        })
          .then(user => done(null, user))
          .catch(err => done(err, null))
      })
      .catch(err => {
        if(err) return done(err, null);
      })
  }))

  app.use(passport.initialize())
  app.use(passport.session())
},
```

복잡해 보이지만 대부분은 패스포트 템플릿입니다. 여기서 중요한 부분은 FacebookStrategy 인스턴스에 전달되는 함수에 있습니다. 사용자가 성공적으로 인증되고 난 후 이 함수를 호출하면 profile 매개변수에 페이스북 사용자에 대한 정보가 담깁니다. 가장 중요한 것은 여기에 페이스북 ID가 들어간다는 겁니다. 이 ID로 페이스북 계정을 우리가 만든 사용자 객체에 연결합니다. authId 프로퍼티 앞에 facebook:을 붙여 네임스페이스를 만들었습니다. 가능성이 낮긴 하지만, 이렇게 네임스페이스를 만들면 페이스북 ID가 트위터나 구글 ID와 충돌할 가능성이 없어집니다. 또한 사용자 모델을 살펴볼 때 어떤 인증 방법을 선택했는지 알 수 있다는 점도 유용합니다. 데이터베이스에 이미 이 네임스페이스가 붙은 ID가 있다면 그 항목을 반환하면 됩니다(이 시점에서 사용자 ID를 세션에 추가하는 serializeUser가 호출됩니다). 그런 사용자가 없다면 사용자 객체를 새로 만들고 데이터베이스에 저장합니다.

이제 registerRoutes 메서드만 만들면 됩니다.

```
registerRoutes: () => {
  app.get('/auth/facebook', (req, res, next) => {
    if(req.query.redirect) req.session.authRedirect = req.query.redirect
    passport.authenticate('facebook')(req, res, next)
  })
  app.get('/auth/facebook/callback', passport.authenticate('facebook',
    { failureRedirect: options.failureRedirect }),
    (req, res) => {
      // 인증에 성공했을 때만 여기 도달합니다.
      const redirect = req.session.authRedirect
      if(redirect) delete req.session.authRedirect
      res.redirect(303, redirect || options.successRedirect)
    }
  )
},
```

이제 /auth/facebook 경로에 방문하면 자동으로 방문자를 페이스북 인증 화면으로 리디렉트합니다(passport.authenticate('facebook')). [그림 18-1]의 2단계를 보세요. 쿼리스트링 매개변수 redirect가 있는지 확인하고, 있다면 세션에 저장합니다. 이는 인증을 마치고 의도한 대상으로 자동으로 리디렉트하기 위해서입니다. 사용자가 페이스북을 통해 인증하면 브라우저는 /auth/facebook/callback 경로로 리디렉트합니다(옵션인 redirect 매개변수는 사용자가 원래 있었던 경로를 나타냅니다).

쿼리스트링에는 패스포트가 검사할 인증 토큰도 있습니다. 검사가 실패하면 패스포트는 브라우저를 options.failureRedirect로 리디렉트합니다. 검사에 성공하면 패스포트는 next를 호출하며 이때 우리가 만든 애플리케이션에 제어권이 넘어옵니다. /auth/facebook/callback 핸들러의 미들웨어가 어떻게 연결되어 있는지 보세요. passport.authenticate가 첫 번째로 호출됩니다. 이 미들웨어가 next를 호출하면 제어권이 우리가 만든 함수로 넘어오며, 이 함수는 다시 원래 위치, 또는 redirect 매개변수가 존재하지 않을 경우 options.successRedirect로 리디렉트합니다.

TIP 쿼리스트링 매개변수 redirect를 생략하면 인증 라우트가 단순해집니다. 인증이 필요한 URL이 하나뿐이라면 이렇게 해도 무리는 없습니다. 하지만 이 기능을 구현해두면 결국에는 도움이 되고, 사용자 경험도 개선됩니다. 아마 이런 적이 이미 있을 겁니다. 어떤 페이지를 방문했더니 로그인을 요구합니다. 로그인했더니 홈페이지로 이동하는 바람에, 처음에 가고자 했던 페이지로 다시 이동해야 하는 그런 경험 말입니다. 이는 사용자 경험이 좋다고는 할 수 없습니다.

패스포트는 이 과정에서 사용자(여기서는 데이터베이스에 저장된 사용자 ID)를 세션에 저장합니다. 이건 좋은 겁니다. 리디렉트는 **다른** HTTP 요청이므로, 브라우저가 리디렉트할 때 세션에 이 정보가 없다면 사용자가 인증됐는지 알 방법이 없습니다. 일단 사용자가 성공적으로 인증되면 req.session.passport.user가 설정되므로 이후 요청에서 이를 통해 사용자가 인증됐음을 알 수 있습니다.

/account 핸들러가 사용자가 인증됐는지를 어떻게 확인하는지 알아봅시다(이 라우트 핸들러는 /lib/auth.js가 아니라 메인 애플리케이션 파일 또는 별도의 라우팅 모듈에 들어 있습니다).[9]

```
app.get('/account', (req, res) => {
  if(!req.user)
    return res.redirect(303, '/unauthorized')
  res.render('account', { username: req.user.name })
})
// '인증되지 않음' 페이지도 필요합니다.
app.get('/unauthorized', (req, res) => {
  res.status(403).render('unauthorized')
})
// 로그아웃할 방법도 있어야 합니다.
app.get('/logout', (req, res) => {
```

---

9 옮긴이_ views/account.handlebars 뷰를 만들어야 합니다.

```
    req.logout()
    res.redirect('/')
  })
```

이제 인증된 사용자만 계정 페이지를 볼 수 있으며, 그 외에는 모두 인증되지 않음 페이지로 리디렉트됩니다.

18.3.7 역할 기반 권한 부여

그동안은 권한 부여를 하지 않았습니다. 사용자의 인증 여부만 구별했을 뿐입니다. 오직 고객만 자신의 계정 내역을 볼 수 있게 구현합시다(직원도 사용자 계정 정보를 볼 수 있지만 이들은 다른 뷰를 사용합니다).

라우트 하나에 순서대로 호출되는 함수 여럿을 둘 수 있다는 건 이미 설명했습니다. 고객만 허용하는 customerOnly 함수를 다음과 같이 만듭니다.

```
const customerOnly = (req, res, next) => {
  if(req.user && req.user.role === 'customer') return next()
  // 고객이 로그인할 수 있는 고객 전용 페이지
  res.redirect(303, '/unauthorized')
}
```

조금 다르게 동작하는 employeeOnly 함수도 만듭시다. 직원만 사용할 수 있는 /sales 경로가 있다고 합시다. 또한 직원이 아닌 사람이 우연히 해당 경로를 직접 입력한다 하더라도 그 존재를 알 수 없게 하고 싶습니다. 잠재적 공격자가 /sales 경로에 방문했다가 인증되지 않음 페이지로 이동한다면 공격에 대한 단서를 주는 셈입니다(그런 페이지가 있다는 것 자체가 공격의 단서가 됩니다). 따라서 직원이 아닌 사람이 /sales 페이지에 방문했을 경우 일반적인 404 페이지를 표시하면 보안을 좀 더 강화할 수 있습니다.

```
const employeeOnly = (req, res, next) => {
  if(req.user && req.user.role === 'employee') return next()
  // 직원 전용 권한 부여가 실패했을 때는 숨겨야 합니다.
  // 잠재적 해커에게서 그 페이지의 존재 자체를 숨겨야 하기 때문입니다.
  next('route')
}
```

next('route')를 호출하면 단순히 그 라우트의 다음 핸들러만 건너뛰는 것이 아니라, 라우트 전체를 건너뜁니다. /account를 처리하는 라우트가 더는 없다면 결국 404 핸들러로 전달되며, 이것이 우리가 원하는 결과입니다.

이 함수는 아주 사용하기 쉽습니다.

```
// 고객 라우트

app.get('/account', customerOnly, (req, res) => {
  res.render('account', { username: req.user.name })
})
app.get('/account/order-history', customerOnly, (req, res) => {
  res.render('account/order-history')
})
app.get('/account/email-prefs', customerOnly, (req, res) => {
  res.render('account/email-prefs')
})

// 직원 라우트

app.get('/sales', employeeOnly, (req, res) => {
  res.render('sales')
})
```

역할 기반 권한 부여는 원하는 만큼 단순하게도, 복잡하게도 만들 수 있습니다. 예를 들어 사용자 한 명에게 다양한 권한을 주고 싶다면 어떻게 해야 할까요? 다음과 같은 함수와 라우트를 사용하면 됩니다.

```
const allow = roles => (req, res, next) => {
  if(req.user && roles.split(',').includes(req.user.role)) return next()
  res.redirect(303, '/unauthorized')
}
```

이 예제를 보고 역할 기반 권한 부여를 어떻게 만들면 되는지 이해했길 바랍니다. 해당 사용자가 등록한 지 얼마나 됐는지, 패키지를 얼마나 많이 예약했는지와 같은 기준으로 권한을 세분할 수도 있습니다.

18.3.8 인증 제공자 추가

틀을 만들었으니 인증 제공자를 추가하는 건 쉽습니다. 이번에는 구글 인증을 추가해봅시다. 코드를 작성하기 전에 먼저 구글 계정에서 프로젝트를 만듭니다.

구글 개발자 콘솔[10]에 방문해서 내비게이션 바에서 프로젝트를 선택합니다. 아직 프로젝트가 없다면 프로젝트 만들기를 클릭하고 지시에 따릅니다. 프로젝트를 선택했으면 [API 및 서비스 사용 설정]을 클릭하고 Cloud Identity API를 활성화합니다.[11] [사용자 인증 정보 만들기]를 클릭하고 [OAuth 클라이언트 ID], [웹 애플리케이션]을 차례로 선택합니다. 앱에 맞는 URL을 입력합니다. URI에는 `http://localhost:3000`, 승인된 리디렉션 URI에는 `http://localhost:3000/auth/google/callback`를 입력합니다.

구글에서 할 일을 마쳤으면 `npm install passport-google-oauth20`을 실행하고 `lib/auth.js`에 다음 코드를 추가합니다.

```
const GoogleStrategy = require('passport-google-oauth20').Strategy

...

    // 구글 플러그인을 설정합니다.
    passport.use(new GoogleStrategy({
      clientID: config.google.clientID,
      clientSecret: config.google.clientSecret,
      callbackURL: (options.baseUrl || '') + '/auth/google/callback',
    }, (token, tokenSecret, profile, done) => {
      const authId = 'google:' + profile.id
      db.getUserByAuthId(authId)
        .then(user => {
          if(user) return done(null, user)
          db.addUser({
            authId: authId,
```

---

10 *http://bit.ly/2KcY1X0*

11 옮긴이_ 역자의 경우 Cloud Identity API가 바로 보이지는 않았고, API 검색란에 `sign`을 입력했더니 Cloud Identity API가 나타났습니다. 본문에 언급이 없는데, *credentials.development.json*에 다음 내용을 추가해야 합니다.

```
"google": {
  "clientID": "client ID",
  "clientSecret": "client secret"
}
```

```
              name: profile.displayName,
              created: new Date(),
              role: 'customer',
            })
              .then(user => done(null, user))
              .catch(err => done(err, null))
          })
          .catch(err => {
            console.log('whoops, there was an error: ', err.message)
            if(err) return done(err, null);
          })
      }))
```

registerRoutes 메서드에는 다음을 추가합니다.

```
app.get('/auth/google', (req, res, next) => {
      if(req.query.redirect) req.session.authRedirect = req.query.redirect
      passport.authenticate('google', { scope: ['profile'] })(req, res, next)
    })
    app.get('/auth/google/callback', passport.authenticate('google',
      { failureRedirect: options.failureRedirect }),
      (req, res) => {
        // 인증에 성공했을 때만 여기에 도달합니다.
        const redirect = req.session.authRedirect
        if(redirect) delete req.session.authRedirect
        res.redirect(303, req.query.redirect || options.successRedirect)
      }
    )
```

18.4 마치며

가장 복잡한 장을 통과한 것을 축하합니다! 인증과 권한 부여 같은 중요한 기능이 이렇게 복잡한 것은 불행한 일이지만, 보안이 위협받는 세상에서는 불가피한 복잡함입니다. 다행히 패스포트 같은 프로젝트가 우리의 부담을 많이 덜어주긴 하지만 그래도 보안에 계속 주의를 기울여야 합니다. 이는 인터넷 개발자가 지켜야 할 도덕입니다. 여러분이 보안에 노력한다고 해서 누가 알아주는 것은 아니지만, 보안에 실패해서 사용자 데이터를 잃어버리는 애플리케이션 개발자가 될 수는 없습니다.

CHAPTER 19

서드파티 API와 통합

다른 사이트와 관계를 맺지 않고 성공적으로 성장하는 웹사이트는 점점 줄고 있습니다. 기존 사용자를 독려하고 새 사용자를 끌어들이기 위해서는 소셜 네트워크와 통합해야 합니다. 위치 관련 서비스를 제공하기 위해서는 지오로케이션geolocation과 맵 서비스가 필요합니다. 이게 다가 아닙니다. 점점 더 많은 기업들이 API를 제공하면 서비스를 확장할 수 있고, 더 유용하게 바꿀 수 있음을 깨닫고 있습니다.

이번 장은 가장 널리 사용되는 서드파티 API인 소셜 미디어와 지오로케이션을 알아봅니다.

19.1 소셜 미디어

소셜 미디어는 상품이나 서비스를 광고하기 좋은 수단입니다. 상품이나 서비스를 광고하려는 목적이 있다면 사용자들이 여러분의 콘텐츠를 소셜 미디어에서 쉽게 공유할 수 있는 방법이 꼭 필요합니다. 이 책을 쓰는 시점에서 가장 주요한 소셜 네트워크는 페이스북, 트위터, 인스타그램, 유튜브입니다. 핀터레스트Pinterest나 플리커Flickr 같은 사이트도 자신만의 입지가 있지만, 이들의 사용자는 조금 한정적입니다(예를 들어 DIY에 관한 웹사이트를 만들었다면 핀터레스트를 지원해야 성공 가능성이 올라갈 겁니다). 여러분이 실소할 수도 있지만 필자는 마이스페이스MySpace가 언젠가 크게 흥할 거라고 생각합니다. 최근에 마이스페이스는 사이트를 다시 디자인했고, 노드로 구축했습니다.

19.1.1 소셜 미디어 플러그인과 사이트 성능

소셜 미디어와의 통합은 대부분 프런트엔드 작업입니다. 페이지에서 자바스크립트 파일을 참조하면 그 파일이 콘텐츠를 가져오고(예를 들어 페이스북의 최상위 콘텐츠 세 개), 내보내기도 합니다(예를 들어 현재 페이지를 트윗). 소셜 미디어 통합은 대부분 이런 형태로 이루어지지만 대가를 치러야 합니다. 필자는 HTTP 요청이 늘어나면서 페이지 로드 시간이 두 배, 세배까지 늘어나는 경우를 봤습니다. 페이지 성능이 중요하다면(모바일 사용자를 생각하면 특히 중요합니다) 소셜 미디어를 통합하는 방법도 신중히 생각해야 합니다.

페이스북 '좋아요' 버튼이나 트위터의 '트윗' 버튼을 활성화하는 코드는 브라우저 쿠키를 사용합니다. 이런 기능을 백엔드로 옮기는 것은 어려운 일이고, 때에 따라서는 불가능하기도 합니다. 따라서 그런 기능이 필요하다면 설령 페이지 성능에 영향을 줄 수 있다 하더라도 적절한 서드파티 라이브러리를 링크할 수밖에 없습니다.

19.1.2 트윗 검색

#Oregon과 #travel 해시 태그가 포함된 최신 트윗 10개를 멘션하고 싶습니다. 프런트엔드 컴포넌트를 사용할 수도 있지만 HTTP 요청이 추가로 발생합니다. 이 작업을 백엔드에서 하면 트윗을 캐싱해 성능을 올릴 수 있습니다. 또한 백엔드에서 검색한다면 일부 트윗을 '블랙리스트'에 담을 수도 있습니다. 이런 일은 프런트엔드에서 구현하기가 훨씬 어렵습니다.

페이스북과 마찬가지로 트위터에서도 **앱**을 만들 수 있습니다. 트위터 앱은 전통적인 '앱'의 개념에 어울리는 일은 아무것도 하지 않습니다. 트위터 앱은 사이트에서 실제 앱을 만들 수 있도록 주어지는 자격 증명 세트에 가깝습니다. 트위터 API에 접근하는 가장 쉽고 편리한 방법은 앱을 만들어 접근 토큰을 얻는 겁니다.

http://dev.twitter.com에서 트위터 앱을 만드세요. 로그인한 다음, 내비게이션 바에서 사용자 이름을 클릭하고 [Apps]를 클릭합니다. [Create an app]을 클릭하고 지시에 따릅니다. 앱을 만들면 **사용자**consumer **API 키**와 **API 시크릿 키**를 받습니다. API 시크릿 키는 이름에서 알수 있듯 비밀로 해야 합니다. 클라이언트에 보내는 응답에 시크릿을 첨부하면 안 됩니다. 만일 누군가가 이 시크릿을 보게 되면 여러분의 애플리케이션인 것처럼 속여서 요청을 보낼 수 있고, 악의적으로 사용될 경우 여러분에게 피해가 갈 수 있습니다.

사용자 API 키와 시크릿 키가 있으면 트위터 REST API와 통신할 수 있습니다.

코드를 깔끔하게 유지하기 위해 트위터 코드는 `lib/twitter.js` 모듈로 분리합니다.

```
const https = require('https')

module.exports = twitterOptions => {

  return {

    search: async (query, count) => {
      // TODO
    }
  }

}
```

이제 이런 패턴은 익숙할 겁니다. 이 모듈은 함수를 내보내고, 호출자는 그 함수에 설정 객체를 전달하고, 메서드가 담긴 객체를 반환받습니다. 이 방법을 통해 모듈에 기능을 추가합니다. 현재는 `search` 메서드만 만듭니다. 이 라이브러리는 다음과 같이 사용합니다.

```
const twitter = require('./lib/twitter')({
  consumerApiKey: credentials.twitter.consumerApiKey,
  apiSecretKey: credentials.twitter.apiSecretKey,
})

const tweets = await twitter.search('#Oregon #travel', 10)
// 트윗은 result.statuses에 있습니다.
```

`.credentials.development.json` 파일에 `consumerApiKey`와 `apiSecretKey`가 있는 `twitter` 프로퍼티를 만들어야 합니다.

`search` 메서드를 만들기 전에 먼저 트위터에서 우리 자신을 인증하는 기능이 필요합니다. 간단하게 HTTPS로 사용자 키와 사용자 시크릿으로 접근 토큰을 요청합니다. 이 일은 한 번만 하면 됩니다. 현재 트위터는 접근 토큰을 만료시키지 않습니다(직접 무효화할 수는 있습니다). 매번 접근 토큰을 요청할 수는 없으니 캐시해서 재사용합니다.

우리가 만든 모듈은 호출자가 사용할 수 없는 비공개 기능을 만들 수 있습니다. 구체적으로 말하자면 호출자가 사용할 수 있는 것은 module.exports뿐입니다. 모듈에서 함수를 반환하므로 호출자가 사용할 수 있는 것은 그 함수뿐입니다. 객체에서 그 함수의 결과를 호출하면 호출자가 그 객체의 프로퍼티를 사용할 수 있습니다. 이에 맞게 접근 토큰을 캐시할 accessToken 변수, 접근 토큰을 가져올 getAccessToken 함수를 만들어야 합니다. 이 함수를 처음 호출하면 트위터에 API 요청을 보내 접근 토큰을 가져옵니다. 일단 가져온 이후에는 accessToken의 값을 반환하기만 합니다.

```
const https = require('https')

module.exports = function(twitterOptions) {

  // 이 변수는 모듈 바깥에서는 보이지 않습니다.
  let accessToken = null

  // 이 함수는 모듈 바깥에서도 보입니다.
  const getAccessToken = async () => {
    if(accessToken) return accessToken
    // TODO : 접근 토큰 가져오기
  }

  return {
    search: async (query, count) => {
      // TODO
    }
  }

}
```

캐시된 토큰이 없다면 트위터 API에 HTTP 요청을 보내야 하므로 getAccessToken은 비동기로 만듭니다. 기본 구조는 만들었으니 getAccessToken을 만들 차례입니다.

```
const getAccessToken = async () => {
  if(accessToken) return accessToken

  const bearerToken = Buffer(
    encodeURIComponent(twitterOptions.consumerApiKey) + ':' +
    encodeURIComponent(twitterOptions.apiSecretKey)
  ).toString('base64')
```

```
const options = {
  hostname: 'api.twitter.com',
  port: 443,
  method: 'POST',
  path: '/oauth2/token?grant_type=client_credentials',
  headers: {
    'Authorization': 'Basic ' + bearerToken,
  },
}

return new Promise((resolve, reject) =>
  https.request(options, res => {
    let data = ''
    res.on('data', chunk => data += chunk)
    res.on('end', () => {
      const auth = JSON.parse(data)
      if(auth.token_type !== 'bearer')
        return reject(new Error('Twitter auth failed.'))
      accessToken = auth.access_token
      return resolve(accessToken)
    })
  }).end()
)
```

이 호출을 만드는 상세한 방법은 트위터의 개발자 문서 페이지 중 애플리케이션 인증[1]에 나와 있습니다. 간추리자면 사용자 키와 사용자 시크릿를 base64 인코드로 조합한 소지자^{bearer} 토큰을 만들어야 합니다. 이 토큰을 만들고 나면 소지자 토큰이 있고 Authorization 헤더가 있는 요청으로 /oauth2/token API를 호출해 접근 토큰을 요청합니다. 여기서는 반드시 HTTPS를 사용합니다. HTTP로 이 요청을 보내면 시크릿 키가 암호화되지 않은 채 전송되며 API는 연결을 끊어버립니다.[2]

API에서 완전한 응답을 받으면(응답 스트림의 end 이벤트를 주시하면 됩니다) JSON을 분석해서 토큰 타입이 bearer인지 확인합니다. 접근 토큰을 캐시한 다음 콜백을 호출합니다.

접근 토큰을 가져올 수 있게 됐으니 API를 호출해도 됩니다. 이제 search 메서드를 만듭니다.

---

1 http://bit.ly/2KcJ4EA
2 옮긴이_ 앞 장에서 언급했듯 이 책을 번역하는 시점에서 크롬에서는 직접 만든 인증서로 HTTPS 연결을 사용할 수 없었습니다.

```
search: async (query, count) => {
  const accessToken = await getAccessToken()
  const options = {
    hostname: 'api.twitter.com',
    port: 443,
    method: 'GET',
    path: '/1.1/search/tweets.json?q=' +
      encodeURIComponent(query) +
      '&count=' + (count ¦¦ 10),
    headers: {
      'Authorization': 'Bearer ' + accessToken,
    },
  }
  return new Promise((resolve, reject) =>
    https.request(options, res => {
      let data = ''
      res.on('data', chunk => data += chunk)
      res.on('end', () => resolve(JSON.parse(data)))
    }).end()
  )
},
```

19.1.3 트윗 렌더링

이제 트윗을 검색할 수 있습니다. 그러면 사이트에는 어떻게 표시해야 할까요? 물론 여러분이 정하기 나름이지만 고려해야 할 점이 몇 가지 있습니다. 트위터는 자신의 데이터를 자신들의 규칙에 맞게 사용하길 원하며, 이에 따라 표시 요건[3]을 제시합니다. 사이트에 트윗을 표시하기 위해서는 반드시 이 요건을 따라야 합니다.

이미지를 지원하지 않는 장치에 표시할 경우, 아바타 이미지는 쓰지 않아도 된다는 허용도 있긴 하지만, 대체로 트위터를 임베드한 것처럼 보이게 만들길 요구합니다. 이를 따르려면 할 일이 아주 많습니다. 완화할 방법이 있긴 하지만 트위터 위젯 라이브러리를 링크해야 하는데, 이게 바로 우리가 피하려고 하는 추가적인 HTTP 요청입니다.

트윗을 표시하려면 HTTP 요청이 늘어나는 것을 감수하고 트위터 위젯 라이브러리를 사용하

----

3 *http://bit.ly/32ET4N2*

는 것이 최선입니다. API를 더 잘 활용하려면 백엔드에서 REST API에 접근해야 하고, 그럼 결국 REST API와 프런트엔드 스크립트를 함께 사용해야 합니다.

예제를 계속 살펴봅시다. #Oregon과 #travel 해시 태그를 멘션하는 트윗 중 가장 최근의 10 개를 표시하고 싶습니다. REST API로 트윗을 검색하고, 트위터 위젯 라이브러리로 이들을 표시합니다. 트윗과 HTML을 15분 동안 캐시해서 트위터의 API 사용량 한계를 넘지 않도록 하고 서버의 부담도 줄입니다.

트윗을 표시할 HTML을 가져오는 embed 메서드를 트위터 라이브러리에 추가하는 것부터 시작합니다. 객체에서 쿼리스트링을 만드는 npm 라이브러리 querystringify를 사용하므로 npm install querystringify 명령으로 라이브러리를 설치하고 const qs = require('querystringify')로 임포트합니다. 그리고 다음 함수를 lib/twitter.js에서 내보내도록 추가합니다.

```javascript
embed: async (url, options = {}) => {
  options.url = url
  const accessToken = await getAccessToken()
  const requestOptions = {
    hostname: 'api.twitter.com',
    port: 443,
    method: 'GET',
    path: '/1.1/statuses/oembed.json?' + qs.stringify(options),
    headers: {
      'Authorization': 'Bearer ' + accessToken,
    },
  }
  return new Promise((resolve, reject) =>
    https.request(requestOptions, res => {
      let data = ''
      res.on('data', chunk => data += chunk)
      res.on('end', () => resolve(JSON.parse(data)))
    }).end()
  )
},
```

이제 트윗을 검색하고 캐시할 준비가 됐습니다. 메인 애플리케이션에 다음과 같이 getTop Tweets 함수를 만듭니다.

```
const createTwitterClient = require('./lib/twitter')
const twitterClient = createTwitterClient(credentials.twitter)

const getTopTweets = ((twitterClient, search) => {
  const topTweets = {
    count: 10,
    lastRefreshed: 0,
    refreshInterval: 15 * 60 * 1000,
    tweets: [],
  }
  return async () => {
    if(Date.now() > topTweets.lastRefreshed + topTweets.refreshInterval) {
      const tweets =
        await twitterClient.search('#Oregon #travel', topTweets.count)
      const formattedTweets = await Promise.all(
        tweets.statuses.map(async ({ id_str, user }) => {
          const url = `https://twitter.com/${user.id_str}/statuses/${id_str}`
          const embeddedTweet =
            await twitterClient.embed(url, { omit_script: 1 })
          return embeddedTweet.html
        })
      )
      topTweets.lastRefreshed = Date.now()
      topTweets.tweets = formattedTweets
    }
    return topTweets.tweets
  }
})(twitterClient, '#Oregon #travel')
```

getTopTweets 함수는 주어진 해시 태그로 트윗을 검색하기만 할 뿐 아니라 적정한 시간 동안 트윗을 캐시합니다. 즉시 호출하는 함수 표현식(IIFE)으로 만든 이유는 **topTweets**가 안전하게 클로저 안에서 트윗을 캐시하게 만들기 위해서입니다. IIFE에서 반환하는 비동기 함수는 필요하다면 캐시를 갱신하고 캐시 콘텐츠를 반환합니다.

마지막으로 소셜 미디어 홈이 될 views/social.handlebars 뷰를 만듭니다.

```
<h2>Oregon Travel in Social Media</h2>

<script id="twitter-wjs" type="text/javascript"
  async defer src="//platform.twitter.com/widgets.js"></script>

{{{tweets}}}
```

라우트는 다음과 같습니다.

```
app.get('/social', async (req, res) => {
  res.render('social', { tweets: await getTopTweets() })
})
```

외부 스크립트인 트위터의 `widgets.js`를 참조하고 있습니다. 이 스크립트가 페이지에 임베드한 트윗의 디자인과 기능을 담당합니다. oembed API는 기본적으로 HTML 안에 이 스크립트에 대한 참조를 포함하지만, 우리는 트윗을 10개 표시할 예정이니 그대로 사용하면 불필요한 참조가 9번이나 일어납니다. 이 때문에 oembed API를 호출할 때 `{ omit_script: 1 }` 옵션을 전달했습니다. 따라서 어딘가에서 스크립트를 제공해야 하며 우리는 뷰에서 스크립트를 제공했습니다. 뷰에서 스크립트를 제거하면 트윗은 여전히 표시되지만, 디자인이나 기능은 포함되지 않습니다.

꽤 그럴듯한 소셜 미디어 피드를 갖췄습니다. 이제 또 다른 중요 애플리케이션인 맵을 애플리케이션에 표시해봅시다.

19.2 지오코딩

지오코딩geocoding은 주소나 장소 이름을 받아 위도와 경도로 변환하는 작업입니다. 애플리케이션에서 거리나 방향 같은 위치를 계산하거나 맵에 표시하려면 좌표가 필요합니다.

> **NOTE_** 좌표를 도degree, 분minute, 초second(DMS) 단위로 보는 데 익숙할 수도 있습니다. 지오코딩 API와 맵 서비스는 위도와 경도를 부동소수점 숫자로 표시합니다. DMS 좌표를 표시해야 한다면 링크[4]를 참고하세요.

---

4 옮긴이_ *https://brunch.co.kr/@mapthecity/31*

19.2.1 구글 지오코딩

구글과 빙Bing은 모두 훌륭한 지오코딩 REST 서비스를 제공합니다. 예제에서는 구글을 사용하지만 빙도 거의 사용법이 비슷합니다.

구글 계정을 대금 청구가 가능하도록 만들지 않으면 지오코딩 요청이 하루에 1번으로 제한되므로 테스트하기가 무척 어렵습니다. 필자는 집필하면서 개발할 때 무료로 사용 가능한 서비스만 추천하려고 노력했고, 실제로 무료 지오코딩 서비스를 몇 가지 테스트해보기도 했지만, 이들은 너무 어렵거나 불편해서 결국 구글 지오코딩을 추천할 수밖에 없었습니다. 다행히 이 책을 쓰는 시점에서 구글 계정은 매월 200달러의 크레딧을 받을 수 있습니다(이 크레딧은 요청을 4만 번 보낼 수 있는 양입니다). 이 장을 따라 하려면 구글 콘솔[5]에서 결제 정보를 입력해야 합니다.

결제 정보를 입력했으면 구글 지오코딩 API에 사용할 API 키가 필요합니다. 콘솔에서 프로젝트를 선택하고 내비게이션 바에서 API를 클릭합니다. 지오코딩 API가 활성화된 API 리스트에 없으면 추가합니다. 구글 API는 대부분 API 자격 증명을 공유하니 좌측 상단의 내비게이션 메뉴를 클릭하고 대시보드로 돌아갑니다. [Credentials]을 클릭하고 아직 API 키가 없다면 새로 만듭니다. API 키는 악용을 막기 위해 제한될 수 있으므로 애플리케이션에서 API 키를 사용할 수 있는지 확인해야 합니다. 개발 목적으로 키가 필요하다면 키를 IP 주소로 제한하고 IP 주소를 선택할 수 있습니다(IP 주소를 모른다면 구글에서 'What's my IP address?'를 검색해 확인합니다).

API 키를 얻었으면 다음과 같이 `.credentials.development.json` 파일에 추가합니다.

```
"google": {
  "apiKey": "<YOUR API KEY>"
}
```

그리고 다음과 같이 `lib/geocode.js` 모듈을 만듭니다.

```
const https = require('https')
const credentials = require('../.credentials.development')
```

---

[5] *http://bit.ly/2KcY1X0*

```
module.exports = async query => {

  const options = {
    hostname: 'maps.googleapis.com',
    path: '/maps/api/geocode/json?address=' +
      encodeURIComponent(query) + '&key=' +
      credentials.google.apiKey,
  }

  return new Promise((resolve, reject) =>
    https.request(options, res => {
      let data = ''
      res.on('data', chunk => data += chunk)
      res.on('end', () => {
        data = JSON.parse(data)
        if(!data.results.length)
          return reject(new Error(`no results for "${query}"`))
        resolve(data.results[0].geometry.location)
      })
    }).end()
  )

}
```

이제 구글 API에 요청해 주소를 좌표로 변환하는 함수가 생겼습니다. 구글에서 해당 주소를 찾을 수 없거나 다른 이유로 실패한다면 오류가 반환됩니다. API는 주소를 여러 개 반환할 수 있습니다. 예를 들어 시나 주를 첨부하지 않거나 우편번호 없이 '10 Main Street'를 검색하면 결과가 수십 개가 나옵니다. 여기서는 간단히 첫 번째를 선택합니다. API는 정보를 아주 많이 반환하지만, 지금 우리는 좌표에만 흥미가 있습니다. 이 인터페이스를 수정해 다른 정보를 더 반환하게 만드는 것은 쉽습니다. API에서 반환하는 데이터에 대한 정보가 더 필요하다면 구글 지오코딩 API 문서[6]를 확인하세요.

사용 제한

구글 지오코딩 API는 현재 월 단위로 사용량을 제한하지만, 지오코딩 요청 하나당 가격은 0.005달러입니다. 따라서 어떤 달에 요청을 백만 번 보냈다면 구글에서 5천 달러를 청구할 테니, 꼭 월 단위로만 제한된다고 생각해서는 곤란합니다.

----

6 *http://bit.ly/2O4EE3t*

이 글을 쓰는 시점에서 구글은 100초당 5천 번으로 요청을 제한하는데, 이 제한을 넘기는 일은 아마 없을 겁니다. 구글 API에서는 웹사이트에 지도를 사용한다면 구글 지도Google Maps를 사용할 것을 요구합니다. 즉, 구글 서비스로 지오코딩한 데이터를 빙 맵에서 표시한다면 약관을 어기는 겁니다. 지오코딩을 사용한다면 맵에 위치를 표시하려는 목적일 테니 이는 그다지 번거로운 제약은 아닙니다. 하지만 빙 맵이 구글 지도보다 더 마음에 든다면 약관을 확인하고 알맞은 API를 사용할 수 있게 유의하세요.

19.2.2 데이터 지오코딩하기[7]

우리는 오리건 주변의 휴가 패키지를 담은 데이터베이스를 갖고 있으므로, 지도에 그 패키지 위치를 표시할 수 있다면 좋을 것 같네요. 바로 이 작업에 지오코딩이 필요합니다.

데이터베이스에 이미 패키지 데이터가 있고, 각 패키지에는 지오코딩에 사용할 수 있는 위치 문자열이 있지만 좌표는 아직 없을 수도 있습니다.

문제는 언제, 어떻게 지오코딩을 수행할 것이냐입니다. 크게 말해 세 가지 옵션이 있습니다.

- 첫째, 데이터베이스에 패키지를 추가할 때 지오코딩을 하는 방법입니다. 판매자가 직접 데이터베이스에 패키지를 추가하는 관리자 인터페이스를 만든다면 아주 훌륭할 겁니다. 하지만 이런 기능은 없으므로 기각합니다.

- 둘째, 데이터베이스에서 패키지 정보를 가져올 때 지오코딩을 하는 방법입니다. 데이터베이스에서 패키지를 가져올 때마다 좌표가 포함됐는지 체크하고, 없다면 지오코딩을 수행하는 방법입니다. 꽤 매력적이고 아마 셋 중에 가장 쉬운 방법이겠지만, 현실적으로 사용할 수 없게 만든다는 큰 단점이 있습니다. 첫 번째 단점은 성능입니다. 데이터베이스에 패키지 천 개를 새로 추가했다고 합시다. 그 후 패키지 리스트를 살펴보려고 한 첫 번째 사람은 천 개의 패키지에 지오코딩을 수행하고 데이터베이스에 기록할 때까지 기다려야 합니다. 또한 부하 테스트 스위트에서 데이터베이스에 패키지 천 개를 추가하고 요청을 천 번 보낸다고 상상해보세요. 이들은 모두 동시에 실행되고, 데이터베이스에 데이터가 없으니 각각 천 개의 지오코딩 요청을 보내는 테스트들이 천 번 수행되어야 합니다. 결국 구글에 지오코딩 요청을 백만 번 보

---

7 옮긴이_ 부록 I.1을 참고하세요.

내는 것이고, 5천 달러가 청구됩니다. 역시 기각입니다.

- 현재 상황에서 가장 좋은 해결책은 좌표 데이터가 없는 패키지를 찾고 이들을 지오코딩하는 방법입니다. 현재는 개발 중이므로 패키지 데이터베이스를 한 번만 만들고, 패키지를 동적으로 추가하는 관리자 인터페이스는 아직 없습니다. 또한 나중에 관리자 인터페이스를 추가하기로 결정했더라도 이 방법을 쓸 수 없는 건 아닙니다. 패키지를 추가하고 이 스크립트를 실행하면 됩니다.

먼저 **db.js**에 기존 패키지를 업데이트할 수 있는 방법이 필요합니다. 데이터베이스 연결을 끊는 메서드 역시 추가했습니다.

```
module.exports = {
  //...
  updateVacationBySku: async (sku, data) => Vacation.updateOne({ sku }, data),
  close: () => mongoose.connection.close(),
}
```

그리고 다음과 같이 **db-geocode.js**를 만듭니다.

```
const db = require('./db')
const geocode = require('./lib/geocode')

const geocodeVacations = async () => {
  const vacations = await db.getVacations()
  const vacationsWithoutCoordinates = vacations.filter(({ location }) =>
    !location.coordinates || typeof location.coordinates.lat !== 'number')
  console.log(`geocoding ${vacationsWithoutCoordinates.length} ` +
    `of ${vacations.length} vacations:`)
  return Promise.all(vacationsWithoutCoordinates.map(async ({ sku, location }) =>
{
    const { search } = location
    if(typeof search !== 'string' || !/\w/.test(search))
      return console.log(`  SKU ${sku} FAILED: does not have location.search`)
    try {
      const coordinates = await geocode(search)
      await db.updateVacationBySku(sku, { location: { search, coordinates } })
      console.log(`  SKU ${sku} SUCCEEDED: ${coordinates.lat}, ${coordinates.
lng}`)
    } catch(err) {
      return console.log(`  SKU {sku} FAILED: ${err.message}`)
    }
```

```
    }))
  }

  geocodeVacations()
    .then(() => {
      console.log('DONE')
      db.close()
    })
    .catch(err => {
      console.error('ERROR: ' + err.message)
      db.close()
    })
```

`node db-geocode.js` 명령으로 스크립트를 실행하면 모든 패키지가 지오코딩에 성공해야 합니다. 정보를 얻었으니 지도에 표시할 방법을 알아봅시다.

19.2.3 지도에 표시하기

지도에 패키지를 표시하는 것은 '프런트엔드'에서 하는 일이긴 하지만, 이렇게 일을 많이 해놓고 결과를 확인하지 않을 순 없습니다. 이 책은 백엔드를 다루지만 잠시 우회해서 지오코딩된 데이터를 지도에 표시하는 방법을 알아봅시다.

지오코딩에 사용할 API 키는 이미 만들었지만 지도 API를 활성화해야 합니다. 구글 콘솔[8]에서 API를 클릭하고 지도 자바스크립트 API가 아직 활성화되지 않았다면 활성화합니다.

이제 패키지 지도를 표시할 뷰 `views/vacations-map.handlebars`를 만들 차례입니다. 우선 지도만 표시하고, 패키지는 나중에 추가합시다.

```
<div id="map" style="width: 100%; height: 60vh;"></div>
<script>
  let map = undefined
  async function initMap() {
    map = new google.maps.Map(document.getElementById('map'), {
      // 오리건 중앙의 위도/경도입니다.
      center: { lat: 44.0978126, lng: -120.0963654 },
      // 확대 레벨은 이 정도가 적당합니다.
```

----

8 *http://bit.ly/2KcY1X0*

```
      zoom: 7,
    })
  }
</script>
<script src="https://maps.googleapis.com/maps/api/js?key={{googleApiKey}}&callback
=initMap"
    async defer></script>
```

이제 패키지에 대응하는 마커^{marker}를 지도에 표시할 시간입니다. 15장에서 /api/vacations
엔드포인트를 만들었고 이제 여기에 지오코딩된 데이터가 포함됩니다. 이 엔드포인트로 패키
지를 가져오고 지도에 마커를 표시합니다. views/vacations-map.handlebars의 initMap
함수를 다음과 같이 수정하세요.

```
async function initMap() {
  map = new google.maps.Map(document.getElementById('map'), {
    // 오리건 중앙의 위도/경도입니다.
    center: { lat: 44.0978126, lng: -120.0963654 },
    // 확대 레벨은 이 정도가 적당합니다.
    zoom: 7,
  })
  const vacations = await fetch('/api/vacations').then(res => res.json())
  vacations.forEach(({ name, location }) => {
    const marker = new google.maps.Marker({
      position: location.coordinates,
      map,
      title: name,
    })
  })
}
```

패키지를 전부 표시하는 지도를 만들었습니다! 이 페이지는 개선할 점이 많습니다. 아마 가장
먼저 해야 할 일은 마커와 패키지 상세 페이지를 연결해서, 마커를 클릭하면 패키지 정보 페이
지로 이동하는 기능일 겁니다. 마커나 툴팁을 직접 만들 수도 있습니다. 구글 지도 API에는 기
능이 아주 많으며, 구글 공식 문서[9]에서 찾아볼 수 있습니다.

---

9 *https://developers.google.com/maps/documentation/javascript/tutorial*

19.3 날씨 데이터[10]

7장에서 '현재 날씨' 위젯을 만들었던 걸 기억하시나요? 이제 실제 데이터를 사용해봅시다. 미국 기상청(NWS) API에서 날씨 예보를 가져옵니다. 트위터나 지오코딩에서 했던 것과 마찬가지로, 웹사이트에 누군가가 방문할 때마다 NWS에 요청하는 일이 없도록(웹사이트가 유명해지면 NWS에서 차단할 수도 있습니다) 예보를 캐시할 겁니다. `lib/weather.js` 파일을 만듭니다.

```
const https = require('https')
const { URL } = require('url')

const _fetch = url => new Promise((resolve, reject) => {
  const { hostname, pathname, search } = new URL(url)
  const options = {
    hostname,
    path: pathname + search,
    headers: {
      'User-Agent': 'Meadowlark Travel'
    },
  }
  https.get(options, res => {
    let data = ''
    res.on('data', chunk => data += chunk)
    res.on('end', () => resolve(JSON.parse(data)))
  }).end()
})

module.exports = locations => {

  const cache = {
    refreshFrequency: 15 * 60 * 1000,
    lastRefreshed: 0,
    refreshing: false,
    forecasts: locations.map(location => ({ location })),
  }

  const updateForecast = async forecast => {
    if(!forecast.url) {
      const { lat, lng } = forecast.location.coordinates
```

---

10 옮긴이_ 부록 1.2를 참고하세요.

```
    const path = `/points/${lat.toFixed(4)},${lng.toFixed(4)}`
    const points = await _fetch('https://api.weather.gov' + path)
    forecast.url = points.properties.forecast
  }
  const { properties: { periods } } = await _fetch(forecast.url)[11]
  const currentPeriod = periods[0]
  Object.assign(forecast, {
    iconUrl: currentPeriod.icon,
    weather: currentPeriod.shortForecast,
    temp: currentPeriod.temperature + ' ' + currentPeriod.temperatureUnit,
  })
  return forecast
}

const getForecasts = async () => {
  if(Date.now() > cache.lastRefreshed + cache.refreshFrequency) {
    console.log('updating cache')
    cache.refreshing = true
    cache.forecasts = await Promise.all(cache.forecasts.map(updateForecast))
    cache.refreshing = false
  }
  return cache.forecasts
}

return getForecasts

}
```

노드에 내장된 https 라이브러리를 대신해 보조 함수 _fetch를 만들어 날씨 관련 기능을 좀 더 읽기 쉽게 만들었습니다. User-Agent 헤더를 Meadowlark Travel로 설정한 것이 의아할 수도 있습니다. 이건 NWS 날씨 API의 변덕 때문입니다. 이 API는 User-Agent에 문자열을 요구합니다. NWS에서는 나중에 이걸 API 키로 교체하겠다고 밝혔지만, 일단은 아무 값이나 넣기만 하면 됩니다.

NWS API에서 날씨 데이터를 가져오는 것은 두 부분으로 나뉩니다. 위도와 경도를 받고 그 위치에 대한 예보가 들어 있는 URL을 포함해 정보를 반환하는 points라는 API 엔드포인트가 있습니다. 주어진 좌표에 대한 URL을 가져왔으면 다시 가져올 필요는 없습니다. 그 URL을 호

---

11 옮긴이_ 이런 표기법이 익숙하지 않다면 다음과 같이 고쳐도 무방합니다.
　　const periods = (await _fetch(forecast.url)).properties.periods;

출해서 예보를 업데이트하기만 하면 됩니다.

예보에는 우리가 사용하는 것보다 훨씬 많은 데이터가 들어 있습니다. 이 데이터로 훨씬 세련된 기능을 만들 수도 있습니다. 예를 들어 예보 URL은 기간^{period}으로 이루어진 배열을 반환하는데, 그 배열의 첫 번째 요소는 'afternoon', 'evening' 같이 지금이 대략 언제인지를 나타냅니다. 이 배열은 다음 주까지 계속 늘어납니다. `periods` 배열에 들어 있는 데이터를 살펴보고 이를 활용해 어떤 일을 할 수 있는지 생각해보세요.

캐시 안에 `refreshing`이라는 불리언 프로퍼티가 있습니다. 캐시 업데이트에 걸리는 시간은 짧지만 비동기적^{asynchronous}이므로 이 프로퍼티가 필요합니다. 첫 번째 캐시가 갱신을 끝내기 전에 요청이 여러 개 들어오면 이들 모두가 캐시 갱신 작업을 시작하려 합니다. 사실 이게 문제되는 것은 아니지만, API 호출이 필요 이상으로 실행된다는 것 역시 분명합니다. 이 불리언 변수는 다른 요청에 대해 '현재 작업 중'이라고 표시하는 플래그라고 보면 됩니다.

지금까지 만든 것으로 7장에서 만들었던 더미 함수를 대체합니다. lib/middleware/weather.js를 열고 다음과 같이 getWeatherData 함수를 대체합니다.

```
const weatherData = require('../weather')

const getWeatherData = weatherData([
  {
    name: 'Portland',
    coordinates: { lat: 45.5154586, lng: -122.6793461 },
  },
  {
    name: 'Bend',
    coordinates: { lat: 44.0581728, lng: -121.3153096 },
  },
  {
    name: 'Manzanita',
    coordinates: { lat: 45.7184398, lng: -123.9351354 },
  },
])
```

이제 위젯에 실제 날씨 데이터가 표시됩니다.

19.4 마치며

우리는 서드파티 API와 통합해서 할 수 있는 일의 극히 일부만을 시험해봤습니다. 요즘에는 어디를 가든 새로운 API가 만들어져서 상상할 수 있는 모든 종류의 데이터를 제공합니다. 심지어 포틀랜드는 공적 데이터 상당수를 REST API로 제공합니다. 현재 존재하는 API의 극히 일부만 덜어내도 설명하기엔 너무 많지만, 이번 장을 통해 `http.request`, `https.request`, JSON 분석을 배웠으니 API 사용에 필요한 기본 사항은 준비된 겁니다.

우리는 이미 많은 걸 배웠습니다. 그렇다면 일이 잘못됐을 때는 어떻게 해야 할까요? 다음 장에서는 일이 예상대로 흘러가지 않을 때 도움이 되는 디버깅 테크닉을 알아봅니다.

CHAPTER 20

디버깅

'디버깅debugging'이라는 단어는 좋은 느낌으로 다가오지는 않습니다. 하지만 우리가 '디버깅'이라 부르는 것은 사실 항상 하고 있는 일입니다. 새 기능을 만들 때도, 무언가가 동작하는 방식을 파악할 때도, 실제로 버그를 해결할 때도 말입니다. 어쩌면 '탐색exploring'이라는 표현이 더 어울릴 수도 있겠지만, 단어의 의도와는 관계없이 '디버깅'이라는 표현이 우리가 실제 하는 행동을 명확히 드러내므로 이 표현을 계속 쓰겠습니다.

많은 사람들이 디버깅을 무시하곤 합니다. 대부분의 프로그래머가 태어날 때부터 디버깅 방법을 배워서 태어난 것처럼 보일 정도입니다. 컴퓨터 과학 교수나 책의 저자들도 디버깅을 대충 넘어가도 되는 너무나 명백한 기술인 것처럼 취급하는 사람이 많습니다.

하지만 디버깅은 배우고 가르쳐야 하는 기술이며, 프로그래머라면 자신이 사용하는 프레임워크만큼 이해하고 있어야 하는 중요한 기술입니다. 이번 장에서는 노드와 익스프레스 애플리케이션을 효율적으로 디버깅할 수 있는 도구와 기법을 설명합니다.

20.1 디버깅의 첫 번째 원칙

이름이 암시하듯 '디버깅'은 보통 버그를 찾고 제거하는 작업입니다. 도구를 얘기하기 전에 먼저 일반적인 디버깅 원칙을 몇 가지 생각해봅시다.

불가능한 것을 전부 제외했다면 남은 것이 아무리 불합리해 보이더라도 그것이 반드시 진실이지. 대체 몇 번을 말해야 되겠나?

– 아서 코난 도일

디버깅에서 가장 중요한 첫 번째 원칙은 **제외**elimination입니다. 최신 컴퓨터 시스템은 믿을 수 없이 복잡합니다. **시스템 전체**를 머리에 넣고 그 방대한 공간에서 단 하나의 문제를 찾아내야 한다면, 아마 어디서부터 시작해야 할지도 모를 겁니다. 아주 명백한 문제가 아닌 한, 일단 문제를 발견했을 때 가장 먼저 해야 할 생각은 '무엇을 문제의 원인에서 제외해야 할까?'입니다. 제외할 수 있는 것이 많으면 많을수록 살펴봐야 할 부분이 줄어듭니다.

제외는 여러 가지 방식으로 할 수 있습니다. 다음은 그중 흔한 예입니다.

- 코드 블록을 주석 처리하거나 비활성화합니다.
- 단위 테스트가 가능하도록 코드를 작성합니다. 단위 테스트 자체가 제외를 위한 프레임워크가 됩니다.
- 문제가 클라이언트 쪽인지 서버 쪽인지 판단할 수 있도록 네트워크 트래픽을 분석합니다.
- 발견한 문제와 유사한 다른 부분을 테스트합니다.
- 이전에 실행한 입력을 한 부분씩 입력하면서 문제가 발생하는지 테스트합니다.
- 버전 관리를 통해 문제가 사라질 때까지 앞뒤로 오가면서 테스트해봅니다. `git bisect`[1]를 참고하세요..
- 복잡한 서브시스템을 제외할 수 있도록 기능을 '모킹mocking'합니다.

하지만 제외만으로 문제가 해결되는 것은 아닙니다. 두 개 이상의 구성 요소 사이에서 일어나는 복잡한 상호작용 때문에 문제가 일어나는 경우가 많습니다. 구성 요소 중 일부를 제외(모킹)해서 문제가 사라질 수 있지만 정확히 어디서 문제가 생겼는지 완벽히 찾은 것은 아닙니다. 물론 이런 상황이더라도 제외로 예상 범위를 좁힐 수는 있습니다. 단지 문제 위에 표지판이 생기지 않을 뿐입니다.

제외 작업은 주의 깊게, 질서 있게 이루어져야 가장 성공적입니다. 어떤 구성 요소가 전체에 어떤 영향을 미치는지 고려하지 않고 단순히 제외하기만을 원한다면 알아야 하는 것을 놓치기 아주 쉽습니다. 구성 요소를 제외할 때는 시스템에 어떤 영향을 끼칠지 생각해보세요. 이렇게 생각하다 보면 예상해야 할 것이 무엇인지, 구성 요소를 제외하는 것이 도움이 될지 아닐지 판단할 수 있게 됩니다.

---

1 *http://bit.ly/34TOufp*

20.2 REPL과 콘솔 활용

노드와 브라우저 모두 자바스크립트를 대화형으로 작성하는 **REPL**read-eval-print loop 환경을 제공합니다. 이 환경에서 자바스크립트를 입력하고 엔터를 누르면 즉시 결과를 확인할 수 있습니다. 작은 규모의 코드에서 오류를 찾아내는 가장 직관적인 방법입니다.

브라우저에서는 자바스크립트 콘솔을 열기만 하면 REPL 환경이 제공됩니다. 노드에서는 아무런 매개변수 없이 node라고 명령하면 REPL 모드에 들어갑니다. 여기서 패키지를 임포트하고, 변수와 함수를 만들고, 기타 코드에서 할 수 있는 일이라면 무엇이든 할 수 있습니다(단, 패키지 생성 제외).

콘솔 로그도 편리한 방법입니다. 어쩌면 디버깅 기법치고는 좀 난잡할 수 있지만, 이해하기 쉽고 사용하기도 쉽습니다. 노드에서 console.log를 호출하면 읽기 쉬운 형태로 객체 콘텐츠를 출력하므로 문제를 쉽게 찾을 수 있습니다. 일부 객체는 콘솔에 출력하기엔 너무 커서, 유용한 정보를 찾는 게 쉽지 않을 수도 있습니다. 라우트 핸들러 중 아무 곳에서나 console.log(req)를 사용해보면 무슨 뜻인지 알 수 있습니다.

20.3 노드의 내장 디버거

노드에는 자바스크립트 인터프리터와 마찬가지로 애플리케이션을 한 단계씩 실행하는 디버거가 내장되어 있습니다. 앱의 디버깅을 시작하려면 다음과 같이 inspect 매개변수를 사용하면 됩니다.

```
node inspect meadowlark.js
```

실행하는 즉시 몇 가지가 눈에 띕니다. 먼저 콘솔에 URL이 나타납니다. 이는 노드 디버거가 디버그하는 애플리케이션의 실행을 제어할 수 있도록 웹 서버를 만들기 때문입니다. 당장은 별로 인상적이지 않아 보이지만, 인스펙터inspector 클라이언트를 살펴볼 때 유용함을 발견하게 될 겁니다.

디버거 콘솔에서 help를 입력하면 명령어 리스트를 볼 수 있습니다. 가장 많이 사용하게 될 명령어는 n(다음), s(한 단계 안으로), o(한 단계 밖으로)입니다. n은 현재 행 '위'에 있습니다. 현재 행을 실행하지만, 다른 함수를 호출한다면 먼저 그 함수를 실행한 다음 제어권을 반환합니다. s는 반대로 현재 행 '안'에 있습니다. 이 행이 다른 함수를 호출한다면 제어권을 가진 채 그 안으로 들어갑니다. o는 현재 실행 중인 함수에서 빠져나옵니다. 이렇게 들어가고 나가는 것은 **함수**에 한정된 이야기입니다. if, for, 기타 제어문 안으로 들어가지는 않습니다.

명령줄 디버거에는 다른 기능도 있지만 아마 자주 쓰게 되지는 않을 겁니다. 물론 명령줄은 유용한 도구이지만 디버깅에는 그렇게까지 훌륭하지는 않습니다. 명령줄의 장점은 서버에 SSH를 통해서만 접근할 수 있다거나, 아니면 서버에 GUI가 아예 없는 열악한 환경에서도 사용할 수 있다는 겁니다. 아마도 그래픽 디버거를 더 많이 쓰게 될 겁니다.

20.4 노드 인스펙터 클라이언트

노드 디버거는 웹 서비스를 통해서도 사용할 수 있습니다.

가장 쉬운 디버거는 크롬입니다. 크롬은 프런트엔드 코드를 디버그할 때와 같은 인터페이스를 사용합니다. 따라서 크롬의 디버그 인터페이스를 사용한 경험이 있다면 익숙하게 사용할 수 있습니다. --inspect 옵션으로 애플리케이션을 시작합니다(앞에서 언급한 inspect 매개변수와는 다릅니다).

```
node --inspect meadowlark.js
```

브라우저의 URL 바에 chrome://inspect를 입력합니다. DevTools 페이지가 보이면 장치 섹션에서 [Open dedicated DevTools for Node]를 클릭합니다. 디버거가 새 창으로 열립니다.

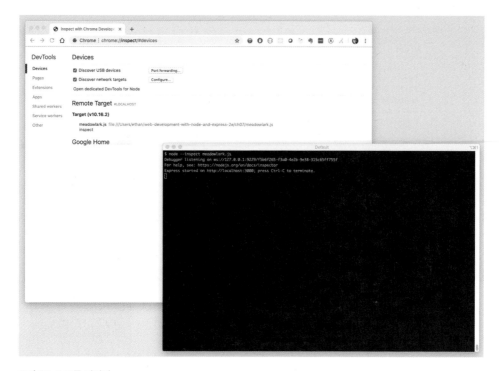

그림 20-1 크롬 디버거

소스 탭을 클릭하고 왼쪽 패널에서 `Node.js`를 클릭해 펼친 다음, `file://`을 클릭합니다. 애플리케이션 폴더를 확장하면 자바스크립트 소스와 JSON 파일이 전부 보입니다. 이제 어떤 파일이든 클릭해서 소스를 보고 중단점^{breakpoint}을 설정할 수 있습니다.

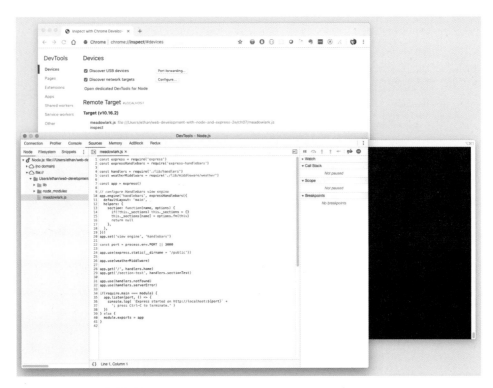

그림 20-2 크롬 디버거 사용하기

명령줄 디버거와는 달리 애플리케이션은 이미 실행 중입니다. 미들웨어는 모두 연결됐고, 앱은 요청을 기다리고 있습니다. 그럼 어떻게 코드 안에서 단계별로 이동할 수 있을까요? 가장 쉽고, 가장 자주 사용하게 될 방법은 **중단점**을 설정하는 겁니다. 중단점을 설정하면 디버거가 특정 행에서 실행을 중단하므로 코드 안으로 들어갈 수 있습니다.

디버거에서 소스 파일을 열고 왼쪽 열에서 행 번호를 클릭하면 중단점을 뜻하는 작은 파란색 화살표가 나타납니다. 다시 클릭하면 없어집니다. 직접 라우트 핸들러에 중단점을 설정해보고 다른 브라우저 윈도우에서 해당 라우트에 방문해보세요. 크롬을 사용한다면 브라우저가 자동으로 디버거 윈도우로 전환하며, 원래 브라우저는 일시 정지한 서버의 반응을 기다립니다.

디버거 윈도우에서는 명령줄 디버거보다 훨씬 알기 쉽게 이동합니다. 중단점을 설정한 행이 파란색으로 강조된 게 보일 겁니다. 이 강조 표시는 현재 실행 중인 행(정확히 말하면, 이제 실행될 행)이라는 뜻입니다. 여기서는 명령줄 디버거와 똑같은 명령어를 사용합니다. 가능한 동작은 다음과 같습니다.

스크립트 실행 재개(F8)

다른 중단점이 더 없다면 더 이상 코드에 진입할 수 없습니다. 봐야 할 것을 이미 봤거나, 다른 중단점으로 건너뛰고 싶을 때 사용합니다.

다음 함수 호출로 이동(F10)

현재 행이 함수를 호출하더라도 디버거가 그 함수 안으로 진입하지 않습니다. 즉, 함수는 그대로 실행되고 디버거는 함수 호출이 일어난 다음 행으로 이동합니다. 세부 사항을 알 필요가 없는 함수를 호출했을 때 사용합니다.

다음 함수 호출 안으로 이동(F11)

함수 호출 안으로 진입합니다. 무엇이 어떻게 실행됐는지 전부 알 수 있습니다. 처음에는 흥미롭겠지만, 한 시간 이상 지켜보고 있기는 어려울 겁니다.

현재 함수 밖으로 이동(shift + F11)

현재 함수의 나머지를 실행하고 **호출자**^{caller}의 다음 행에서 디버깅을 재개합니다. 실수로 함수 안으로 들어왔거나, 그 함수에서 필요한 것을 다 확인했을 때 사용합니다.

이런 명령들 외에도, 애플리케이션의 현재 콘텍스트를 실행하고 있는 콘솔에도 접근할 수 있습니다. 콘솔에서 변수를 살펴보거나 값을 바꿀 수도 있고, 함수를 호출하는 것도 가능합니다. 아주 단순한 것을 시험할 때는 정말 편리하지만, 곧 혼란이 가중될 수 있으므로 실행 중인 애플리케이션을 이런 식으로 변조하지 않길 추천합니다. 미아가 되는 것은 순식간입니다.

오른쪽에는 유용한 데이터가 있습니다. 맨 위에는 **감시 표현식**^{watch expression}이 있습니다. 여기에 자바스크립트 표현식을 정의하면 애플리케이션이 실행되는 동안 실시간으로 반영됩니다. 예를 들어 특정 변수를 추적하고 싶다면 여기에 입력합니다.

감시 표현식 다음에는 **콜 스택**^{call stack}이 있습니다. 현재 함수를 함수 A가 호출했고, 함수 A를 함수 B가 호출했다면 콜 스택에 이 함수들의 리스트가 표시됩니다. 하지만 노드는 대단히 비동기적이므로 콜 스택은 아주 이해하기 어려우며, 특히 익명의 함수가 개입됐다면 더 어렵습니다. 맨 위에 있는 항목이 현재 있는 곳입니다. 바로 아래에 있는 게 현재 함수를 호출한 함수이며 이런 식으로 이어집니다. 이 리스트의 항목 중 하나를 클릭하면 해당 콘텍스트로 이동하며, 감시 표현식과 콘솔이 모두 해당 콘텍스트를 기준으로 합니다.

콜 스택 아래에는 스코프 변수가 있습니다. 이름에서 짐작할 수 있듯 이들은 현재 스코프에 있는 변수이며, 부모 스코프에 있는 변수들 중 볼 수 있는 것도 포함됩니다. 이 섹션에서 핵심 변수에 대한 정보를 빠르게 파악할 수 있습니다. 변수가 아주 많다면 이 리스트 역시 감당할 수 없게 커지므로, 주목해야 할 변수를 감시 표현식에서 살펴보는 것이 좋습니다.

그다음은 중단점 리스트이며, 마치 찾아보기처럼 활용할 수 있습니다. 디버깅하면서 골치 아픈 문제를 중단점으로 많이 설정해두면 편리하게 사용할 수 있습니다. 중단점 중 하나를 클릭하면 바로 이동합니다. 하지만 콜 스택을 클릭했을 때처럼 콘텍스트가 바뀌지는 않습니다. 콜 스택은 콘텍스트와 밀접한 연관이 있지만 중단점은 그렇지 않습니다.

익스프레스에서 미들웨어를 연결할 때처럼, 때때로 애플리케이션 셋업 자체를 디버그해야 할 때도 있습니다. 하지만 이런 상황에서 기존 방법대로 디버거를 실행하면, 중단점을 설정하기도 전에 순식간에 일이 끝납니다. 다행히 방법이 있습니다. --inspect 대신 --inspect-brk를 사용하면 됩니다.

```
node --inspect-brk meadowlark.js
```

이렇게 하면 디버거가 애플리케이션의 첫 번째 행에서 정지하므로 원하는 대로 이동하거나 중단점을 설정할 수 있습니다.

크롬만 쓸 수 있는 것은 아닙니다. 비주얼 스튜디오 코드에 내장된 디버거도 아주 훌륭합니다. 비주얼 스튜디오 코드에서 디버그 아이콘을 클릭하고 사이드바 맨 위에 있는 기어 아이콘을 클릭하면 디버깅 설정이 나타납니다. 확인해야 할 설정은 '프로그램'뿐입니다. 이 설정이 진입점 (예를 들어 meadowlark.js)을 가리키는지 확인하세요.

TIP 현재 작업 디렉터리(cwd)를 설정할 수도 있습니다. 예를 들어 비주얼 스튜디오를 meadowlark.js가 있는 디렉터리의 부모 디렉터리에서 열었다면 cwd를 설정해야 합니다.

준비가 끝나고 디버그 바의 녹색 [Play] 아이콘을 클릭하면 디버거가 실행됩니다. 인터페이스가 크롬과 조금 다르지만 비주얼 스튜디오 코드를 사용하고 있다면 이해하기 쉬울 겁니다. 더 많은 정보는 비주얼 스튜디오 코드 문서의 디버깅[2]에서 확인하세요..

----

2 *http://bit.ly/2pb7JBV*

20.5 비동기 함수 디버깅

비동기 프로그래밍을 처음 접한 사람은 대부분 디버깅에서 좌절하곤 합니다. 먼저 다음 코드를 살펴봅시다.

```
1 console.log('Baa, baa, black sheep,');
2 fs.readFile('yes_sir_yes_sir.txt', (err, data) => {
3     console.log('Have you any wool?');
4     console.log(data);
5 })
6 console.log('Three bags full.')
```

비동기 프로그래밍을 처음 접한다면 아마 다음과 같은 결과를 예상할 겁니다.

```
Baa, baa, black sheep,
Have you any wool?
Yes, sir, yes, sir,
Three bags full.
```

하지만 실제 결과는 다음과 같습니다.

```
Baa, baa, black sheep,
Three bags full.
Have you any wool?
Yes, sir, yes, sir,
```

이 결과를 이해하지 못한다면 디버깅도 어려울 겁니다. 1행에서 시작하고, 2행으로 넘어갑니다. 그러면 당연히 함수 안으로 진입해서 3행으로 간다고 생각하겠지만 사실은 5행으로 넘어갑니다. 이는 fs.readFile이 **파일 읽기를 끝낸 다음** 함수를 실행하며, 이는 애플리케이션이 다른 코드를 실행하지 않을 때에만 일어납니다. 따라서 5행, 6행으로 계속 진행하지만 3행에는 가지 않습니다(결국 가긴 하겠지만 시간이 걸립니다).

3행이나 4행을 디버그하고 싶다면 3행에 중단점을 설정하고 디버거를 실행합니다. 파일을 읽고 함수를 호출하면 그 행에서 정지합니다.

20.6 익스프레스 디버깅

여러분이 그동안 지나치게 강력한 프레임워크를 여럿 사용해봤다면, 프레임워크 소스 코드를 단계별로 살펴본다는 것은 마치 악몽이나 고문처럼 느껴질 겁니다. 익스프레스 소스 코드를 살펴보는 것도 가벼운 마음으로 할 일이 아니긴 하지만, 자바스크립트와 노드를 충분히 이해하고 있다면 분명 가능한 일입니다. 때때로 코드에 문제가 생겼을 때 익스프레스 자체(또는 서드파티 미들웨어)의 소스 코드를 살펴봐야 문제를 해결할 수 있을 때도 있습니다.

이 섹션에서는 익스프레스 애플리케이션의 디버깅을 더 효과적으로 할 수 있도록 익스프레스 소스 코드를 간단히 알아봅니다. 섹션의 각 부분마다 익스프레스 루트(node_modules/express 디렉터리)를 기준으로 한 파일 이름과 함수 이름을 제시합니다. 여러분이 사용하는 익스프레스 버전에 따라 다를 수 있으므로 행 번호는 쓰지 않습니다.

익스프레스 앱 생성(*lib/express.js*, function createApplication)

익스프레스 앱이 태어나는 곳입니다. 이 함수는 코드에서 const app = express()를 호출했을 때 호출됩니다.

익스프레스 앱 초기화(*lib/application.js*, app.defaultConfiguration)

익스프레스가 초기화되는 곳입니다. 익스프레스의 기본값을 확인할 수 있습니다. 여기에 중단점을 설정할 필요는 별로 없지만, 익스프레스의 기본 세팅을 파악하기 위해 최소 한 번쯤은 살펴볼 가치가 있습니다.

미들웨어 추가(*lib/application.js*, app.use)

여러분이 직접 연결하든, 익스프레스나 서드파티에서 암시적으로 연결하든 익스프레스가 미들웨어를 연결할 때마다 이 함수가 호출됩니다. 믿을 수 없을 정도로 간단하지만 실제로 이해하려면 노력이 약간 필요합니다. 가끔은 여기에 중단점을 설정하면 유용할 때가 있습니다(중단점을 추가하기도 전에 모든 미들웨어 연결이 완료될 테니 --inspect-brk 옵션을 사용해야 합니다). 하지만 감당하기 어려울 수도 있습니다. 일반적인 애플리케이션에서도 수많은 미들웨어가 연결되는 것을 보면 놀랄 겁니다.

뷰 렌더링(*lib/application.js*, app.render)

역시 아주 중요한 함수이며, 까다로운 뷰 관련 문제를 해결할 때 유용합니다. 이 함수를 살펴보면 뷰 엔진을 선택하고 호출하는 방법을 알 수 있습니다.

요청 확장(*lib/request.js*)

이 파일은 의외로 듬성듬성하고 이해하기 쉽습니다. 익스프레스가 요청 객체에 추가하는 메서드 대부분이 아주 단순한 보조 함수입니다. 코드가 아주 단순하므로 여기에 중단점을 설정하거나 진입할 필요가 별로 없습니다. 하지만 이 코드를 살펴보면 익스프레스의 편의 메서드 일부가 어떻게 동작하는지 이해할 수 있습니다.

응답 전송(*lib/response.js*, res.send)

응답을 어떻게 만들든 관계없이 결국 이 함수를 거칩니다(.sendFile은 예외입니다). 따라서 응답을 보낼 때마다 호출되므로 중단점을 설정할 만한 위치입니다. 이 함수에서 중단한 다음 콜 스택으로 어떻게 도달했는지 알아보면 어디에 문제가 있는지 찾기 쉽습니다.

응답 확장(*lib/response.js*)

res.send는 좀 복잡하지만 응답 객체의 대부분의 다른 메서드는 아주 단순합니다. 이 함수에 중단점을 설정해 앱이 요청에 어떻게 반응하는지 정확히 파악하면 유용합니다.

정적 미들웨어(*node_modules/serve-static/index.js*, function staticMiddleware)

정적 파일이 의도대로 전송되지 않는다면 문제는 일반적으로 라우팅에 있지, 정적 미들웨어에 있지는 않습니다. 우선순위가 라우팅에 있기 때문입니다. 즉, public/test.jpg 파일이 있고 /test.jpg 라우트가 있다면 정적 미들웨어는 호출조차 되지 않습니다. 하지만 정적 파일마다 헤더가 어떻게 설정되는지 파악할 필요가 있다면 정적 미들웨어에 중단점을 설정하는 게 유용합니다.

그 많은 미들웨어가 다 어디 갔는지 궁금할 수도 있겠지만, 익스프레스 자체에는 미들웨어가 별로 없습니다. 정적 미들웨어와 라우트 정도가 예외입니다.

어려운 문제를 해결할 때 익스프레스 소스 코드를 살펴보면 도움이 되는 것처럼, 때때로 미들웨어 소스 코드를 살펴봐야 할 때도 있습니다. 전부 설명하는 것은 불가능하지만, 익스프레스 애플리케이션이 어떻게 동작하는지 이해할 때 필요한 기본적인 세 가지는 언급하고 넘어가겠습니다.

세션 미들웨어(*node_modules/express-session/index.js*, `function session`)
세션이 동작하는 데는 여러 가지가 관여하지만 코드 자체는 아주 단순합니다. 세션 관련 문제가 있으면 이 함수에 중단점을 설정하는 게 도움이 됩니다. 세션 미들웨어에 스토리지 엔진을 제공하는 것은 여러분의 소임이라는 걸 염두에 두세요.

로거 미들웨어(*node_modules/morgan/index.js*, `function logger`)
사실 로거 미들웨어는 디버깅을 돕기 위해 존재할 뿐, 디버그 대상이 아닙니다. 하지만 로깅에는 로거 미들웨어 안으로 한두 번 들어가 봐야 비로소 알 수 있는 미묘한 부분이 몇 가지 있습니다. 필자는 로거 미들웨어에 처음 들어가 봤을 때 무릎을 치면서 깨달은 게 있었고, 그 이후로는 애플리케이션에서 더 효율적으로 로그를 사용하고 있습니다. 그러니 여러분도 이 미들웨어에 최소 한 번은 들어가 보는 걸 추천합니다.

URL로 인코드된 바디 파싱(*node_modules/body-parser/lib/types/urlencoded.js*, `function urlencoded`)
요청 바디를 분석하는 방법에 관심이 있는 사람은 별로 없습니다. 그리 복잡하지 않으며, 이 미들웨어에 들어가 보면 HTTP 요청이 동작하는 방법을 이해하는 데 도움이 됩니다. 일단 이해하고 나면, 디버깅을 위해 이 미들웨어에 들어와야 할 일은 많지 않습니다.

20.7 마치며

여러 가지 미들웨어를 설명했습니다. 익스프레스 내부를 둘러볼 때 살펴봐야 할 중요한 곳을 필자가 전부 제시할 수는 없지만 이번 장에서 제시한 것이 익스프레스에 대한 막연한 두려움을 없애고, 필요할 때 다른 프레임워크의 소스 코드를 살펴볼 수 있는 용기를 줬길 바랍니다. 미들웨어는 접근성 측면에서도 아주 다양합니다. 어떤 것은 물처럼 투명하지만, 어떤 것은 극도로 이해하기 어렵습니다. 어느 쪽이든 미리 겁먹을 필요는 없습니다. 너무 복잡하면, 정말 반드시 이해해야 하지 않는 한 그냥 넘어가도 됩니다. 그렇지 않다면 살펴보면서 얻는 것이 반드시 있을 겁니다.

CHAPTER 21

사이트 오픈

마침내 그날이 왔습니다. 몇 주, 몇 달을 고생했고 드디어 웹사이트 오픈 준비가 끝났습니다. 하지만 웹사이트 오픈은 스위치를 켜는 것처럼 단순한 일이 절대 아닙니다.

내일이 오픈인데 오늘 이 장을 읽고 있는 건 아니길 바랍니다. 최소 몇 주 전에는 이번 장을 읽고 이해했어야 합니다. 이번 장에서는 도메인 등록, 사용할 수 있는 호스팅 서비스, 대기 환경에서 실무 환경으로 이전하는 기법, 배포 기법, 실무 서비스를 선택할 때 고려해야 할 점을 배웁니다.

21.1 도메인 등록과 호스팅

도메인 등록과 **호스팅**의 차이를 이해하지 못하는 사람이 많습니다. 이 책을 읽는 여러분은 아마 이해하고 있겠지만, 여러분의 클라이언트나 상사는 아마도 잘 모를 겁니다.

인터넷에 존재하는 웹사이트나 서비스는 모두 **인터넷 프로토콜**^{Internet protocol}(**IP**) **주소**로 식별합니다. IP 주소는 사람이 읽고 이해하기 쉬운 형태가 아니라 숫자입니다. IPv6가 정착되면 점점 더 이해하기 어려워질 겁니다. 하지만 컴퓨터는 웹 페이지를 표시할 때 숫자가 필요합니다. 여기에 **도메인 이름**이 필요합니다. 도메인 이름은 google.com 같은 사람이 이해하기 쉬운 이름을 74.125.239.13, 2601:1c2:1902:5b38:c256:27ff:fe70:47d1 같은 IP 주소로 연결합니다.

회사 이름과 실제 주소를 생각하면 이해하기 쉽습니다. 도메인 이름은 회사 이름인 '애플'과 같고, IP 주소는 캘리포니아 쿠퍼티노에 있는 회사의 실제 주소입니다. 차를 타고 애플에 방문하려면 실제 주소를 알아야 합니다. 회사 이름을 알고 있으면 실제 주소도 알 수 있습니다. 회사가 이전하더라도 새 주소로 찾아갈 수 있습니다(공교롭게도, 애플은 이 책의 2판을 준비하는 사이 새로운 주소로 이전했습니다).

반면 **호스팅**은 웹사이트를 실행하는 컴퓨터를 가리킵니다. 회사와 주소의 비유를 이어가자면, 호스팅은 그 주소에 존재하는 빌딩에 비유할 수 있습니다. 사람들이 혼란스러워 하는 것은 도메인 등록과 호스팅이 밀접하게 연관되지 않다는 점, 도메인을 구입하는 곳에 호스팅 비용을 내지 않는다는 점입니다. 하지만 땅은 이 사람에게 사고, 건물 구입과 관리는 다른 사람에게 위임할 수 있습니다.

도메인 이름이 없어도 웹사이트를 운영할 수는 있지만, IP 주소를 광고에 쓰기에는 부적절합니다. 보통 호스팅을 구매하면 자동으로 서브도메인도 할당받습니다. 마케팅에 쓰기 좋은 도메인 이름과 IP 주소 사이에 있는 것이라고 생각해도 좋습니다.

도메인을 확보하고 사이트를 오픈하면 여러 가지 URL로 웹사이트에 방문할 수 있습니다.

- `http://meadowlarktravel.com/`
- `http://www.meadowlarktravel.com/`
- `http://ec2-54-201-235-192.us-west-2.compute.amazonaws.com/`
- `http://54.201.235.192/`

이들 주소는 도메인 연결을 통해 모두 같은 웹사이트를 가리킵니다. 웹사이트는 요청을 받으면 사용한 URL에 따라 반응하는 것도 가능합니다. 예를 들어 누군가가 IP 주소를 써서 웹사이트에 방문했다면 자동으로 도메인 이름에 리디렉트할 수 있습니다(별 의미는 없지만). `http://meadowlarktravel.com/`에서 `http://www.meadowlarktravel.com/`으로 리디렉트하는 경우도 많습니다.

도메인 등록 업체는 대부분 호스팅 서비스를 제공하거나, 호스팅 업체와 파트너십을 맺고 있습니다. 필자는 AWS를 제외하고 도메인 등록 업체가 제공하는 호스팅 옵션에 만족한 적이 없습니다. 도메인 등록과 호스팅을 구분해도 아무 문제가 없습니다.

21.1.1 도메인 이름 시스템

도메인 이름과 IP 주소를 연결하는 것은 **도메인 이름 시스템**^{Domain Name System}(DNS)입니다. 이 시스템은 상당히 복잡하지만 웹사이트 소유자라면 DNS에 대해 알아야 할 것이 몇 가지 있습니다.

21.1.2 보안

도메인 이름에는 가치가 있다는 것을 항상 염두에 둬야 합니다. 만약 해커가 여러분의 호스팅 서비스를 완전히 장악했다 하더라도 우리가 도메인만 제어할 수 있다면 다른 호스팅으로 전환해 리디렉트할 수 있습니다. 반면 **도메인**을 탈취당하면 문제가 커집니다. 여러분의 명성은 도메인에 묶여 있으며, 좋은 도메인 이름은 주의 깊게 보호됩니다. 도메인을 잃으면 참혹한 결과를 맞이할 수도 있으며, 세상에는 여러분의 도메인을 탈취하고자 하는 사람들이 실제로 존재합니다. 특히 그 도메인 이름이 짧거나 기억하기 쉽다면 욕심내는 사람이 더 많습니다. 도메인을 탈취하면 이를 팔거나, 여러분의 명성에 흠집을 내거나 약탈할 수도 있습니다. 결론은 **도메인 보안을 아주 심각한 사안으로 생각해야 한다**는 겁니다. 데이터의 성격에 따라 다르겠지만, 심지어 데이터보다 도메인이 더 중요할 수도 있습니다. 필자는 호스팅 보안에는 시간과 돈을 아끼지 않으면서 도메인 등록은 제일 저렴하고 편리한 곳만 찾는 사람을 자주 봤습니다. 여러분은 이런 실수를 저지르지 마세요(다행히도 믿을 수 있는 도메인을 등록하는 데 아주 큰 비용이 들지는 않습니다).

도메인 소유권 보호가 그만큼 중요하니, 도메인 등록에도 충분한 보안 수단을 확보해야 합니다. 그중 최소한의 노력은 강력하고 고유한 비밀번호를 사용하며 안전하게 보관해야 한다는 겁니다. 포스트잇에 써서 모니터에 붙여놓지 마세요. 이중 인증을 지원하는 도메인 등록 업체를 선택하길 추천합니다. 계정 권한 부여를 변경할 때 무엇이 필요한지 도메인 등록 업체에 묻길 주저하지 마세요. 필자가 추천하는 도메인 등록 업체는 AWS 라우트 53, Name.com, Namecheap.com입니다.[1] 이들은 모두 이중 인증을 지원하며, 고객 지원도 잘 되어 있고 사용하기 쉽고 강력한 온라인 제어 수단을 마련하고 있습니다.

도메인을 등록할 때 등록 업체에 제공하는 이메일 주소에 해당 도메인의 이메일을 쓰지 마세

---

1 옮긴이_ 한국의 도메인 등록 업체로는 가비아, 카페24, 후이즈 등이 있습니다.

요. 예를 들어 meadowlarktravel.com을 등록할 때 admin@meadowlarktravel.com을 쓰면 안 됩니다. 보안 시스템의 강도는 그 구성원 중 가장 약한 것을 따르니, 이메일도 보안이 잘 되는 것을 택해야 합니다. 이런 이유로 지메일이나 아웃룩 계정이 널리 쓰입니다. 이 계정 또한, 도메인 등록 업체 계정과 마찬가지로 강력한 비밀번호를 쓰고 이중 인증을 사용해야 합니다.

21.1.3 최상위 도메인

.com, .net처럼 도메인 마지막에 있는 것을 최상위 도메인top-level-domain(TLD)이라고 합니다. TLD는 일반적으로 국가 코드 TLD와 일반 TLD 두 가지로 나눕니다. .us, .es, .uk 같은 국가 코드 TLD는 위치에 따라 분류하려는 목적으로 설계됐습니다. 하지만 인터넷의 성격상 이런 TLD를 누가 사용할 수 있는지 제한하기 어려우므로, placehold.it이나 goo.gl처럼 선점된 도메인도 많습니다.

.com, .net, .gov, .fed, .mil, .edu 같은 익숙한 TLD가 일반 TLD에 속합니다. .com이나 .net 도메인은 누구든 취득할 수 있지만 나머지에는 제한이 따릅니다. 더 상세한 정보는 [표 21-1]에서 확인하세요.

표 21-1 제한이 있는 TLD

TLD	추가 정보
.gov, .fed	https://www.dotgov.gov
.edu	https://net.educause.edu/
.mil	군인 및 계약자는 해당 IT 부서 또는 국방부 통합 등록 시스템[2] 문의해야 합니다.

국제인터넷주소관리기구(ICANN)에서 TLD 관리를 책임지긴 하지만, 사실 관리 업무 대부분은 다른 조직에서 위임받아 수행합니다. 최근 ICANN은 .agency, .florist, .recipes 같은 새로운 일반 TLD를 여럿 승인했는데, 심지어 .ninja도 포함되어 있습니다. .com은 '프리미엄' TLD가 되어 얻기 어려워질 것으로 예상됩니다. 인터넷 초기에 .com 도메인을 구입했던 운 좋은(또는 현명한) 사람들 중에는 상당한 이익을 본 사람도 있습니다. 페이스북은 2010년에

---

2 http://bit.ly/354JvZF

fb.com을 무려 850만 달러에 구입했습니다.

.com 도메인이 부족해짐에 따라 사람들은 다른 TLD를 사용하거나, .com.us 같은 우회 수단을 사용합니다. 도메인을 선택할 때는 어떻게 사용할지를 먼저 생각해야 합니다. 광고 수단이 인터넷에 집중되어 있어 사람들이 도메인 이름을 타이핑하기보다 링크를 클릭하는 경우가 많다면 너무 짧은 이름만 고집하기보다 이해하기 쉬운 도메인 이름을 택하는 편이 좋습니다. 반면 광고가 인쇄 매체에 집중되거나, 사람들이 URL을 직접 입력할 때가 많다면 다른 TLD를 사용해서 도메인 이름 길이를 줄이는 편이 좋습니다. 또한 짧고 타이핑하기 좋은 도메인 하나, 좀 더 길고 이해하기 쉬운 도메인 하나와 같이 도메인을 두 개 운영하는 사례도 늘고 있습니다.

21.1.4 서브도메인

TLD 앞에 도메인이 있고 그 앞에 서브도메인이 있습니다. 가장 널리 쓰이는 서브도메인은 www입니다. 필자는 이 서브도메인을 의식한 일이 별로 없습니다. 어쨌든 컴퓨터 앞에 앉아서 월드 와이드 웹World Wide Web을 사용하고 있으니까요. 여러분도 지금 방문하는 사이트 앞에 www가 있든 없든 그 차이를 의식하지 못할 겁니다. 따라서 핵심 도메인에는 서브도메인을 쓰지 않길 권합니다. http://www.meadowlarktravel.com/ 대신 http://meadowlarktravel.com/을 쓰는 게 좋습니다. 후자가 더 짧고 간편하며, 리디렉트가 있으므로 인터넷 주소창에 www부터 치고 시작하는 고객도 잃지 않을 수 있습니다.

서브도메인은 다른 용도로도 사용합니다. blogs.meadowlarktravel.com, api.meadowlarktravel.com, m.meadowlarktravel.com(모바일 사이트) 같은 주소를 많이 봤을 겁니다. 보통 이런 구분은 기술적인 이유 때문입니다. 블로그에서 나머지 사이트와 완전히 다른 서버를 사용한다면 서브도메인을 쓰는 게 쉽습니다. 하지만 좋은 프록시를 사용한다면 서브도메인이나 경로 어느 쪽이든 기준을 삼아 트래픽을 리디렉트할 수 있으므로 서브도메인과 경로를 선택할 때는 기술적 이유보다 콘텐츠의 성격에 따라야 합니다. 팀 버너스-리도 URL은 기술적 구조가 아니라 정보의 구조를 표현해야 한다고 말했습니다.

필자는 웹사이트나 서비스에서 상당히 다른 부분만 서브도메인으로 구별하길 권합니다. 예를 들어 api.meadowlarktravel.com처럼 API를 위해 서브도메인을 사용하면 좋습니다. 마이크로사이트microsite(사이트의 다른 부분과 확연히 다른 외관을 갖는 사이트. 대개 단일 상품이나 주제를 강조하기 위해 사용합니다) 역시 서브도메인으로 분류하기 적합합니다. admin.

meadowlarktravel.com을 직원만 사용하는 것처럼, 관리자 인터페이스를 공개된 인터페이스와 구분하기 위해 서브도메인을 사용해도 좋습니다.

여러분이 따로 명시하지 않으면 도메인 등록 업체는 서브도메인을 구분하지 않고 모든 트래픽을 서버로 리디렉트합니다. 서브도메인에 따라 적절히 반응하는 것은 여러분의 서버나 프록시에서 할 일입니다.

21.1.5 네임 서버

도메인이 동작하기 위해서는 네임 서버^{nameserver}가 필요하며, 웹사이트 호스팅을 계약할 때 네임 서버를 제출해야 합니다. 보통은 호스팅 서비스에서 대부분의 일을 처리하므로 여러분이 할 일은 별로 없습니다. 예를 들어 meadowlarktravel.com을 디지털오션^{DigitalOcean}[3]에서 호스트한다고 합시다. 디지털오션에서 호스팅 계정을 만들면 네임 서버(보통 여러 개입니다)의 이름을 받습니다. 디지털오션은 대부분의 호스팅 제공자와 마찬가지로 네임 서버에 ns1.digitalocean.com, ns2.digitalocean.com 등의 이름을 사용합니다. 도메인 등록 업체에 가서 호스팅하는 도메인의 네임 서버를 지정하면 됩니다.

필자가 든 예에서 연결은 다음과 같은 식으로 이루어집니다.

1. 웹사이트 방문자가 http://meadowlarktravel.com/으로 이동합니다.
2. 브라우저에서 컴퓨터의 네트워크 시스템에 요청을 보냅니다.
3. 컴퓨터의 네트워크 시스템은 인터넷 회선 제공자에게서 제공받은 DNS 서버에 meadowlarktravel.com의 해석을 요청합니다.
4. DNS 서버는 ns1.digitalocean.com에서 meadowlarktravel.com을 처리하고 있음을 알고 있으므로, ns1.digitalocean.com에 meadowlarktravel.com의 IP 주소를 요청합니다.
5. ns1.digitalocean.com 서버는 요청을 받고 meadowlarktravel.com이 활성 계정임을 인식하고, 연결된 IP 주소를 반환합니다.

대부분은 위 방식대로 이루어지지만, 도메인 연결이 꼭 이 방법으로만 이루어지는 것은 아닙니다. 웹사이트를 실제로 전송하는 서버(프록시)에 IP 주소가 있으므로, DNS 서버에 이 IP 주소를 등록하면 중간 과정(ns1.digitalocean.com)이 없어도 됩니다. 이 방법이 통용되려면

---

3 *https://www.digitalocean.com*

호스팅 서비스에서 여러분에게 반드시 **고정** IP 주소를 부여해야 합니다. 호스팅 제공자는 대개 서버에 **동적** IP 주소를 부여하고 이 주소는 예고 없이 바뀔 수 있으므로, 이럴 때는 서버의 IP 를 DNS에 등록하는 방식을 쓸 수 없습니다. 고정 IP 주소는 동적 IP 주소보다 비쌀 수 있으므 로 호스팅 제공자에게 문의하세요.

호스트의 네임 서버를 거치지 않고 도메인과 웹사이트를 직접 연결하려면 A 레코드나 CNAME 레코드를 추가해야 합니다. **A 레코드**는 도메인 이름과 IP 주소를 직접 연결하고, **CNAME 레코드**는 도메인 이름과 도메인 이름을 연결합니다. 일반적으로 CNAME 레코드는 좀 경직된 편이므로 보통 A 레코드를 더 선호합니다.

> **TIP** 네임 서버에 AWS를 사용하면서 A와 CNAME 레코드 역시 사용한다면, **별칭**alias이라는 레코드가 제공됩니다. 이 레코드가 AWS에서 호스트하는 서비스를 가리킬 경우 상당한 장점이 있습니다. 자세한 정보는 AWS 문서[4]에서 확인하세요.

어떤 방법을 택하든, 도메인 연결은 적극적으로 캐시됩니다. 도메인 레코드를 바꾸더라도, 도 메인이 새 서버에 연결될 때까지 최대 48시간이 걸립니다. 여기에는 실제 위치도 영향이 있습 니다. 예를 들어 여러분이 로스앤젤레스에서 도메인 변경을 확인했더라도, 뉴욕에 있는 클라이 언트는 여전히 이전 서버에 연결된 도메인을 보고 있을 수도 있습니다. 필자의 경험으로는 미 대륙 내에서는 도메인 연결이 반영되는 데 보통 24시간이면 충분하고, 전 세계에 반영되려면 48시간까지 걸리는 것 같았습니다.

특정 시간에 정확히 반영되는 게 중요하다면 DNS 변경만 기다리고 있어서는 안 됩니다. 그보 다는 서버를 'coming soon' 사이트로 리디렉트하고 실제로 전환되기 전에 DNS를 변경하는 게 좋습니다. 그리고 예정된 시간에 서버를 실제 사이트로 전환하면 방문자는 세계 어디에 있 든 관계없이 변경된 내용을 즉시 볼 수 있습니다.

21.1.6 호스팅

처음에는 호스팅 서비스 선택이 부담스러울 수 있습니다. 노드가 크게 성공하면서 모두들 노드 호스팅을 수요에 맞게 제공할 수 있다고 주장합니다. 호스팅 제공자의 선택은 여러분이 실제

---

4 *https://amzn.to/2pUuDhv*

필요로 하는 것에 따라 다릅니다. 지금 만드는 사이트가 나중에 아마존이나 트위터를 따라잡을 거라고 확신한다면, 동네 우표 수집가 클럽에서 쓸 웹사이트를 만들 때와는 완전히 다르게 생각해야 합니다.

전통적 호스팅과 클라우드 호스팅

'클라우드'는 최근 몇 년 사이 가장 모호한 기술 용어 중 하나입니다. 사실 클라우드는 '인터넷', '인터넷의 일부'를 좀 더 있어보이게 부르는 것에 불과하지만, 아주 쓸모없지는 않습니다. 용어의 기술적 정의에는 없지만, 클라우드 호스팅은 보통 컴퓨터 자원을 상품화하는 것을 암시합니다. 이제 서버를 물리적으로 독립된 개체로 인식하지 않고 그저 클라우드 어딘가에 있는 동질의 자원으로 인식하면 된다는 뜻입니다. 물론 지나치게 단순화한 표현이긴 합니다. 컴퓨터 자원은 메모리, CPU 개수 등에 따라 구별되고 가격도 그에 따라 다릅니다. 차이는 앱을 호스팅하는 실제 서버를 알고 있느냐, 아니면 앱이 클라우드 어딘가의 서버에 있고 여러분이 모르는 사이에 다른 곳으로 쉽게 이동할 수 있다는 사실을 알고 있느냐의 차이입니다.

클라우드 호스팅은 심하게 **가상화**virtualization됩니다. 즉, 앱을 실행하는 서버가 보통 물리적 컴퓨터가 아니라 물리적 서버 위에서 실행되는 가상 머신입니다. 가상화는 클라우드 호스팅에서 나온 개념은 아니지만 최근에는 동의어처럼 쓰입니다.

클라우드 호스팅의 본질은 그리 거창하지 않지만, 이제는 '동질의 서버' 이상의 의미를 갖고 있습니다. 주요 클라우드 제공자는 (이론적으로) 여러분의 유지 보수 부담을 줄이고 확장성을 크게 늘리는 인프라 구조를 여럿 제공합니다. 이런 서비스는 데이터베이스 스토리지, 파일 스토리지, 네트워크 큐, 인증, 비디오 처리, 원격 통신 서비스, 인공지능 엔진, 그 외에도 다양합니다.

처음에는 클라우드 호스팅이 당황스러울 수 있습니다. 서버가 실행되는 실제 물리적 컴퓨터가 무엇인지 모르고, 여러분의 서버가 그 컴퓨터에서 실행되는 다른 서버에 영향받지는 않을지 걱정될 수도 있습니다. 하지만 사실 바뀐 건 없습니다. 호스팅 비용은 여전히 같은 목적으로 지불됩니다. 누군가가 여러분의 웹 애플리케이션을 서비스하는 물리적 하드웨어와 네트워크를 관리하고 있으며 달라진 것은 하드웨어에서 조금 더 멀어졌다는 것뿐입니다.

필자는 '전통적traditional' 호스팅이 결국 사라질 거라고 전망합니다. 전통적 호스팅 회사가 망할 거라는 얘기는 아닙니다(망하는 곳도 있겠지만). 그들 스스로가 클라우드 호스팅을 제공할 거라는 뜻입니다.

XaaS

클라우드 호스팅을 알아보다 보면 SaaS, PaaS, IaaS, FaaS를 듣게 될 겁니다.

서비스로서의 소프트웨어(SaaS)

SaaS는 소프트웨어(웹사이트, 앱)를 제공하며 여러분은 그걸 그냥 사용하기만 하면 된다는 뜻입니다. 구글 문서, 드롭박스 등이 여기 속합니다.

서비스로서의 플랫폼(PaaS)

PaaS는 인프라 구조(운영체제, 네트워크 등) 전체를 제공한다는 의미입니다. 여러분은 그저 애플리케이션만 만들면 됩니다. PaaS와 IaaS를 뚜렷하게 나누는 선이 있는 건 아니지만(개발자인 여러분 스스로가 그 선을 넘나들게 될 겁니다), PaaS가 이 책에서 일반적으로 언급하는 것입니다. 웹사이트나 웹 서비스를 운영하려면 PaaS를 찾게 될 겁니다.

서비스로서의 기반 구조(IaaS)

IaaS는 가장 유연하지만 그만큼 할 일이 많습니다. 여러분에게 제공되는 건 가상 머신과 그들을 연결하는 기본적인 네트워크뿐입니다. 여러분이 직접 운영체제, 데이터베이스, 네트워크 정책 등을 설치하고 관리해야 합니다. 이 정도 수준으로 환경을 직접 컨트롤해야 할 필요가 없다면 PaaS를 사용합니다. PaaS를 택하더라도 운영체제와 네트워크를 설정할 수 있습니다. 그저 직접 하지 않을 뿐입니다.

서비스로서의 함수(FaaS)

FaaS는 AWS 람다, 구글 함수$^{Google\ Function}$, 애저 함수$^{Azure\ Function}$처럼 여러분이 런타임 환경을 설정할 필요 없이 클라우드에 있는 기능을 실행하기만 하면 되는 환경입니다. 최근 '서버가 없는^{serverless}' 구조라고 불리는 것들이 이런 형태입니다.

공룡들

현실적으로 인터넷을 운영하는(최소한 인터넷의 운영에 막대하게 투자하는) 회사들은 컴퓨터 자원을 상품화하는 것이 그들에게 매우 유리하다는 것을 깨달았습니다. 아마존, 마이크로소프트, 구글은 모두 클라우드 컴퓨팅 서비스를 제공하며 서비스가 매우 훌륭합니다.

이 서비스들은 가격 정책도 비슷합니다. 호스팅 규모가 그리 크지 않다면 세 회사 사이에 비용 차이는 거의 없습니다. 대역폭이나 스토리지가 아주 많이 필요하다면 서비스를 주의 깊게 살펴 봐야 합니다. 필요한 것에 따라 비용이 크게 달라지기 때문입니다.

오픈 소스 플랫폼을 생각할 때 마이크로소프트를 떠올리기는 쉽지 않지만, 애저를 과소평가할 수는 없습니다. 애저는 튼튼하게 확립된 플랫폼이며 노드와 오픈 소스 커뮤니티에도 친숙하게 만들었습니다. 마이크로소프트는 한 달 간 애저 체험 기간을 제공하므로 서비스가 요구 사항에 맞는지 확인할 수 있습니다. 세 회사 중 하나를 생각하고 있다면 애저의 무료 체험 기간을 놓 치지 마세요. 마이크로소프트는 클라우드 스토리지 서비스를 포함해 주요 서비스에 모두 노드 API를 제공합니다. 애저는 노드를 훌륭하게 호스팅할 뿐만 아니라 자바스크립트 API와 함께 훌륭한 클라우드 스토리지 시스템을 제공하고, 몽고DB 역시 잘 지원합니다.

아마존은 가장 다양한 서비스를 제공합니다. SMS(문자), 클라우드 스토리지, 이메일 서비스, 전자상거래, DNS, 이외에도 다양합니다. 아마존 역시 무료 계정을 제공하므로 평가해볼 수 있 습니다.

구글의 클라우드 플랫폼은 꽤 오랫동안 유지됐고, 노드를 빈틈없이 호스팅하며 구글 자체의 서 비스와도 매끄럽게 통합됩니다. 그중에서도 지도, 인증, 검색이 특히 매력적입니다.

이 세 회사 외에 헤로쿠Heroku[5]도 고려해볼 만합니다. 필자는 디지털오션도 좋게 평가합니다. 이 들은 서비스 숫자가 많지는 않지만 대단히 사용자 친화적입니다.

소규모 호스팅

소규모 호스팅 서비스에는 마이크로소프트나 아마존, 구글 같은 인프라 구조와 자원은 없을지 몰라도 이들을 함부로 평가절하할 수는 없습니다.

소규모 호스팅 서비스는 인프라 구조로 경쟁할 수는 없기 때문에 보통 고객 서비스와 지원에서 경쟁력을 확보하려고 합니다. 지원이 많이 필요하다면 소규모 호스팅 서비스도 생각해볼 만합 니다. 그동안 유쾌한 기억으로 남았던 호스팅 제공자가 있다면 노드 호스팅을 제공하는지, 제 공할 계획이 있는지 문의하세요.

---

5 *https://www.heroku.com*

21.1.7 배포

2019년이 되었는데도 애플리케이션 배포에 FTP를 쓰는 사람이 있다는 건 정말 놀라운 일입니다. 만약 여러분이 그러고 있다면 **즉시 멈추세요**. FTP는 전혀 안전하지 않습니다. 파일뿐만 아니라, 사용자 이름과 비밀번호도 암호화되지 않은 채 전송됩니다. 호스팅 제공자가 FTP 이외에 다른 옵션을 제공하지 않는다면 다른 호스팅 제공자를 알아보세요. 정말로 대안이 없다면, 다른 곳에서 사용하지 않은 고유한 비밀번호를 사용하세요.

최소한 SFTP나 FTPS를 사용해야 하지만, 그보다 **지속적 배포**continuous delivery(CD) 서비스를 고려하길 권합니다.

CD는 배포할 수 있는 버전과 현재 버전이 그리 멀리 떨어지지 않는다는(며칠, 몇 주) 가정하에 만들어졌습니다. CD는 보통 개발자의 업무를 통합하고 테스트하는 과정을 자동화하는 **지속적 통합**continuous integration(CI)과 비슷한 의미로 사용합니다.

일반적으로 처리 과정을 자동화할수록 개발은 쉬워집니다. 코드를 수정하면 자동으로 단위 테스트와 통합 테스트를 통과했다는 알림을 받고, 바꾼 내용이 온라인에 반영되는 것을 몇 분 안에 확인할 수 있다고 상상해보세요. 훌륭한 목표지만, 이렇게 하기 위해서는 준비에 시간을 많이 투자해야 하고 꾸준한 유지 보수도 필요합니다.

단위 테스트를 실행하고, 통합 테스트를 실행하고, 대기 서버로 배포하고, 실무 서버로 배포하는 등 각 단계는 비슷하지만, CI/CD 파이프라인을 만드는 과정은 대체로 다릅니다.

CI/CD 옵션을 알아보고 여러분의 필요에 맞는 것을 고르길 권합니다.

AWS 코드파이프라인AWS CodePipeline[6]

AWS에 호스팅하고 있다면 AWS 코드파이프라인을 가장 먼저 고려해보세요. 강력하지만, 필자가 보기에 다른 옵션에 비해 사용자 친화성은 좀 떨어집니다.

마이크로소프트 애저 웹 앱[7]

애저에 호스팅하고 있다면 웹 앱이 최선입니다. 필자는 이 서비스를 많이 경험하지는 못했지만 커뮤니티에서는 호평을 받고 있습니다.

....

6 *https://amzn.to/2CzTQAo*
7 *http://bit.ly/2CEsSI0*

트래비스 CI^{Travis CI}[8]

트래비스 CI는 오래된 서비스이고 굳건한 사용자층을 갖췄으며 문서화도 잘 되어 있습니다.

세마포어^{Semaphore}[9]

세마포어는 준비하고 설정하기 쉽지만 기능은 많지 않으며, 저렴한 플랜은 속도가 느립니다.

구글 클라우드 빌드[10]

필자는 아직 구글 클라우드 빌드를 경험한 적은 없지만, 튼튼해 보이며 구글 클라우드에 호스팅할 때는 최선일 겁니다.

서클 C^{ICircleCI}[11]

서클CI도 어느 정도 사용되고 있는 서비스이며 사용자층도 두껍습니다.

젠킨스^{Jenkins}[12]

젠킨스도 상당한 사용자를 확보하고 있습니다. 필자는 젠킨스가 최신 배포 경향을 따라잡지 못한다고 판단하는 편이지만, 최근 가능성이 엿보이는 새 버전을 발표했습니다.

결국 CI/CD 서비스는 **여러분**이 할 일을 자동화하는 것입니다. 여러분이 코드를 작성하고, 버전 스키마를 만들고, 우수한 단위 테스트와 통합 테스트를 만들어 그 방법을 준비하고, 배포 인프라 구조를 이해해야 합니다. 이 책의 예제는 아주 단순하게 자동화할 수 있습니다. 전부 노드 인스턴스를 실행하는 단일 서버에 올려도 됩니다. 하지만 여러분의 인프라 구조가 확장될수록 CI/CD 파이프라인 역시 복잡해집니다.

배포에서 깃의 역할

깃의 가장 큰 장점(또한 가장 큰 약점)은 유연성입니다. 상상할 수 있는 거의 모든 작업

---

8 https://travis-ci.org/
9 https://semaphoreci.com/
10 http://bit.ly/2NGuIys
11 https://circleci.com/
12 https://jenkins.io/

방식에 깃을 적용할 수 있습니다. 필자는 **배포 전용**으로 브랜치를 한 개 이상, 예를 들어 production 브랜치와 staging 브랜치와 같은 식으로 만들길 권합니다. 이런 브랜치를 어떻게 사용할지는 여러분의 업무 흐름에 달려 있습니다.

자주 사용되는 방법은 master에서 staging으로, 다시 production으로 이동하는 겁니다. master에서 실제 서버에 반영할 변경 사항이 있으면 staging에 병합합니다. 그리고 대기 서버에서 검증이 끝나면 staging을 production에 병합합니다. 논리적으로 보이지만, 필자는 혼란스럽게 느껴집니다(병합, 병합, 병합...) 또한 대기했다가 실무에 적용할 기능이 많은데, 이들의 순서가 다르다면 정신을 차리기가 어려워질 겁니다.

필자는 master를 staging에 병합했다가, 실제 서버에 적용할 준비가 되면 master를 production에 병합하는 방법이 더 낫다고 생각합니다. 이렇게 하면 staging과 production 이 서로 좀 더 독립적입니다. 실무에 적용하기 전에 실험해야 할 기능별로 대기 브랜치를 따로 둘 수도 있습니다. 실제 서버에 적용할 검증이 끝난 것만 production에 병합하면 됩니다.

변경 사항을 롤백할 때는 어떻게 해야 할까요? 어려운 문제입니다. 커밋의 역을 적용해 이전 커밋을 취소하는 등(git revert) 방법은 여러 가지가 있지만, 복잡하고 문제가 발생할 가능성이 있습니다. 일반적으로는 배포할 때마다 production 브랜치에 git tag v1.2.0 명령으로 태그를 남기는 방식이 많이 쓰입니다. 특정 버전으로 롤백할 필요가 있으면 태그를 사용하면 됩니다.

결국 깃 업무 흐름을 결정하는 것은 여러분과 팀입니다. 어떤 업무 흐름을 택했는지보다, 일관성 있게 사용하고 훈련하며 서로 소통하는 것이 더 중요합니다.

> `TIP` 멀티미디어와 문서 같은 이진 파일을 코드 저장소와 따로 보관해야 한다는 것은 이미 설명했습니다. 이런 방식은 깃에 기반해 배포할 때도 장점이 있습니다. 저장소에 4GB의 멀티미디어 데이터가 있다고 상상해보세요. 클론 시간은 한없이 오래 걸릴 것이고, 실무 서버 하나마다 불필요한 사본이 생길 겁니다.

깃에 기반한 수동 배포

CI/CD를 사용할 준비가 되지 않았다면 깃으로 수동 배포할 수 있습니다. 수동으로 배포하다 보면 배포 단계에 익숙해지고 어떤 어려움이 있는지 파악할 수 있게 되므로 나중에 자동화할 때 도움이 됩니다.

배포할 서버마다 저장소를 클론하고, production 브랜치를 체크아웃하고, 앱을 시작/재시작하는 데 필요한 인프라 구조(플랫폼에 따라 다를 수 있습니다)를 준비해야 합니다. production 브랜치를 업데이트할 때는 각 서버에서 git pull --ff-only와 npm install --production을 실행한 다음 앱을 재시작합니다. 자주 배포하지 않고 서버가 아주 많은 것도 아니라면 이 과정이 그리 고되지는 않겠지만, 업데이트 횟수가 늘어날수록 점점 지겹게 느껴져 자동화할 방법을 찾게 될 겁니다.

TIP git pull의 --ff-only 매개변수는 fast-forward 풀만 허용하므로 자동 병합이나 리베이스rebase를 방지합니다. fast-forward 풀만 사용한다면 이 매개변수를 생략해도 안전하지만, 사용하는 습관을 들이면 실수로 병합이나 리베이스를 실행할 가능성이 없어집니다.

사실 지금 하는 작업은 개발할 때 쓰는 방법을 원격 서버에서 똑같이 재현하는 것에 지나지 않습니다. 손으로 하다 보면 실수가 없을 수 없으니, 이 방법은 자동화 이전에 경험을 쌓는 정도로만 사용하길 권합니다.

21.2 마치며

웹사이트 배포가 특히 처음이라면 두근대는 일이어야 합니다. 마땅히 축배를 들고 환호해야겠지만, 불행히도 누군가를 원망하며 밤늦게까지 일하는 경우가 더 많습니다. 짜증나고 지친 팀이 새벽 3시에 웹사이트를 오픈하는 경우를 너무 많이 봤습니다. 다행히 이런 일은 줄어들고 있고 여기에는 클라우드 배포도 한몫하고 있습니다.

어떤 배포 전략을 선택하든, 가장 중요한 것은 사이트를 오픈하기 전에 실무 배포를 빨리 시작해야 한다는 겁니다. 도메인을 연결할 필요가 없으니 공개될 일도 없습니다. 사이트를 오픈하기 전에 실무 서버에 배포를 대여섯 번 해봤다면 오픈이 성공적일 확률이 훨씬 높습니다. 사실 오픈 이전부터 의도대로 동작하는 웹사이트가 실무 서버에서 동작하고 있는 상황이 이상적입니다. 그저 이전 사이트에서 새 사이트로 넘어가기만 하면 되게끔 말입니다.

CHAPTER 22

유지 보수

사이트를 오픈했습니다! 축하합니다. 이제 다시는 그 사이트를 생각하지 않아도 되겠군요. 아니라고요? **계속** 생각해야 한다고요? 그렇다면 이 책도 계속 읽어봅시다.

사이트를 오픈하고 다시는 손을 대지 않아도 되는 일은, 필자의 커리어를 통틀어 단 두 번만 일어났을 뿐입니다. 설령 그런 일이 일어난다 해도, 그건 아마 다른 사람이 업무를 맡아서 할 뿐이지 업무 자체가 없는 것은 아닙니다. 웹사이트 오픈은 아이의 탄생과 같습니다. 일단 오픈하면 분석에 매달리고, 클라이언트의 반응에 울고 웃으며, 새벽 세 시에 잠에서 깨 사이트가 동작 중인지 확인하게 됩니다. 아이가 태어났을 때와 똑같지 않습니까?

웹사이트 스코핑, 설계, 구축에는 다들 힘을 쏟으며 죽을 때까지 해도 마스터할 수 없는 일이라고들 합니다. 하지만 웹사이트의 **유지 보수 계획**에는 보통 크게 비중을 두지 않습니다. 이번 장은 사이트의 유지 보수 계획에 관한 장입니다.

22.1 유지 보수의 원칙

22.1.1 오래 갈 계획 세우기

필자는 클라이언트가 웹사이트 구축 비용에는 기꺼이 동의하면서, 그 사이트를 얼마나 오래 유지할지에 대해서는 언급하지 않는 것을 보면 항상 놀라곤 합니다. 사이트를 잘 만들면 클라이언트는 기꺼이 비용을 지불합니다. 하지만 아무도 말해주지 않았지만 사이트가 5년 정도 유지

될 거라고 예상하는 클라이언트에게 3년 뒤에 사이트를 다시 만들어야 한다고 말했을 때 동의하는 클라이언트를 본 적이 없습니다.

인터넷은 빠르게 변합니다. 현재 최고이고 최신인 기술을 쏟아부어 웹사이트를 만들었다 해도, 2년 뒤에는 볼품없는 구식으로 느껴질 수 있습니다. 어쩌면 7년 정도 유지되면서 품위 있게 나이를 먹을지도 모릅니다(자주 있는 일은 아닙니다).

웹사이트가 얼마나 오래 유지될지 예측하는 일은 기교, 이해관계, 과학이 총망라되는 일입니다. 과학이라고 하는 이유는, 모든 과학자들이 행하지만 웹 개발자들은 거의 하지 않는, '기록' 때문입니다. 여러분의 팀에서 오픈하는 웹사이트 전부를 기록하고, 유지 보수 요청과 실패 이력, 사용한 기술, 각 사이트가 다시 만들 때까지 얼마나 오래 유지됐는지 전부 기록했다고 상상해보세요. 물론 함께한 팀원, 예산 상황, 기술의 변화 등 변수가 많습니다. 하지만 그 데이터에서 의미 있는 트렌드를 찾을 수 없는 건 아닙니다. 여러분의 팀과 더 잘 어울리는 개발 방법, 플랫폼, 기술을 찾을 수 있습니다. 필자는 미루는 만큼 결함이 생긴다고 확신을 갖고 말할 수 있습니다. 인프라 구조나 플랫폼 업데이트를 미루면 미룰수록 문제가 악화됩니다. 좋은 이슈 추적 시스템을 갖고 세심하게 기록하면 고객에게 프로젝트의 수명 주기가 어떻게 될지 훨씬 더 잘, 현실적으로 설명할 수 있습니다.

이해관계라 함은 물론 돈에 관한 얘기입니다. 클라이언트가 웹사이트를 3년마다 완전히 새로 만드는 것을 감당할 수 있다면, 인프라 구조가 오래되는 것 때문에 문제가 생길 가능성은 낮다고 볼 수 있습니다(다른 문제도 물론 있지만). 반면 예산이 정말 부족해서 웹사이트가 5년, 심지어 7년씩 유지되길 바라는 클라이언트도 있습니다. 그보다 더 오래 유지된 웹사이트도 본 적 있긴 하지만, 필자가 생각하기에 7년 이상 유지된 웹사이트는 이미 현실적으로 유용함을 잃었다고 봅니다. 두 가지 경우에 모두 대응할 수 있어야 하며, 양쪽 다 쉬운 일은 아닙니다. 클라이언트의 예산이 충분하다 해서 그냥 받으려 해서는 안 됩니다. 대가를 더 받으려면 다른 곳에서 기대하기 힘든 성과를 그들에게 안겨줘야 합니다. 예산이 부족한 클라이언트라면 어떻게든 창의적인 방법으로 빠르게 변화하는 세상에서 더 오래 유지될 수 있는 웹사이트를 설계해야 합니다. 어느 쪽이든 쉽지 않지만 불가능한 일은 아닙니다. 결국 중요한 것은 기대치를 파악해야 한다는 겁니다.

마지막으로 기교에 관한 문제입니다. 클라이언트가 어느 선까지 감당할 수 있는지 이해하고, 그들에게 필요한 것을 얻으려면 얼마나 지출해야 하는지 정직하게 설득해야 합니다. 기술의 미래를 이해하고, 5년이 흐르면 어떤 기술이 사라지고 어떤 기술이 부흥할지 예측할 수 있어야 합니다.

물론 완벽히 예측한다는 것은 불가능합니다. 기술에 관해 잘못 판단할 수 있고, 인력 이동으로 인해 회사의 기술 문화가 완전히 바뀔 수 있고, 시장을 지배하던 회사가 퇴출될 수도 있습니다 (오픈 소스 세계에서는 보통 문제가 되지 않지만). 웹사이트의 다음 재구축까지 견고하게 유지될 거라 생각했던 기술이 힘을 잃어서 재구축 시점이 예상보다 빨라질 수도 있습니다. 반면 실로 딱 알맞은 팀이 딱 알맞은 시기에 뭉쳐, 가장 어울리는 기술을 적용해서 예상을 훨씬 뛰어넘어 오래 유지되는 웹사이트를 만들 가능성도 있습니다. 하지만 불확실성 때문에 계획을 포기해서는 안 됩니다. 부정확한 계획이라도 없는 것보다 낫습니다.

필자는 자바스크립트와 노드가 앞으로 얼마간은 유지될 기술이라고 생각합니다. 노드 커뮤니티는 활기차고 열정적이며, 이미 시장을 선도하는 언어를 바탕으로 합니다. 가장 중요한 것은 자바스크립트가 다양한 패러다임을 소화하는 언어라는 겁니다. 객체지향, 함수형, 절차형, 동기형, 비동기형, 모든 스타일이 자바스크립트 안에 있습니다. 때문에 자바스크립트는 다양한 배경을 가진 개발자를 끌어들일 수 있었고, 자바스크립트 생태계가 계속 혁신할 수 있는 것도 이 때문입니다.

22.1.2 버전 관리 사용하기

명백해 보이겠지만, 그냥 버전 관리를 쓰기만 해서는 안 됩니다. **잘** 써야 합니다. 왜 버전 관리를 사용하나요? 이유를 이해하고, 그 이유에 맞는 도구를 사용하세요. 버전 관리를 사용하는 이유는 다양하지만, 필자가 생각하는 가장 큰 이유는 귀속attribution입니다. 누가, 언제, 무엇을 바꿨는지 정확히 알 수 있다면 필요할 때 적절한 사람에게 정확하게 물어볼 수 있습니다. 버전 관리는 프로젝트의 이력, 팀이 어떻게 함께 일했는지 이해할 수 있는 중요한 도구입니다.

22.1.3 이슈 트래커 사용하기

이슈 트래커issue tracker는 개발의 과학입니다. 프로젝트 이력을 기록할 시스템이 없다면 영감을 얻을 수 없습니다. '같은 일을 반복하면서 결과가 달라지길 바라는 건 정신병의 초기 증상이다' 는 말은 이미 들어봤을 겁니다(알베르트 아인슈타인의 말이라는데 확실하진 않습니다). 실수를 끝없이 반복하는 건 당연히 비정상으로 보이지만, 어떤 실수를 저지르는지 모르면서 피할 수 있을까요?

클라이언트가 말하는 결함, 클라이언트가 말하기 전에 여러분이 찾은 결함, 불평, 질문, 칭찬을 전부 기록합니다. 얼마나 오래 지속됐는지, 누가 고쳤는지, 관련된 깃 커밋은 무엇인지, 수정된 것을 누가 확인했는지 기록하세요. 여기서 중요한 것은 이 작업에 지나치게 시간이 많이 걸리거나 번거로워지지 않게 하는 적절한 도구를 찾는 것입니다. 잘못된 이슈 트래커는 잘 사용되지도 않고, 없느니만 못합니다. 좋은 이슈 트래커는 여러분의 비즈니스, 팀, 클라이언트에게 영감을 줄 수도 있습니다.

22.1.4 청결히 관리하기

이를 닦으라는 얘기가 아닙니다. 버전 관리, 테스트, 코드 리뷰, 이슈 트랙에 관한 얘기입니다. 도구는 정확히 사용할 때만 유용합니다. 코드 리뷰는 문제가 처음 발견된 이슈 트래커의 사용에 관한 논의에서부터, 이를 해결하기 위해 추가한 테스트의 버전 관리 커밋 주석에 이르기까지 **모든 것**을 다룰 수 있으므로 코드 관리에 꼭 필요합니다.

이슈 트래커에서 수집한 데이터는 팀에서 주기적으로 검토해야 합니다. 이 데이터로부터 지금 무엇을 하고 있고, 무엇을 하지 않고 있는지 확인할 수 있습니다. 결과를 살펴보면 아마 놀랄 겁니다.

22.1.5 미루지 않기

어쩌면 가장 떨쳐내기 힘든 것 중 하나입니다. 팀에서 매주 업데이트 작업에 여러 시간을 소모하고 있는데, 간단한 리팩터링으로 그 시간을 극적으로 줄일 수 있음을 발견했다고 합시다. 리팩터링을 한 주 미루면, 비효율적인 시간 낭비가 한 주 늘어납니다.[1] 때로는 시간이 가면서 낭비되는 시간이 더 늘어날 때도 있습니다.

소프트웨어 의존성을 업데이트하지 않는 것이 좋은 예입니다. 소프트웨어를 만들고 시간이 지나면서 팀 멤버가 바뀌면 오래된 소프트웨어를 쓰는 이유를 기억하는 사람이 줄어들고, 심지어

---

1 Fuel(http://www.fuelyouth.com)의 마이크 윌슨(Mike Wilson)은 '같은 일을 세 번째 하고 있다면 시간을 들여 자동화할 때다'라는 규칙을 갖고 있습니다.

이해도 할 수 없게 됩니다. 지원하는 커뮤니티가 사라지기 시작하고, 오래되지 않아 기술이 폐기되며 여러분은 어떤 지원도 받을 수 없습니다. 이를 **기술 부채**tech debt라고 부르며, 실제 일어나는 일입니다. 미루는 것은 피해야 합니다. 웹사이트 수명 예측에는 이런 부분도 있습니다. 웹사이트 전체를 다시 설계해야 한다면, 이왕 갈아엎는 상황이니 기술 부채를 하나하나 찾아서 제거할 필요는 없습니다.

22.1.6 주기적으로 QA 체크하기

여러분이 관리하는 웹사이트마다 **문서화된**documented QA 체크 루틴routine이 있어야 합니다. 이 루틴에는 링크 체크, HTML과 CSS 유효성 검사, 테스트 실행이 포함되어야 합니다. 여기서 핵심은 **문서화**입니다. QA 체크를 구성하는 아이템이 문서화되지 않았다면 분명 뭔가 빠트리게 됩니다. 각 사이트마다 QA 체크리스트를 문서화하면 필요한 것을 빠트리는 일을 방지하고, 새 멤버가 쉽게 QA에 적응할 수 있습니다. QA 체크리스트는 기술을 잘 모르는 사람도 수행할 수 있게 만드는 것이 이상적입니다. 이렇게 하면 여러분의 상사가 기술을 잘 모르더라도 여러분의 팀을 믿을 수 있고, QA 전담 부서가 없더라도 QA 작업을 다른 사람들이 할 수 있습니다. 클라이언트와의 관계에 따라서는 QA 체크리스트(또는 일부)를 클라이언트와 공유할 수도 있습니다. 클라이언트는 이를 통해 자신이 무엇에 비용을 지불하는지 상기할 수 있고, 여러분이 최선을 다하고 있다고 믿을 겁니다.

QA 체크 루틴을 만들 때는 구글 웹마스터 도구[2]나 빙 웹마스터 도구[3]를 추천합니다. 이들은 사용하기 쉽고, 사이트에 무엇보다 중요한 부분인 주요 검색엔진이 여러분의 사이트를 어떻게 보고 있는지 확인할 수 있습니다. robots.txt 파일에 어떤 문제가 있는지, 검색 결과를 개선하기 위해 HTML을 보완할 수 있는지, 보안 문제는 없는지를 알려줍니다.

22.1.7 분석 결과 지켜보기

웹사이트를 분석하고 있지 않다면 당장 시작하세요. 웹사이트 분석은 그저 여러분의 웹사이트가 얼마나 인기 있는지만 알려주는 게 아닙니다. 사용자들이 사이트를 어떻게 사용하는지도 알

---

2 *http://bit.ly/2qH3Y7L*
3 *https://binged.it/2qPwF2c*

려줍니다. 구글 애널리틱스^{Google Analytics}(GA)는 무료이면서도 훌륭한 도구입니다. 다른 분석 서비스를 보충하더라도 사이트에 GA를 추가하지 않을 이유가 없습니다.

분석 결과를 살펴보면 미묘한 UX 문제를 확인할 수 있습니다. 생각만큼 방문자가 적은 페이지가 있다면 내비게이션이나 광고, SEO 등에 문제가 있을 수 있습니다. 이탈 비율이 높다면 페이지 콘텐츠를 다듬어야 할 수도 있습니다(사람들이 검색으로 사이트에 방문했지만 와보니 원하던 결과가 아니라고 생각했다는 뜻이기 때문입니다). 분석 체크리스트는 QA 체크리스트와 함께해야 하며, 그 일부가 될 수도 있습니다. 웹사이트가 존재하는 동안 여러분이나 클라이언트가 어떤 콘텐츠가 가장 중요한지 판단하는 우선순위를 바꿀 수도 있으므로, 분석 체크리스트는 '살아있는 문서'가 되어야 합니다.

22.1.8 성능 최적화하기

많은 연구를 통해 웹사이트 성능이 트래픽에 큰 영향을 끼친다는 것이 밝혀졌습니다. 사람들은 원하는 콘텐츠를 빠르게 받아보길 원합니다. 성능 튜닝에서 가장 중요한 원칙은 **'프로파일이 먼저고 그다음이 최적화다'**입니다. 프로파일링은 여러분의 사이트를 실제로 느리게 하는 것이 무엇인지 파악하는 작업입니다. 소셜 미디어 플러그인이 문제인데 콘텐츠 렌더링 속도를 올리려고 며칠을 투자했다면 귀중한 시간과 돈을 낭비한 셈입니다.

구글 웹 페이지 속도 측정 사이트^{Google PageSpeed Insights}[4]는 웹사이트의 성능을 측정하는 훌륭한 방법이며, 페이지 속도 데이터는 구글 애널리틱스에 기록되므로 성능 경향도 모니터링할 수 있습니다. 페이지 속도는 모바일과 데스크톱 성능을 전체적으로 평가할 뿐 아니라 어떤 부분에서 성능을 올릴 수 있는지 우선순위를 포함해 제안하기도 합니다.

지금 성능 문제가 없다면 주기적으로 성능을 체크할 필요는 없습니다. 구글 애널리틱스에서 성능 점수가 심각하게 변하지는 않는지 살펴보는 것으로 충분합니다. 하지만 성능을 향상시키고 그 결과로 트래픽이 늘어나는 걸 지켜보는 것은 기쁜 일입니다.

---

4 http://bit.ly/2Qa3l15

22.1.9 유입 경로 추적하기

인터넷 세상에서 방문자가 본인의 연락처를 제공했다면 여러분의 상품이나 서비스에 관심을 가졌다는 가장 큰 증거입니다. 이 정보를 다룰 때는 만전을 기해야 합니다. 이메일이나 전화번호를 수집하는 폼은 QA 체크리스트에 넣어두고 주기적으로 테스트해야 하며, 이 정보는 **항상** 백업해야 합니다. 잠재적인 고객의 연락처를 얻어놓고 잃는 것만큼 나쁜 일은 없습니다.

유입 경로 추적이 웹사이트의 성공에 너무나 필수적인 일인 만큼, 필자는 정보를 수집할 때 지켜야 할 다음 다섯 가지 원칙을 추천합니다.

자바스크립트가 실패할 경우를 대비한 폴백 준비

에이잭스로 고객 정보를 수집하는 것은 좋습니다. 사용자 경험이 더 나아지기도 합니다. 하지만 사용자가 자바스크립트를 비활성화하거나, 스크립트에 오류가 있어서 에이잭스가 정확히 동작하지 않더라도 폼 제출은 이루어지도록 설계해야 합니다. 자바스크립트를 비활성화하고 폼을 테스트해보세요. 사용자 경험이 이상적이진 않겠지만 그건 괜찮습니다. 중요한 건 사용자 데이터를 잃지 않는다는 겁니다. 평소 에이잭스를 사용한다 하더라도 <form> 태그에는 **항상** 유효하고 잘 동작하는 action 매개변수를 사용하세요.

에이잭스를 사용할 때 폼의 action 매개변수에서 URL 가져오기

반드시 필요한 일은 아니지만, 이렇게 하면 <form> 태그에서 실수로 action 매개변수를 빼먹는 일이 없어집니다. 자바스크립트를 거치지 않는 폼 제출과 그 위에 에이잭스를 사용하면 고객 데이터를 잃을 가능성이 훨씬 낮아집니다. 예를 들어 폼 태그가 <form action="/submit/email" method="POST">라면 에이잭스 코드에서는 DOM의 폼에서 action 매개변수를 가져와 에이잭스 제출 코드에 사용합니다.

최소 하나의 사본 유지하기

고객 정보는 데이터베이스나 캠페인 모니터 같은 외부 서비스에 저장합니다. 하지만 데이터베이스에 문제가 생기거나, 캠페인 모니터가 다운되거나, 네트워크에 문제가 생긴다면 어떻게 할까요? 그렇더라도 정보를 잃어선 안 됩니다. 사본을 확보할 때 널리 쓰이는 방법은 저장과 동시에 이메일을 보내는 겁니다. 이 방법을 택할 때 중요한 점은 개인의 이메일이 아니라 dev@meadowlarktravel.com과 같이 공유된 이메일을 사용해야 합니다. 사본이 될 메일을 개인에게 보냈다가 그 사람이 회사를 떠나면 의미가 없어집니다. 또한 백업 데이터베이스에 저장하거나 CSV 파일에 저장할 수도 있습니다. 그렇다 하더라도 우선적으로 사용하는 스토리지에 장애가 발생했을 때 알림을 받을 수 있는 수단은 갖춰야 합니다. 백업을 마련하는 것이 첫 번째이며, 장애가 발생했음을 알고 적절한 대책을 진행하는 것이 두 번째입니다.

최악의 경우, 사용자에게 알리기

세 가지 사본을 준비했다고 합시다. 우선 캠페인 모니터에 저장했고, 만약을 대비해 CSV 파일에 저장했으며 dev@meadowlarktravel.com에 이메일을 보내기도 했습니다. 이들이 **전부** 문제가 있을 경우, 사용자는 '죄송합니다만 지금은 기술적인 문제가 있습니다. 나중에 다시 시도하거나 support@meadowlarktravel.com에 연락해주세요.' 메시지를 받아야 합니다.

오류 없음 확인보다 긍정적인 응답 확인하기

문제가 있을 때 에이잭스 핸들러에서 err 프로퍼티가 있는 객체를 반환하는 경우가 많습니다. 이런 경우 클라이언트 코드는 대략 if(data.err){ /* inform user of failure */ } else { /* thank user for successful submission */ } 같은 형태가 됩니다. 하지만 이렇게 하지 마세요. err 프로퍼티를 활용하는 것 자체에는 문제가 없지만, 에이잭스 핸들러에 오류가 있어서 서버가 응답 코드 500으로 응답하거나 유효하지 않은 JSON으로 응답할 경우 **이 방법은 경고 없이 실패합니다.** 사용자의 정보는 암흑 속으로 사라집니다. 전송이 성공적일 때 success 프로퍼티를 사용합니다(1차 스토리지에 문제가 있더라도, 사용자 정보를 어딘가에 기록했다면 success를 반환해도 됩니다). 이 경우 클라이언트 코드는 if(data.success){ /* thank user for successful submission */ } else { /* inform user of failure */ } 같은 형태가 됩니다.

22.1.10 보이지 않는 실패 막기

자주 있는 일입니다. 개발자들은 항상 바쁘고, 오류를 기록하지만 다시 확인하지 않습니다. 로그 파일이든, 데이터베이스 테이블이든, 클라이언트 사이드 콘솔 로그든, 사용하지 않는 주소로 보내진 이메일이든, 최종 결과는 같습니다. **웹사이트에는 알려지지 않은 문제가 있습니다.**

이 문제에 대응하는 최선의 방법은 **쉽고 표준적인 오류 기록법**을 만드는 겁니다. 문서로 만드세요. 어렵거나 모호하게 만들지 마세요. 프로젝트에 관련 있는 모든 개발자가 이를 알게 하세요. meadowlarkLog 함수가 있다고 알리기만 하면 될 정도로 쉬울 수도 있습니다. 이 함수가 데이터베이스, 플랫 파일, 이메일, 또는 이들의 조합, 어디에 기록하든 상관없습니다. 중요한 것은 표준이 있다는 겁니다. 이렇게 하면 로그 메커니즘을 개선할 때도 도움이 됩니다. 예를 들어 플랫 파일은 서버를 확장하면 별로 유용하지 않은데, 이럴 때는 meadowlarkLog 함수만 수정해서 데이터베이스에 기록하면 됩니다. 이렇게 로그 메커니즘을 정착시키고, 문서화하고, 팀 모두가 이를 알게 되면, QA 체크리스트에 '로그 체크'를 추가하고 어떻게 체크하면 되는지 방법을 알려주면 됩니다.

22.2 코드 재사용과 리팩터링

필자가 항상 마주하는 비극은 같은 코드를 몇 번이고 다시 만드는 겁니다. 보통 이런 일은 작은 것에서 일어납니다. 몇 달 전에 어떤 프로젝트에서 했던 일을 다시 찾는 것보다 그냥 다시 작성하는 것이 쉽게 느껴지기도 합니다. 그리고 이렇게 작성하는 작은 코드는 계속 쌓입니다. 더 나쁜 것은 QA에 악영향을 준다는 겁니다. 이 작은 코드들에 대해 전부 테스트를 작성하고 싶지는 않을 겁니다. 만약 그래야 한다면, 기존 코드를 재사용하지 않아서 생기는 시간 낭비가 두 배로 늘어납니다. 게다가 같은 일을 하는 작은 코드들이 모두 다른 버그를 가지고 있을 수도 있습니다. 나쁜 습관입니다.

노드와 익스프레스에는 이 문제를 대처하는 훌륭한 방법이 있습니다. 노드는 모듈을 통해 네임스페이스를, npm을 통해 패키지를 쓸 수 있고 익스프레스에는 미들웨어 개념이 있습니다. 이런 도구를 활용하면 훨씬 쉽게 재사용할 수 있는 코드를 만들 수 있습니다.

22.2.1 비공개 npm 레지스트리

npm 레지스트리는 공유 코드를 저장하기 안성맞춤입니다. npm의 설계 목적 자체가 그것이니까요. 단순히 저장만 할 뿐 아니라 버전 관리도 가능하고 패키지를 다른 프로젝트에서 사용하기에도 편리합니다.

하지만 적절하지 못한 부분도 있습니다. 완전히 오픈 소스만 다루는 조직에서 일하지 않는 한,

다시 사용할 수 있는 코드 전체를 npm 패키지로 만들 수는 없습니다(패키지 자체가 회사의 프로젝트와 너무 밀접해 있어서 공개 레지스트리에 등록할 이유가 없는 경우 등, 지적 재산권을 보호하는 것 외에 다른 문제가 있을 수도 있습니다).

비공개 npm 레지스트리private npm registries는 이 문제에 대한 해결책 중 하나입니다. npm에 일정 비용을 지불하면 비공개 패키지를 만들어 승인된 개발자만 접근하게 할 수 있습니다. 자세한 정보는 npm[5]에서 확인할 수 있습니다.

22.2.2 미들웨어

이 책을 읽으면서 느꼈겠지만 미들웨어를 만드는 일은 생각보다 크고, 복잡하고, 부담스런 일이 아닙니다. 이미 이 책에서도 여러 개의 미들웨어를 만들었고, 시간이 조금 지나면 여러분 역시 의식하지도 못한 사이에 미들웨어를 만들게 될 겁니다. 그러면 다음 단계는 다시 사용할 수 있는 미들웨어를 패키지에 담아 npm 레지스트리에 등록하는 겁니다.

만든 미들웨어가 너무 프로젝트에 밀접해서 다시 사용할 수 있는 패키지에 넣기 적절하지 않다고 생각한다면 미들웨어를 리팩터링해서 범용으로 만드는 것도 고려할 만합니다. 미들웨어에 설정 객체를 전달하면 더 다양한 상황에 유용하게 만들 수 있음을 기억하세요. 다음은 노드 모듈에서 미들웨어를 사용할 때 가장 널리 쓰이는 방법입니다. 모두 이 모듈을 패키지로 사용하며, 패키지 이름은 meadowlark-stuff라고 가정합니다.

모듈에서 미들웨어 함수를 직접 노출하는 경우

미들웨어에 설정 객체가 필요하지 않은 경우 이 방법을 사용합니다.

```
module.exports = (req, res, next) => {
  // 여기에 미들웨어가 들어갑니다.
  // 이 미들웨어를 엔드포인트로 쓸 것이 아니라면
  // next()나 next('route') 호출을 잊지 마세요.
  next()
}
```

---

5 *https://www.npmjs.com/products*

이 미들웨어는 다음과 같이 사용합니다.

```
const stuff = require('meadowlark-stuff')

app.use(stuff)
```

모듈에서 함수를 반환하는 미들웨어를 노출하는 경우

미들웨어에 설정 객체나 기타 정보가 필요한 경우 이 방법을 사용하세요.

```
module.exports = config => {
  // 설정 객체를 받지 못했다면 새로 만드는 경우가 많습니다.
  if(!config) config = {}

  return (req, res, next) => {
    // 여기에 미들웨어가 들어갑니다.
    // 이 미들웨어를 엔드포인트로 쓸 것이 아니라면
    // next()나 next('route') 호출을 잊지 마세요.
    next()
  }
}
```

이 미들웨어는 다음과 같이 사용합니다.

```
const stuff = require('meadowlark-stuff')({ option: 'my choice' })

app.use(stuff)
```

모듈에서 미들웨어를 포함한 객체를 노출하는 경우

관련된 미들웨어 여럿을 노출해야 할 경우 이 방법을 사용하세요.

```
module.exports = config => {
  // 설정 객체를 받지 못했다면 새로 만드는 경우가 많습니다.
  if(!config) config = {}

  return {
    m1: (req, res, next) => {
```

```
      // 여기에 미들웨어가 들어갑니다.
      // 이 미들웨어를 엔드포인트로 쓸 것이 아니라면
      // next()나 next('route') 호출을 잊지 마세요.
      next()
    },
    m2: (req, res, next) => {
      next()
    },
  }
}
```

이 미들웨어는 다음과 같이 사용합니다.

```
const stuff = require('meadowlark-stuff')({ option: 'my choice' })

app.use(stuff.m1)
app.use(stuff.m2)
```

22.3 마치며

웹사이트를 만들 때는 보통 오픈에 포커스를 맞추곤 합니다. 오픈은 아주 흥분되는 일이니 그
럴만합니다. 하지만 웹사이트를 주의 깊게 관리하지 않으면 오픈 소식에 기뻐하던 클라이언트
가 불만족으로 가득찬 고객으로 변하는 것도 시간 문제입니다. 유지 보수 계획에 웹사이트 오
픈만큼 공을 들인다면 클라이언트가 새로운 의뢰를 위해 다시 찾아오게 만들 수 있습니다.

CHAPTER 23

추가 자료

이 책에서는 익스프레스로 웹사이트를 만드는 과정을 포괄적으로 살펴봤습니다. 기본은 충분히 설명했지만, 여러분이 사용할 수 있는 패키지, 기법, 프레임워크의 극히 일부만 소개한 것도 사실입니다. 이번 장에서는 여러분이 살펴볼 만한 추가 자료를 소개합니다.

23.1 온라인 문서

자바스크립트, CSS, HTML에 관해서는 모질라 개발자 네트워크Mozilla Developer Network(MDN)[1]가 가장 뛰어납니다. 필자는 자바스크립트 문서가 필요할 때마다 MDN을 직접 검색하거나 검색 쿼리에 mdn을 포함시킵니다. mdn을 넣지 않으면 분명 w3schools가 검색 결과에 포함되니까요. w3schools의 SEO를 관리하는 사람은 분명 천재일 겁니다. 하지만 이 사이트는 피하세요. 이 사이트의 문서는 내용이 심각하게 부족합니다.

MDN에도 HTML에 대한 자료가 풍부하지만, HTML5를 잘 모른다면 마크 필그림Mark Pilgrim이 쓴 'HTML5 뛰어들기'[2]를 읽어보세요. WHATWG에서는 '살아있는 표준'인 HTML5 명세[3]를 제공합니다. 필자는 정말 답하기 힘든 HTML과 관련된 의문이 생기면 때 가장 먼저 이 명세를

---

1 *https://developer.mozilla.org*

2 *http://diveintohtml5.info*

3 *http://developers.whatwg.org*

참고합니다. HTML과 CSS에 관한 공식 명세는 W3C 웹사이트[4]에 있습니다. 이들은 건조하고 딱딱하며 읽기 어려운 문서긴 하지만, 정말 어려운 문제가 있을 때 유일한 답이 되기도 합니다.

자바스크립트는 ECMA-262 ECMAScript 언어 명세[5]를 따릅니다. 노드와 브라우저에서 사용할 수 있는 자바스크립트 기능을 확인하려면 @kangax가 제공하는 가이드[6]를 살펴보세요.

노드 문서[7] 역시 아주 훌륭하고 포괄적입니다. `http`, `https`, `fs` 같은 노드 모듈에 대해 권위 있는 문서가 필요하다면 가장 먼저 살펴봐야 합니다. 익스프레스 문서[8]도 훌륭하지만 생각보다 자세하지는 않습니다. npm 문서[9]는 자세하고 유용합니다.

23.2 정기 간행물

반드시 구독하고 매주 읽어야 할 무료 정기 간행물이 세 가지 있습니다.

- 자바스크립트 위클리[10]
- 노드 위클리[11]
- 프런트엔드 포커스(HTML5 위클리에서 이름이 바뀌었습니다)[12]

이들을 읽어두면 최신 뉴스, 서비스, 블로그, 교재에 대한 소식을 받아볼 수 있습니다.

23.3 스택 오버플로

스택 오버플로Stack Overflow (SO)는 이미 알고 있을 겁니다. SO는 2008년에 만들어졌고 현재 가

---

4 http://www.w3.org
5 http://bit.ly/ECMA-262_specs
6 http://bit.ly/36SoK53
7 https://nodejs.org/en/docs
8 https://expressjs.com
9 https://docs.npmjs.com/
10 http://javascriptweekly.com
11 http://nodeweekly.com
12 https://frontendfoc.us/

장 지배적인 온라인 Q&A 사이트입니다. 자바스크립트, 노드, 익스프레스, 그 외에도 책에서 다룬 다른 기술에 질문이 있을 때 물어볼 수 있는 최선의 장소입니다. 스택 오버플로는 커뮤니티에서 관리하며 명성을 기반으로 운영됩니다. 스택 오버플로의 명성 모델이야말로 이 사이트의 품질과 성공을 이끈 일등 공신입니다. 사용자는 질문이나 답변이 '추천'을 받거나 답변이 채택될 때 명성을 얻습니다. 질문할 때는 명성이 필요하지 않으며 등록은 무료입니다. 하지만 질문에 유용한 답변을 받으려면 지켜야 할 것이 있고, 여기서 몇 가지를 알아봅니다.

명성은 스택 오버플로의 화폐입니다. 친절하게 여러분을 도우려는 사람도 있지만, 명성을 통해 좋은 답변을 작성하도록 동기를 부여하는 것도 가능합니다. SO에는 정말 똑똑한 사람들이 많으며, 그들은 여러분의 질문에 최초로, 최선의 답변을 올리기 위해 경쟁합니다(다행히, 대충 아무 답이나 빨리 올리려는 사람에겐 강력한 제재가 가해집니다). 좋은 답변을 얻으려면 다음 규칙을 지켜야 합니다.

기본 익히기

SO 투어[13]를 둘러보고, '좋은 질문을 하는 방법'[14]을 읽으세요. 궁금하면 도움말 문서[15]를 전부 읽어도 되는데, 전부 읽으면 배지를 받습니다.

이미 답변된 질문하지 않기

여러분이 궁금한 것을 먼저 질문한 사람이 있는지 확인하세요. SO에서 쉽게 답변을 찾을 수 있는 질문을 하면 중복으로 판단되어 순식간에 질문이 닫히고, 사람들이 여러분에게 비추천을 던져 명성에 악영향이 생길 수 있습니다.

코드를 대신 써달라고 부탁하지 않기

'이걸 어떻게 하면 되나요?' 같은 질문을 올리면 곧 비추천을 받고 질문이 닫힙니다. SO 커뮤니티는 여러분이 질문하기 전에 먼저 스스로 답을 찾으려고 노력하길 바랍니다. 질문할 때는 무엇을 시도했는지, 왜 안 되는지 설명하세요.

---

13 *http://bit.ly/2rFhSbb*
14 *http://bit.ly/2p7Qnpw*
15 *http://bit.ly/36UnyOp*

한 번에 질문 하나만 올리기

'이건 어떻게 하고, 저건 어떻게 하고, 최선은 무엇인가요?' 같은 질문은 답변하기도 어렵고 비추천을 받기 쉽습니다.

문제 최소화하기

필자 역시 SO에서 질문에 자주 답하는 편이지만, 몇 페이지씩이나 되는 코드를 보면 바로 넘겨 버립니다. 5천 줄짜리 파일을 복사해서 SO에 붙여넣고 답변을 기대하지 마세요(그런데 그렇게 하는 사람들이 끊이지 않습니다). 유용한 답변을 받기 어려울 뿐 아니라, 문제의 원인이 아닌 것을 제외하는 과정 자체가 문제를 스스로 해결하는 방법 중 하나인데, 그걸 놓치는 겁니다. 예제를 최소한으로 줄이면서 디버깅 기술을 향상하고, 사고력을 키우고, SO에서 인정받을 수 있습니다.

마크다운 배우기

스택 오버플로는 질문과 답변에 마크다운을 사용합니다. 질문이 깔끔하게 정리되어 있으면 답변을 받을 확률도 올라갑니다. 마크다운은 유용하고 점점 널리 쓰이는 마크업 언어이니 시간을 내서 공부해두세요.[16]

답변을 채택하고 투표하기

누군가가 여러분의 질문에 만족스러운 답을 올렸다면 그 답을 채택해야 합니다. 그래야 답변자가 명성을 얻고, 명성으로 SO가 움직입니다. 채택할 만한 답변을 제시한 사람이 여럿이라면 그중 최선을 골라 채택하고, 유용하다고 생각하는 답변 모두에 투표하세요.

누군가 답변하기 전에 답을 찾았다면 스스로의 질문에 답변 올리기

SO는 커뮤니티입니다. 여러분에게 문제가 있다면, 다른 사람에게도 비슷한 문제가 있을 확률이 있습니다. 답을 찾았다면 스스로의 질문에 답변을 올려 다른 사람을 도우세요.

커뮤니티를 돕는 것이 기쁘다면 스스로 답변을 해보세요. 답변하는 것은 재미있고 보상도 있으며, 임의적인 명성 점수보다 더 확실한 혜택이 있습니다. 이틀이 지났는데 유용한 답변을 찾지

---

16 http://bit.ly/2CB1L0a

못했다면 여러분의 명성을 걸 수 있습니다. 이 경우 여러분의 계정에서 명성이 즉시 차감되며 다시 되돌릴 수 없습니다. 누군가가 여러분의 질문에 만족스런 답변을 올려 채택이 되면 여러분이 건 명성을 답변한 사람이 받아갑니다. 명성을 걸기 위해서는 최소 50포인트가 필요합니다. 괜찮은 질문을 하는 것으로도 명성을 얻을 수 있지만, 괜찮은 답변을 하면 명성을 더 빨리 모을 수 있습니다.

다른 사람의 질문에 답변하는 것도 공부가 됩니다. 필자 역시 필자의 질문에 대한 답변을 들을 때보다, 다른 사람의 질문을 해결하면서 더 많이 배우기도 합니다. 어떤 기술을 완전히 마스터하고 싶다면 우선 기본을 배운 다음, SO에서 사람들의 질문에 답변을 시작해보세요. 처음에는 이미 전문가인 사람들에게 항상 답변 채택을 뺏기겠지만, 곧 여러분은 전문가가 될 수 있습니다.

마지막으로 여러분의 명성이 커리어에 영향을 주기도 합니다. 명성이 높다면 이력서에 기재할 수 있습니다. 필자 역시 SO 명성을 이력서에 기재해서 도움을 받았고, 이제 개발자 면접을 직접 진행하는 입장에서는 SO에서 명성이 높은 사람을 좋게 판단하고 있습니다(필자가 보기에 '괜찮은' 명성은 3천 포인트 정도이며, 명성이 다섯 자리라면 정말 대단하다고 생각합니다). SO에서 명성이 높다면 해당 분야에서 경쟁력이 있을 뿐 아니라 타인과의 소통에 문제가 없고 다른 사람을 도우려는 선의 또한 있다고 생각할 수 있습니다.

23.4 익스프레스에 기여하기

익스프레스와 커넥트는 오픈 소스 프로젝트이므로 직접 만들어 프로젝트에 채택되길 요청하는 **풀 리퀘스트**pull request를 누구든 전송할 수 있습니다. 쉬운 일은 아닙니다. 이들 프로젝트에서 일하는 개발자는 모두 전문가이고, 자신들의 프로젝트에 모든 권한을 가지고 있습니다. 여러분의 의지를 꺾으려고 이런 말을 하는 건 아닙니다. 기여자가 되려면 대단한 노력이 필요하고, 풀 리퀘스트를 가볍게 여기지 말라는 뜻입니다.

기여하는 과정은 익스프레스 홈페이지[17]에 자세히 나와있습니다. 간단히 말하면 여러분의 깃허브 계정에서 프로젝트를 포크하고, 클론하고, 원하는 대로 변경하고, 깃허브에 다시 푸시하

---

17 *http://bit.ly/2q7WD0X*

고, 풀 리퀘스트를 만들면 프로젝트에 참여하는 개발자가 검토하는 식입니다. 크지 않은 기능을 제안하거나 버그를 잡은 정도라면 풀 리퀘스트를 제출하는 것만으로 채택될 가능성이 있습니다. 더 큰 제안을 하려면 메인 개발자 중 한 명과 연락해서 어떻게 기여할지 설명해야 합니다. 몇 시간, 며칠을 소비해 복잡한 기능을 완성했더니 관리자의 방침에 맞지 않거나, 누군가 이미 착수한 작업이라면 시간 낭비가 되니까요.

익스프레스와 커넥트의 개발에 간접적으로 기여하는 방법은 npm 패키지, 즉 미들웨어를 만드는 겁니다. 스스로 미들웨어를 만들어 npm에 게시할 때 누군가의 검증을 받아야 하는 것은 아니지만, 형편없는 미들웨어를 남발해 npm 레지스트리를 어수선하게 만들어도 된다는 뜻은 아닙니다. 계획하고, 테스트하고, 구현하고, 문서화하면 미들웨어가 성공할 가능성도 높습니다.

패키지를 게시하려면 최소한 다음 요소들이 필요합니다.

패키지 이름

패키지 이름은 여러분이 정하는 것이지만, 이미 있는 이름은 택할 수 없으니 이름 선정부터 쉽지 않을 때가 있습니다. npm 패키지는 이제 계정을 기준으로 네임스페이스를 지원하니 전 세계를 상대로 이름을 경쟁하지는 않아도 됩니다. 미들웨어를 만들 때는 패키지 이름 앞에 connect-나 express-를 붙이는 것이 관례입니다. 패키지가 하는 일과는 아무 관련 없는, 시선을 끌기만 하는 이름을 써도 상관은 없지만 패키지 이름이 하는 일을 잘 설명한다면 더 좋습니다. 가상 브라우저 에뮬레이션 패키지 중에는 zombie란 이름을 가진 것도 있는데, 시선을 끌면서도 패키지에 관한 느낌을 전달하므로 훌륭한 이름입니다.

패키지 설명

패키지 설명은 짧고 간결하면서 이해하기 쉬워야 합니다. npm을 검색할 때 주요 인덱스로 사용하는 부분이기도 하니, 재치를 발휘하기보다는 패키지 내용을 설명하도록 만드세요(재치와 유머는 문서에 써도 충분합니다).

저자/기여자

수고한 사람의 이름을 쓰면 됩니다.

라이선스

종종 놓치는 부분이지만, 라이선스가 없는 패키지는 정말 당혹스럽습니다. 이걸 과연 프로젝트에 써도 되는지 확신할 수 없게 만드니까요. 이런 식으로 민폐를 끼치면 안 됩니다. 여러분의 코드를 어떻게 사용하든 제한을 두고 싶지 않다면 MIT 라이선스[18]가 어울립니다. 오픈 소스로 만들고 계속 오픈 소스로 유지하고 싶다면 GPL 라이선스[19]가 어울립니다. 프로젝트 루트에 LICENSE로 시작하는 라이선스 파일을 첨부하는 것도 좋습니다. 최대한 널리 사용되길 원한다면 MIT와 GPL로 이중 라이선스를 사용하는 사람도 있습니다. 이중 라이선스 예제를 보려면 필자가 만든 connect-bundle 패키지[20]의 package.json과 LICENSE 파일을 확인하세요.

버전

버전 시스템이 동작하려면 여러분의 패키지에 버전이 있어야 합니다. npm 버전은 저장소의 커밋 번호와는 다르다는 점을 유의하세요. 저장소는 원하는 대로 업데이트할 수 있지만 다른 사람이 여러분의 패키지를 설치할 때 보는 버전은 바뀌지 않습니다. npm 레지스트리에 반영되려면 버전 번호를 늘려서 다시 게시해야 합니다.

의존성

패키지의 의존성은 보수적으로 엄격하게 관리해야 합니다. 다른 사람이 이미 한 일을 반복하라는 뜻은 아니지만, 의존하는 패키지가 많을수록 여러분의 패키지는 커지고 라이선스는 복잡해집니다. 최소한, 필요하지 않은 패키지를 의존성 리스트에 포함시켜선 안 됩니다.

키워드

키워드는 설명과 함께 패키지 검색에 사용되는 주요 메타데이터이므로 적절한 키워드를 사용하세요.

저장소

반드시 하나는 있어야 합니다. 깃허브가 가장 널리 쓰이지만 다른 것도 상관없습니다.

----

18 *http://bit.ly/mit_license*
19 *http://bit.ly/gpl_license*
20 *http://bit.ly/connect-bundle*

README.md

깃허브와 npm에서 공통으로 쓰는 표준 문서 형식은 마크다운[21]입니다. 마크다운은 쉽고 위키와 비슷한 문법을 쓰고 있으니 금방 배울 수 있습니다. 다른 사람이 여러분의 패키지를 사용하길 원한다면 문서를 잘 만드는 것이 중요합니다. 필자는 npm을 검색할 때 문서가 없는 패키지를 발견하면 더 읽지 않고 넘기곤 합니다. 최소한 기본적인 사용법과 예제 정도는 있어야 합니다. 옵션을 모두 문서화하면 더 좋습니다. 어떻게 테스트하는지까지 적어두면 아주 좋습니다.

패키지를 게시할 준비가 되면 과정 자체는 아주 쉽습니다. `https://npmjs.org/signup`에서 무료 계정을 등록하고 다음 단계를 따릅니다.

1. `npm adduser`를 입력하고 npm 자격 증명으로 로그인합니다.
2. `npm publish` 명령으로 패키지를 게시합니다.

끝입니다! 이제 프로젝트를 처음부터 만들어보고 싶을 테니 `npm install` 명령으로 여러분의 패키지를 테스트해보세요.

23.5 마치며

노드와 익스프레스라는 훌륭한 기술 스택을 시작하는 데 충분한 도구를 이 책에서 제공했기를 진심으로 바랍니다. 필자의 커리어 전체를 통틀어 새로운 기술에 이만큼 활력을 느낀 적이 없었습니다. 이 스택의 우아함과 장래성을 조금이라도 전달했길 바랍니다. 이미 몇 년 동안 전문적으로 웹사이트를 만들어왔지만, 노드와 익스프레스 덕분에 인터넷을 전에 없이 깊은 수준으로 이해할 수 있었습니다. 노드와 익스프레스가 세부 사항을 숨기지 않고 모든 것을 개선하면서도 웹사이트를 빠르고 효율적으로 만드는 프레임워크라고 믿습니다.

웹 개발이 처음이든, 노드와 익스프레스가 처음이든, 자바스크립트 개발자가 된 것을 환영합니다. 여러분을 사용자 그룹이나 콘퍼런스에서 만날 날을 기대하며, 여러분이 만드는 웹사이트를 볼 수 있길 바랍니다.

---

21 *http://bit.ly/33IxnwS*

폼 처리[1]

익스프레스에 익숙하지 않은 독자라면 책의 전개가 조금 당황스러울 듯해 설명을 조금 첨부했습니다. 본문과 깃허브 예제를 읽어보고 이해한 독자라면 이 부록을 읽지 않으셔도 상관없습니다.

A.1 익스프레스를 이용한 폼 처리

부트스트랩 CSS와 자바스크립트를 연결한 레이아웃 파일은 다음과 같습니다(views/layouts/main.handlebars).

```
<!doctype html>
<html lang="en">
  <head>
    <title>Meadowlark Travel</title>
    <meta charset="utf-8">
    <meta name="viewport" content="width=device-width, initial-scale=1, shrink-to-fit=no">
    <link rel="stylesheet" href="https://stackpath.bootstrapcdn.com/bootstrap/4.1.3/css/bootstrap.min.css" integrity="sha384-MCw98/SFnGE8fJT3GXwEOngsV7Zt27NXFoaoApmYm81iuXoPkFOJwJ8ERdknLPMO" crossorigin="anonymous">
```

---

1 옮긴이_ 번역서에 담긴 부록은 한국 독자를 위해 역자가 별도로 추가했습니다.

```
    {{{_sections.head}}}
  </head>
  <body>
    <div class="container">
      <header>
        <h1>Meadowlark Travel</h1>
        <img src="/img/logo.png" alt="Meadowlark Travel Logo">
      </header>
      {{{body}}}
    </div>
    <script src="https://code.jquery.com/jquery-3.3.1.slim.min.js" integrity="
sha384-q8i/X+965DzO0rT7abK41JStQIAqVgRVzpbzo5smXKp4YfRvH+8abtTE1Pi6jizo"
crossorigin="anonymous"></script>
    <script src="https://cdnjs.cloudflare.com/ajax/libs/popper.js/1.14.3/umd/
popper.min.js" integrity="sha384-ZMP7rVo3mIykV+2+9J3UJ46jBk0WLaUAdn689aCwoqbBJiSnj
AK/l8WvCWPIPm49" crossorigin="anonymous"></script>
    <script src="https://stackpath.bootstrapcdn.com/bootstrap/4.1.3/js/bootstrap.
min.js" integrity="sha384-ChfqqxuZUCnJSK3+MXmPNIyE6ZbWh2IMqE241rYiqJxyMiZ6OW/
JmZQ5stwEULTy" crossorigin="anonymous"></script>
    {{{_sections.scripts}}}
  </body>
</html>
```

메도라크 여행사 홈페이지에 소식지 구독 신청 페이지로 가는 링크가 없습니다. `localhost:3000/newsletter-signup`으로 직접 이동해도 되지만 다음과 같이 링크를 삽입하면 깃허브 예제와 같은 형태가 됩니다(`views/home.handlebars`).

```
<h1>Welcome to Meadowlark Travel</h1>

<h2>Home</h2>

<p>Wecome to Meadowlark Travel!  Please sign up to our newsletter using either:</
p>
<ul>
  <li><a href="/newsletter-signup">Old-school form submission</a>.</li>
  <li><a href="/newsletter">Async form submission (recommended)</a>.</li>
</ul>

{{> weather}}

<p>Questions?  Checkout out our
<a href="/about" data-test-id="about">About Us</a> page!</p>
```

A.2 파일 업로드

홈페이지에 사진 콘테스트 페이지로 가는 링크가 없으니 다음과 같이 추가합니다(views/home.handlebars).

```
...

<p>Also, please enter our Vacation Photo Contest using either:</p>
<ul>
  <li><a href="/contest/vacation-photo">Old-school form submission</a>.</li>
  <li><a href="/contest/vacation-photo-ajax">Async form submission (recommended)</a>.</li>
</ul>

{{> weather}}
...
```

meadowlark.js를 수정하는 부분에 필요한 라우트가 빠져 있습니다. 다음과 같이 사진 콘테스트 폼으로 가는 **get** 라우트, 서버에서 처리를 마친 후 감사 인사 페이지로 가는 라우트를 추가해야 합니다. 감사 인사 페이지에 해당하는 핸들러 이름이 너무 길어서 **Process**는 뺐습니다. 깃허브 예제에서는 폼 라우트에서도 필드와 파일을 콘솔에 기록하는데, 핸들러에서도 하고 있으니 라우트에서는 뺐습니다. 깃허브 예제와는 조금 다르니 참고하세요.

```
const multiparty = require('multiparty')

...

app.get('/contest/vacation-photo', handlers.vacationPhotoContest)
app.post('/contest/vacation-photo/:year/:month', (req, res) => {
  const form = new multiparty.Form()
  form.parse(req, (err, fields, files) => {
    if(err) return handlers.vacationPhotoContestProcessError(req, res, err.message)
    handlers.vacationPhotoContestProcess(req, res, fields, files)
  })
})
app.get('/contest/vacation-photo-thank-you', handlers.vacationPhotoContestThankYou)
```

handlers.js를 수정하는 부분에 폼 처리 핸들러만 들어 있는데, 역시 사진 콘테스트 폼 핸들러와 감사 인사 페이지 핸들러가 빠져 있습니다. 감사 인사 페이지 핸들러에서도 앱 파일과 마찬가지로 Process는 뺐습니다.

```javascript
exports.vacationPhotoContest = (req, res) => {
  const now = new Date()
  res.render('contest/vacation-photo',
    { year: now.getFullYear(), month: now.getMonth() })
}
exports.vacationPhotoContestProcess = (req, res, fields, files) => {
  console.log('field data: ', fields)
  console.log('files: ', files)
  res.redirect(303, '/contest/vacation-photo-thank-you')
}
exports.vacationPhotoContestThankYou = (req, res) => {
  res.render('contest/vacation-photo-thank-you')
}
```

파일 업로드 폼을 처리할 라우트 핸들러를 만든 다음 예제를 테스트해보면 500 오류가 발생합니다. 저자가 깜박한 것 같은데 리디렉트할 페이지 뷰를 만들지 않았기 때문입니다. 다음과 같이 views/contest/vacation-photo-thank-you.handlebars 파일을 만듭니다.

```html
<h2>Vacation Photo Contest</h2>

<p>Thank you for your submission!</p>
<p><a href="/">Home</a></p>
```

깃허브 예제에는 폼에서 오류가 발생할 경우에 대비한 뷰와 핸들러 역시 수록되어 있는데, 현재 이 폼은 HTML에서 이메일과 파일 필드에 required 속성을 지정해 필수로 만들었기 때문에 책을 따라 한다면 딱히 오류가 발생할 상황은 없으므로 넘어갑니다.

A.2.1 fetch를 통한 파일 업로드

먼저 폼으로 렌더링될 뷰를 만듭니다. 소식지 구독과 비슷하게, 브라우저 처리에서 달라지는 점은 메시지 표시를 위해 폼을 div로 감싸고 끝에 스크립트를 추가한다는 겁니다. 스크립트는 깃허브 예제와 거의 같고, form을 미리 상수로 빼고 container를 form의 부모 노드로 바꿨다는 점만 다릅니다(/views/contest/vacation-photo-contest-ajax.handlebars).

```handlebars
<h2>Vacation Photo Contest</h2>

<div id="vacationPhotoContestFormContainer">
<form class="form-horizontal" role="form"
  <!-- 폼 내용은 vacation-photo.handlebars와 똑같습니다 -->
</form>
</div>

{{#section 'scripts'}}
<script>
const form = document.getElementById('vacationPhotoContestForm')
form.addEventListener('submit', evt => {
  evt.preventDefault()
  const body = new FormData(evt.target)
  const container = form.parentNode

  fetch('/api/vacation-photo-contest/{{year}}/{{month}}', { method: 'post', body
})
    .then(resp => {
      if(resp.status < 200 || resp.status >= 300)
        throw new Error(`Request failed with status ${resp.status}`)
      return resp.json()
    })
    .then(json => {
      container.innerHTML = '<b>Thank you for submitting your photo!</b>'
    })
    .catch(err => {
      container.innerHTML = `<b>We're sorry, we had a problem processing ` +
        `your submission.  Please <a href="/vacation-photo-ajax">try again</a>`
    })
})
</script>
{{/section}}
```

브라우저 처리와 마찬가지로 meadowlark.js에 관련 라우트를 추가합니다.

```javascript
app.get('/contest/vacation-photo-ajax', handlers.vacationPhotoContestAjax)
app.post('/api/vacation-photo-contest/:year/:month', (req, res) => {
```

```
  const form = new multiparty.Form()
  form.parse(req, (err, fields, files) => {
    if(err) return handlers.api.vacationPhotoContestError(req, res, err.message)
    handlers.api.vacationPhotoContest(req, res, fields, files)
  })
})
```

마지막으로 핸들러를 추가하면 완성됩니다.

```
exports.vacationPhotoContestAjax = (req, res) => {
  const now = new Date()
  res.render('contest/vacation-photo-ajax',
    { year: now.getFullYear(), month: now.getMonth() })
}
exports.api.vacationPhotoContest = (req, res, fields, files) => {
  console.log('field data: ', fields)
  console.log('files: ', files)
  res.send({ result: 'success' })
}
```

쿠키와 세션

익스프레스에 익숙하지 않은 독자라면 책의 전개가 조금 당황스러울 듯해 설명을 조금 첨부했습니다. 본문과 깃허브 예제를 읽고 이해한 독자라면 이 부록을 읽지 않으셔도 상관없습니다.

B.1 세션을 통한 플래시 메시지 구현

저자가 제시한 예제는 8장의 소식지 가입 폼을 조금 수정한 형태입니다. 꼭 할 필요는 없지만, 기존 예제를 수정했으므로 링크 텍스트도 미리 수정해두는 편이 더 나을 겁니다. views.home. handlebars를 다음과 같이 수정합니다.

```
<p>Wecome to Meadowlark Travel!  Please sign up to our newsletter using either:</
p>
<ul>
  <li><a href="/newsletter-signup">Browser form submission (flash example)</a>.</
li>
  <li><a href="/newsletter">Async form submission (recommended)</a>.</li>
</ul>

...
```

9.5절에서 플래시 메시지 미들웨어를 뷰 라우트 앞에 연결한 후, NewsletterSignup 클래스를 만듭니다(lib/handlers.js).

```javascript
// 소식지 '가입'을 흉내 내는 인터페이스입니다.
class NewsletterSignup {
  constructor({ name, email }) {
    this.name = name
    this.email = email
  }
  async save() {
    // 이 함수 안에 데이터베이스에 저장하는 코드가 들어갑니다.
    // 이 메서드는 비동기이므로 프라미스를 반환할 텐데,
    // 아무 오류도 일으키지 않았으므로
    // 프라미스는 성공적으로 완수(resolve)됩니다.
  }
}
```

책의 본문에는 `meadowlark.js`를 수정하는 것처럼 표기되어 있지만, 메인 파일이 지나치게 많은 기능을 담당하면 좋지 않습니다. 깃허브 예제 또한 `handlers.js`를 수정하는 것으로 만들어져 있으니 `lib/handlers.js`를 다시 수정합니다.

```javascript
class NewsletterSignup { ... }
const VALID_EMAIL_REGEX = ...

// 기존 핸들러
// exports.newsletterSignupProcess = (req, res) => { ... }

exports.newsletterSignupProcess = (req, res) => {
  const name = req.body.name || '', email = req.body.email || ''
  // 입력 유효성 검사
  if(!VALID_EMAIL_REGEX.test(email)) {
    req.session.flash = {
      type: 'danger',
      intro: 'Validation error!',
      message: 'The email address you entered was not valid.',
    }
    return res.redirect(303, '/newsletter-signup')
  }
  new NewsletterSignup({ name, email }).save()
    .then(() => {
      req.session.flash = {
        type: 'success',
        intro: 'Thank you!',
        message: 'You have now been signed up for the newsletter.',
      }
```

```
      return res.redirect(303, '/newsletter-archive')
    })
    .catch(err => {
      req.session.flash = {
        type: 'danger',
        intro: 'Database error!',
        message: 'There was a database error; please try again later.',
      }
      return res.redirect(303, '/newsletter-archive')
    })
  }
```

완성 후 테스트해보면 플래시 메시지는 제대로 나타나지만 404 오류가 일어납니다.
newsletter-archive 뷰가 없기 때문이므로 다음과 같이 views/newsletter-archive.
handlebars를 만듭니다.

```
<h2>Newsletter Archive</h2>

<p>Well, this is where you'll find our old newsletters...we don't have any yet, so
please come back later!</p>
```

meadowlark.js에도 다음과 같이 라우트를 추가합니다.

```
app.get('/newsletter-archive', handlers.newsletterSignupThankYou)
```

이메일 주소 유효성 체크가 동작하고 있는지 테스트하려면 a@b를 입력해보세요. @ 문자까지
삭제하면 브라우저에 내장된 유효성 검사가 동작하므로 폼을 제출할 수 없습니다.

미들웨어

C.1 미들웨어 연결하기

10장의 깃허브 예제는 home.handlebars를 수정하는 형태입니다. 왜 이렇게 구성했는지는 저자가 따로 언급한 것이 없어 정확히 알 수 없지만, 예제 웹사이트를 처음부터 완성해나간다는 기획 의도와는 동떨어진 것으로 판단하여 따로 라우트를 만들어 이동하는 형태로 수정했습니다. 독자 여러분의 양해를 구합니다.

먼저 다음과 같이 views/cart.handlebars 파일을 만듭니다. 저자의 깃허브를 클론했다면 ch10/views/home.handlebars 파일을 그대로 복사해도 됩니다.

```
<h2>Your Shopping Cart</h2>
<ul>
  {{#each cart.errors}}
    <div class="alert alert-dismissible alert-danger">
      <button type="button" class="close"
        data-dismiss="alert" aria-hidden="true">&times;</button>
      <strong>Error!</strong> {{.}}
    </div>
  {{/each}}
  {{#each cart.warnings}}
    <div class="alert alert-dismissible alert-warning">
      <button type="button" class="close"
        data-dismiss="alert" aria-hidden="true">&times;</button>
      <strong>Warning!</strong> {{.}}
    </div>
```

```
{{/each}}
<table class="table">
  <thead>
    <tr>
      <th>Name</th>
      <th class="text-right">Price</th>
      <th class="text-right">Guests</th>
    </tr>
  </thead>
  <tbody>
    {{#each cart.items}}
      <tr>
        <td>{{product.name}}</td>
        <td class="text-right">{{product.price}}</td>
        <td class="text-right">{{guests}}</td>
      </tr>
    {{/each}}
  </tbody>
</table>
</ul>

<h2>Store</h2>
<p>To remove items, use negative numbers
(in real life we would never design a UI like this!)</p>
<form action="/cart/add-to-cart" method="POST">
  <table class="table">
    <thead>
      <tr>
        <th>Name</th>
        <th class="text-right">Price</th>
        <th class="text-right">Guests</th>
        <th></th>
      </tr>
    </thead>
    <tbody>
      {{#each products}}
        <tr>
          <td>{{name}}</td>
          <td class="text-right">{{price}}</td>
          <td class="text-right">
            <input type="number" value="0" name="guests-{{id}}" />
          </td>
        </tr>
      {{/each}}
```

```
        </tbody>
      </table>
      <button type="submit" class="btn btn-primary">Add To Cart</button>
    </ul>
```

다음과 같이 views/home.handlebars에 관련 링크를 추가합니다.

```
...

<p><a href="/cart">shopping cart example</a></p>

{{> weather}}
...
```

장바구니 경고를 초기화할 미들웨어 lib/resetValidation.js 파일을 만듭니다. 책임 면제 동의서를 검사할 미들웨어는 본문처럼 만들면 됩니다.

```
module.exports = (req, res, next) => {
  const { cart } = req.session
  if (cart) cart.warnings = []
  next()
}
```

패키지의 최대 고객 숫자를 확인하는 lib/checkGuestCount.js 파일을 만듭니다.

```
module.exports = (req, res, next) => {
  const { cart } = req.session
  if(!cart) return next()
  if(cart.items.some(item => item.guests > item.product.maxGuests )) {
    cart.warnings.push('One or more of your selected tours ' +
      'cannot accommodate the number of guests you ' +
      'have selected.')
  }
  next()
}
```

meadowlark.js에 라우트를 추가합니다.

```
// 장바구니 경고를 초기화할 미들웨어입니다.
app.use( require('./lib/resetValidation') )
// 책임 면제 동의서 여부를 검사할 미들웨어입니다.
app.use( require('./lib/tourRequiresWaiver') )
// 패키지의 최대 고객 숫자를 확인할 미들웨어입니다.
app.use( require('./lib/checkGuestCount') )
app.use(handlers.cart)
app.post('/cart/add-to-cart', handlers.cartProcess)
```

lib/handlers.js에 핸들러를 추가합니다. 우선 폼을 표시할 get 핸들러입니다.

```
const products = [
  {
    id: 'b',
    name: '벤드 암벽등반 (책임 면제 동의서 필수)',
    price: 239.95,
    requiresWaiver: true
  },
  {
    id: 'p',
    name: '포틀랜드 도보 여행',
    price: 89.95
  },
  {
    id: 'm',
    name: '맨저니터 서핑 체험 (최대 6인)',
    price: 159.95,
    maxGuests: 6
  },
  {
    id: 'w',
    name: '윌라맷 계곡의 와인 시음',
    price: 229.95
  },
]

exports.cart = (req, res) => {
  const productsById = products.reduce(
    (byId, p) => Object.assign(byId, { [p.id]: p }), {}
  )
  const cart = req.session.cart || { items: [] }
  const context = { products, cart }
  res.render('cart', context)
}
```

다음은 이 폼에서 post 요청을 받아 세션에 장바구니 객체를 넣고, 다시 장바구니 라우트로 리디렉트하는 핸들러입니다.

```
exports.cartProcess = (req, res) => {
  if(!req.session.cart) req.session.cart = { items: [] }

  const { cart } = req.session
  Object.keys(req.body).forEach(key => {
    if(!key.startsWith('guests-')) return

    const productId = key.split('-')[1]
    const productsById = products.reduce(
      (byId, p) => Object.assign(byId, { [p.id]: p }), {}
    )
    const product = productsById[productId]
    const guests = Number(req.body[key])

    if(guests === 0) return

    if(!cart.items.some(item => item.product.id === productId))
      cart.items.push({ product, guests: 0 })
    const idx = cart.items.findIndex(item => item.product.id === productId)
    const item = cart.items[idx]
    item.guests += guests
    if(item.guests < 0) item.guests = 0
    if(item.guests === 0) cart.items.splice(idx, 1)
  })
  res.redirect('/cart')
}
```

이렇게 한 후, cart 예제 페이지에서 벤드 암벽 등반을 예약하면 책임 면제 동의서가 필요하다는 경고가, 서핑 체험에 7명 이상을 예약하면 인원수를 초과했다는 경고가 뜨면 정상 작동하는 겁니다. 깃허브 예제를 그대로 테스트하면(ch10/02-item-waiver.example.js) 인원수 관련 경고가 뜨지 않는데, 저자가 실수로 maxGeusts 프로퍼티를 추가하는 것을 빠뜨렸기 때문입니다. 위 핸들러를 참고해서 아무 패키지에나 넣으세요(ch10/02-item-waiver-example.js:29, ch10/03-more-cart-validation.js:29).

maxGeusts 프로퍼티를 추가하고 인원을 초과하면 이번에는 500 오류가 뜹니다. checkGuestCount 미들웨어에서 cart.errors에 경고를 추가하도록 되어 있는데, cart에는 errors 프로퍼티가 아니라 warnings 프로퍼티가 있어서 생기는 오류입니다. 프로퍼티 이름을 수정하면 정상 작동합니다(ch10/lib/module/cartValidation.js:26).

03-more-cart-validation.js 예제는 특별히 뭔가를 추가하는 게 아니라 장바구니 검사 기능을 모듈 하나로 모으는 것일 뿐입니다. 역자가 제시한 방향으로 테스트했다면 03-more-cart-validation.js가 아니라 meadowlark.js에서 본문 내용을 적용하면 됩니다.

이메일 전송

센드그리드에 처음 계정을 생성하고 사용자를 인증할 때까지 시간이 다소 걸립니다. 역자는 최종 확인을 받을 때까지 약 16시간 정도 걸렸습니다. 센드그리드에서 이 문제를 인지하고 있고 고치겠다고 했으니 여러분이 직접 시험해볼 때는 개선되어 있기를 바랍니다.

다른 서비스를 이용하는 예제도 생각해봤지만 저자가 언급한 메일건은 도메인을 소유하고 있어야만 사용이 가능하므로 테스트 목적으로만 쓰기에는 좀 과해 보였고, 국내에서 제공하는 서비스는 스팸 메일이 너무 많이 들어온다는 의견이 있어 센드그리드를 계속 사용하기로 했습니다.

D.1 노드메일러

필자는 센드그리드 사용자 이름과 비밀번호를 사용하는 예제를 제시했지만, 책을 번역하는 시점에서 센드그리드는 곧 API 키를 사용하는 방식으로 전환할 것을 공지했습니다. 현재 노드메일러에는 API 키를 사용해 인증하는 방법을 설명하는 문서가 없으므로 해당 기능을 제공하는 `nodemailer-sendgrid` 패키지를 설치합니다. 패키지를 이것저것 설치해서 좋을 것이 없지만, 이 패키지 개발자는 노드메일러를 만든 이와 동일합니다. 예제에서 확인할 수 있듯 실제로 트랜스포트를 생성하는 것은 노드메일러 본체이며 이 패키지는 단순히 인증 기능만 제공합니다.

```
npm i nodemailer-sendgrid
```

자격 증명 파일은 다음과 같이 바꿉니다(`./.credentials.development.json`).

```
{
  "cookieSecret": "your cookie secret goes here",
  "sendgridAPI": "SG.sbs..."
}
```

다음과 같이 노드메일러, 노드메일러-센드그리드를 불러오고 트랜스포트를 생성합니다. 이어지는 예제에서는 이 과정을 /* **초기화** */로 대체하겠습니다.

```
const nodemailer = require('nodemailer');
const nodemailerSG = require('nodemailer-sendgrid');
const credentials = require('./.credentials.development');
const transport = nodemailer.createTransport(
    nodemailerSG({
        apiKey: credentials.sendgridAPI
    })
);
```

본문에는 언급이 없지만 센드그리드에서 메일을 발송하기 위해서는 발신자 이메일을 인증해야 합니다. https://app.sendgrid.com/settings/sender_auth/senders/new에서 발신자 이메일을 등록하고 인증할 수 있습니다.

발신자 이메일에 지메일이나 아웃룩, 야후 계정은 사용할 수 없습니다.[1] 피싱을 방지하기 위해 주요 서비스에서 이런 형태의 사용을 차단하는 정책을 적용했습니다. 2020년 11월 기준, 네이버는 아직 이 정책을 적용하지 않았기에 역자는 우선 네이버 계정을 사용해 테스트했습니다. 책에서는 여러분이 도메인을 소유하고 거기서 메일을 보낸다고 가정하고 집필했기에 이런 부분에 관한 언급이 없는 것으로 생각됩니다.

---

1 https://sendgrid.com/blog/dont-send-email-from-domains-you-dont-control/

D.1.1 메일 전송

수신자 한 명에게 메일을 보낼 때는 다음과 같이 보냅니다.

```
/* 초기화 */

const msg = {
  to: 'joecustomer@gmail.com',
  from: '"Meadowlark Travel" <info@meadowlarktravel.com>',
         // 발신자 인증을 잊지 마세요.
  subject: 'Your Meadowlark Travel Tour',
  text: 'Thank you for booking your trip with Meadowlark Travel.',
};

async function send (msg) {
  try {
    const result = await transport.sendMail(msg)
    console.log('mail sent successfully: ', result)
        // API 응답은 상당히 장황한 편이므로 필요한 것만 보세요.
  } catch(err) {
    console.log('could not send mail: ' + err.message)
  }
}
send(msg)
```

저자가 언급하지 않았는데 async/await는 전역 스코프에서 허용되지 않으므로 위 예제와 같이 래퍼를 만들어 사용해야 합니다. 메일에 해당하는 객체를 함수 안에 쓰는 것보다는 위 예제 처럼 분리하는 편이 역자가 보기에는 조금 더 깔끔해 보입니다.

D.1.2 여러 수신자에게 메일 전송

수신자 여러 명에게 보내는 것은 위 예제의 msg.to만 수정하면 끝이므로 본문을 참고하세요.

배열을 이용해 대량으로 발신하는 예제는 다음과 같이 수정합니다. 역자는 대량 발신을 테스트 할 수백 개의 이메일 주소가 없어 개인적으로 사용하는 몇 개만 테스트했습니다. 여러분의 양 해를 구합니다.

```
/* 초기화 */


// msg.to는 대량 발신 함수에서 제공하므로 여기에서는 삭제합니다.
const msg = {
  from: '"Meadowlark Travel" <info@meadowlarktravel.com>',
  subject: 'Your Meadowlark Travel Tour',
  text: 'Thank you for booking your trip with Meadowlark Travel.',
};


const largeRecipientList = []        // 수신자 이메일 주소 전체
const recipientLimit = 100

// [1 ~ 3000] => [[1 ~ 100], [101 ~ 200], ..., [2901 ~ 3000]]
const batches = largeRecipientList.reduce((batches, r) => {
  const lastBatch = batches[batches.length - 1]
  if (lastBatch.length < recipientLimit)
    lastBatch.push(r)
  else
    batches.push([r])
  return batches
}, [[]])


async function sendBatch (msg) {
  try {
    await Promise.all(batches.map((batch, i) => {
      // 100개씩 끊은 수신자 주소를 쉼표로 연결해 한 번에 보냅니다.
      msg.to = batch.join(', ')

      transport.sendMail(msg)
      console.log(`successfully sent batch group ${i}`)
    }))
  } catch(err) {
    console.log('at least one email batch failed: ' + err.message)
  }
}
sendBatch(msg)
```

D.2 HTML 이메일 전송

평문 텍스트와 HTML 두 가지 버전으로 보내는 것 역시 msg 객체에 html 프로퍼티 하나만 추가하면 끝입니다.

D.2.1 뷰를 통한 HTML 이메일 전송

본문만으로는 조금 부족한 감이 있어 설명을 추가합니다. 10장에서 했던 것과 마찬가지로, views/home.handlebars에 관련 링크를 추가합니다.

```
...

<p><a href="/cart/checkout">confirm email example</a></p>

{{> weather}}
...
```

meadowlark.js에 GET과 POST 라우트를 추가합니다.

```
app.get('/cart/checkout', handlers.checkoutEmail)
app.post('/cart/checkout', handlers.checkoutEmailProcess)
```

lib/handlers.js에 핸들러를 추가합니다.

```
exports.checkoutEmail = (req, res) => {
  // 장바구니 시뮬레이션 코드
  req.session.cart = {
    items: [
      { id: '82RgrqGCAHqCf6rA2vujbT', qty: 1, guests: 2 },
      { id: 'bqBtwqxpB4ohuxCBXRE9tq', qty: 1 },
    ],
  }
  res.render('checkoutEmail')
}
```

views/checkoutEmail.handlebars 파일을 만듭니다. 깃허브 예제의 ch11/views/04-

home.handlebars 파일을 복사하셔도 됩니다.

```
<p>To simulate a successful cart check-out, fill out the following form:</p>
<form class="form" action="/cart/checkout" method="post">
  <div class="form-group">
    <label>Name:
      <input name="name" class="form-control" />
    </label>
  </div>
  <div class="form-group">
    <label>Email:
      <input type="email" name="email" class="form-control" />
    </label>
  </div>
  <div class="form-group">
    <button type="submit" class="btn btn-primary">Simulate Order</button></div>
  </div>
</form>
```

이 폼을 처리할 핸들러가 본문에 있는 '감사 페이지 라우트'입니다. lib/handlers.js에 해당 핸들러를 추가합니다. 그런데 이 핸들러에는 메일 트랜스포트를 비롯해 필요한 부분이 여럿 빠져 있으므로, 우선 메일 발송 부분을 주석 처리해서 HTML 뷰가 렌더링되는 부분까지만 먼저 확인하는 게 좋겠습니다.

```
exports.checkoutEmailProcess = (req, res, next) => {
  const cart = req.session.cart
  ...

  res.render('email/cart-thank-you', { layout: null, cart: cart },
    (err,html) => {
        console.log('rendered email: ', html)
        if(err) console.log('error in email template')

        // mailTransport.sendMail({
        //   from: '"Meadowlark Travel": info@meadowlarktravel.com',
        ...
    }
  )
}
```

이 상태에서 지불 페이지로 이동해 사용자 이름과 이메일 주소를 입력하면 500 오류가 발생합니다. 오류의 원인은 10장에서 만든 tourRequiresWaiver.js와 checkGuestCount.js 파일에서 각각 cart.item.product의 requiresWaiver, maxGuests 프로퍼티를 확인하려고 하는데, 이 예제에서 만든 세션에는 cart.item.product가 존재하지 않기 때문입니다. 간단하게 두 파일을 사용하는 부분을 주석 처리해도 되고, 다음을 추가해서 cart.item.product가 존재하지 않으면 건너뛰게 해도 됩니다.

```
if (!cart.items.every(item => item.product)) return next()
```

사용자 이름과 이메일 주소를 입력해서 HTML 템플릿이 콘솔에 출력되면 모두 정상입니다. 이제 이 부록 초반에 했던 작업을 핸들러에 추가합니다. 앞에서 /* 초기화 */로 대체하겠다고한 부분과 거의 동일합니다.

```
const nodemailer = require('nodemailer');
const nodemailerSG = require('nodemailer-sendgrid');
const transport = nodemailer.createTransport(
    nodemailerSG({
        apiKey: "SG.sbs28Q..."  // 센드그리드 API 키
    })
);
```

html-to-formatted-text 패키지를 설치합니다.

```
npm i --save html-to-formatted-text
```

필요한 부분을 모두 추가해 완성된 핸들러는 다음과 같은 형태입니다.

```
exports.checkoutEmailProcess = (req, res, next) => {
  const cart = req.session.cart
  ...
  // 입력 유효성 검사
  ...

  // 랜덤한 장바구니 ID를 할당합니다.
  // 일반적으로 이런 곳에는 데이터베이스 ID를 씁니다.
  ...
```

```
const htmlToFormattedText = require("html-to-formatted-text");
const config = { layout: null, cart: cart }
res.render('email/cart-thank-you', config, (err,html) => {
  // console.log('rendered email: ', html)
  if(err) console.log('error in email template')

  const nodemailer = require('nodemailer');
  const nodemailerSG = require('nodemailer-sendgrid');
  const transport = nodemailer.createTransport(
      nodemailerSG({
          apiKey: apiKey: "SG.sbs28Q..."  // 센드그리드 API 키
      })
  );

    transport.sendMail({
      from: '"Meadowlark Travel": info@meadowlarktravel.com',
            // 인증된 발신자 이메일로 바꾸는 것을 잊지 마세요.
      to: cart.billing.email,
      subject: 'Thank You for Book your Trip with Meadowlark Travel',
      html: html,
      text: htmlToFormattedText(html),
    })
      .then(info => {
        console.log('sent! '/*, info*/)
        res.render('cart-thank-you', { cart: cart })
      })
      .catch(err => {
        console.error('Unable to send confirmation: ' + err.message)
      })
  }
)
}
```

지속성

E.1 데이터베이스 레이어 추상화

본문에서 설명하듯이 13장에서는 몽고DB와 PostgreSQL 두 가지 데이터베이스로 데이터베이스 연결 부분을 추상화해 어느 쪽으로든 쉽게 전환하고 새로운 데이터베이스로 쉽게 이전하는 방법을 제시합니다. 그런데 깃허브 예제는 이런 좋은 의도가 무색하게 몽고DB와 PostgreSQL 디렉터리를 구분해서 따로 운영하고 있지만, 간단한 방법으로 이를 보완할 수 있습니다. 몽고DB를 사용하는 부분의 코드를 db.js가 아니라 mdb.js로 저장하고, PostgreSQL을 사용하는 부분의 코드는 마찬가지로 pdb.js로 저장하면 됩니다. 이렇게 하면 데이터베이스 연결을 임포트하는 부분만 수정해서 두 데이터베이스를 쉽게 전환할 수 있습니다.

E.2 몽구스로 데이터베이스에 연결

본문 상태로 몽고DB에 연결하면 폐기된 구성 요소를 사용하고 있다는 경고가 뜹니다. 기능에는 이상이 없지만, 연결 부분을 다음과 같이 바꿔서 경고를 해제할 수 있습니다.

```
const mongoConnectionPolicy = {
    useNewUrlParser:true, useUnifiedTopology:true
}
mongoose.connect(connectionString, mongoConnectionPolicy)
```

E.3 초기 데이터 저장

책에서 제시한 코드는 데이터베이스 연결이 이루어진 후에 존재해야 합니다. 그렇지 않으면 데이터베이스에서 객체를 가져오지 못해 오류가 일어납니다. 즉, 대략 다음과 같은 형태가 됩니다.

```
const mongoose = require('mongoose')
...
db.once('open', () => console.log('MongoDB connection established'))


const Vacation = require('./models/vacation')
Vacation.find((err, vacations) => {
  ...
})
```

E.4 데이터 가져오기

listVacations 핸들러를 본문대로 사용하면 오류가 발생합니다. 원인은 데이터베이스에서 가져온 vacations 객체에서 price 프로퍼티를 찾지 못하기 때문입니다. 콘솔에 vacations 객체를 출력해보면 price가 아니라 priceInCents라는 프로퍼티가 출력되지만, 이상하게도 map 메서드에 넘기면 해당 프로퍼티를 찾지 못하고 계속 오류가 발생했습니다. for in 문으로 객체 프로퍼티를 조회해본 결과 _doc이라는 프로퍼티에 저자가 작성한 프로퍼티가 모두 들어 있음을 확인하고 코드를 다음과 같이 수정해 저자의 의도에 맞는 결과를 얻을 수 있습니다.

```
const db = require('../mdb')
             // 초반에 언급한 것처럼 이 부분은 나중에 pdb로 바꿀 수 있습니다.

exports.listVacations = async (req, res) => {
  ...
     price: '$' + (vacation._doc.priceInCents / 100).toFixed(2),
       // priceInCents는 센트 단위이므로 100으로 나눠야 달러 단위가 됩니다.
  ...
}
```

E.5 데이터 추가

이제 여러분도 익숙해졌겠지만, `meadowlark.js`에 `notify-me-in-season` 라우트를 추가해야 합니다.

```
app.get('/notify-me-when-in-season', handlers.notifyWhenInSeasonForm)
```

E.6 PostgreSQL에 데이터 추가하기

PostgreSQL로 전환한 뒤 `localhost:3000/vacations`에 방문하면 오류가 발생합니다. E.4에서 수정했던 핸들러가, 이번에는 PostgreSQL에서 가져온 데이터에 `vacation._doc` 프로퍼티가 없고 `vacation.price` 프로퍼티가 존재하기 때문에 발생하는 오류입니다. 다음과 같이 간단히 해결합니다.

```
const db = require('../pdb')
exports.listVacations = async (req, res) => {
  ...
      price: '$' + (vacation.price || (vacation._doc.priceInCents/100)).
toFixed(2),
  ...
}
```

E.7 세션 스토리지를 위한 데이터베이스

`connect-redis` 패키지를 설치할 때는 본문에 표시한 대로 버전 3을 설치하길 권합니다. 책을 번역하는 시점에서 패키지 버전은 5.0.0인데 역자는 연결에 성공하지 못했습니다.

기존 핸들러에서 가격 표시 부분이 데이터베이스 두 개를 고려하느라 좀 길어졌는데, 환율 조정 함수가 새로 생겼으니 프로퍼티를 선택하던 부분을 다음과 같이 환율 조정 함수 쪽으로 옮기는 게 좋습니다. 중요한 사항은 아니지만, BTC가 뭐길래 이렇게 환율이 큰가 했더니 비트코인을 뜻하는 것이었습니다. 저자의 유머 같은데, 이왕 저자가 넣었으니 소수점 자리를 비트코인에 맞게 표시하는 부분도 추가했습니다.

```javascript
function convertFromUSD (vacation, currency) {
  let value = vacation.price || (vacation._doc.priceInCents / 100),
      decimals = currency === 'BTC'? 6: 2;
  switch(currency) {
    case 'USD': value *= 1; break;
    case 'GBP': value *= 0.79; break;
    case 'BTC': value *= 0.000078; break;
    default: value = NaN
  }
  return `${currency} ${value.toFixed(decimals)}`;
}
```

핸들러는 이를 반영해 다음과 같이 수정합니다.

```javascript
exports.listVacations = async (req, res) => {
  const vacations = await db.getVacations({ available: true })
  const currency = req.session.currency || 'USD'
  ...
      price: convertFromUSD(vacation, currency),
  ...
  switch(currency){
    case 'USD': context.currencyUSD = 'selected'; break
  ...
}
```

라우팅

F.1 서브도메인

맥에서 hosts 파일을 수정할 때는 http://www.devkuma.com/books/pages/1191을 참고하세요. vi 에디터에 익숙하지 않다면 sudo nano /etc/hosts 명령으로 방향키를 사용할 수 있는 nano 에디터를 대신 사용해도 됩니다. nano 에디터의 저장 단축키는 [Ctrl + O]이고 종료 단축키는 [Ctrl + X]입니다.

hosts 파일을 수정하고 subdomains.js 파일을 실행한 뒤 http://meadowlark.local: 3000으로 이동하면 결과가 나타납니다. 관리자 서브도메인으로 이동할 때도 포트 번호를 붙여야 합니다.

F.2 라우트 핸들러는 미들웨어입니다

03-specials.js 관련해 필요한 내용이 빠져 있습니다. 우선 getSpecialsFromDatabase() 함수인데, 깃허브의 해당 파일에 들어 있지만 내용은 다음과 같습니다.

```javascript
// 이 함수는 데이터베이스에서 특별 할인 행사를 가져오는 기능을 모사합니다.
async function getSpecialsFromDatabase() {
  return {
    name: 'Deluxe Technicolor Widget',
```

```
    price: '$29.95',
  }
}
```

특별 할인 행사가 들어갈 페이지 뷰는 다음과 같습니다(ch14/views/page-with-specials.
handlebars).

```
<h2>Specials</h2>

{{#if special}}
  <p>{{special.name}} - {{special.price}}</p>
{{else}}
  <p>There aren't currently any specials.  Please come back later.</p>
{{/if}}
```

라우트와 핸들러는 간단하니 생략하겠습니다.

04-authorizer.js 관련 내용입니다. 코드 주석을 읽어보면 쉽게 이해할 수 있습니다.

```
// 로그인을 흉내 내는 라우트입니다. 사용자 이름과 비밀번호를 확인하지는 않습니다.
app.post('/login', (req, res) => {
  req.session.user = { email: req.body.email }
  req.session.authorized = true
  res.redirect('/secret')
})

// 로그아웃을 흉내 냅니다.
app.get('/logout', (req, res) => {
  delete req.session.user
  delete req.session.authorized
  res.redirect('/public')
})

// 사용자 객체를 locals 콘텍스트에 넣어서 어떤 뷰에서든 사용할 수 있게 합니다.
app.use((req, res, next) => {
  if(req.session) res.locals.user = req.session.user
  next()
})

function authorize(req, res, next) {
  if(req.session.authorized) return next()
```

```
    res.render('not-authorized')
  }

  app.get('/public', (req, res) => res.render('public'))
  app.get('/secret', authorize, (req, res) => res.render('secret'))
  app.get('*', (req, res) =>
      res.send('Check out the <a href="/public">public content</a>.'))
```

/public 뷰에서 참고할 부분은 다음과 같습니다. 세션에 user 객체가 존재하면 환영 인사와
함께 로그아웃 링크를 제공하고, 존재하지 않으면 로그인 폼을 표시하는 구조입니다(ch14/
views/layouts/04-main.handlebars).

```
<div class="container">
  <header>
    <h1>Meadowlark Travel</h1>
    <img src="/img/logo.png" alt="Meadowlark Travel Logo">
    {{#if user}}
      <p>Welcome, {{user.email}}!  <a href="/logout">Logout</a></p>
    {{else}}
      <p>If you want to log in, enter any email and password here
        (this is just a demo of an authorization mechanism, so we don't
        actually do any checking):</p>

      <form method="post" action="/login">
        <div>
          <input type="email" name="email" value="anyemail@willdo.com" />
        </div>
        <div>
          <input type="password" name="password"
                 placeholder="any password works" />
        </div>
        <div><input type="submit" value="Login" /></div>
      </form>
    {{/if}}
  </header>
  {{{body}}}
</div>
```

F.3 라우트 매개변수

`05-staff.js` 부분에서 빠진 내용은 다음과 같습니다.

```
// staff 객체의 키로 URL 배열을 만들어 뷰 매개변수로 전달합니다.
app.get('/staff', (req, res) => {
  res.render(
    '05-staff',
    {staffUrls: Object.keys(staff).map(key => '/staff/' + key)}
  )
})
```

이를 받은 뷰는 배열을 순회하며 링크를 만듭니다(`ch14/views/05-staff.handlebars`).

```
<h2>Staff Directory</h2>

<ul>
  {{#each staffUrls}}
    <li><a href="{{.}}">{{.}}</a></li>
  {{/each}}
</ul>
```

F.4 모듈에서 라우트 선언

`meadowlark.js`에서 `routes.js`로 라우트를 옮길 때 한꺼번에 옮길 필요는 없습니다. 본문에 있는 대로 우선 홈페이지와 어바웃 페이지 라우트만 옮겨서 테스트하고, 소식지 관련 라우트를 옮겨서 테스트하는 식으로 하나씩 하시길 권합니다.

`handlers.js`에서 `handlers/main.js`로 핸들러를 옮길 때는 미들웨어 경로도 함께 수정해야 합니다. 예를 들어 어바웃 페이지의 기존 핸들러는 `handlers.js`와 `fortune.js`가 같은 디렉터리에 있었으니 `require('./fortune')`이라는 형태로 미들웨어를 임포트할 수 있었지만 이제 디렉터리가 바뀌었으니 `require('../lib/fortune')`으로 경로를 수정하거나 해당 미들웨어를 함께 옮겨야 합니다.

REST API와 JSON

G.1 익스프레스를 통한 API 제공

이 상태로 테스트를 시작하면 모두 실패합니다. 하나씩 살펴봅시다.

/api/vacations

테스트 항목에는 vacation0.price의 타입이 number라는 어서션이 있습니다. 하지만 부록 E
에서 수정했듯 vacation에는 price 프로퍼티가 없고 _doc.priceInCents가 있습니다. 그
런데 테스트 항목에서 vacation0를 콘솔에 출력해보면 _doc은 없고 priceInCents가 프로
퍼티로 발견됩니다. 역자는 몽고DB나 몽구스에 대한 지식이 부족해 이 현상의 원인은 파악할
수 없었습니다.

이에 따라 테스트 함수를 다음과 같이 변경했고 몽고DB와 PostgreSQL에서 모두 성공한 것
을 확인했습니다.

```
test('GET /api/vacations', async () => {
  const vacations = await _fetch('get', '/api/vacations')
  expect(vacations.length).not.toBe(0)
  const vacation0 = vacations[0]
  expect(vacation0.name).toMatch(/\w/)
  expect(typeof (vacation0.priceInCents ¦¦ vacation0.price)).toBe('number')
})
```

/api/vacation/:sku

실패하는 이유는 우선 mdb.js, pdb.js 모두 getVacationBySku 함수가 없기 때문입니다. ch15/db.js에는 해당 함수가 존재하는데, 몽고DB 전용입니다. 우선 mdb.js에서 모듈을 내보내는 부분을 다음과 같이 수정합니다.

```
module.exports = {
  getVacations: async (options = {}) => Vacation.find(options),
  getVacationBySku: async sku => Vacation.findOne({ sku }),
  addVacationInSeasonListener: async (email, sku) => {
    await VacationInSeasonListener.updateOne(
      { email },
      { $push: { skus: sku } },
      { upsert: true }
    )
  },
}
```

PostgreSQL용 함수가 존재하지 않으니 새로 만들어야 합니다. 테스트 구조는 다음과 같습니다.

1. /api/vacations에서 휴가 패키지 목록을 가져온다.
2. 패키지 목록의 길이는 0이 아니어야 한다.
3. 목록 첫 번째 패키지를 vacation0에 저장한다.
4. vacation0의 sku와 일치하는 패키지 하나를 가져와 vacation에 저장한다.
5. vacation0의 이름과 vacation의 이름이 일치해야 한다.

따라서 sku를 받아서 그에 해당하는 레코드 하나를 찾아 반환하는 함수가 필요합니다. 다음과 같이 작성합니다.

```
getVacationBySku: async (SKU) => {
  const query = `SELECT * FROM VACATIONS WHERE sku = '${SKU}'`
  const { rows } = await pool.query(query)
  return ...
},
```

DB에서 반환하는 레코드 목록을 저자가 필요에 따라 매핑하는 부분이 getVacations와 getVacationBySku에 공통이므로, 따로 함수로 분리합니다. PostgreSQL에서 반환하는 레코드는 개수가 하나라도 배열 형태를 갖는데, SKU는 유일하므로 배열의 첫 번째 요소를 반환하게끔 하면 됩니다. pdb.js를 다음과 같이 변경합니다.

```js
...
const pool = new Pool({ connectionString })
const pmap = rows => {return rows.map(row => {
  const vacation = _.mapKeys(row, (v, k) => _.camelCase(k))
  vacation.price = parseFloat(vacation.price.replace(/^\$/, ''))
  vacation.location = {
    search: vacation.locationSearch,
    coordinates: {
      lat: vacation.locationLat,
      lng: vacation.locationLng,
    },
  }
  return vacation
})}

module.exports = {
  getVacations: async () => {
    const { rows } = await pool.query('SELECT * FROM VACATIONS')
    return pmap(rows)
  },
  getVacationBySku: async (SKU) => {
    const query = `SELECT * FROM VACATIONS WHERE sku = '${SKU}'`
    const { rows } = await pool.query(query)
    return pmap(rows)[0]
  },
  addVacationInSeasonListener: async (email, sku) => {
    ...
  },
}
```

이렇게 수정하면 몽고DB와 PostgreSQL에서 모두 성공합니다.

/api/vacation/:sku/notify-when-in-season

PostgreSQL 상태에서 테스트를 실행해보면 콘솔에 value too long for type character varying(20) 메시지가 출력됩니다. 검색해보면 테이블의 열 길이에 제한된 것보다 더 큰 문자열을 기록하려 했을 때 발생하는 오류라고 합니다. 20이라는 숫자는 SKU 열에 지정한 제한

인데 SKU는 현재 다섯 자리이며, 이메일 주소는 25자입니다. 따라서 둘이 바뀌었다는 의심을 해볼 수 있습니다. 핸들러의 해당 부분은 다음과 같이 sku, email을 매개변수로 보냅니다.

```
exports.addVacationInSeasonListenerApi = async (req, res) => {
  await db.addVacationInSeasonListener(req.params.sku, req.body.email)
  res.json({ message: 'success' })
}
```

DB 모듈에서 내보내는 함수는 다음과 같이 email, sku를 매개변수로 받습니다.

```
addVacationInSeasonListener: async (email, sku)
```

핸들러가 잘못 작성된 것이므로 두 매개변수의 위치를 바꾸면 PostgreSQL 테스트는 성공합니다.

몽고DB로 전환해 테스트해보면 다시 오류가 발생하는데, 콘솔을 보면 연결 문자열에 retry Writes=false를 추가하라는 메시지가 있습니다. 다음과 같이 .credentials.development 파일의 연결 문자열에 해당 매개변수를 추가하면 몽고DB 역시 테스트에 성공합니다.

```
"mongo": {
  "connectionString": "mongodb://...com:59712/node?retryWrites=false"
},
```

마지막 테스트는 저자가 이미 실패할 거라고 언급했기에 테스트하지 않았습니다.

단일 페이지 애플리케이션

H.1 리액트 앱 만들기

얀을 설치할 때 npm i -g yarn까지만 하면 완전히 설치되지 않습니다. 일종의 인스톨러를 설치했다고 생각하고 yarn install 명령을 한 번 더 실행해야 합니다.

역자는 크리에이트 리액트 앱 패키지를 설치하면서 다소 어려움을 겪었습니다. 패키지에서 요구하는 Jest와 Babel-Jest의 버전이 설치된 버전과 다르다는 것이 주된 이유였습니다. 몇 차례 시행착오를 반복하다가, 다음과 같은 방법으로 문제를 해결할 수 있었습니다.

1. 프로젝트 디렉터리에서 node_modules 디렉터리 삭제
2. yarn.lock, package-lock.json 삭제(package.json이 **아닙니다**)
3. package.json에서 Jest 부분 삭제
4. yarn 명령으로 패키지 재설치

독자 여러분이 책을 읽을 때는 이런 문제가 수정되어 있길 바라지만, 혹시 문제가 발생한다면 터미널에서 제시하는 해결책을 잘 읽어보고 역자의 경험을 참고해 문제를 해결하기 바랍니다.

H.2 리액트 기본

서브라임 텍스트Sublime Text를 사용하는 경우, 기본 상태에서는 구문 강조 기능이 리액트 문법을 인식하지 못해 이상하게 표시될 수 있습니다. Babel 패키지를 설치하고 화면 오른쪽 하단의 'JavaScript'를 'Babel => JavaScript (Babel)'로 변경해 구문 강조 기능을 이용할 수 있습니다.

H.2.1 휴가 패키지 페이지와 서버 통합

본문에서는 필요하지 않은 것을 제거할 수 있다고 설명했는데, 18장에서 다시 익스프레스를 사용하므로 완전히 익숙해지기 전에는 제거하지 않길 권합니다. 현재 상태를 그대로 남겨두어도 리액트 관련 내용을 테스트할 때는 문제가 없습니다.

본문대로 따라 하다 보면 잘 되지 않을 수 있습니다. 역자가 겪은 문제는 리액트의 캐시 때문에 프록시 설정이 반영되지 않아서, 익스프레스가 동작하는 :3033이 아니라 리액트가 동작하는 :3000에 요청을 보내고, 따라서 올바른 JSON 응답을 받지 못하는 문제였습니다. 브라우저 콘솔에는 다음과 같이 기록됩니다.

```
Uncaught (in promise) SyntaxError: Unexpected token < in JSON at position 0
```

콘솔에 이 오류가 보인다면 Vacations 함수의 fetch 부분을 /api/vacations에서 http://localhost:3033/api/vacations로 수정하고 재시도합니다. 오류가 사라진다면 프록시 문제가 맞습니다.

역자는 이 문제를 다음과 같이 해결했습니다.[1]

1. 리액트 앱 중지([Ctrl + C])
2. client 디렉터리에서 package-lock.json 파일과 node_modules 디렉터리 삭제
3. client 디렉터리에서 npm install 명령으로 패키지 재설치

---

[1] https://stackoverflow.com/questions/48291950/proxy-not-working-for-react-and-node

서드파티 API와 통합

I.1 데이터 지오코딩하기

이 상태로 지오코딩을 시도하면 모두 실패합니다. 원인은 location에 search 자체가 없고 coordinate만 존재하기 때문인데, mdb.js에는 coordinate를 넣은 적이 없는데 왜 이런 현상이 발생하는지는 파악하지 못했습니다. 이 책은 몽고DB에 관한 책이 아니므로 우선 다음과 같이 sku를 통해 즉석으로 location.search를 입력하고 진행했으며, 두 번째 시도에서는 모두 좌표가 입력되어 다시 지오코딩을 하지 않는 것을 확인했습니다. 독자 여러분의 양해를 구합니다.

```
const db = require('./mdb')
const geocode = require('./lib/geocode')

const geocodeVacations = async () => {
  const vacations = await db.getVacations()
  const noCoords = vacations.filter(({ location }) =>
    !location.coordinates || typeof location.coordinates.lat !== 'number')

  console.log(`geocoding ${noCoords.length} ` +
    `of ${vacations.length} vacations:`)


  return Promise.all(noCoords.map(async ({sku, location}) => {
    const geoSearch = {
        "HR199": "Hood River, Oregon, USA",
```

```
        "OC39": "Cannon Beach, Oregon, USA",
        "B99": "Bend, Oregon, USA",
    }
    let { search } = location
    if (typeof search !== 'string' || !/\w/.test(search)) {
      search = geoSearch[sku]
    }

    try {
      const coordinates = await geocode(search)
      await db.updateVacationBySku(sku, { location: { search, coordinates } })
      console.log(`SKU ${sku} SUCCESS: ${coordinates.lat}, ${coordinates.lng}`)
    } catch(err) {
      return console.log(`SKU {sku} FAILED: ${err.message}`)
    }
  }))
}
```

지오코딩을 시도하고 'no results for "Cannon Beach, Oregon, USA"' 같은 결과를 확인했다면 구글 개발자 콘솔에서 청구 정보 입력을 깜박했기 때문입니다. https://maps.googleapis.com/maps/api/geocode/json?address=Cannon%20Beach%2C%20Oregon%2C%20USA&key=<API KEY> 형태로 직접 api에 접근하면 구글에서 어떤 응답을 보냈는지 확인 가능합니다.

I.2 날씨 데이터

날씨 데이터를 가져오는 것 자체에는 문제가 없지만, 하드코딩된 데이터를 쓰는 방식에서 API 데이터를 요청하는 것으로 바뀌었기 때문에 콘텍스트를 전달하는 마지막 부분도 다음과 같이 비동기로 바꿔야 합니다.

```
const weatherMiddleware = async (req, res, next) => {
  if(!res.locals.partials) res.locals.partials = {}
  res.locals.partials.weatherContext = await getWeatherData()
  next()
}
```

INDEX

INDEX

INDEX

O'REILLY®　Web Development with Node & Express

진화한 자바스크립트와 노드, 익스프레스 완벽 가이드

자바스크립트 개발 스택의 핵심인 노드와 익스프레스로 동적 웹 애플리케이션을 만들어보세요. 이 책은 웹 사이트 개발 과정을 살펴보며 익스프레스 기본 사항을 설명합니다. 서버 사이드 렌더링부터 단일 페이지 애플리케이션(SPA) 사용에 적합한 API 개발까지 웹 개발의 모든 것을 다룹니다. 자바스크립트에 익숙한 프런트엔드와 백엔드 엔지니어를 위해 익스프레스로 다중 페이지와 하이브리드 웹 앱을 구현하는 모범 사례도 제공합니다. 이 책을 읽고 나면 모던 웹 개발을 보는 새로운 안목을 얻을 수 있습니다.

- 동적 데이터 렌더링을 위한 템플릿 시스템 만들기
- 요청/응답 객체, 미들웨어, URL 라우팅 알아보기
- 실무 환경과 유사한 환경에서 테스트하기
- 몽고DB와 PostgreSQL에서 지속성 관리하기
- REST API로 다른 프로그램에 자원 제공하기
- 인증, 권한 부여, HTTPS로 안전한 앱 구축하기
- 소셜 미디어, 위치 정보 연결하기
- 앱 출시와 유지 보수 계획 수립하기
- 중요한 디버깅 기술 배우기

노드와 익스프레스 생태계를 훌륭히 소개할 뿐 아니라 지속성, 미들웨어, 깃과 같은 웹 개발 개념을 자세하고 친절하게 설명합니다.

알레한드라 올베라-노바크, AWS Developer Relations

관련 도서

| 자바스크립트는 모든 곳에 존재한다 | You Don't Know JS (시리즈) | 디노 첫걸음 |

웹/자바스크립트

93000

예제 소스 bit.ly/3sNWzi7

ISBN 979-11-6224-422-7

9791162244227

O'REILLY®　한빛미디어 Hanbit Media, Inc.

정가 28,000원